“十二五”职业教育国家规划教材

经全国职业教育教材审定委员会审定

Gonglu Gongcheng Jixie Kongzhi Jishu

公路工程机械控制技术

（第二版）

李茂福　李胜永　主　编

陈步童　主　审

人民交通出版社股份有限公司

China Communications Press Co.,Ltd.

内 容 提 要

本书为"十二五"职业教育国家规划教材,主要讲述以电动机的拖动为对象和以内燃机液压执行机构为对象的两类控制系统的组成、结构和工作原理,对拌和设备的自动温控系统、计量系统、除尘系统,摊铺机的自动找平系统等进行了详细论述。本书在机种的选取上,以沥青混凝土路面的施工过程——拌和、摊铺、压实为主线,选择沥青混凝土拌和设备、摊铺机和压路机为主要介绍对象。另外,本书对各种工程施工中广泛使用的挖掘机和泵车也进行了重点讲述。

本书可作为高等职业院校工程机械类专业的教材,也可供从事相关专业的工程技术人员参考。

* 本书配有多媒体课件,读者可通过加入职教路桥教学研讨群(QQ 群 561416324)索取。

图书在版编目(CIP)数据

公路工程机械控制技术 / 李茂福,李胜永主编. —
2 版. —北京:人民交通出版社股份有限公司,2017.2
"十二五"职业教育国家规划教材
ISBN 978-7-114-13683-2

Ⅰ.①公…　Ⅱ.①李…　②李…　Ⅲ.①道路工程—工
程机械—液压控制—高等学校—教材　Ⅳ.①U415.5

中国版本图书馆 CIP 数据核字(2017)第 030347 号

	"十二五"职业教育国家规划教材
书　　　名:	公路工程机械控制技术(第二版)
著 作 者:	李茂福　李胜永
责 任 编 辑:	钱　堃　周　凯
出 版 发 行:	人民交通出版社股份有限公司
地　　　址:	(100011)北京市朝阳区安定门外外馆斜街 3 号
网　　　址:	http://www.ccpcl.com.cn
销 售 电 话:	(010)59757973
总 经 销:	人民交通出版社股份有限公司发行部
经　　　销:	各地新华书店
印　　　刷:	北京虎彩文化传播有限公司
开　　　本:	787 × 1092　1/16
印　　　张:	18
字　　　数:	422 千
版　　　次:	2011 年 1 月　第 1 版
	2018 年 1 月　第 2 版
印　　　次:	2022 年 12 月　第 2 版　第 3 次印刷
书　　　号:	ISBN 978-7-114-13683-2
定　　　价:	48.00 元

(有印刷、装订质量问题的图书,由本公司负责调换)

第二版前言

《公路工程机械控制技术》(第一版)于 2011 年 1 月出版,系国家教育部"普通高等教育'十一五'国家级规划教材"。

本教材编写人员在认真学习领会《教育部关于"十二五"职业教育教材建设的若干意见》[教职成(2012)9 号]、《高等职业学校专业教学标准(试行)》《关于开展"十二五"职业教育国家规划教材选题立项工作的通知》[教职成司(2012)237 号]等有关文件的基础上,结合当前高等职业教育和公路行业发展的实际情况,对《公路工程机械控制技术》(第一版)做了全面修订,形成了《公路工程机械控制技术》(第二版)。

本教材主要具备以下特点:

1. 行业专家与学者的全面参与

"工学结合、校企合作"是职业教育健康发展的基础,本教材由校企合作编写,教材编写组成员中有数位工程机械企业生产一线的高级工程师,他们具有丰富的实践经验,并且在行业内具有一定的知名度。他们不仅参与了部分章节的编写,而且对教材的整体架构和特色提出了宝贵的意见。他们的参与对保证教材的整体质量起到了关键作用。

2. 突出实践性和实用性

在内容安排上,力求准确、具体、实用。对各类机械控制系统的讲解,均以具体机型为例,以期达到举一反三、融会贯通的目的。

3. 体现先进性和前瞻性

本教材所涉及的工程机械机型均为生产实践中广泛应用的主流机型,避免了教学与实践的脱节。本教材中介绍的控制技术均为工程机械现阶段发展的最新技术,对工程机械技术的发展趋势也作了相应介绍,以期达到掌握一代、了解一代的教学效果。

4. 注重资料的权威性和原创性

本教材所用资料主要来自生产企业的技术文件。由于种种原因,工程机械的技术资料比较缺乏,特别是工程机械产品核心技术的详细资料,生产企业出于技术保护的目的,一般不予公开。资料缺乏是本书编写的主要困难,编写组成员克服了重重困难,做了大量的、细致的、原创性的工作,付出了艰辛的劳动。本版教材与国内同类公路工程机械控制技术高职教材相比,具有一定特色,满足了工程机械相关专业的教学需求。

5.兼顾教学资源建设和教学实施

本教材注重运用现代信息技术对教材呈现形式进行创新,积极开发补充了教学课件,有助于教学实施。

参加本教材编写的人员有:南通航运职业技术学院李茂福(第一、三、八章),南通航运职业技术学院李胜永(第二、四章),辽宁省路桥建设第二有限公司孙希刚(第五章),辽宁省路桥建设第二有限公司李铁军(第六章),湖南交通职业技术学院刘厚菊(第七章)。全书由李茂福和李胜永负责统稿,南通航运职业技术学院陈步童担任主审。

在本教材的编写过程中,辽宁五洲公路工程有限公司明任国、辽宁省路桥第二有限公司孙希刚、李铁军在资料匮乏的情况下,做了大量细致的、原创性的工作,付出了艰辛的劳动,对本书的完成起到了决定性的作用。在此对他们表示最衷心的感谢。

本教材的修订完成,得到了交通系统各高职院校许多教师的鼓励和支持,在此一并表示感谢。

限于编者的水平有限,教材内容难免会有错误和不妥之处,敬请读者在使用过程中给予批评指正。

编者
2017 年 5 月

第一版前言

交通职业教育教学指导委员会交通工程机械专业指导委员会自1992年成立以来,对本专业指导委员会两个专业(港口机械、筑路机械)的教材编写工作一直十分重视,把教材建设工作作为专业指导委员会工作的重中之重,在"八五""九五"和"十五"期间,先后组织人员编写了二十多本专业急需教材,供港口机械和筑路机械两个专业使用,解决了各学校专业教材短缺的困难。

随着港口和公路事业的不断发展,港口机械和公路施工机械的更新换代速度加快,各种新工艺、新技术、新设备不断出现,对本专业的人才培养提出了更高的要求。另外,根据目前职业教育的发展形势,多数重点中专学校已改制为高等职业技术学院,中专学校一般同时招收中专和高职学生,使本专业教材使用对象的主体发生变化。为适应这一形势,交通工程机械专业指导委员会于2006年8月在烟台召开了四届二次会议,制订了"十一五"教材编写出版规划,并确定了教材的编写原则。

1. 拓宽教材的使用范围。本套教材主要面向高职,兼顾中专,也可用于相关专业的职业资格培训和各类在职培训,亦可供有关技术人员参考。

2. 坚持教材内容以培养学生职业能力和岗位需求为主的编写理念。教材内容难易适度,理论知识以"够用"为度,注重理论联系实际,着重培养学生的实际操作能力。

3. 在教材内容的取舍和主次的选择方面,照顾广度,控制深度,力求针对专业,服务行业,对与本专业密切相关的内容予以足够的重视。

4. 教材编写立足于国内港口机械和筑路机械使用的实际情况,结合典型机型,系统介绍工程机械设备的基本结构和工作原理,同时,有选择地介绍一些国外的新技术、新设备,以便拓宽学生的视野,为学生进一步深造打下基础。

工程机械的种类繁多,按照其所用动力的不同,大致可分为两大类。一类是电动机驱动的机械,如各种混凝土拌和设备、起重机械、输送机械等;另一类是内燃机驱动的机械,如挖掘机、装载机、推土机、压路机、摊铺机等。其中,后一类机械的工作装置和传动系大多采用液压传动。与上述两类机械相对应的控制系统也基本上可以分为两类,一类是以电动机的拖动为对象的控制;另一类是以内燃机和液压执行机构为对象的控制。本书主要是讲述这两类控制系统的组成、结构和工作原理,另外对拌和设备的自动温控系统、计量系统、除尘系统,摊铺机的自动找平系统等也进行了详细论述。

《公路工程机械控制技术》是普通高等教育"十一五"国家级规划教材之一，全书共分八章，前四章介绍工程机械控制技术的基础知识，后四章分别讲述工程机械典型设备的控制系统。在内容安排上，力求准确、具体、详细，突出实践性和实用性。对各类机械控制系统的讲解，均以具体机型为例，以期达到举一反三、融会贯通之目的。

参加本书编写工作的有：辽宁五洲公路工程有限公司马仕国（编写第一章），南通航运职业技术学院李胜永（编写第二、四章），南通航运职业技术学院李茂福（编写第三、八章），辽宁省路桥建设二公司孙希刚（编写第五章），辽宁省路桥建设二公司李铁军、赵云英（编写第六章），湖南交通职业技术学院刘厚菊（编写第七章）。全书由李茂福担任主编，李胜永担任副主编，湖南交通职业技术学院王定祥担任主审。

在本书的编写过程中，辽宁五洲公路工程有限公司马仕国和辽宁省路桥二公司孙希刚、李铁军在资料匮乏的情况下，做了大量的、细致的、原创性的工作，付出了艰辛的劳动，对本书的完成起到了决定性的作用。在此对他们表示最衷心的感谢。

本套教材在编写过程中，得到了交通系统各校领导和教师的大力支持，在此一并表示感谢！

编写高职教材，我们尚缺少经验，书中不妥和疏漏之处，敬请读者指正。

交通职业教育教学指导委员会
交通工程机械专业指导委员会
2010 年 8 月

目　　录

第一章　绪论 ……………………………………………………………………… 1

　第一节　机电控制技术的发展 ………………………………………………… 1

　第二节　工程机械电液控制技术的现状与发展趋势 ………………………… 5

第二章　工程机械常用低压电器及控制电路 …………………………………… 8

　第一节　常用低压电器元件 …………………………………………………… 8

　第二节　常用非自动控制电器 ………………………………………………… 11

　第三节　常用自动控制电器 …………………………………………………… 14

　第四节　常用保护电器 ………………………………………………………… 22

　第五节　常用控制线路 ………………………………………………………… 30

　复习思考题 ……………………………………………………………………… 36

第三章　可编程序控制器(PLC)原理与应用技术 ……………………………… 38

　第一节　可编程序控制器(PLC)概述 ………………………………………… 38

　第二节　PLC 的特点及主要功能 ……………………………………………… 39

　第三节　PLC 的基本结构 ……………………………………………………… 42

　第四节　PLC 的软件及编程语言 ……………………………………………… 45

　第五节　PLC 的工作原理 ……………………………………………………… 48

　第六节　PLC 的主要性能指标 ………………………………………………… 50

　第七节　S7-200 系列 PLC 的组成及性能 …………………………………… 51

　第八节　S7-200 可编程控制器的内部元件及寻址方式 …………………… 55

　第九节　S7-200 系列 PLC 基本指令系统 …………………………………… 61

　第十节　S7-200 系列 PLC 功能指令 ………………………………………… 68

　第十一节　PLC 的编程及应用 ………………………………………………… 81

　第十二节　编程软件 STEP7-Micro/Win32 使用方法介绍 ………………… 87

　第十三节　S7-200 的通信方式与通信参数的设置 ………………………… 95

　第十四节　计算机与 PLC 的通信 …………………………………………… 100

　复习思考题 ……………………………………………………………………… 104

第四章　变频器技术 …………………………………………………………… 106

　第一节　变频技术的发展趋势及其应用 …………………………………… 106

　第二节　通用变频器的工作原理及控制方式 ……………………………… 109

　第三节　通用变频器的应用 ………………………………………………… 114

　复习思考题 ……………………………………………………………………… 122

第五章　沥青混合料拌和设备自动控制系统 ………………………………… 123

　第一节　沥青搅拌设备自动控制系统概述 ………………………………… 123

　　第二节　沥青混合料拌和设备的顺序启停控制 ················ 125
　　第三节　冷骨料供给控制系统 ····························· 126
　　第四节　干燥燃烧器自动控制系统 ······················· 147
　　第五节　称量及搅拌控制系统 ··························· 150
　　第六节　除尘控制系统 ································· 153
　　复习思考题 ·································· 159
第六章　沥青混凝土摊铺机控制技术 ····················· 160
　　第一节　概述 ······························· 160
　　第二节　基本电气控制系统 ························· 161
　　第三节　行驶控制系统 ··························· 165
　　第四节　供料控制系统 ··························· 170
　　第五节　摊铺层自动调平控制系统 ····················· 177
　　第六节　其他控制系统 ··························· 193
　　复习思考题 ·································· 195
第七章　压路机控制技术 ··························· 196
　　第一节　概述 ······························· 196
　　第二节　双钢轮压路机控制技术 ······················· 201
　　第三节　轮胎压路机控制技术 ························· 212
　　复习思考题 ·································· 219
第八章　挖掘机电液控制系统 ························· 220
　　第一节　概述 ······························· 221
　　第二节　挖掘机控制回路的组成及工作原理 ················· 227
　　第三节　主泵及流量控制 ·························· 233
　　第四节　主控制阀 ····························· 243
　　第五节　液压工作回路分析 ························· 255
　　第六节　挖掘机电气控制系统 ······················· 258
　　第七节　多功能监控系统 ·························· 271
　　复习思考题 ·································· 278
参考文献 ·································· 280

第一章　绪　论

工程机械控制技术是自动控制学科的一个重要分支,随着控制技术和控制理论的发展,该技术得到了不断的完善。

在工程和科学技术发展的过程中,自动控制发挥着重要的作用。它的发展和大规模的应用也显示出了很强的时代特征。如微计算机、微电子专业及通用控制器、微传感器、更精密的执行机构和人机界面的应用,使控制更精密、更智能、更直观和更舒适,控制系统可靠性进一步加强。

本章将对机电控制技术的发展历程及其在工程机械上的具体应用作一概述。

第一节　机电控制技术的发展

一、交流接触器继电器控制系统

有人将交流接触器继电器控制系统称作模拟仪表控制系统,该技术在 20 世纪初逐步形成,20 世纪 60~70 年代达到顶峰,占据了控制系统的主导地位。

接触器用于接通、断开主电路,继电器负责采集现场物理模拟信号,再配以模拟传感器控制电路通断,由控制电路决定主电路的工作任务。

该系统的主要缺点是:控制精度低,易受到外界信号干扰,控制电路功能转变非常复杂,维修工作量相当大,控制速度慢。

该系统的优点是:能够帮助人类社会实现全自动控制、远程控制和模拟控制。

交流接触器实现的电动机正反转控制系统如图 1-1 所示。

二、集中式数字控制系统(DDC,Direct Digital Control)

该控制系统于 20 世纪 70~80 年代占主导地位,它采用单片机、可编程逻辑控制器(PLC,Programmable Logic Controller)、顺序逻辑控制器(SLC,Sequence Logical Controller)或微机作为控制器,在控制器内部传输的是数字信号,因此克服了模拟控制仪表控制系统中模拟信号精度低的缺陷,提高了系统的抗干扰能力。

集中式数字控制系统的工作原理是:利用数字控制器实现对现场采集信号的处理,最终输出控制信号,实现输入和输出的隔离;输入和输出没有了电气连接关系;只是存在程序控制关系；控制电路和主电路没有了电气联系，降低了控制系统的干扰环节。

该系统的优点是：实现了数字电路信号传输，易于根据全局情况进行控制和判断，在控制方式上和控制时间的选择上，可以统一调度和安排。

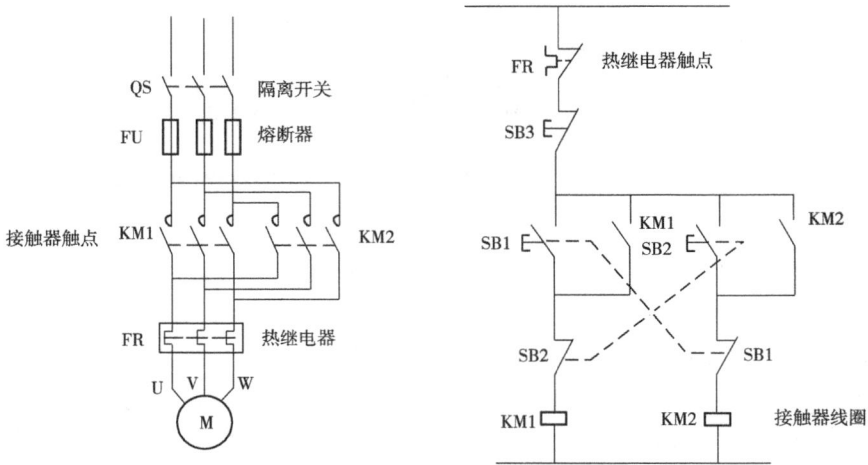

图 1-1　交流接触器实现的电动机正反转控制系统

该系统的缺点是：对于控制器本身的要求很高，必须具有足够的处理能力和极高的可靠性，当系统任务增加时，控制效率和可靠性大大降低。

集中式数字控制系统如图 1-2 所示。

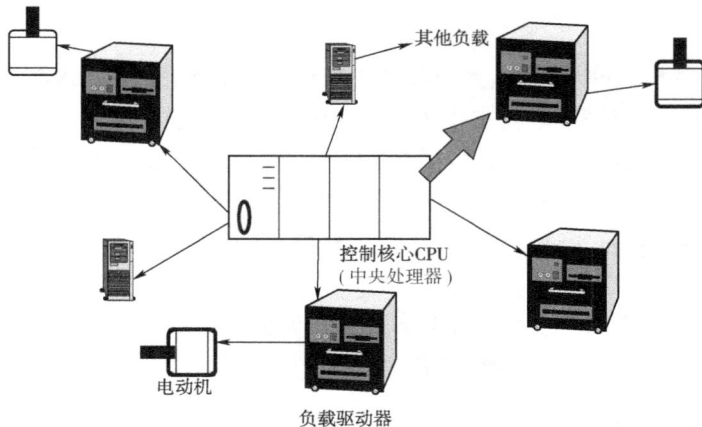

图 1-2　集中式数字控制系统

三、集散控制系统（DCS，Distributed Control System）

该控制系统在 20 世纪 80 ~ 90 年代占主导地位。其核心思想是集中管理、分散控制，即管理和控制相分离，上位机用于集中监视管理，若干台下位机下放分散到现场实现分布式控制，上下位机之间用控制网络互联，以实现相互之间的信息传递。因此，这种分布式的控制系统体系结构,克服了集中式数字控制系统中对控制器处理能力和可靠性要求高的缺陷。在集散控制系统中,分布式控制思想的实现,正是得益于网络技术的发展和应用,但是,不同的 DCS 厂家为达到垄断经营的目的,而对其控制通信网络采用各自专用的封闭形式,不同厂家的 DCS 系统之间以及 DCS 与上层 Intranet(企业内部网)/Internet(互联网)信息网络之间,难以实现网络互联和信息共享。因此,从该角度而言,集散控制系统是一种封闭专用的、不具有可互操作性的分布式控制系统,并且 DCS 造价昂贵。在这种情况下,用户对网络控制系统提出了开放性和降低成本的迫切要求。

常见集散控制系统构架模式如图 1-3 所示。

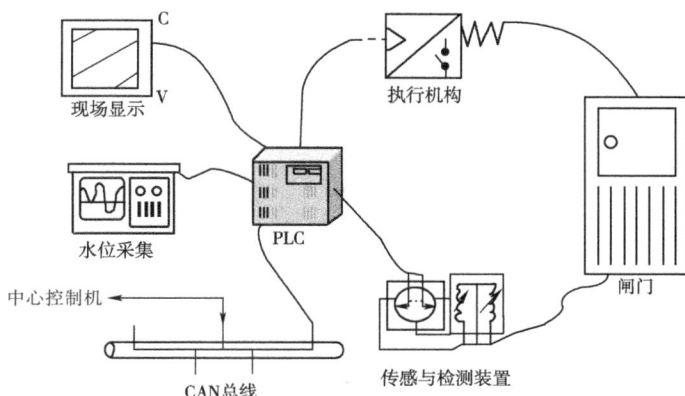

图 1-3　常见集散控制系统构架模式

四、现场总线控制系统(FCS,Filed Bus Control System)

现场总线控制系统是利用现场总线这一开放的、具有互操作性的网络将现场各控制器及仪表设备互联,构成现场总线控制系统,同时控制功能彻底下放到现场,降低了安装成本和维护费用。因此 FCS 实质是一种开放的,具有互操作性的、彻底分散的分布式控制系统。现场总线是应用在生产现场的,在测量控制设备之间实现双向、串行、多点通信的数字通信系统。现场总线把通用或专用的微处理器置入传统的测量控制仪表,使之具有数字计算和数字通信能力,采用一定的介质(双绞线、同轴电缆、光纤、天线、红外等)作为通信总线,按照公开、规范的通信协议,在位于现场的多个设备之间以及现场设备与远程监控计算机之间实现数据传输和信息交换,形成各种适应实际需要的自动化控制系统。

虽然现场总线技术的发展已经极大地改变了企业控制系统的结构,其特点有利于企业自动化系统与信息管理系统的集成,然而目前现场总线仍存在许多要解决的问题,如现场总线控制系统主要是低速总线,数据吞吐能力相当有限,通常是每秒几十至几百千字节的速率;其次,现场总线位于整个系统的底层,仅仅有现场总线还不足以实现整个系统的开放结构。这也与现场总线的标准化过程有关,在现场总线领域,同时有多种标准并存,而且各个标准之间互不兼容。这给互操作带来了巨大的困难。正是由于工业自动化系统向分布化、智能化的实时控制方面发展,通信已成为关键,用户对统一的通信协议和网络的要求日益迫切。另一方面,Intranet/Internet 等信息技术的飞速发展,要求企业从现场控制层到管理层能实现全面无缝信息集成,并提供一个开放的基础构架,但目前的现场总线尚不能满足这些要求。因此促使人们寻求新的出路,由于以太网在信息传输中的广泛应用,人们想到了将其应用到控制领域。

典型现场总线控制系统如图 1-4 所示。

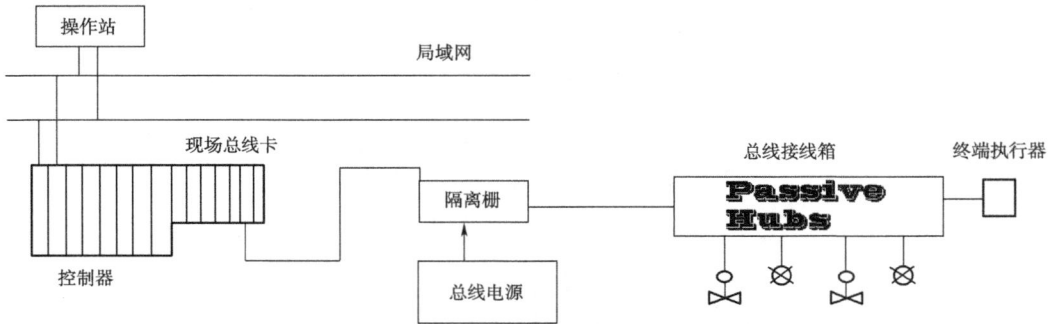

图 1-4   典型现场总线控制系统

五、工业以太网控制系统

一般来讲,控制系统网络可分为 3 层:信息层、控制层和设备层。传统的控制系统在信息层大都采用以太网,而在控制层和设备层一般采用不同的现场总线或其他专用网络。目前,以太网已经渗透到了控制层和设备层,几乎所有的 PLC 和远程 I/O(输入/输出)供应商都能提供支持 TCP/IP(传输控制协议/互联网协议)的以太网接口的产品。以太网之所以能给工业自动化系统带来巨大的变革,主要有以下原因:

首先,以太网适配器的价格大幅度下跌以及各种产品和标准对以太网的支持是其成功的重要因素。以太网最初的数据传输速率只有 10Mb/s,发展到现在其速率已经达到 1000Mb/s,这使得以太网成为大规模工业自动化系统中的首选的传输方式。

其次,人类已进入了以互联网为基础的知识经济时代,企业活动也已扩展到全球范围,人们迫切需要了解生产过程的实时数据,将实时生产信息与企业的 ERP(企业资源计划)系统结合起来。而企业的信息层大多采用了以太网的解决方案,当控制层和设备层都采用以太网时,则可实现各层之间信息的无缝连接,并且整个网络系统将是透明的。

再次,以太网具有开放性和兼容性。以太网因为采用由 IEEE802.3 所定义的数据传输协议,因此是一个开放的标准,从而被 DCS 和 PLC 厂家广泛接受。在大多数场合它还可以使用现有的布线。另外,以太网还允许逐步采用新技术,可以一步步将整个网络升级。

最后,以太网存在的不确定性和实时性能欠佳的问题,已经由于智能集线器的使用、主动交换功能的实现、优先权的引入以及双工的布线等,基本得到了解决。通过提高数据传输速率,仔细选择网络拓扑结构及限制网络负载等,可将发生数据冲突的概率降到最低。由以上分析可知,以太网进入工业控制领域是一个必然趋势。

工业以太网控制结构如图 1-5 所示。

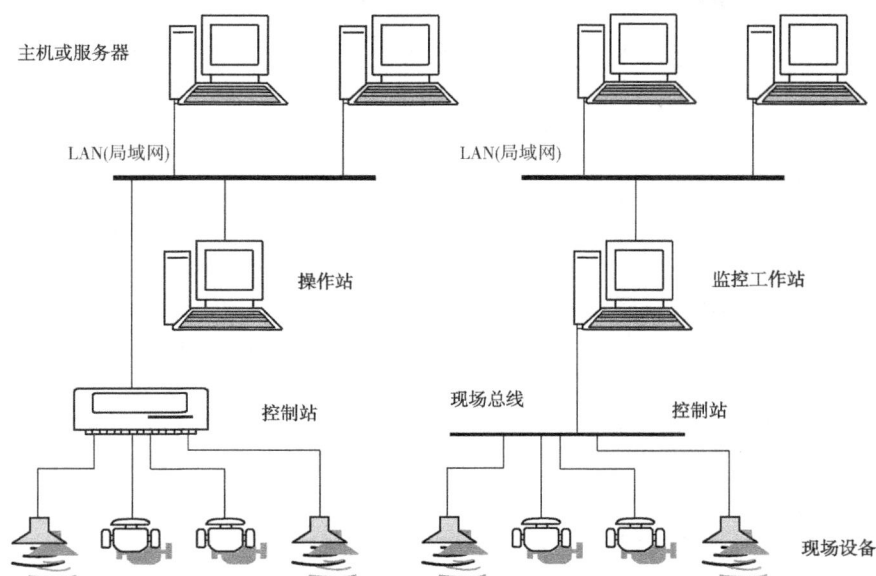

图 1-5　工业以太网控制结构

第二节　工程机械电液控制技术的现状与发展趋势

一、工程机械电液控制技术的发展状况

近年来,国外工程机械产品以电子、信息技术为先导,在计算机故障诊断与监控、精确定位与作业、发动机燃料燃烧控制和人机工程学等方面进行了大量的研究,开发出各种与工程机械相匹配的软、硬件系统,使工程机械更加信息化、智能化,提高了工程机械的科技含量,促进了工程机械的发展。工程机械施工智能化以及机群的智能化控制迫切要求对机械、电子、液压等学科进行融合。

一些国外有实力的企业采用了基于 GPS(全球定位系统)技术和数字地图技术的先进导航系统,在推土机或平地机驾驶室内装有触摸计算机,可实时显示机器在作业区内的位置、作业区域实际值与设计值的差距及相关信息,即使是毫无经验的驾驶员也能有效地完成诸如平地和坡度作业等作业要求。一些新产品可实现坡度的精确控制,驾驶室内可视化显示系统指导驾驶员精确作业,精度可达厘米级。

机载计算机故障诊断系统可根据各种传感器的检测信号,结合专家知识库对机器的运行状态进行评估,报出故障原因并预测可能出现的故障;在出现故障时,发出故障信息报警或指导驾驶员查找和排除故障。

一些新型柴油发动机装备有一个基于单片机的燃油喷射控制与发动机最佳性能调节系统,可提高燃料的利用率,确保发动机排出的废气符合环境控制法规要求。该系统还可通过 CAN 总线与其他设备进行通信,使整台机器构成一个完整的管理系统。

另外,换挡控制系统根据车辆的行驶速度与负载状态自动换挡,并使发动机转速与运行工况相匹配,达到节能目的。

应用人机工程学的控制系统,最能直接体现人性化的设计理念,所以国外工程机械特别注重驾驶员与操作界面的协调,追求操作的舒适性。触摸屏、文本图形显示器、无线遥控器和多功能操作手柄应用普遍,操作面板布局合理。

二、工程机械电液控制技术的发展趋势

1.嵌入式技术

随着信息技术的发展,芯片的处理能力不断加强,价格不断下降,工程机械控制器的CPU 也逐步由 16 位的单片机转向 32 位/64 位的嵌入式微控制器 MCU（微控制单元）、DSP和片上系统（SOC）。同时,随着双核概念的出现,双核控制器也必将成为一种发展趋势。不同于传统的、采用单一的 MCU 或 DSP（数字信号处理）作为处理器内核,双核体系结构包含MCU 和 DSP 两个内核。其中 MCU 内核完成通常的多任务调度和设备资源管理,DSP 内核完成数字滤波、运动轨迹规划中矢量运算等高速计算。两者通过双端口 RAM（随机存取存储器）通信,分工协作,使控制器的整体性能和效率大为提升。在 32 位脱位嵌入式处理器丰富的硬件资源基础上,引入 VxWorks、RT-Linux 等嵌入式实时操作系统支持,控制器运算处理和对各硬件资源的调度管理能力将大大提高。

欧洲一些主要运动控制器生产厂商,仍采用 16 位芯片的 CPU。但轨迹规划、故障录波与诊断、并行处理以及自学习、自校正等先进控制算法的应用,对控制器的软、硬件平台提出了更高的要求。有些厂商紧跟 IT（信息科技和产业）技术的发展,充分利用嵌入式软、硬件平台技术发展的成果,不断升级产品,使企业保持持续旺盛的发展势头。

2.信息化

工程机械控制器通过与无线通信、GPS 定位紧密结合的方式,使其通信能力以及网络处理能力越来越强。一些新的应用模式,如远程诊断、作业指导、远程监控等也应运而生,使工程机械与信息化齐头并进。中国工程机械行业普遍采用银行按揭的销售模式,通过对远程工况数据的采集监控,可及时跟踪评估用户现阶段的还贷能力,从而采取相应措施进行控制。因此,将控制器与 GPS 等多种定位技术相结合,实现远程定位、远程工况数据的采集与监控,已成为工程机械发展的一种趋势,也将成为银行规避风险的有效手段。

3.高可靠性

性能可靠的移动设备专用控制器与显示器得到广泛采用,如芬兰 EPEC 公司生产的控制器系列产品。该系列产品防护等级高、工作温度范围宽、具有多个 PWM（脉宽调制）输出端及大电流输出端、CAN（控制器局域网络）总线与 RS232 通信接口,是一款专门针对工程车辆等移动设备而开发的控制器。

4.标准化

运动控制器在发展过程中将逐步形成一些标准,如编程环境、通信接口与协议、驱动能力、材质、端子等。这些标准的确立将有助于提高不同厂家控制器的互操作性,同时有利于工程机械行业运动控制器的规范发展。

5.专业化与知识库集成化

目前,一些厂家（如力士乐）将多年的工程实践经验,尤其是某些特殊机种的控制经验和

专用控制算法逐步总结成库函数或功能块,并以知识库的方式提供给用户进行二次开发应用。由上述可知,当今工程机械控制器的主要研究方向,应该集中在新的硬件平台、整体多任务的调度和规划、集成开发环境 ODE、实时操作系统及各种控制库等方面。

今后,集液压、微电子及信息技术于一体的智能系统将成为主流开发方向,也将广泛应用于工程机械的产品设计中。计算机辅助驾驶系统、信息管理系统及故障诊断系统,将依托微电子技术与信息技术的广泛应用而不断完善;电子监控和自动报警系统、自动换挡变速装置将被广泛采用;用于物料精确挖(铲)、装、载、运作业的工程机械,将安装 GPS 定位与载量自动称量装置。

以施工工艺研究为基础,以计算机技术、微电子技术、信息技术、无线通信技术和自动控制技术的综合应用为手段,各种施工机群的智能化研究将相继展开并加以实施。

工程机械电液控制技术的不断发展和在施工过程中的应用,不仅保证了施工安全,也提高了劳动生产率,改善了劳动条件。

第二章　工程机械常用低压电器及控制电路

🔍 **知识目标**

1. 解释常用低压电器作用、结构、符号及使用注意事项；
2. 描述常用电压保护器件的工作原理和实际电路选用原则；
3. 描述常用低压电器控制线路控制功能；
4. 描述由低压电器控制实现的常用典型控制系统功能。

🔑 **能力目标**

1. 进行常用低压电器控制元件的控制功能设定及故障排除；
2. 进行常用低压电器组建的简单控制线路设计；
3. 进行常用低压电器控制线路的功能分析及功能改进。

第一节　常用低压电器元件

一、电器的分类

电器是接通和断开电路或调节、控制和保护电路及电气设备用的电工器具。由控制电器组成的自动控制系统,称为继电器—接触器控制系统,简称电器控制系统。

电器的用途广泛,功能多样,种类繁多,结构各异。下面是几种常用的电器分类。

1)按工作电压等级分类

(1)高压电器。高压电器是用于交流电压1200V、直流电压1500V及以上电路中的电器。例如高压断路器、高压隔离开关、高压熔断器等。

(2)低压电器。低压电器是用于交流50Hz(或60Hz),额定电压为1200V以下、直流额定电压1500V及以下的电路中的电器。例如接触器、继电器等。

2)按动作原理分类

(1)非自动控制电器。非自动控制电器是用手或依靠机械力进行操作的电器,如手动开关、控制按钮、行程开关等主令电器。

（2）自动控制电器。自动控制电器是借助于电磁力或某个物理量的变化自动进行操作的电器，如接触器、各种类型的继电器、电磁阀等。

3）按用途分类

（1）控制电器。控制电器是用于各种控制电路和控制系统的电器，例如接触器、继电器、电动机、启动器等。

（2）主令电器。主令电器是用于自动控制系统中发送动作指令的电器，例如按钮、行程开关、万能转换开关等。

（3）保护电器。保护电器是用于保护电路及用电设备的电器，如熔断器、热继电器、各种保护继电器、避雷器等。

（4）执行电器。执行电器是指用于完成某种动作或传动功能的电器，如电磁铁、电磁离合器等。

（5）配电电器。配电电器是用于电能的输送和分配的电器，例如高压断路器、隔离开关、刀开关、自动空气开关等。

4）按工作原理分类

（1）电磁式电器。电磁式电器是依据电磁感应原理来工作的电器，如接触器、各种类型的电磁式继电器等。

（2）非电量控制电器。非电量控制电器是依靠外力或某种非电物理量的变化而动作的电器，如刀开关、行程开关、按钮、速度继电器、温度继电器等。

二、电器的作用

低压电器能够依据操作信号或外界现场信号的要求，自动或手动地改变电路的状态、参数，实现对电路或被控对象的控制、保护、测量、指示、调节。低压电器的作用有：

（1）控制作用。如电梯的上下移动、快慢速自动切换与自动停层等。

（2）保护作用。能根据设备的特点，对设备、环境以及人身实行自动保护，如电动机的过热保护、电网的短路保护、漏电保护等。

（3）测量作用。利用仪表及与之相适应的电器，对设备、电网或其他非电参数进行测量，如电流、电压、功率、转速、温度、湿度等。

（4）调节作用。低压电器可对一些电量和非电量进行调整，以满足用户的要求，如柴油机喷油量的调整、房间温湿度的调节、照度的自动调节等。

（5）指示作用。利用低压电器的控制、保护等功能，检测出设备运行状况与电气电路工作情况，如绝缘监测、保护掉牌指示等。

（6）转换作用。在用电设备之间转换或对低压电器、控制电路分时投入运行，以实现功能切换，如励磁装置手动与自动的转换，供电的市电与自备电的切换等。

当然，低压电器作用远不止这些。随着科学技术的发展，新功能、新设备会不断出现，常用低压电器的主要品种和用途如表 2-1 所示。

常见的低压电器的主要品种及用途   表 2-1

序号	类别	主要品种	用途
1	断路器	塑料外壳式断路器	主要用于电路的过负荷保护、短路、欠电压、漏电压保护，也可用于不频繁接通和断开的电路
		框架式断路器	
		限流式断路器	
		漏电保护式断路器	
		直流快速断路器	
2	刀开关	开关板用刀开关	主要用于电路的隔离，有时也能分断负荷
		负荷开关	
		熔断器式刀开关	
3	转换开关	组合开关	主要用于电源切换，也可用于负荷通断或电路的切换
		换向开关	
4	主令电器	按钮	主要用于发布命令或程序控制
		限位开关	
		微动开关	
		接近开关	
		万能转换开关	
5	接触器	交流接触器	主要用于远距离频繁控制负荷，切断带负荷电路
		直流接触器	
6	启动器	磁力启动器	主要用于电动机的启动
		星三角启动器	
		自耦减压启动器	
7	控制器	凸轮控制器	主要用于控制回路的切换
		平面控制器	
8	继电器	电流继电器	主要用于控制电路中，将被控量转换成控制电路所需电量或开关信号
		电压继电器	
		时间继电器	
		中间继电器	
		温度继电器	
		热继电器	
9	熔断器	有填料熔断器	主要用于电路短路保护，也用于电路的过载保护
		无填料熔断器	
		半封闭插入式熔断器	
		快速熔断器	
		自复熔断器	

第二节 常用非自动控制电器

依靠外力(人工)直接操作来进行接通、分断电路等动作的电器叫非自动控制电器,如各种开关、按钮等。

非自动控制电器广泛应用于配电线路,用作电源的隔离、保护与控制,如常用的有刀开关、转换开关等。

一、刀开关

刀开关又称闸刀开关,是结构最简单、应用最广泛的一种手动电器。在容量不大的低压电路中,作为不频繁接通和分断电路用,或用来将电路与电源隔离,也可以用来对小功率电动机作不频繁的直接启动。

刀开关由操作手柄、动触刀、静插座和绝缘底板组成,依靠手动来实现触刀插入插座或脱离插座的控制,按刀数可分为单极、双极和三极。刀开关图形符号和文字符号如图2-1所示,一般均与熔断丝或熔断器组成具有保护作用的开关电器,最常用的有开启式负荷开关(胶盖闸刀开关)和封闭式负荷开关(铁壳开关)等。

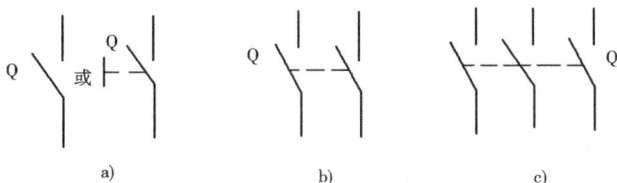

图2-1 刀开关图形符号和文字符号
a)单极;b)双极;c)三极

1.胶盖闸刀开关

图2-2所示为HK系列瓷底胶盖闸刀开关结构图和图形符号与文字符号。胶盖闸刀开关由刀开关和熔断丝组成。在瓷底板上装有进线座、静插座、熔断丝、出线座和刀片式的动触刀,上面罩有两块胶盖。胶盖的作用是防止金属零件落在闸开关上造成相间短路,操作人员不会触及带电部分,并且可以防止在分断电路时产生的电弧造成相间短路,电弧也不会飞出胶盖外面而灼伤操作人员。

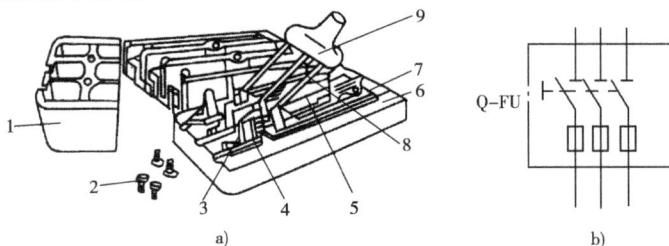

图2-2 HK系列瓷底胶盖闸刀开关结构图、图形符号和文字符号
a)结构图;b)图形符号和文字符号
1-胶盖;2-胶盖固定螺丝;3-进线座;4-静插座;5-熔断丝;6-瓷底板;7-出线座;8-动触刀;9-瓷柄

这种开关应用于额定电压为交流380V或直流440V、额定电流不超过60A的电器装置中,不频繁地接通或切断负载电路,起短路保护作用。常用的HK系列胶盖闸刀开关的额定电流等级有10A、15A、30A、60A,共4个等级,其他系列还有100A以上等级。但大的电流等级不能分断其额定电流,一般仅能用作隔离开关。

三极闸刀开关由于没有灭弧装置，因此在适当降低容量使用时，也可用作小容量异步电动机不频繁直接启动和停止的控制开关。在操作过程中，拉闸与合闸的动作要迅速，以利于迅速灭弧，减少刀片的灼伤。

安装时，闸刀开关在合闸状态下手柄应该向上，不能倒装和平装，以防止闸刀松动落下时开关误合。电源进线应接在静插座一边的进线端，用电设备应接在动触刀一边的出线端。这样，当闸刀开关关断时，闸刀和熔断丝均不带电，以保证更换熔断丝时的安全。

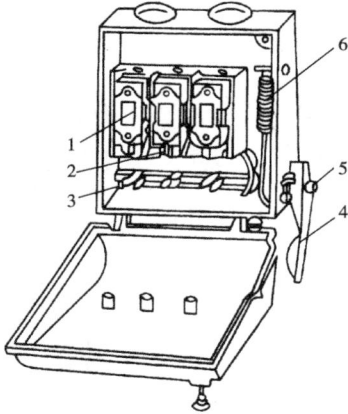

图2-3　HH系列铁壳开关

1-熔断器；2-夹座；3-闸刀；4-手柄；5-转轴；6-速动弹簧

2. 铁壳开关

铁壳开关又称为封闭式负荷开关，常用的HH系列结构和外形如图2-3所示。它由刀开关、熔断器、灭弧装置、操作机构和金属外壳构成。3把闸刀固定在1根绝缘轴上，由手柄操作。为了保证操作的安全，操作机构装设有机械联锁装置，使盖子打开时手柄不能合闸和手柄合闸时盖子不能打开。操作机构中，在手柄转轴与底座间装有速动弹簧，使刀开关的接通与断开迅速而与手柄操作速度无关，这样有利于迅速灭弧。铁壳开关适用于各种配电设备中，供手动不频繁地接通和分断负载电路，并可控制28kW以下的交流异步电动机的不频繁直接启动及停止，具有短路保护功能。

铁壳开关的额定电流可选为电动机额定电流的2倍。使用铁壳开关时，外壳应可靠搭铁，防止意外漏电造成触电事故。

铁壳开关图形符号和文字符号与胶盖闸刀开关相同。

二、组合开关

组合开关也称为转换开关，它的特点是用动触片作为刀刃，以转动的方法改变动、静触片之间的通或断。组合开关的结构见图2-4（以HZ10-10/3型为例）。

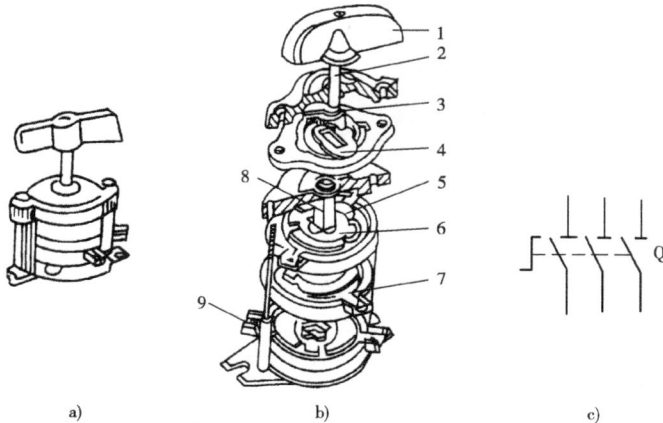

图2-4　HZ10-10/3型组合开关

a) 外形；b) 结构；c) 图形符号和文字符号

1-手柄；2-转轴；3-扭簧；4-凸轮；5-绝缘垫板；6-动触片；7-静触片；8-绝缘杆；9-接线柱

组合开关是由若干动触片和静触片分别装于数层绝缘垫板内组成的。动触片装在附有手柄的转轴上,随转轴旋转而改变其通断位置。顶盖部分由滑板、凸轮、弹簧及手柄等零件构成操作机构及定位装置。由于有弹簧储能,开关触片动作快慢与手柄旋转速度无关,改善了电器的性能。采用固定组合开关每旋动 1 次动触片的停留位置和凸轮等定位装置,来保证动、静触片在接通过程中永远处于接触状态。组合开关一般用于电气设备中不频繁地接通或断开电路,换接电源或负载,测量三相电压及控制 7kW 以下的小型异步电动机启动与停止。此时组合开关额定电流应为电动机额定电流的 3 倍,但它不能用于频繁操作的场所。用组合开关接通电源,另有接触器控制电动机时,组合开关的额定电流可稍大于电动机的额定电流。由于组合开关没有特定的灭弧装置,绝缘垫板也只能起到隔弧作用,因此操作频率不能过高,最多 300 次/h。如果用来控制电动机,则通断次数最多为 15 ~ 20 次/h。在组合开关的使用中,应注意铭牌上的标注结构示意图与使用者所需的电器要求及动作要求相符。

组合开关的结构示意图如图 2-5 所示。

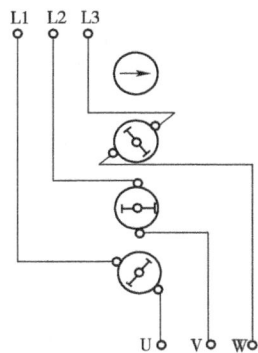

图 2-5 组合开关结构示意图

三、按钮

按钮是非自动电器中一种结构简单而应用广泛的电器部件。它主要用在控制电路中做短时间接通或断开小电流电路。用于远距离手动控制各种电磁开关,也可以用作转换各种信号线路和电气联锁线路等。

按钮的结构如图 2-6 所示。它的结构由按钮帽、复位弹簧、静触头和桥式动触头和外壳等组成。一般有 1 对常闭触头和 1 对常开触头,触头的额定电流为 5A 以下,当按下按钮时,先分断常闭触头,后闭合常开触头。按钮松开后,由于复位弹簧的作用,触头系统产生相反的分断与关合,按钮复原。有的按钮具有多组常开和常闭触头,有的按钮像积木一样,可以根据需要进行组合。

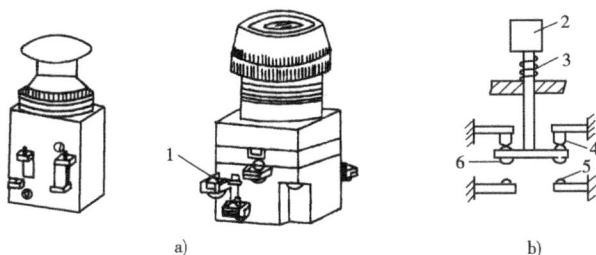

图 2-6 LA9-11 型按钮
a)外形;b)结构
1-接线柱;2-按钮帽;3-复位弹簧;4-动断静触头;5-动合静触头;6-动触头

按钮在结构上有很多形式,比如开启式、保护式、防水式、防腐式、钥匙式、旋转式、紧急式、带灯式等。开启式按钮适于嵌装在控制台的板面上,但不能防止偶然触及带电部分;保护式按钮具有保护外壳,可以防止内部的按钮元件受机械的损伤和偶然触及带电部分;防水式按钮具有密封的外壳可防止雨水的侵入;防腐式按钮能防止化工腐蚀气体侵入;钥匙式按

13

钮带有钥匙，以防止误操作；旋转式按钮以旋转操作触头；紧急式按钮装有突起蘑菇形的按钮帽，以便紧急操作；带灯式按钮内装有信号指示灯显示信号。常用的几种按钮外形如图2-7所示。

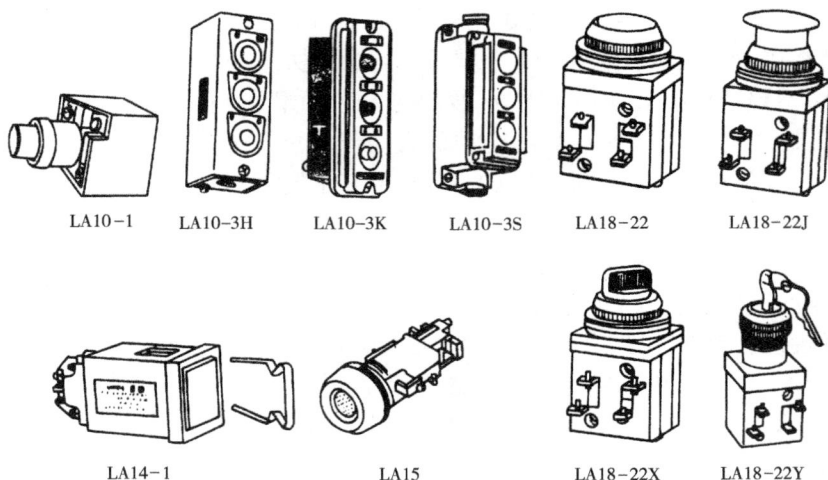

| LA10-1 | LA10-3H | LA10-3K | LA10-3S | LA18-22 | LA18-22J |

| LA14-1 | LA15 | LA18-22X | LA18-22Y |

图2-7 部分按钮的外形

为了便于区分各按钮不同的控制作用，通常将按钮帽做成不同的颜色，这样可以避免误操作，"停止"按钮多为红色的，"启动"按钮多为绿色。

按钮要根据所需触点对数、使用场合及作用来选择型号及按钮颜色。

按钮的图形符号和文字符号见图2-8。其中，a)、b)为单式按钮，c)为复式按钮。

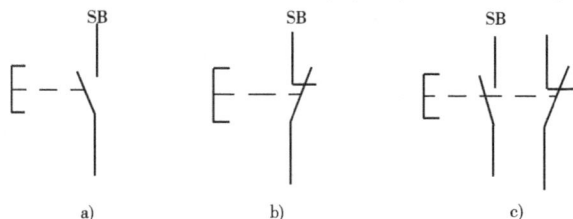

图2-8 按钮的图形符号和文字符号

a)、b)单式按钮；c)复式按钮

第三节　常用自动控制电器

一、接触器

接触器是一种依靠电磁力的作用使触点闭合或分离，从而接通或分断交、直流主电路和大容量控制电路，并能实现远距离自动控制和频繁操作，具有欠（零）电压保护，是自动控制系统和电力拖动系统中应用广泛的低压控制电器。

接触器按主触点通过电流的种类不同，可分为交流接触器和直流接触器两大类。

接触器主要由电磁系统、触点系统和灭弧装置3部分组成。

1. 交流接触器

1) 交流接触器电磁系统

交流接触器电磁系统的作用是实现触点的闭合与分断,包括线圈、动铁芯(衔铁)和静铁芯(铁芯)。线圈由绝缘铜线绕制而成,一般制成粗而短的圆筒形,并与铁芯之间有一定的间隙,以免与铁芯直接接触而受热烧坏。铁芯由硅钢片叠压而成,以减少铁芯中的涡流损耗,避免铁芯过热。在铁芯端部槽内嵌装有用铜、康铜或镍铬合金材料制成的短路环,其目的是减少交流接触器吸合时产生的振动和噪声,故又称减振环或分磁环。

2) 触点系统

触点系统包括主触点和辅助触点,用来直接接通和分断交流主电路和控制电路。

主触点用以通断电流较大的主电路,体积较大,一般有三对(三极)动合触点;辅助触点用以通断电流较小的控制电路,起电气联锁作用,体积较小,有动合和动断两种触点,一般动合、动断触点各有两对。触点用导电性能较好的紫铜制成,并在接触部分镀银或镶银合金块,以减小接触电阻。

3) 灭弧装置

容量在10A以上的接触器都有灭弧装置,是用来迅速熄灭主触点在分断电路时所产生的电弧,保护触点不受电弧灼伤,并使分断时间缩短。对于小容量的接触器,常采用双断口触点灭弧、电动力灭弧、相间弧板隔弧及陶土灭弧罩灭弧。对于大容量的接触器常采用窄缝灭弧罩及栅片灭弧结构。

4) 其他部件

其他部件包括反作用力弹簧、缓冲弹簧、传动机构和接线柱等,CJ20交流接触器结构示意图如图2-9所示。

5) 工作原理

当线圈通入电流后,在铁芯中形成强磁场,动铁芯受到电磁力的作用,便吸向静铁芯。但动铁芯的运动受到弹簧阻力,故只有当电磁力大于弹簧反作用力时,动铁芯才能被静铁芯吸住。动铁芯吸下时,带动动触点与静触点接触,从而使被控电路接通。当线圈断电后,动铁芯在反力弹簧作用下迅速离开静铁芯,从而使动、静触点也分离,断开被控电路。

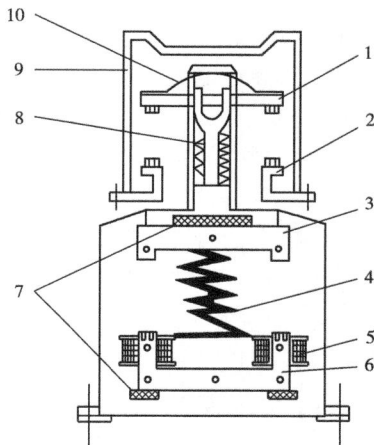

图2-9 CJ20交流接触器结构示意图
1-动触点;2-静触点;3-衔铁;4-缓冲弹簧;5-电磁线圈;6-静铁芯;7-垫毡;8-触点弹簧;9-灭弧罩;10-触点压力簧片

常用的交流接触器产品,国内有Q10、CJ12、CJ10X、CJ20、QJX1等系列。

2. 直流接触器

直流接触器与交流接触器的工作原理基本相同,在结构上也是由电磁机构、触点系统和灭弧装置等部分组成;但也有不同之处,直流接触器的铁芯通以直流电,不会产生涡流和磁滞损耗,所以不发热,也无振动。为方便加工,铁芯由整块软钢制成,铁芯无分磁环。为使线圈散热良好,通常将线圈绕制成长而薄的圆筒形,线圈匝数比交流接触器多,与铁芯直接接触,易于散热。由于直流电弧比交流电弧难以熄灭,因此直流接触器常采用灭弧能力较强的磁吹式灭弧装置。

常用的直流接触器有：CZ0、CZ18 等系列。接触器图形符号及文字符号见图 2-10。

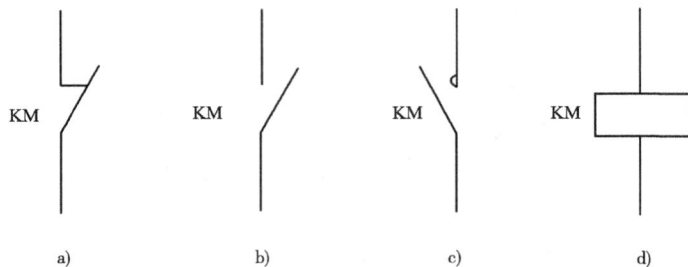

图 2-10　接触器的文字符号与图形符号
a)辅助动断触点；b)辅助动合触点；c)主触点；d)线圈

3.接触器的主要技术参数

（1）额定电压。接触器铭牌上的额定电压是指主触点的额定电压。交流有 127V、220V、380V、500V；直流有 110V、220V、440V。

（2）额定电流。接触器铭牌上额定电流是指主触点的额定电流。有 5A、10A、20A、40A、60A、100A、150A、250A、400A、600A。

（3）吸引线圈的额定电压。交流有 36V、110（127）V、220V、380V；直流有 24V、48V、220V、440V。

（4）电器寿命和机械寿命以万次表示。

（5）额定操作频率以次/h 表示。

4.接触器的选择

（1）根据接触器所控制的负载情况，来确定接触器的类别。

（2）根据被控电路中电流大小和操作情况，确定接触器的容量等级。

（3）根据控制回路的电压来选择接触器的吸引线圈的电压。

（4）根据使用地点的周围环境来选择有关系列或特殊规格的接触器。

5.接触器的使用

（1）定期检查接触器的零件，要求可动部分灵活，紧固件无松动。保持触点表面清洁，无油污、积垢。对损坏的零件应及时更换。

（2）接触器不允许在去掉灭弧罩的情况下使用，防止触点分断时电弧互相连接而造成相间短路事故。用陶土制成的灭弧罩极易损坏，拆装时要小心。

（3）接触器应垂直安装，倾斜度不应超过 5°，否则会影响接触器的动作特性。安装位置便于日常检查和维修。

二、继电器

继电器是一种根据电量或非电量的变化来通断小电流电路的自动控制电器。其输入信号可以是电压、电流等电量，也可以是时间、转速、温度、压力等非电量；而输出信号则是以触点的动作或电路参数(如电压或电阻)的变化为形式。

随着现代科技的发展,继电器种类越来越多,应用也越来越广泛,不断涌现出高性能、高可靠性、结构新颖的新型继电器。

按动作原理分为:电磁式继电器、电子式继电器、热继电器等。

按吸引线圈电流分为:直流继电器、交流继电器等。

按输入信号分为:电流继电器、电压继电器、时间继电器、温度继电器、速度继电器和压力继电器等。

按输出形式分为:无触点继电器和有触点继电器等。

按用途分为:控制继电器、保护继电器、通信继电器、航空和航海用继电器等。

1. 电磁式继电器

电磁式继电器的工作原理及结构和电磁式接触器相似,由电磁机构和触点系统组成。主要区别在于:继电器是用于切换小电流的控制电路和保护电路,因而没有灭弧装置,也无主辅触点之分;而接触器是用来控制主回路大电流的,其主触点上装有相应的灭弧装置,有主辅触头之分。

电磁式继电器的图形符号和文字符号如图 2-11 所示。

1)电流继电器

反映电流变化的继电器,称为电流继电器。在使用时,电流继电器的线圈应串联在被测量的电路中。为了使电流继电器吸引线圈的串入不影响电路正常工作,其线圈匝数少而线径粗、阻抗小、功耗小。电流继电器的特点是起特定的保护作用,动作电流可根据需要进行整定,适用于电动机启动频繁和经常正反转的场合,在起重设备中经常用到电

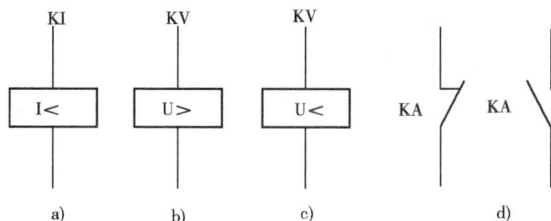

图 2-11 电磁式继电器的图形符号和文字符号
a)线圈一般符号;b)过电流、欠电流继电器线圈;c)过电压、欠电压继电器线圈;d)动合、动断触点

流继电器。常用的有欠电流继电器和过电流继电器两种。

欠电流继电器在正常工作时,衔铁是吸合的,只有当电流降到某一数值时(一般释放电流为额定电流的 10% ~20%),继电器才释放,输出信号,起欠电流保护作用。

过电流继电器在正常工作时不动作,当电流超过某一整定值时继电器产生吸合动作,对电路起到过电流保护作用。一般交流电过电流继电器整定电流范围为:(110% ~400%)×额定电流;直流电过电流继电器整定电流范围为:(70% ~300%)×额定电流。

过流继电器和欠流继电器的图形符号和文字符号见图 2-11b)。

2)电压继电器

根据电压大小而动作的继电器,称为电压继电器。在使用时,电压继电器的线圈与被测电路并联,因而其线圈匝数多而线径细。电压继电器有过电压、欠电压和零电压继电器之分。过电压继电器在电路电压正常时不吸合,当电路电压增加到额定电压的 105% ~120% 时吸合;欠电压继电器正常时吸合,当电路电压减小到额定值的 30% ~50% 时释放;零电压继电器在电路电压降到额定值的 5% ~25% 时释放。它们分别用来作过电压、欠电压和零电压保护。

电压继电器的图形符号和文字符号见图 2-11c)。

3）中间继电器

中间继电器是传递信号和控制多个电路的辅助控制电器,实质上也是一种电压继电器,其特点是触点数量较多,触点容量较大。

中间继电器主要适用以下两方面:

(1)当电压或电流继电器触点容量不够时,可借助中间继电器来控制,用中间继电器作为执行元件,这时中间继电器被当作一级放大器使用。

(2)当其他继电器或接触器触点不够时,可利用中间继电器来增加触点数量,扩大控制范围。

对于电动机额定电流不超过5A的电气控制系统,也可以用中间继电器替换接触器来控制,所以,中间继电器也是小容量的接触器。

2. 时间继电器

从得到输入信号(线圈的通电或断电)开始,经过一定的延迟后才输出信号(触点的闭合或断开)的继电器,称为时间继电器。它主要适用于需要按时间顺序进行控制的电气控制系统中,在接收到控制信号后,按要求作一定的延时使触点动作。

常用的时间继电器有电磁式、空气阻尼式、电动式和电子式等。

1）电动式时间继电器

电动式时间继电器是由微型同步电动机拖动减速齿轮来获得延时的。常用型号有JS10、JS11型,两种型号有很多相似之处,仅以JS11系列为代表介绍。

JS11系列通电延时型时间继电器的结构原理如图2-12所示。当同步电动机8接通电源后就以恒速旋转,带动减速齿轮7和差动齿轮组6一起转动,这时差动齿轮Z2和Z3空套在轴上空转,锥齿的轴本身不转。需要延时,接通离合电磁铁,它一方面使延时触头12瞬时动作,另一方面将差动齿轮Z3制动,锥齿则继续在另一轴上空转,同时以齿轮Z2为轨迹连同转轴一起做圆周运动,因凸轮9与轴固定,从而推动脱扣机构10使延时触头11动作。延时长短可通过调节指针3在刻度盘上的位置,即凸轮轴9的起始位置而获得,凸轮离脱扣机构远则凸轮要经过较大的转动角度才能推动脱扣机构动作,触头延时闭合的时间就长;反之就短。在调整延时时,定位指针的调节必须在离合电磁铁线圈断开时进行,并不是指电源要切断。当需要精确延时时,可先接通同步电动机电源,以减少由于起步所引起的误差。

当延时触头11动作时,利用其中1对常闭触头来分断同步电动机的电源。需要继电器复位时,只要将离合电磁铁线圈电源切断,所有的机构都在复位弹簧5的作用下立即回到动作前的状态,为下次动作做好准备。

断电延时型时间继电器与通电延时型时间继电器的区别仅在于离合电磁铁对差动齿轮Z3的控制。断电延时型时间继电器是离合电磁铁在适时将衔铁释放,通过弹力将差动齿轮Z3制动,从而得到延时效果。需要继电器复位时,必须给离合电磁铁线圈供电使衔铁吸合,从而差动齿轮Z3不被制动,复位弹簧才能使机构复位。同样,在调整延时值时,也给离合电磁铁线圈供电后进行。

电动式时间继电器的特点是延时精确度高,因为同步电动机的转速是恒定的,不受电源电压波动影响,采用了减速齿轮和差动齿轮这类机械固定传动比机构传动,不受环境温度的变化影响,延时范围宽,最大调节范围为 0 ~ 72h,可根据需要选用,延时整定偏差和重复偏差都比较小,一般不超过最大整定值的 ±1%。延时过程能通过指针直观地表示出来,因此用于交流 50Hz、500V 以下的各种自动控制系统中,由 1 个电路向另 1 个需要延时的被控电路发送信号且要求延时长、准确度高的场合。但由于具有齿轮传动,机械结构复杂,寿命短,体积大,成本较高,延时误差受电源频率影响(特别在电网电能质量较差时),不适宜于频繁操作,不能做成电源断电延时型。

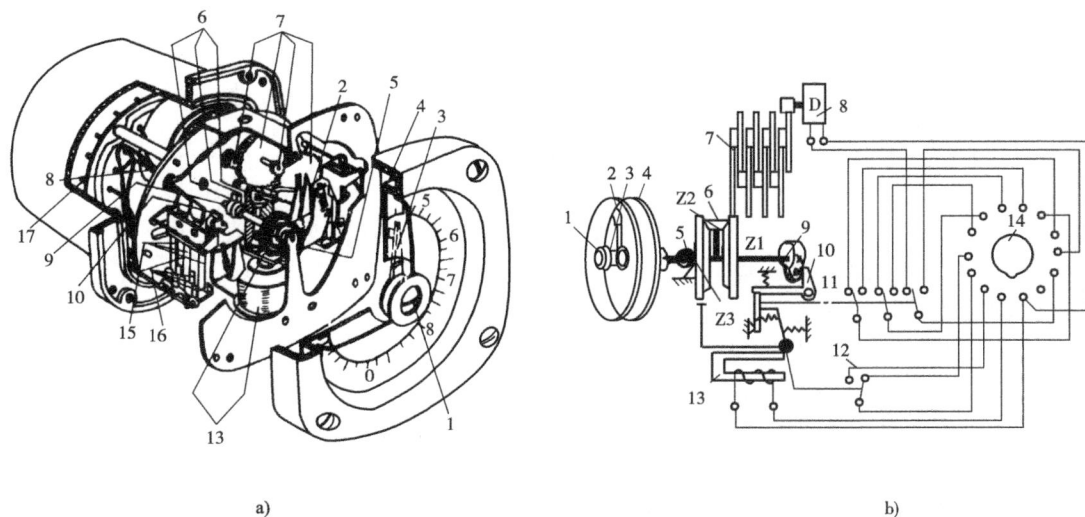

a)   b)

图 2-12 JS11 电动式时间继电器结构原理图

1-延时值整定;2-指针定位;3-指针;4-刻度盘;5-复位弹簧;6-差动齿轮;7-减速齿轮;8-同步电动机;9-凸轮;10-脱扣机构;11、12、13-延时触头;14-凸轮;15-动触点;16-静触点;17-接线插脚

2)电子式时间继电器

电子式时间继电器的种类很多,它们一般都是利用电容两端的电压不能突变而获得延时信号的。最基本的电子式时间继电器有延时吸合和延时释放两种。

图 2-13 为 JS20 系列电子式时间继电器电气原理图。刚接通电源时,电容器 C_2 尚未充电,此时 $U_c = 0$,场效应管 V_6 的栅极与源极之间电压 $U_{gs} = U_{os}$。此后,直流电源经电阻 R_{10}、RP_1、R_2 向 C_2 充电,电容 C_2 上电压逐渐上升,直至 U_c 上升到 $|U_c - U_s| < |U_p|$(U_p 为场效应管的夹段电压)时,V_6 开始导通。由于 I_D 在 R_3 上产生电压降,D 点电位开始下降,一旦 D 点电位降低到 V_7 的集电极电位以下时,V_7 将导通。V_7 的集电极电流 I_c 在 R_4 上产生压降,使场效应管 U_s 降低,使负栅偏压越来越小,R_4 起正反馈作用,V_7 迅速地由截止变为导通,并触发晶闸管 V_9 的导通,继电器 KA 动作。由上可知,从时间继电器接通电源开始,C_2 被充电到 KA 动作为止的这段时间即为通电延时动作时间。KA 动作后,C_2 经 KA 常开触点对电阻 R_9 放电,同时氖泡 Ne 启辉,并使场效应管 V_6 和晶体管 V_7 都截止,为下次工作准备。此时晶闸管 V_9 仍保持导通,除非切断电源,使电路恢复到原来的状态,继电器 KA 才释放。调节 R_{10} 和 RP_1 可调整延时时间的长短,此电路延时范围可达到 0.2 ~ 300s。

电子式延时时间继电器具有延时时间范围大、精度高、延时调节方便、性能稳定、体积小等优点。但电源电压波动对延时有影响。

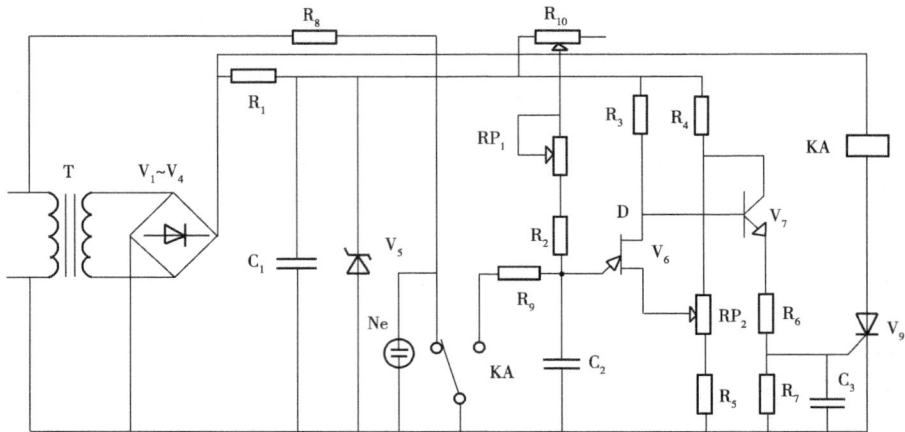

图 2-13　JS20 系列电子时间继电器电气原理图

3）无触点重复延时继电器

这种继电器是应用电子技术,实现无触点可重复延时的继电器,具有体积小、质量小、延时稳定、无易损零件、寿命长、耐振动等优点,适用于操作频繁,振动剧烈等苛刻条件的场合。该电器是港口门座式起重机电气控制设备中的自动控制元件,用以控制绕线式异步电动机转子加速接触器逐级吸合,使转子电阻按时间原则逐级短接,达到稳定启动的目的。

这种继电器采用固定印刷电路板,整机装于密封罩壳内,外接线路采用接线端子,安装维修方便,它的电气原理如图 2-14 所示。

电子电路由稳压电源、多谐振荡器、施密特电路、触发电路、交流可控硅开关等部分组成。接通电源,V_1、V_2 组成的晶体管多谐振荡器就自动起振,两者轮流导通与截止,周期性地转换,输出方波信号。由于接入了电容 C_7,改变了 V_1、V_2 起始导通的随机性。这样电路开始供电时,电源就向 C_7 充电,使 V_2 截止,V_1 先导通。V_2 截止,经 R_6、C_4 与 VD_4 组成的延时环节延时后,使斯密特电路中的 V_4 导通,V_6 截止,这样 V_8 导通,VD_{14} ~ VD_{17} 组成的晶体管交流开关形成通路;cd 之间的交流电压通过 T_3 隔离变压器输出,经整流成为全波整流电压,此电压作为 V_{10} 控制极的触发信号。V_{10} 导通后,通过接点 OUT_2 接通接触器线圈回路。

重复延时开关的转换时间,是多谐振荡器的半周期,由 C_1、C_2 及 R_3、R_4 来调节整定,一经确定则稳定不变。

时间继电器的图形符号和文字符号见图 2-15。

在具有可编程控制器 PLC 的控制线路中,时间继电器已被 PLC 中定时器所取代,其延时精度更高,设置更为方便。

3. 速度继电器

速度继电器是反映转速和转向变化的信号继电器,主要用于电动机的反接制动控制。也称反接制动继电器。这种继电器运用了电动机原理,由转子、定子和触点 3 部分组成。其结构原理图如图 2-16 所示。转子是一块永久磁铁,固定在轴上,使用时轴与被控电动机的轴相连。定子是由硅钢片冲成的笼型空心圆环,并装上笼型绕组构成,与轴同心。

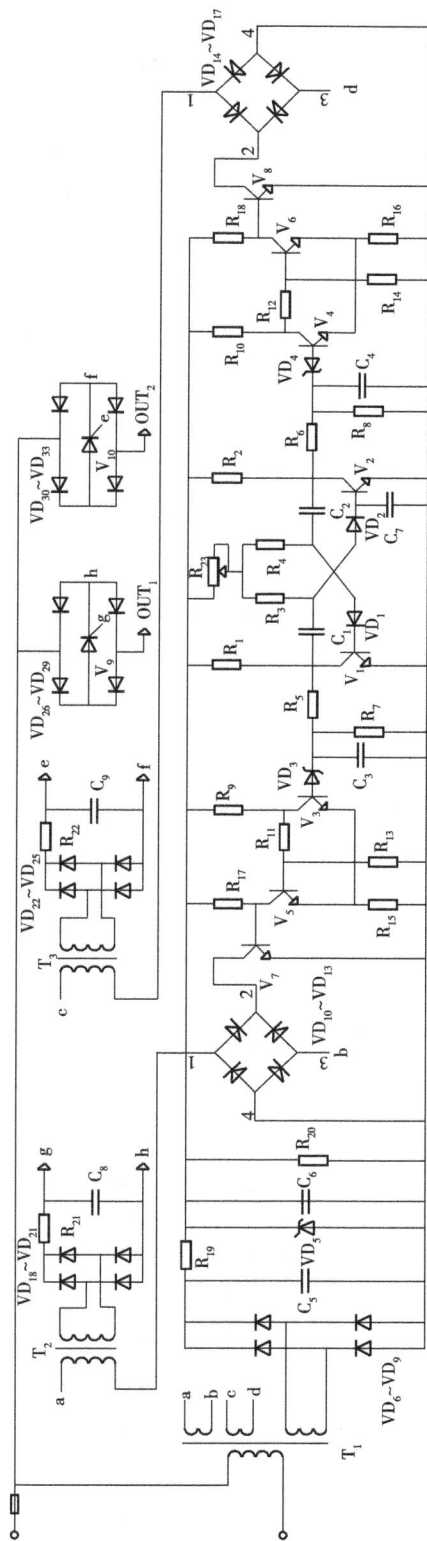

图 2-14 重复延时继电器电气原理图

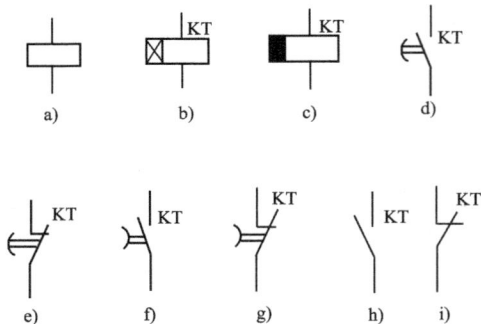

图2-15　时间继电器的图形符号和文字符号
a)线圈一般符号;b)通电延时线圈;c)断电延时
线圈;d)延时闭合的动合触点;e)延时断开的动
断触点;f)延时断开的动合触点;g)延时闭合的动
断触点;h)瞬时动合触点;i)瞬时动断触点

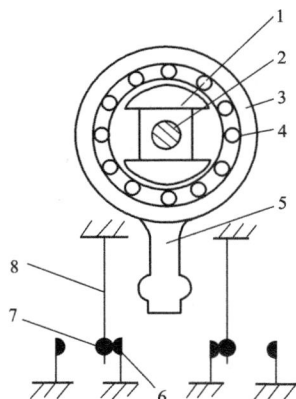

图2-16　速度继电器结构原理图
1-转子;2-电动机轴;3-定子;4-绕组;5-定
子柄;6-静触点;7-动触点;8-簧片

当被测电动机旋转时,带动永久磁铁的转子一起转动,这相当于一个旋转磁场,定子绕组切割磁场而产生感应电动势和电流,此电流和永久磁铁的磁场作用产生转矩,使定子跟着轴的转动方向偏摆,摆杆拨动触点,使动断触点断开,动合触点闭合。当电动机转速下降到接近零时,转矩减小,摆杆在弹簧力的作用下恢复原位,触点也复原。

当被测电动机转向相反时,继电器的转子方向也随之改变,产生的转矩方向也改变,摆杆推动另一侧的触头,使之断开或闭合,从而检测到电动机的转向变化。

速度继电器有两组触点(各有1对动合触点和1对动断触点),可分别控制电动机正反转时的反接制动。其图形符号及文字符号如图2-17所示。

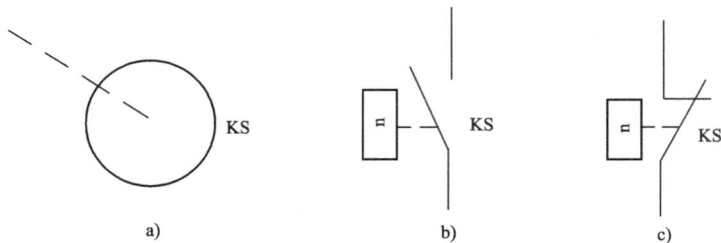

图2-17　速度继电器的图形符号及文字符号
a)转子;b)动合触点;c)动断触点

继电器的种类繁多,上述介绍的仅是本书所要使用到的继电器,另外还有压力继电器、温度继电器、光电继电器等。

第四节　常用保护电器

一、熔断器

熔断器俗称保险丝,是一种简单而有效的保护电器,被广泛应用于电网保护和电气设备保护,在电路中主要起短路保护作用。

熔断器主要由熔体和安装熔体的熔管(或熔座)组成。熔体用一种熔点低、电阻率较大、截面积较小的金属丝或薄片制成,使用时,将它串接于被保护的电路中。正常时,熔体允许通过一定的电流,不会熔断;在电路发生短路或严重过载时,熔体中流过很大的故障电流,当电流产生的热量达到熔体的熔点时,熔体熔化而自动切断电路,从而达到保护目的。熔体在熔化切断电路的过程中,往往会产生较强的电弧,而熔管主要起熄弧作用。

电气设备的电流保护有两种主要形式:过载延时保护和短路瞬时保护。过载一般是指额定电流 10 倍以下的过电流,短路则是指特大的超过额定电流 10 倍以上的过电流。但应注意,过载保护和短路保护决不仅仅是电流倍数的不同,实际上无论从特性方面、参数方面还是工作原理方面来看,差异很大。

1.熔断器的分类

常用的熔断器主要有以下 5 种:

1)插入式熔断器

插入式熔断器的结构如图 2-18 所示,由熔体、瓷插件、动触点、静触点和瓷座 5 部分组成。瓷座两端固装着静触点,瓷插件的两端固装着动触点,中间的凸起部分与瓷座的空腔形成灭弧室。

插入式熔断器结构简单,价格低廉,更换熔体方便且无需任何特殊的工具,一般用于 380V 及以下低压线路末端或分支电路中,作为配电支线或电器设备的短路保护用,广泛用于工业与民用照明电路中及中小型电动机中,但不能用于有振动的场合。

常见的插入式熔断器有 RC1A 系列,其额定电压为 380V,熔断器的额定电流有 5A、10A、15A、30A、60A、100A、200A,共 7 个等级。

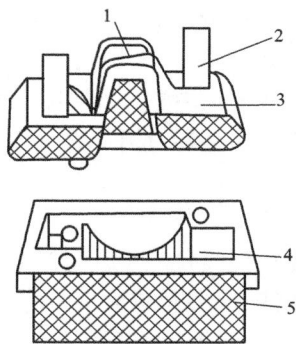

图 2-18 插入式熔断器
1-熔体;2-动触点;3-瓷插件;4-静触点;5-瓷座

2)螺旋式熔断器

螺旋式熔断器的结构如图 2-19 所示,瓷质的熔管内装熔体和填有石英砂,熔体两端焊在熔管两端的金属端盖上,上端盖中央有 1 个带色的熔断指示器,一旦熔体熔断,指示器马上弹出,透过瓷帽上的玻璃孔可检查发现。

螺旋式熔断器的分断能力较强,结构紧凑、体积小,更换熔体方便,安全检查可靠,且具有熔断指示,一般用于配电线路中,装入配电屏、控制箱作短路保护,在机床电气设备及工业和港口电气保护设备中,获得较广泛的应用。

目前,全国统一设计的螺旋式熔断器有

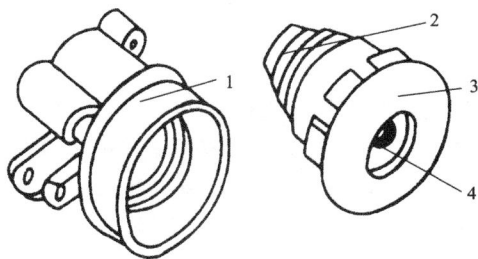

图 2-19 螺旋式熔断器
1-底座;2-熔体;3-瓷帽;4-熔断指示器

RL6、RL7(取代 RL1、RL2)、RLS2(取代 RLS1)等系列。

3)封闭式熔断器

封闭式熔断器分有填料熔断器和无填料熔断器两种,分别如图 2-20 和图 2-21 所示。

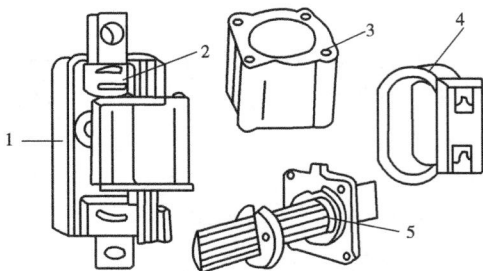

图 2-20　有填料封闭管式熔断器
1-瓷底座；2-弹簧片；3-管体；4-绝缘手柄；5-熔体

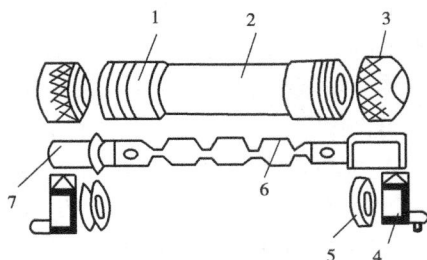

图 2-21　无填料密闭管式熔断器
1-铜圈；2-熔断管；3-管帽；4-插座；5-特殊垫圈；6-熔体；7-熔片

有填料封闭式熔断器一般用方形瓷管，内装石英砂及熔体，分断能力强，用于电压等级500V以下、电流等级 1kA 以下的电路中。熔体熔断后（图 2-20），用绝缘手柄在带电而不带负载的情况下进行更换，且手柄设有锁扣机构以保证操作安全可靠。有填料封闭式熔断器分断能力高，使用安全，但制造工艺复杂、造价高。它被广泛应用于短路电流很大的电力网络或配电装置中，作电缆、导线、电机、变压器及其他电气设备的短路保护。常见的有填料封闭式熔断器有 RT0、RT10 和 RT11 等系列。

无填料封闭式熔断器是将熔体装于密闭式硬质纤维管中，是一种在熔体熔断后可拆开的低压熔断器。它采用变截面锌片作熔体，当有大电流通过时，窄部温度上升较宽部快，首先达到熔化温度而熔断。无填料封闭式熔断器多用于低压电力网和成套配电装置中，作为导线、电缆及较大容量电气设备的短路或连续过载保护。

4）快速熔断器

硅半导体元件已日益广泛地应用于工业电力变换和电力拖动装置中，但是它的过载能力很低，只能在极短的时间内承受较大的过载电流，否则可能造成元件的损坏，因此要求短路保护具有快速熔断的能力，而快速熔断器主要用于半导体整流元件或整流装置的短路保护。快速熔断器的结构和有填料封闭式熔断器基本相同，但熔体材料和形状不同，它是以银片冲制成有 V 形深槽的变截面熔体。快速熔断器具有结构简单、动作灵敏和使用方便等特点，因而得到广泛应用。

5）自复熔断器

自复熔断器采用非线性电阻元件（如金属钠、特殊合金等）作熔体，在常温下具有高电导率。在特大短路电流产生的高温高压下，熔体电阻值会突变，即瞬间呈现高阻态，从而能将短路电流限制在很小的范围内。当短路电流消失后，温度下降，熔体又恢复原来的良好导电性能。自复熔断器与一般熔断器不同，只能限制短路电流，不能真正分断电路。其优点是不必更换熔体，能重复使用。自复熔断器与小容量自动开关组合使用，大大提高了自动开关的分断能力，主要用于电力网络的输配电路中，作为不需要分断电路的短路保护及限制过载电流用。

2.熔断器的选择

1）熔断器的安秒特性

熔断器的主要特性为熔断器的安秒特性，即熔断器的熔断时间 t 与通电电流 I 的关系曲

线 $t = f(I)$，也称为熔断器的保护特性，如图 2-22 所示，它是选用熔断器的依据之一。从图 2-22 中可看出：通过熔体的电流 I 与熔化的动作时间 t 成反比，即电流越大动作越快，电流越小则动作时间越长。因此，熔断器的安秒特性为反时限特性。图 2-22 中 I_N 为熔体的额定电流。

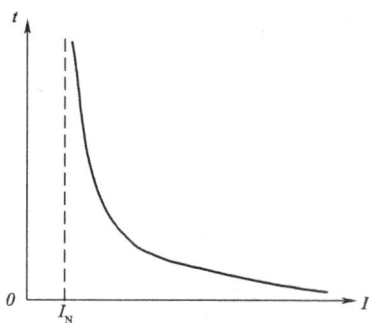

每一熔体都有一最小熔化电流，相对于不同的温度，最小熔化电流也不同。虽然该电流受外界环境的影响，但在实际应用中可以不予考虑。一般定义熔体的最小熔断电流与熔体的额定电流 I_N 之比为最小熔化系数，常用熔体的熔化系数大于 1.25。

图 2-22　熔断器的安秒特性曲线

2）熔断器的选择

熔断器用于不同负载，其额定电流的选择方法不同。熔断器的选择主要从以下几个方面考虑：

（1）当用于保护无启动过程的平稳负载，如照明线路、电阻、电炉等，可按下式计算：

$$U_{RTR} \geq U_{RT} \quad 且 \quad I_{RTR} \geq I_{RT}$$

式中：U_{RTR}——熔断器额定电压；

　　　I_{RTR}——熔断器额定电流；

　　　U_{RT}——线路额定电压；

　　　I_{RT}——负载额定电流。

（2）如用于保护单台长期工作的电动机，按下式计算：

$$I_{RTR} \geq (1.5 \sim 2.5) I_{RT}$$

（3）如用于保护频繁启动的电动机，应按下式计算：

$$I_{RTR} \geq (3.5 \sim 8) I_{RT}$$

（4）如用于保护多台电动机时，则应按下式计算：

$$I_{RTR} \geq (1.5 \sim 2.5) I_{RT_{max}} + \sum I_{RT}$$

式中：$I_{RT_{max}}$——多台电动机中容量最大的一台电动机的额定电流；

　　　$\sum I_{RT}$——其余电动机额定电流之和。

3. 熔断器的型号表示及符号

熔断器的型号表示方法为：R ①②③ - ④/⑤

其中：R——熔断器；

　　　①——结构形式：C（插入式），L（螺旋式）；

　　　②——设计序号；

　　　③——A：改进型设计；

　　　④——熔断器的额定电流；

　　　⑤——熔体的额定电流。

熔断器在电气原理图中的符号见图2-23。

图2-23 熔断器的符号

4.熔断器使用与安装

在熔断器运行维护中应注意下列事项：

（1）正确选择熔断器和熔体。

（2）对于插入式熔断器，熔体拧紧方向应正确，拧紧力应适中；管式熔断器应垂直安装。

（3）在熔体熔断后，应更换与原来相同规格和材料的熔体，安装前检查熔体的规格。更换熔体时，一定要遵守安全操作规程，首先要切断电源，不允许带电拔出熔体，更不能带负荷时拔出，以免被电弧烧伤或造成设备事故。

（4）熔断器安装位置及相互间距离应便于更换熔体。安装螺旋式熔断器时，必须注意将电源接到瓷底座的下接线端，以保证安全。

（5）有熔断指示的熔断器，其指示器的方向应装在便于观察的一侧。在运行中，应经常检查熔断器的指示器，以便及时发现电路单相运行情况。若发现熔断器上有污垢时，应及时清除，以免熔断器接触不良，温升过高。

二、热继电器

为充分发挥电动机的潜力，电动机短时过载是允许的，但无论过载量的大小如何，时间长了总会使绕组的温升超过允许值，从而加剧绕组绝缘的老化，缩短电动机的寿命，严重过载会很快烧毁电动机。为防止电动机长期过载运行，可在线路中串入按照预定发热程度进行动作的热继电器，以有效监视电动机是否长期过载或短时严重过载，并在超过过载预定值时有效切断控制系统电源，确保电动机安全。热继电器主要应用于三相交流异步电动机的过载保护、断相保护、电流不平衡的保护及其他电气设备发热状态的控制，以防止电动机过热老化或烧毁。

1.热继电器结构及工作原理

JR16系列热继电器的工作原理示意及结构如图2-24所示。

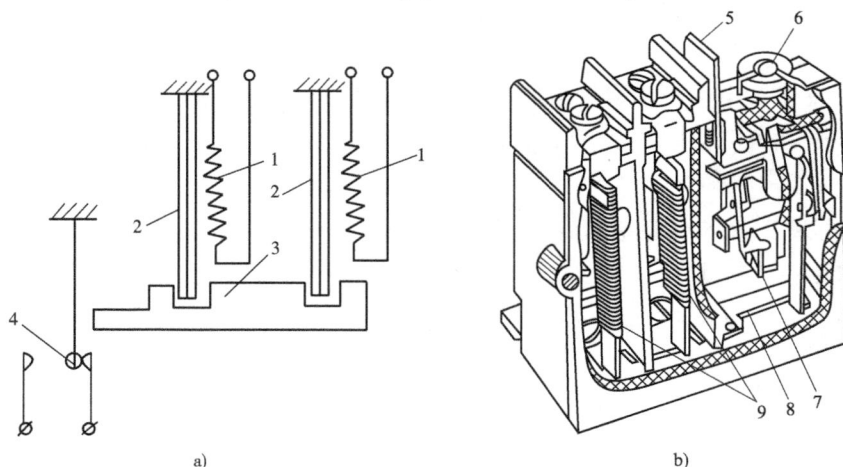

a)   b)

图2-24 JR16系列热继电器

a)工作原理示意；b)结构

1、9-热元件；2-双金属片；3-导板；4-触点；5-复位按钮；6-调整整定电流装置；7-常闭触点；8-动作机构

热继电器主要由热元件、双金属片和触点等组成。

当电动机正常运行时,热元件产生的热量虽能使双金属片弯曲,但还不足以使热继电器的触点动作。当电动机过载时,流过热元件的电流增大,热元件产生的热量增加,使双金属片弯曲位移增大,推动导板 3 使常闭触点断开,从而切断电动机控制电路起保护作用。热继电器动作后,一般不能自动复位,要等双金属片冷却后按下复位按钮 5 才能使触点复位,可防止热继电器动作后因故障未排除而电动机又启动造成更大的故障。热继电器动作电流的调节,可以借助旋转调整整定电流装置 6 于不同位置来实现。

我国目前生产的热继电器主要有 JR0、JR1、JR2、JR9、JR10、JR15、JR16 等系列。

2. 热继电器的型号表示及符号

热继电器的型号表示方法为:J R ☐1 - ☐2 / ☐3 D

其中:J——继电器;

　　R——热;

　　☐1——设计序号;

　　☐2——额定电流;

　　☐3——极数;

　　D——带断相保护。

热继电器在电气原理图中的符号如图 2-25 所示。

3. 热继电器的选用

热继电器有单相、两相及三相式,其中三相式还分为有断相保护(用于电动机△接法)和无断相保护。

热继电器的选择,主要根据电动机定子绕组的连接方式来确定热继电器的型号。在三相异步电动机电路中,对于 Y 接法的电动机可选两相或三相结构的热继电器,一般都采用两相结构的热继电器,即在两相电路中串接热元件;对于三相感应电动机,定子绕组为△接法的电动机,必须采用带断相保护的热继电器。

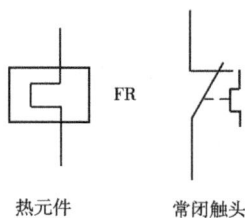
图 2-25 热继电器符号

热继电器中的发热元件有热惯性,在电路中不能作瞬时过载保护,更不能作短路保护,不同于过电流继电器和熔断器。

三、行程开关

行程开关也称位置开关或限位开关,是用来限制机械运动行程的一种很重要的小电流主令电器。它可将机械位移信号转换成电信号,其作用是行程控制、改变运动方向、定位、限位及安全保护。

在实际生产中,将行程开关安装在预先安排的位置,当装在生产机械运动部件上的挡块撞击行程开关时,行程开关的触点动作,实现电路的切换。因此,行程开关是一种根据运动部件的行程位置而切换电路的电器,它的作用原理与按钮类似。行程开关广泛用于各类机床和起重机械,用以控制其行程,进行极限限位保护。

1.行程开关的分类

行程开关按其结构可分为直动式、滚轮式和微动式三种。

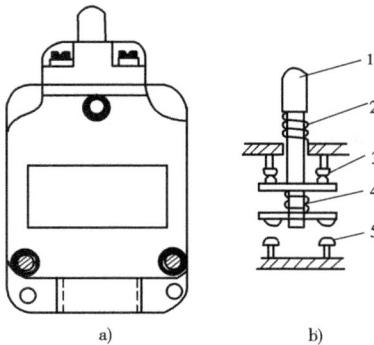

图2-26 直动式行程开关
a)外形图;b)原理图
1-顶杆;2-弹簧;3-常闭触点;4-触点弹簧;
5-常开触点

1)直动式行程开关

直动式行程开关结构原理如图2-26所示。其动作原理与按钮开关相同,当顶杆1受到碰压时,常闭触点3打开,分断电路。这种行程开关的主要缺点是,触点的分合速度取决于生产机械的运行速度,如果速度较慢就不利于灭弧,容易烧伤触点,甚至整个控制系统都受影响,不宜用于速度低于0.4m/min的场所。常用的直动式行程开关有LX1、LX19K等系列产品。

2)滚轮式行程开关

滚轮式行程开关又分为单滚轮自动复位式和双滚轮(羊角式)非自动复位式两种类型。

单滚轮自动复位式行程开关其结构原理如图2-27所示。当运动机械的挡块压到滚轮上时,通过传动杠杆使下部的微动开关快速动作,其常闭触点先断开,常开触点后闭合。当挡块离开滚轮时,复位弹簧的弹力使杠杆复位,触点恢复至原来状态,称为动复位。

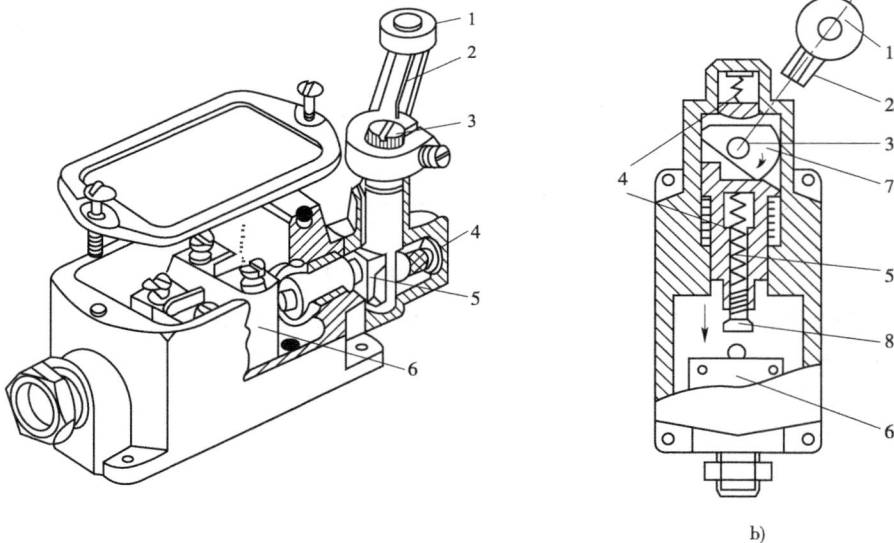

图2-27 JLXK1系列行程开关结构和动作原理
a)结构;b)动作原理
1-滚轮;2-杠杆;3-转轴;4-复位弹簧;5-撞块;6-微动开关;7-凸轮;8-调节螺钉

双滚轮非自动复位式行程开关有两个滚轮,当运动机械的挡块压下一个滚轮时触点动作,挡块离开时触点不会自动复位,只有在机械反向运动时,挡块从反方向碰压另一滚轮时,触点才能恢复至原始位置。

常用的滚轮式行程开关有LX2、JLXK1等系列产品。

3）微动开关

在要求高度准确的行程控制时,可采用更为灵敏、轻巧的微动开关,它的推杆动作行程小,动作压力小,在自动控制线路中,将微量的机械动作转换为电信号。微动开关结构原理如图 2-28 所示,动作原理不再详述。常用的微动开关有 JW、LXW-11、JLXK1-11 等系列产品。

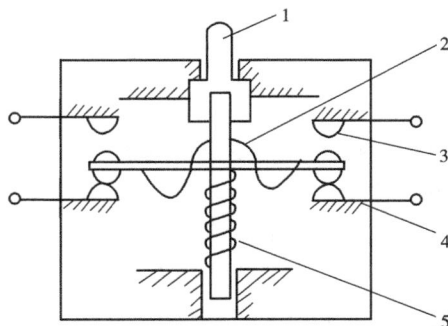

图 2-28　微动开关原理图
1-推杆;2-弯形片状弹簧;3-常开触点;4-常闭触点;5-复位弹簧

为了提高工作的可靠性和电器的使用寿命、适应更高的操作频率,近年来逐步推广使用晶体管无触点行程开关,又称接近开关。接近开关是一种非接触型的物体检测装置,当有某种物体与之接近到一定距离时,就发出动作信号,以控制继电器或逻辑元件。它的用途除行程控制和极限保护外,还可用作检测金属体的存在、高速计数、测速、定位、变换运动方向、检测零件尺寸、液面控制、作无触点按钮等,具有工作可靠、寿命长、消耗功率低、操作频率高以及能适应恶劣的工作环境等特点。接近开关的原理以高频振荡型为最常用,常用系列有 LJ、LXJ 和 LXU 等。

2. 行程开关的型号表示及符号

行程开关的型号表示方法为：J L X K ①- ②③④

其中:J——机床电器;

L——主令电器;

X——行程开关;

K——快速;

①——设计序号;

②——滚轮数目;

③——常开触点对数;

④——常闭触点对数。

行程开关在电气原理图中的符号如图 2-29 所示。

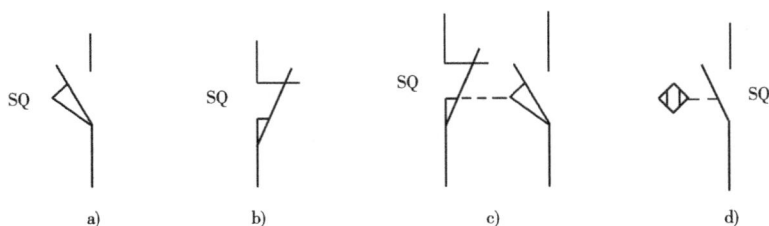

图 2-29　行程开关符号
a）常开触点；b）常闭触点；c）复合触点；d）无触点

3. 行程开关的选用

行程开关可按下列要求进行选用：

（1）根据应用场合及控制对象选择行程开关的种类。

（2）根据安装环境选择防护形式。

（3）根据控制回路的额定电压和电流来选择系列。

（4）由机械与行程开关的传力和位移关系选择合适的操作形式。

（5）选用接近开关的主要依据是工作频率高，可靠性和精度要求高的场合，然后按距离要求来选择型号规格，按输出要求选择输出形式。

第五节　常用控制线路

任何复杂的电器控制线路都是按照一定的控制原则，由基本的控制线路组成的。基本控制线路是学习电器控制的基础，特别是对生产机械整个电气控制线路工作原理的分析与设计有很大的帮助。

电器控制线路的表示方法有：电气原理图、电气接线图、电器布置图。

电气原理图是根据工作原理而绘制的，具有结构简单，层次分明，便于研究和分析电路的工作原理等优点。在各种生产机械的电气控制中，无论在设计部门或生产现场都得到广泛的应用。电气控制线路常用的图形、文字符号必须符合最新的国家标准。

电气控制线路根据电路通过的电流大小可分为主电路和控制电路。主电路包括从电源到电动机的电路，是强电流通过的部分，用粗线条画在原理图的左边。控制电路是通过弱电流的电路，一般由按钮、电器元件的线圈、接触器的辅助触点、继电器的触点等组成，用细线条画在原理图的右边。

采用电器元件展开图的画法。同一电器元件的各部件可以不画在一起，但需用同一文字符号标出。若有多个同类电器，可在文字符号后加上数字序号，如 KM1、KM2 等。

所有按钮、触点均按没有外力作用和没有通电时的原始状态画出。控制电路的分支线路，原则上按照动作先后顺序排列，两线交叉连接时的电器连接点须用黑点标出。

本节主要介绍典型的电气控制线路。

一、三相笼型电动机直接启动控制

在电源容量足够大时，小容量笼型电动机可直接启动。直接启动的优点是电气设备少，线路简单;缺点是启动电流大,引起供电系统电压波动,干扰其他用电设备的正常工作。

1.点动控制

如图 2-30 所示,主电路由刀开关 QS、熔断器 FU、交流接触器 KM 的主触点和笼型电动机 M 组成;控制电路由启动按钮 SB1 和交流接触器线圈 KM 组成。

线路的工作过程如下:

启动:合上刀开关 QS→按下启动按钮 SB1→接触器 KM 线圈通电→KM 主触点闭合→电动机 M 通电直接启动。

停机:松开 SB1→KM 线圈断电→KM 主触点断开→M 断电停转。

按下按钮,电动机转动,松开按钮,电动机停转,这种控制就叫点动控制,它能实现电动机短时转动,常用于机床的对刀调整和电动起重机等。

2.连续运行控制

在实际生产中往往要求电动机实现长时间连续转动,即所谓长动控制。如图 2-31 所示,主电路由刀开关 QS、熔断器 FU、接触器 KM 的主触点、热继电器 FR 的发热元件和电动机 M 组成,控制电路由停止按钮 SB2、启动按钮 SB1、接触器 KM 的常开辅助触点和线圈、热继电器 FR 的常闭触点组成。

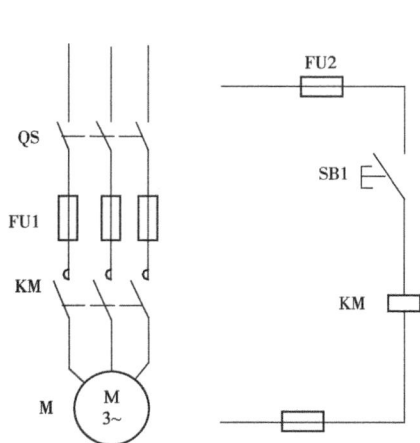

图 2-30　点动控制线路　　　　　图 2-31　连续运行控制线路

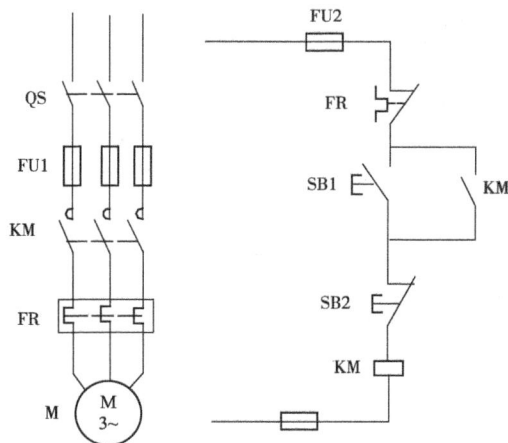

工作过程如下:

启动:合上刀开关 QS→按下启动按钮 SB1→接触器 KM 线圈通电→KM 主触点闭合和常开辅助触点闭合→电动机 M 接通电源运转;松开 SB1,利用接通的 KM 常开辅助触点自锁,电动机 M 连续运转。

停机:按下停止按钮 SB2→KM 线圈断电→KM 主触点和辅助常开触点断开→电动机 M 断电停转。

在连续控制中,当启动按钮 SB1 松开后,接触器 KM 的线圈通过其辅助常开触点的闭合仍继续保持通电,从而保证电动机的连续运行。这种依靠接触器自身辅助常开触点的闭合而使线圈保持通电的控制方式,称自锁或自保。起到自锁作用的辅助常开触点称自锁触点。

线路设有以下保护环节:

短路保护:短路时熔断器 FU 的熔体熔断而切断电路起保护作用。

电动机长期过载保护:采用热继电器 FR。由于热继电器的热惯性较大,即使发热元件流过几倍于额定值的电流,热继电器也不会立即动作。因此在电动机启动时间不太长的情况下,热继电器不会动作,只有在电动机长期过载时,热继电器才会动作,用它的常闭触点断开使控制电路断电。

欠电压、失电压保护:通过接触器 KM 的自锁环节来实现。当电源电压由于某种原因而严重欠电压或失电压(如停电)时,接触器 KM 断电释放,电动机停止转动。当电源电压恢复正常时,接触器线圈不会自行通电,电动机也不会自行启动,只有在操作人员重新按下启动按钮后,电动机才能启动。本控制线路具有如下优点:

(1)防止电源电压严重下降时电动机欠电压运行。

(2)防止电源电压恢复时,电动机自行启动而造成设备和人身事故。

(3)避免多台电动机同时启动造成电网电压的严重下降。

3.点动和长动结合的控制

在生产实践中,工程机械调整完毕后,需要连续进行工作,则要求电动机既能实现点动又能实现长动。控制线路如图 2-32 所示。

图 2-32a)的线路比较简单,采用按钮开关 SA 实现控制。点动控制时,先把按钮开关 SA 打开→断开自锁电路→按动 SB2→KM 线圈通电→电动机 M 点动;长动控制时,把 SA 合上→按动 SB1→KM 线圈通电→自锁触点起作用→电动机 M 实现长动。

图 2-32b)的线路采用复合按钮 SB3 实现控制。点动控制时,按动复合按钮 SB3,断开自锁回路→KM 线圈通电→电动机 M 点动;长动控制时,按动启动按钮 SB2→KM 线圈通电,自锁触点起作用→电动机 M 长动运行。此线路在点动控制时,若接触 KM 的释放时间大于复合按钮的复位时间,则点动结束,SB3 松开时,SB3 常闭触点已闭合但接触器 KM 的自锁触点尚未打开,会使自锁电路继续通电,则线路不能实现正常的点动控制。

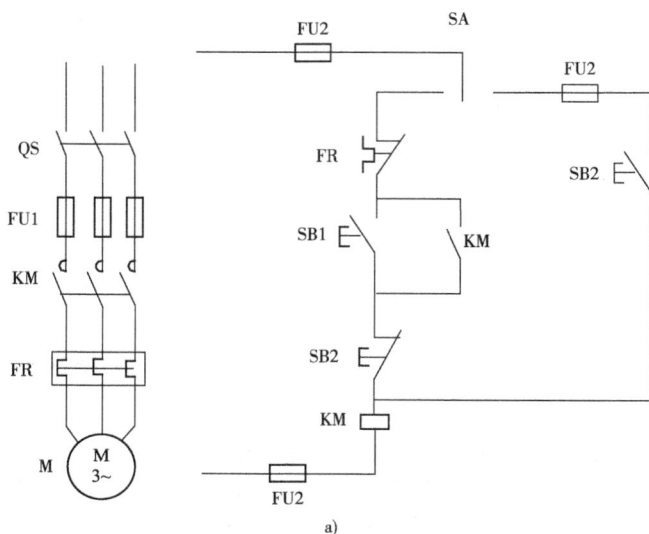

图 2-32

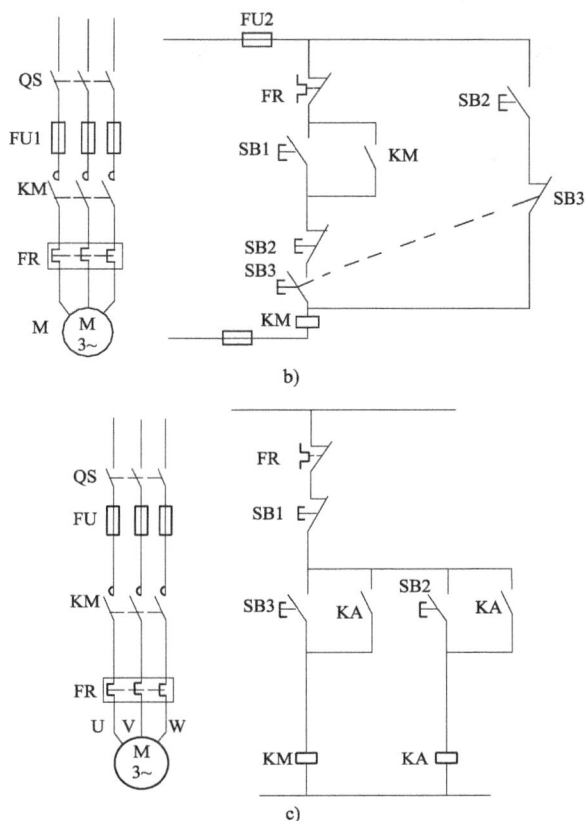

图 2-32　点动和长动结合的控制线路

a)线路 1;b)线路 2;c)线路 3

图 2-32c)的线路采用中间继电器 KA 实现控制。点动控制时,按动启动按钮 SB3→KM 线圈通电→电动机 M 点动。长动控制时,按动启动按钮 SB2→中间继电器 KA 线圈通电并自锁→KM 线圈通电→电动机 M 实现长动。此线路多用了一个中间继电器,但工作可靠性却提高了。

二、顺序连锁控制线路

1. 多台电动机先后顺序工作的控制

在生产实践中,有时要求一个拖动系统中多台电动机实现先后顺序工作。例如机床中要求润滑电动机启动后,主轴电动机才能启动。图 2-33 为两台电动机顺序启动控制线路。

在图 2-33a)中,接触器 KM1 控制电动机 M1 的启动、停止;接触器 KM2 控制电动机 M2 的启动、停止。现要求电动机 M1 启动后,电动机 M2 才能启动。

工作过程如下:合上开关 QS→按下启动按钮 SB2→接触器 KM1 通电→电动机 M1 启动→KM1 常开辅助触点闭合→按下启动按钮 SB3→接触器 KM2 通电→电动机 M2 启动。

按下停止按钮 SB1,两台电动机同时停止。如改用图 2-33b)线路的接法,可以省去接触器 KM1 的常开触点,使线路简化。

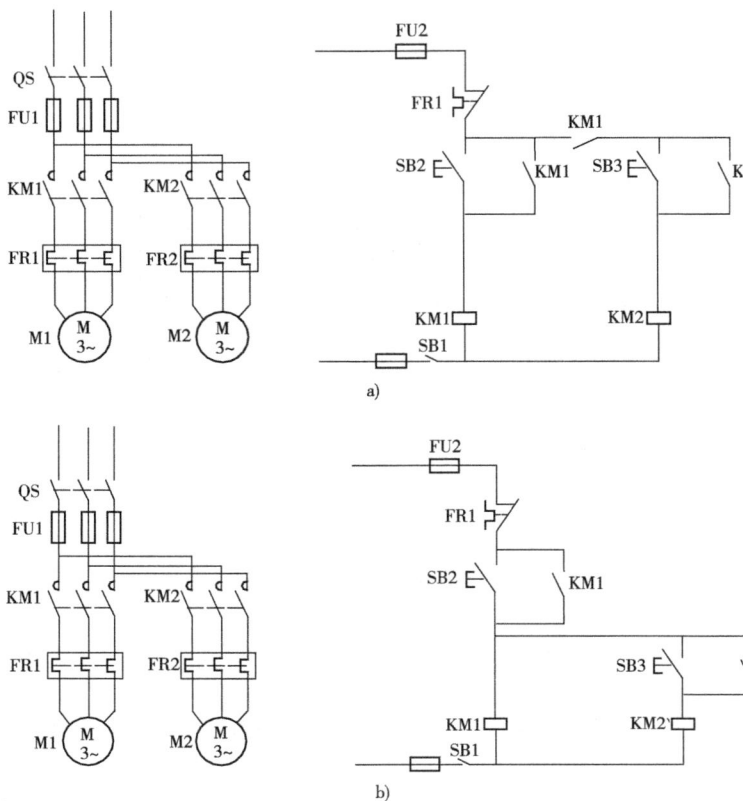

图 2-33　两台电动机顺序启动控制线路

a)线路 1；b)线路 2

电动机顺序控制的接线规律是：

（1）要求接触器 KM1 动作后接触器 KM2 才能动作，故将接触器 KM1 的常开触点串接于接触器 KM2 的线圈电路中。

（2）要求接触器 KM1 动作后接触器 KM2 不能动作，故将接触器 KM1 的常闭辅助触点串接于接触器 KM2 的线圈电路中。

2. 利用时间继电器顺序启动控制线路

图 2-34 是采用时间继电器，按时间原则顺序启动的控制线路。

线路要求电动机 M1 启动 $t(\mathrm{s})$ 后，电动机 M2 自动启动。可利用时间继电器的延时闭合常开触点来实现。

三、互锁控制线路

在实际应用中，往往要求生产机械改变运动方向，如工作台前进、后退；电梯的上升、下降等，这就要求电动机能实现正、反转。对于三相异步电动机来说，可通过两个接触器来改变电动机定子绕组的电源相序来实现。电动机正、反转控制线路如图 2-35 所示，接触器 KM1 为正向接触器，控制电动机 M 正转；接触器 KM2 为反向接触器，控制电动机 M 反转。

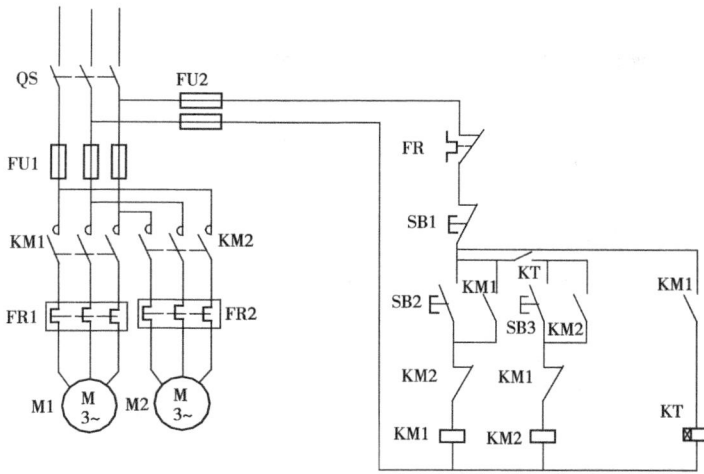

图 2-34 采用时间继电器的顺序启动控制线路

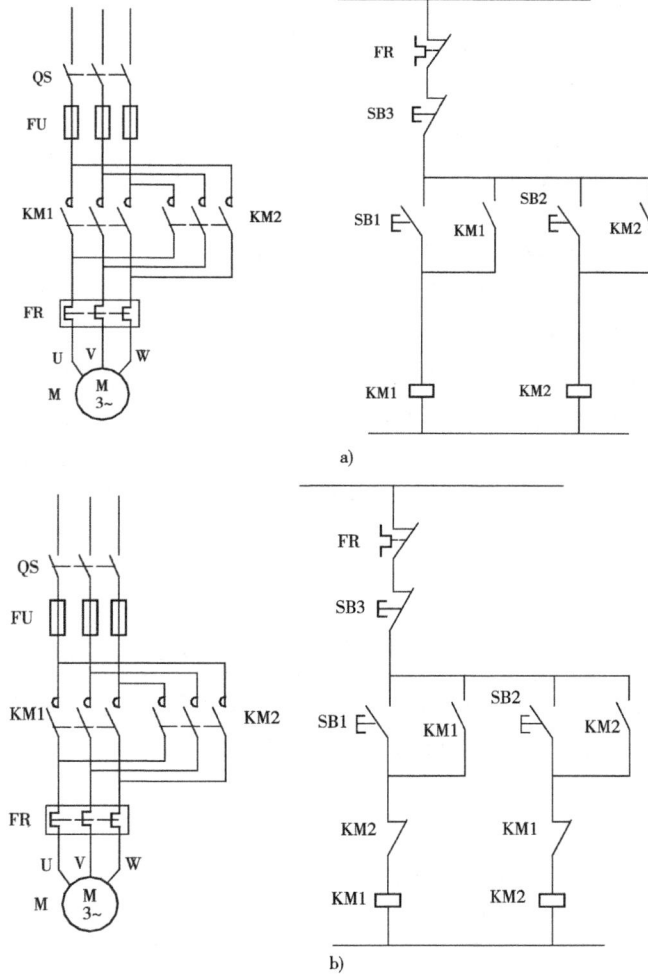

a)

b)

图 2-35

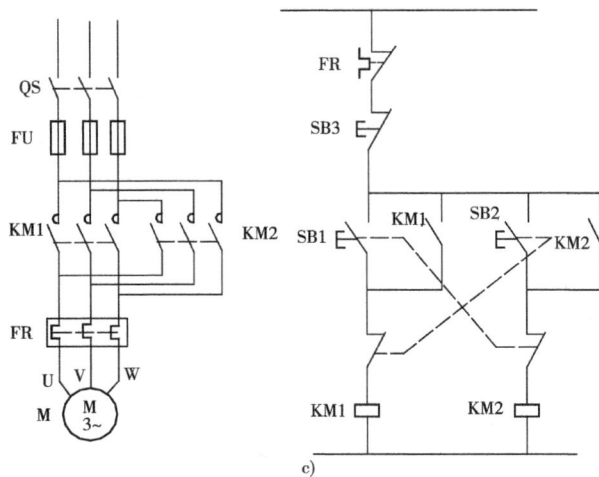

图 2-35 电动机正、反转控制线路

a)无互锁控制线路；b)具有电气互锁控制线路；c)具有复合互锁控制线路

如图 2-35a)所示为无互锁控制线路，其工作过程如下：

正转控制：合上刀开关 QS→按下正向启动按钮 SB1→正向接触器 KM1 通电→KM1 的主触点和自锁触点闭合→电动机 M 正转。

反转控制：合上刀开关 QS→按下反向启动按钮 SB2→正向接触器 KM2 通电→KM2 的主触点和自锁触点闭合→电动机 M 反转。

停机：按停止按钮 SB3→KM1（或 KM2）断电→M 停转。

该控制线路缺点是，若误操作会使 KM1 与 KM2 都通电，从而引起主电路电源短路，为此要求线路设置必要的联锁环节。

如图 2-35b)所示，将任何一个接触器的辅助常闭触点串入对应另一个接触器线圈电路中，则其中任何一个接触器先通电后，切断了另一个接触器的控制回路，即使按下相反方向的启动按钮，另一个接触器也无法通电，这种利用两个接触器的辅助常闭触点互相控制的方式，叫电气互锁，或叫电气联锁。起互锁作用的常闭触点叫互锁触点。另外，该线路只能实现"正→停→反"或者"反→停→正"控制，即必须按下停止按钮后，再反向或正向启动。这对需要频繁改变电动机运转方向的设备来说，是很不方便的。

为了提高生产率，直接正、反向操作，利用复合按钮组成"正→反→停"或"反→正→停"的互锁控制。如图 2-35c)所示，复合按钮的常闭触点同样起到互锁的作用，这样的互锁叫机械互锁。该线路既有接触器常闭触点的电气互锁，也有复合按钮常闭触点的机械互锁，即具有双重互锁。该线路操作方便，安全可靠，故应用广泛。

复习思考题

1.交流接触器在衔铁吸合前的瞬间，为什么在线圈中产生很大的冲击电流？直流接触器会不会出现这种现象？为什么？

2.交流电磁线圈误接入直流电源，直流电磁线圈误接入交流电源，会发生什么问题？为什么？

3. 在接触器标准中规定其适用工作制有什么意义？

4. 交流接触器在运行中有时在线圈断电后，衔铁仍掉不下来，电动机不能停止，这时应如何处理？故障原因在哪里？应如何排除？

5. 继电器和接触器有何区别？

6. 电压、电流继电器各在电路中起什么作用？它们的线圈和触点各接于什么电路中？如何调节电压(电流)继电器的返回系数？

7. 时间继电器和中间继电器在控制电路中各起什么作用？如何选用时间继电器和中间继电器？

8. 电动机的启动电流很大，当电动机启动时，热继电器会不会动作？为什么？

9. 既然在电动机的主电路中装有熔断器，为什么还要装热继电器？装有热继电器是否就可以不装熔断器？为什么？

10. 分析感应式速度继电器的工作原理，它在线路中起何作用？

11. 在交流电动机的主电路中用熔断器作短路保护，能否同时起到过载保护作用？为什么？

12. 低压断路器在电路中的作用如何？如何选择低压断路器？怎样实现干、支线断路器的级间配合？

13. 某设备的电动机为 J02-42-4 型，额定功率 5.5kW，电压为 380V，电流为 12.5A，启动电流为额定电流的 7 倍，现用按钮开关进行起停控制，要有短路保护和过载保护，应选用哪种型号的接触器、按钮开关、熔断器、热继电器和刀开关？

14. 试采用按钮开关、刀开关、接触器和中间继电器，画出异步电动机点动、长动的混合控制线路。

15. 电器控制线路常用的保护环节有哪些？各采用什么电器元件？

第三章 可编程序控制器(PLC)原理与应用技术

🔍 **知识目标**

1. 解释 PLC 的工作原理、PLC 的技术参数、各类型 CPU 性能指标以及外围电路接线方法；

2. 描述 PLC 的常用功能指令、逻辑指令、定时器指令应用，计数器指令应用，通信功能指令和基本应用典型程序；

3. 阐述 PLC 编程基本方法和技巧，着重强调技巧的使用。

🔑 **能力目标**

1. 能熟练使用 S7-200 编程调试软件，并能利用编程软件进行简单 PLC 程序编制、下载和调试运行；

2. 能进行具体任务目标的 PLC 设计及编程，实现控制过程；

3. 能进行 PLC 各类通信参数设定及基本 PLC 通信连接。

第一节 可编程序控制器(PLC)概述

一、PLC 的概念

PLC 的全称是可编程序逻辑控制器(Programmable Logical Controller)；PLC 取自其英文名称的三个单词的字头。

PLC 是电子计算机技术发展的产物。从本质上讲，PLC 就是一种为工业自动控制应用而专门设计的电子计算机系统。它可以用其内部的软件逻辑来取代传统的复杂而笨重的机械式继电器系统；并且因为 PLC 的本质是电子计算机，所以它还可以提供许多传统继电器系统所不能或很难实现的功能，如高速的数学运算、数据传送、网络通信、信息显示等。

由于 PLC 是一种专门用于工业控制的计算机，常常用于环境恶劣的工业现场，所以它在某些方面有所加强，如可靠性、体积、输入输出能力等；而另外一些不是必需的部件被省略掉了，如键盘、显示器等。因此，PLC 在外观上看起来与一般的计算机不太一样。

二、常用的 PLC 产品

我国市场上流行的有如下几家 PLC 产品：

(1)施耐德公司,有 Quantum、Premium、Momentum 等产品；

(2)罗克韦尔公司(含 AB 公司),有 SLC、Micro Logix、Control Logix 等产品；

(3)西门子公司,有 SIMATIC S7-400/300/200 系列产品；

(4)GE 公司的产品,有 GE-Micro、GE-9030、GE-9070 等；

(5)韩国的 LG,中国台湾的台达,日本欧姆龙、三菱、富士、松下等公司的产品。

第二节　PLC 的特点及主要功能

一、PLC 的特点

(1)可靠性高,抗干扰能力强。

高可靠性是电气控制设备的关键指标之一。由于 PLC 采用现代大规模集成电路技术、严格的生产制造工艺,而且内部电路采取了先进的抗干扰技术,因此 PLC 具有很高的可靠性。从 PLC 的机外电路来说,使用 PLC 构成控制系统,和同等规模的继电接触器系统相比,电气接线及开关接点已减少到数百甚至数千分之一,故障也就大大减少了。此外,PLC 带有硬件故障自我检测功能,出现故障时可及时发出警报信息。在应用软件中,应用者还可以编入外围器件的故障自诊断程序,使系统中除 PLC 以外的电路及设备也获得故障自诊断保护。

(2)配套齐全,功能完善,适用性强。

PLC 发展到今天,已经形成了大、中、小各种规模的系列化产品,可以用于各种规模的工业控制场合。除了逻辑处理功能以外,现代 PLC 大多具有完善的数据运算能力,可用于各种数字控制领域。近年来,PLC 的功能单元大量涌现,使 PLC 渗透到了位置控制、温度控制、计算机数字控制等各种工业控制中,加上 PLC 通信能力的增强及人机界面技术的发展,使应用 PLC 组成各种控制系统变得非常容易。

(3)易学易用,深受工程技术人员欢迎。

PLC 作为通用工业控制计算机,是面向工矿企业的工控设备。它的编程语言易于被工程技术人员接受,梯形图语言的图形符号与表达方式和继电器电路图相当接近,只用 PLC 的少量开关量逻辑控制指令就可以方便地实现继电器电路的功能。PLC 为不熟悉电子电路、不懂计算机原理和汇编语言的人使用计算机从事工业控制打开了方便之门。

(4)系统的设计、建造工作量小,维护方便,容易改造。

PLC 用存储逻辑代替接线逻辑,大大减少了控制设备外部的接线,使控制系统设计及建造的周期大为缩短,同时维护也变得容易起来。更重要的是,使同一设备经过改变程序来改变生产过程成为可能。这很适合多品种、小批量的生产场合。

(5)体积小,重量轻,能耗低。

PLC 体积小,重量轻,便于安装。PLC 的结构紧凑,它与被控制对象的硬件连接方式简单,接线少,便于维护。以超小型 PLC 为例,新近生产的品种底部尺寸小于 100mm,质量小于150g，由于体积小，很容易装入机器内部，是实现机电一体化的理想控制设备。

二、PLC 的主要功能

随着微电子技术的快速发展，PLC 的制造成本不断下降，而其功能却大大增强。目前在先进工业国家中，PLC 已成为工业控制的标准设备，应用面几乎覆盖了所有工业企业，诸如钢铁、冶金、采矿、水泥、石油、化工、轻工、电力、机械制造、汽车、装卸、造纸、纺织、环保、交通、建筑等行业。特别是在轻工行业中，因生产门类多，加工方式多变，产品更新换代快，所以 PLC 广泛应用在组合机床自动线、专用机床、塑料机械、包装机械、灌装机械、电镀自动线、电梯等电气设备中。PLC 已跃居现代工业自动化三大支柱（PLC、ROBOT、CAD/CAM）的主导地位。它的应用可大致归纳为如下几类：

1. 开关量的逻辑控制

这是 PLC 最基本、最广泛的应用领域，它取代传统的继电器电路，实现逻辑控制、顺序控制，既可用于单台设备的控制，也可用于多机群控及自动化流水线，如注塑机、印刷机、订书机械、组合机床、磨床、包装生产线、电镀流水线等。

2. 模拟量控制

在工业生产过程当中，有许多连续变化的量，如温度、压力、流量、液位和速度等都是模拟量。为了使可编程序控制器处理模拟量，必须实现模拟量（Analog）和数字量（Digital）之间的 A/D 转换及 D/A 转换。PLC 厂家都生产配套的 A/D 和 D/A 转换模块，使可编程序控制器用于模拟量控制。

3. 运动控制

PLC 可以用于圆周运动或直线运动的控制。从控制机构配置来说，早期直接用开关量 I/O 模块连接位置传感器和执行机构，现在一般使用专用的运动控制模块，如可驱动步进电机或伺服电机的单轴或多轴位置控制模块。

4. 过程控制

过程控制是指对温度、压力、流量等模拟量的闭环控制。作为工业控制计算机，PLC 能编制各种各样的控制算法程序，完成闭环控制。PID 调节是一般闭环控制系统中用得较多的调节方法。大中型 PLC 都有 PID 模块，目前许多小型 PLC 也具有此功能模块。其中，PID 处理一般是运行专用的 PID 子程序。过程控制在冶金、化工、热处理、锅炉控制等场合有非常广泛的应用。

5. 数据处理

现代 PLC 具有数学运算（含矩阵运算、函数运算、逻辑运算）、数据传送、数据转换、排序、查表、位操作等功能，可以完成数据的采集、分析及处理。这些数据可以与存储在存储器中的参考值进行比较，完成一定的控制操作，也可以利用通信功能传送到别的智能装置，或将它们打印制表。数据处理一般用于大型控制系统，如无人控制的柔性制造系统；也可用于过程控制系统，如造纸、冶金、食品工业中的一些大型控制系统。

6. 通信及联网

PLC 通信含 PLC 间的通信及 PLC 与其他智能设备间的通信。随着计算机控制的发展，工厂自动化网络发展得很快，各 PLC 厂商都十分重视 PLC 的通信功能，纷纷推出各自的网络系统。新近生产的 PLC 都具有通信接口,通信非常方便。

三、PLC 的分类

1. 按 I/O 点数分类

PLC 在 20 世纪 90 年代,按 I/O 点数已经形成微、小、中、大、巨型等多种 PLC,这种分类界限不是固定不变的,它将会随 PLC 技术的发展而变更,分类如下:

(1)微型 PLC:32I/O(拥有 32 个开关量输入、输出接口)。

(2)小型 PLC:256I/O(拥有 256 个开关量输入、输出接口)。

(3)中型 PLC:1024I/O(拥有 1024 个开关量输入、输出接口)。

(4)大型 PLC:4096I/O(拥有 4096 个开关量输入、输出接口)。

(5)巨型 PLC:8195I/O(拥有 8195 个开关量输入、输出接口)。

2. 按结构形式分类

接结构形式 PLC 可分为整体式和模块式两类。

1)整体式 PLC

整体式 PLC 又称为单元式或箱体式。整体式 PLC 是将电源、CPU、I/O 部件都集中在一个机箱内,其结构紧凑、体积小、价格低。一般情况下,小型 PLC 采用这种结构。整体式 PLC 由不同 I/O 点数的基本单元和扩展单元组成。基本单元内有 CPU、I/O 和电源,扩展单元内只有 I/O 和电源,基本单元和扩展单元之间一般用扁平电缆连接。整体式 PLC 一般配备有特殊功能单元,如模拟量单元、位置控制单元等,使 PLC 功能得以扩展。

2)模块式 PLC

模块式 PLC 是将 PLC 各部分分成若干单独的模块,如 CPU 模块、I/O 模块、电源模块(有的包含在 CPU 模块中)和各种功能模块。模块式 PLC 由框架和各种模块组成。模块插在插座上。有的 PLC 没有框架,各种模块安装在底板上。模块式结构 PLC 配置灵活,装配方便,便于扩展和维修。一般大、中型 PLC 宜采用模块式结构,有的小型 PLC 也采用这种结构。

有时 PLC 根据需要将整体式和模块式结合起来,称为叠装式 PLC。它除基本单元和扩展单元外,还有扩展模块和特殊功能模块,配置比较合理。以西门子 PLC 为例,图 3-1 和图 3-2 分别表示整体式和模块式 PLC。

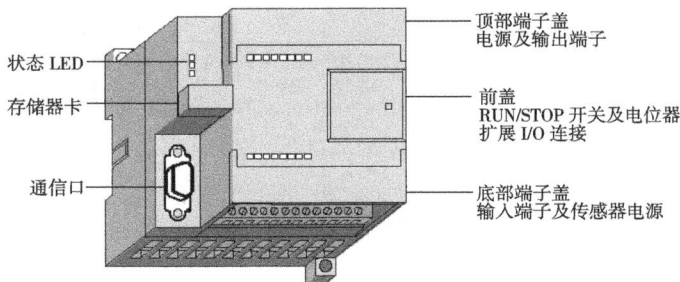

图 3-1 S7-200 整体式 PLC

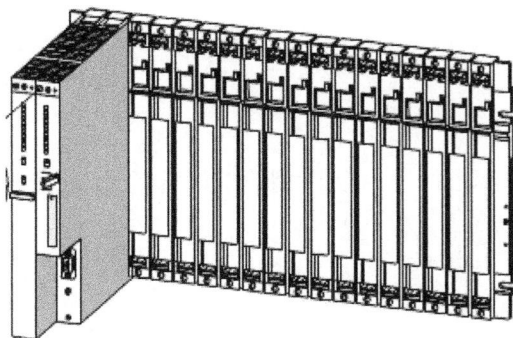

图 3-2　S7-400 模块式 PLC

3. 按功能分类

PLC 按功能不同可分为低档机、中档机、高档机三类。

低档机具有逻辑运算、定时、计数、移位以及自诊断、监控等基本功能，还可增设少量模拟量输入/输出、算术运算、远程 I/O、通信等功能。

中档机除具有低档机的功能外，还具有较强的模拟量输入/输出、算术运算、数据传送和比较、远程 I/O、通信等功能。

高档机除具有中档机的功能外，还有符号算术运算、位逻辑运算、矩阵运算、平方根运算及其他特殊功能函数运算、表格等功能。高档机具有更强的通信联网功能，可用于大规模过程控制系统。

第三节　PLC 的基本结构

PLC 是专为工业生产过程控制而设计的控制器，实质上就是一种工业控制专用计算机。因此，一个完整的 PLC 也包括硬件和软件两大部分，这一节主要阐述硬件部分，下一节阐述软件部分。

PLC 的基本结构如图 3-3 所示，由图可见 PLC 的硬件包括主机部分、I/O 扩展部分和外部设备部分。主机部分即 PLC 本体，是以中央处理器(CPU)为核心的一台专用计算机，包括中央处理器、存储器、输入/输出接口、电源等。

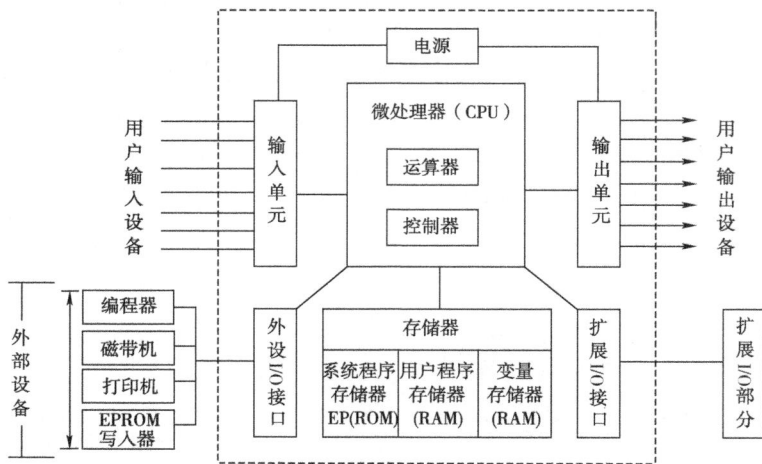

图 3-3　PLC 的硬件组成框图

下面具体介绍 PLC 基本结构的各组成部分及其作用。

一、中央处理器

又称微处理器，包括运算器和控制器两部分，是整个 PLC 系统的核心，完成以下主要功能：

（1）接收从编程器、上位机或其他外围设备输入的用户程序、数据等信息。

（2）用扫描方式接收输入设备的状态或数据，并存入到指定输入存储单元或数据寄存器中。

（3）诊断电源、PLC 内部电路故障和编程过程中存在的语法错误。

（4）在 PLC 进入运行状态后，从存储器中逐条读取用户程序，经指令解释后执行，最终完成用户程序中规定的逻辑运算或算术运算等任务。

二、存储器

PLC 内部配有系统存储器和用户存储器两部分，系统存储器用来存放由 PLC 生产厂家编写的系统程序，并固化在只读存储器（ROM）中，用户不能更改。它使 PLC 具有基本的智能，完成 PLC 规定的各项任务。用户存储器包括用户程序存储器（程序区）和功能存储器（数据区）两部分。用户程序存储器用来存放用户针对控制任务编写的程序，其内容可以由用户任意修改。用户功能存储器用来存放用户程序中使用的"软元件"的状态、数值数据等。用户存储器容量的大小是反映 PLC 性能的重要指标之一。

三、输入/输出模块

输入/输出模块即 I/O 模块，是 PLC 与现场 I/O 设备或其他外部设备之间的连接部件。PLC 通过输入模块把工业设备或生产过程的状态或信息读入主机，通过用户程序的运算与操作，把结果通过输出模块输出给执行机构。输入模块用于调理输入信号，对输入信号进行滤波、隔离、电平转换等，把输入信号的逻辑值安全可靠地传递到 PLC 内部。输出模块用于把用户程序的逻辑运算结果输出到 PLC 外部，输出模块具有隔离 PLC 内部电路和外部执行元件的作用，还具有功率放大的作用。PLC 种类很多，每种 PLC 可使用多种型号的输入/输出模块，但各种输入/输出模块的基本原理是相似的。在此，我们仅介绍几种常用的输入/输出模块，说明其工作原理。

常用的开关量输入模块有直流输入模块和交流输入模块。直流开关量输入模块原理如图 3-4 所示，由 PLC 内部结构可知，直流输入模块的外接直流电源极性任意。交流输入模块内部原理图与直流输入的不同，但用法上是相似的。

常用的开关量输出模块可分为晶体管输出模块、晶闸管输出模块和继电器输出模块。图 3-5 为直流开关量输出模块原理图，图中虚线框中的电路是 PLC 的内部电路，框外是 PLC 输出点的驱动负载电路。三种输出电路的主要区别是采用的输出器件不同，晶体管输出电路中控制器件为晶体管，晶闸管输出电路中控制器件为晶闸管，而继电器输出电路中控制器件为继电器。

PLC 的输入输出电路有共点式、分组式、隔离式几种。回路只有一个公共点（即图中的 COM）的输入模块，称为共点式；各回路分成若干组，每组共用一个公共点，称为分组式；各个回路相互独立的模块，称为隔离式。有的模块不需要外接电源，称为无源式。无源式模块的电源采用的是 PLC 内部电源。

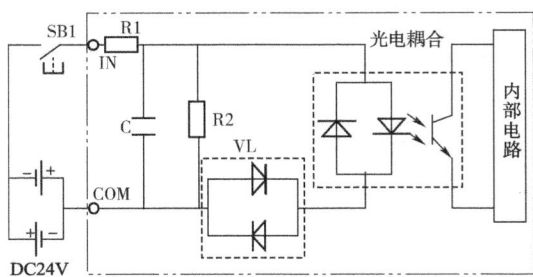

图 3-4　直流开关量输入模块原理图　　　　　图 3-5　直流开关量输出模块原理图

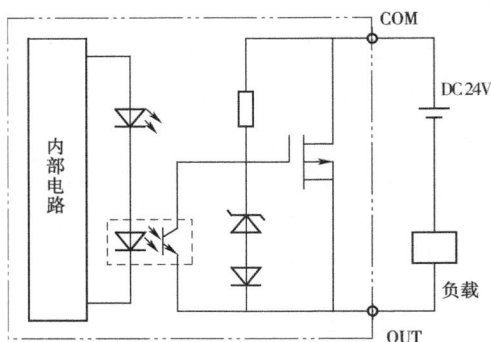

四、电源

PLC 内部配有开关式稳压电源，电源的交流输入端一般接有尖峰脉冲吸收电路，以提高 PLC 的抗干扰能力。此电源一方面可为 CPU 板、I/O 板及扩展单元提供工作电源，另一方面可为外部输入元件提供 24V 直流电源。

五、扩展接口

扩展接口用于将扩展单元与基本单元相连，使 PLC 的配置更加灵活。

六、通信模块

PLC 配置多种通信接口，通过这些接口可以实现与监视器、打印机以及其他 PLC 或计算机的连接。上位机通信模块用于构成计算机与 PLC 之间的网络，一台计算机可与多台 PLC 构成网络，组成分布式控制系统。PLC 通信模块用于在多台 PLC 间构成 PLC 网络。

七、其他智能模块

除开关量输入/输出外，PLC 的其他输入/输出功能由功能模块来实现。一个功能模块占用多个输入/输出通道，因此，组合式 PLC 中功能模块的使用数量存在限制，而开关量输入/输出模块的数量不加限制。一般地，除编程器以外的外部设备需经功能模块才能与主机总线连接。因此，对应于各种外设以及 PLC 要完成的特殊输入/输出功能，有各种功能模块。较常用的功能模块有模拟量输入模块、模拟量输出模块、高速计数模块三种。

（1）模拟量输入模块（即 A/D 模块）用于将模拟量转换为数字量，将数字量输入到 PLC 内部。

（2）模拟量输出模块（即 D/A 模块）用于将 PLC 内部的数字量转换为模拟量，将模拟量输出到 PLC 外部。

（3）高速计数模块用于处理高频开关量信号，可接旋转编码器等，广泛应用于速度控制系统。

第四节 PLC 的软件及编程语言

PLC 的软件含系统软件和用户程序。系统软件由 PLC 制造商固化在 PLC 内,用于控制 PLC 本身的运作;用户程序由 PLC 的使用者编制并输入,用于控制外部对象的运行。

一、系统软件

系统软件包含系统的管理程序,用户指令的解释程序和一些供系统调用的专用标准程序块等。整个系统软件是一个整体,其质量的好坏在很大程度上影响 PLC 的性能。很多情况下,通过改进系统软件就可以在不增加任何设备的情况下大大改善 PLC 的性能,例如西门子公司不断地将其系统软件进行改进完善,使其功能越来越强。

1.系统管理程序

系统管理程序是系统软件中的最重要部分,主管控制 PLC 的运作,使整个 PLC 按部就班地工作。其作用包括运行管理、存储空间管理和系统自检三方面。

2.用户指令解释程序

用户指令解释程序将 PLC 的编程语言变为机器语言指令,再由 CPU 执行这些指令。因为任何计算机最终都是执行机器语言指令的,但用机器语言编程却是非常复杂的事情,PLC 有自己直观易懂的编程语言,例如梯形图语言。解释程序将 PLC 的编程语言逐条解释,翻译成相应的机器语言指令,再由 CPU 执行这些指令。

3.标准程序模块

标准程序模块由许多独立的程序块组成,各程序块具有不同的功能,如完成输入、输出及特殊运算等的子程序,这部分程序的多少决定了可编程序控制器功能的强弱。

二、用户程序

用户程序也叫应用程序,是用户为达到某种控制目的,采用 PLC 厂家提供的编程语言自主编制的程序。

参与 PLC 应用程序编制的是 PLC 中代表编程器件的存储单元,俗称“软继电器”,或称编程“软元件”。PLC 中设有大量的编程“软元件”,依据编程功能分别为输入继电器、输出继电器、定时器、计数器等。由于“软继电器”实质为存储单元,取用它们的常开及常闭触点实质上为存取单元的状态。

同一台 PLC 用于不同控制目的时,需要编制不同的应用软件。用户软件存入 PLC 后如需改变控制目的可多次改写。用户程序的编制需使用 PLC 生产厂家提供的编程语言。迄今为止还没有一种能适合于各种可编程序控制器的通用编程语言。但由于各国可编程序控制器的发展过程有类似之处,可编程序控制器的编程语言及编程工具都大体差不多。常见的编程语言有如下几种:

1.梯形图编程(LAD)

梯形图在形式上类似于继电器控制电路图,简单、直观、易读、好懂,是 PLC 中普遍采用、应用最多的一种编程方式。梯形图中沿用了继电器线路的一些图形符号,这些图形符号被称为编程元件,每一个编程元件对应的有一个编号。不同厂家的PLC,其编程元件的多少及编号方法不尽相同,但基本的元件及功能相差不大。PLC的许多图形符号与继电器控制系统电路图有对应关系,如表3-1所示。这两种图相似的原因非常简单,一是梯形图是为熟悉继电器线路图的工程技术人员设计的,所以使用了类似的符号;二是两种图所表达的逻辑含义是一样的。因而,将可编程序控制器中参与逻辑组合的元件看成和继电器一样的器件,具有常开、常闭触点及线圈;且线圈的得电及失电将导致触点的相应动作。再用母线代替电源线;用能量流概念来代替继电器线路中的电流概念,使用绘制继电器线路图类似的思路绘出梯形图。引入"能流"的概念,仅仅是为了和继电接触器控制系统相比较,来对梯形图有一个深入的认识,其实"能流"在梯形图中是不存在的。例如某一继电器控制电路如图3-6所示。如果用PLC完成其控制动作,则梯形图程序如图3-7所示。

符 号 对 照 表 表3-1

符 号 名 称	继电器电路图符号	梯形图符号
常开触点	╶╱╶	─┤├─
常闭触点	╶╱╶	─┤╱├─
线圈	─▢─	─◯─

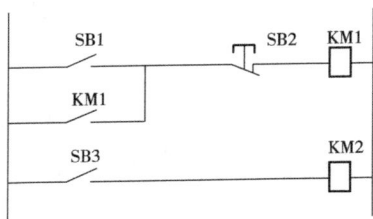

图3-6 继电器控制电路

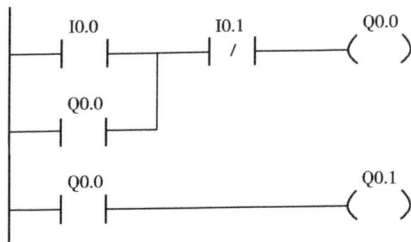

图3-7 梯形图

梯形图有如下特点:

(1)梯形图按自上而下、从左到右的顺序编写。每一个继电器线圈为一个逻辑行,称为一个梯形。每一个逻辑行起始于左母线,然后是触点的各种连接,最后是线圈与右母线相连,整个图形呈阶梯形。有的PLC梯形图没有右母线。

(2)梯形图中的继电器不是继电器控制线路中的物理继电器,它实质上是机内存储器中的存储单元,因此称为"软继电器"。它的存储单元置1,表示该继电器线圈通电,其动合触点闭合、动断触点打开。

梯形图中继电器的线圈是广义的,除输出继电器、内部继电器线圈外还包括定时器、计数器、移位寄存器以及各种比较运算的结果。

(3)梯形图中,一般情况下(除有跳转指令和步进指令的程序段外),某个编号的继电器线圈只能出现一次,而继电器触点则可无限引用,既可是动合触点又可是动断触点。

(4)梯形图是PLC形象化的编程方式,其左右两侧母线并不接任何电源,因而图中各支路也没有真实的电流流过。但为了方便,常用"有电流"或"得电"等来形象地描述用户程序满足输出线圈的动作条件。

（5）输入继电器用于接收 PLC 的外部输入信号,而不能由内部其他继电器的触点驱动。因此,梯形图中只出现输入继电器的触点而不出现输入继电器的线圈。输入继电器的触点表示相应的外部输入信号的状态。

（6）输出继电器供 PLC 作输出控制,但它只是输出状态寄存表的相应位,不能直接驱动现场执行部件,而是通过开关量输出模块相应的功率开关去驱动现场执行部件。当梯形图中的输出继电器得电接通时,相应模块上的功率开关闭合。

（7）PLC 的内部继电器不能作输出控制用,它们只是一些逻辑运算用中间存储单元的状态,其触点可供 PLC 内部使用。

（8）PLC 在解算用户逻辑时就是按照梯形图从上到下、从左到右的先后顺序逐行进行处理,即按扫描方式顺序执行程序,因此不存在几条并列支路的同时动作,这在设计梯形图时可以减少许多有约束关系的联锁电路,从而使电路设计大大简化。

2.指令表编程(STL)

指令表也叫作语句表,是程序的另一种表示方法。它和计算机汇编语言有点类似,由语句指令依一定的顺序排列而成。一条指令一般可分为两部分,一为助记符,二为操作数。也有只有助记符没有操作数的指令,称为无操作数指令。指令表程序和梯形图程序有严格的对应关系。对指令表编程不熟悉的人可先画出梯形图,再转换为语句表。应说明的是,程序编制完毕输入机内运行时,对简易的编程设备,不具有直接读取图形的功能,梯形图程序只有改写成指令表才能送入可编程控制器运行。图 3-7 梯形图对应的语句表为：

```
LD   I0.0
O    Q0.0
AN   I0.1
=    Q0.0
LD   Q0.0
=    Q0.1
```

3.顺序功能流程图编程(FBD)

顺序功能图常用来编制顺序控制类程序。它包含步、动作、转换三个要素。顺序功能编程法可将一个复杂的控制过程分解成一些小的工作状态,对这些小的工作状态的功能分别处理后再依一定的顺序控制要求连接组合成整体的控制程序。顺序功能图体现了一种编程思想,在程序的编制中有很重要的意义。图 3-8 是顺序功能图的示意图。

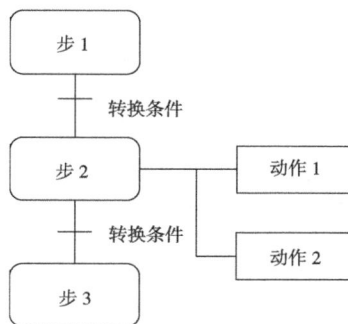

图 3-8　顺序功能图

三、编程工具

1.编程器

编程器是用来输入和编辑程序的专门装置,也可用来监视 PLC 运行时各编程元件的工作状态。一般由键盘、显示器、工作方式开关以及与 PLC 的通信接口等几部分组成。一般情况下只在程序输入、调试阶段和检修时使用,所以一台编程器可供多台 PLC 使用。编程器可分为简易型和智能型两种。简易型编程器是袖珍型的,显示功能差,只能用指令表方式输入程序；智能型编程器实际是装有全部所需软件的工业现场用便携式计算机，可以用图形方式输入程序，管理功能强大，但是价格高。图 3-9 所示为一种手持编程器。

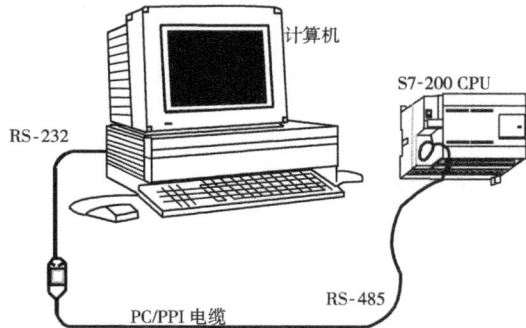

2. 编程软件包

编程软件包是在个人计算机上运行的一个工具软件包，它可以实现编程器的全部功能，既可离线编程又可在线编程，可直接使用梯形图进行编程和监控，使用灵活方便。在通常情况下，计算机和 PLC 通过通信电缆连接，具体编程时要先在计算机上安装该软件包，打开这一软件，就可录入用户程序。图 3-10 所示为西门子 PLC 与计算机的通信。

图 3-9　手持编程器　　　　　　　图 3-10　S7-200 与计算机通信

第五节　PLC 的工作原理

一、PLC 的工作方式

继电器控制系统是一种"硬件逻辑系统"，如图 3-11a)所示，它的三条支路是并行工作的。当按下按钮 SB1，中间 KM1 得电，K 的触点闭合，接触器 KM2、KM3 同时得电并产生动作。所以继电器控制系统采用的是并行工作方式。

PLC 是一种工业控制计算机，所以它的工作原理与计算机工作原理相同，即通过执行反映控制要求的用户程序来实现的。如图 3-11b)所示，图中方框表示 PLC，方框中的梯形图代表装在 PLC 中的用户程序，和图 3-11a)的功能是一样的。CPU 是以分时操作方式来处理各项任务的，计算机在每一瞬间只能做一件事，所以程序的执行是按程序顺序依次完成相应各电器动作的，所以它属于串行工作方式。由于运算速度高，因此各电器动作在时间上的先后执行，几乎是看不出来的。

概括而言，PLC 是按集中输入、集中输出、周期性循环扫描的方式进行工作的。每一次扫描所用的时间称为扫描周期或工作周期。CPU 从第一条指令执行开始，按顺序逐条地执行用户程序直到用户程序结束，然后返回第一条指令开始新的一轮扫描。PLC 就是这样周而复始地重复上述循环扫描的，其整个过程可分为三部分。

第一部分是上电处理。机器上电后对 PLC 系统进行一次初始化，包括硬件初始化、I/O 模块配置检查、停电保持范围设定及其他初始化处理等。

a)

b)

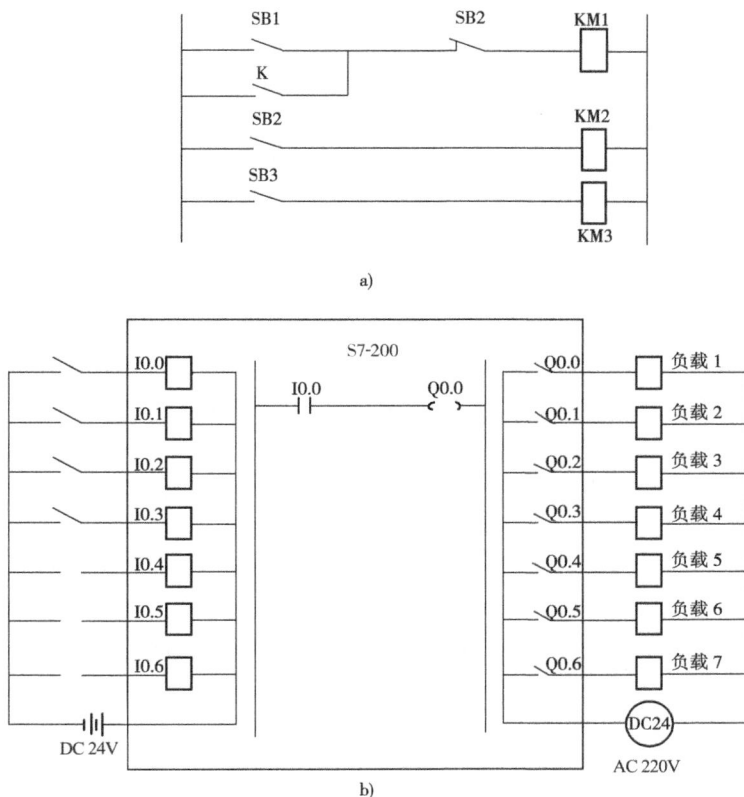

图 3-11 PLC 控制系统与继电器控制系统的比较

a）继电器控制系统简图；b）用 PLC 实现控制功能的接线示意图

第二部分是扫描过程。PLC 上电处理完成以后进入扫描工作过程。先完成输入处理，其次完成与其他外设的通信处理，再次进行时钟、特殊寄存器更新。当 CPU 处于 STOP 方式时，转入执行自诊断检查。当 CPU 处于 RUN 方式时，还要完成用户程序的执行和输出处理，再转入执行自诊断检查。

第三部分是出错处理。PLC 每扫描一次，执行一次自诊断检查，确定 PLC 自身的动作是否正常，如电池电压、程序存储器、I/O 通信等是否正常。如检查出异常时，CPU 面板上的 LED 及异常继电器会接通，在特殊寄存器中会存入出错代码。当出现致命错误时，CPU 被强制为 STOP 方式，所有的扫描停止。

PLC 运行正常时，扫描周期的长短与 CPU 的运算速度、I/O 点的情况、用户应用程序的长短及编程情况等有关。通常用 PLC 执行 1k 指令所需时间来说明其扫描速度（一般 1～10ms/k）。值得注意的是，不同指令的执行时间是不同的，从零点几微秒到上百微秒不等。若用于高速系统要缩短扫描周期时，可从软、硬件两方面同时考虑。

二、PLC 的工作过程

PLC 的程序执行过程一般可分为：输入采样、程序执行和输出刷新三个主要阶段，如图 3-12 所示。

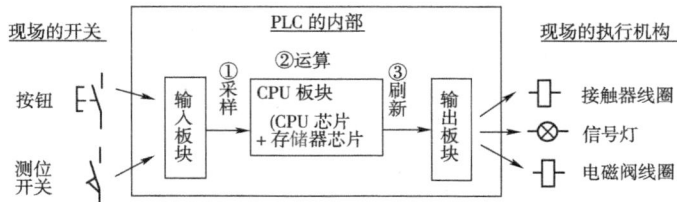

图 3-12　PLC 的执行过程图

1. 输入采样阶段

PLC 在输入采样阶段，首先扫描所有输入端子，并将各输入状态存入相对应的输入映像寄存器中。此时，输入映像寄存器被刷新。接着，进入程序执行阶段，在此阶段和输出刷新阶段，输入映像寄存器与外界隔离，无论输入信号如何变化，其内容保持不变，直到下一个扫描周期的输入采样阶段，才重新写入输入端的新内容。所以一般来说，输入信号的宽度要大于一个扫描周期，否则很可能造成信号的丢失。

2. 程序执行阶段

根据 PLC 梯形图程序扫描原则，一般来说，PLC 按从左到右、从上到下的步骤顺序执行程序。当指令中涉及输入、输出状态时，PLC 就从输入和输出映像寄存器中读取状态。然后，进行相应的运算，运算结果再存入元件映像寄存器中。即对于每个元件来说，元件映像寄存器的内容会随着程序执行过程而变化。

3. 输出刷新阶段

这个阶段是在执行完用户所有程序后，PLC 将输出映像寄存器中的内容送到输出锁存器中，再通过一定的方式去驱动用户设备的过程。

以上三个阶段是 PLC 的程序执行的过程。对于中、低档 PLC 扫描周期一般为 20 ~ 40ms。

第六节　PLC 的主要性能指标

PLC 的性能指标较多，现介绍常用的几种。

一、存储容量

存储容量指的是用户程序存储器的容量，它决定了用户程序的长短，通常以字为单位，用 k 表示。1k 字 = 1024 字，中小型 PLC 的存储容量一般在 8k 以下，大型 PLC 的存储容量为 256k ~ 2M。

二、输入/输出点数

I/O 点数是 PLC 控制面板上连接输入输出信号用的端子的个数，称为"点数"。I/O 点数越多，可接入的输入和输出器件就越多，控制规模就越大。因此，I/O 点数是衡量 PLC 性能的重要指标之一。

三、扫描速度

扫描速度是指 PLC 执行程序的速度,是衡量 PLC 性能的重要指标。一般以执行 1k 字所用的时间来衡量扫描速度。扫描速度比较慢的是 2.2ms/k 逻辑运算程序,60ms/k 数字运算程序;较快的是 1ms/k 逻辑运算程序,10ms/k 数字运算程序。

四、编程指令的种类和数量

编程指令的种类和数量是衡量 PLC 能力强弱的主要指标,编程指令种类及条数越多,其功能就越强,即处理能力、控制能力就越强。

五、编程语言及编程手段

编程语言一般分为梯形图、助记符语句表、控制系统流程图等几类,编程语言类型有所不同,语句也各异。编程手段主要是指用何种编程装置,编程装置分为手持编程器和带有相应编程软件的计算机两种。

六、高级模块

高级模块也叫智能模块,PLC 除了主模块外还可以配接各种高级模块。主模块实现基本控制功能,高级模块则可实现特殊功能。高级模块的种类及其功能的强弱常用来衡量该 PLC 产品的水平如何。目前各厂家开发的高级模块种类很多,主要有以下几种:A/D、D/A、高速计数、高速脉冲输出、PID 控制、模糊控制、位置控制、网络通信以及物理量转换模块等。这些高级模块使 PLC 不但能进行开关量顺序控制,而且能进行模拟量控制,以及精确的速度和定位控制。特别是网络通信模块的迅速发展,使得 PLC 可以充分使用计算机和互联网的资源实现远程监控。近年来出现的网络机床、虚拟制造等就是建立在网络通信技术基础上的。

另外,可编程序控制器的可扩展性、可靠性,易操作性及经济性等性能指标也受用户的关注。

第七节　S7-200 系列 PLC 的组成及性能

德国西门子(SIEMENS)公司是欧洲最大的电子与电气设备制造商,生产的 SIMATIC 可编程控制器在欧洲具有领先水平,在许多自动化控制领域得到了广泛应用。其系列产品包括小型 S7-200、中型 S7-300、大型 S7-400 共 3 个子系列。其中,结构紧凑、价格低廉的 S7-200 适用于小型自动化控制系统;紧凑型、模块化、功能齐全的 S7-300、S7-400 适用于有特别要求的中、大型自动化控制系统。S7 系列可编程控制器采用 STEP7 编程语言,S7-200 系列 PLC 配有 WINDOWS 版的 STEP7-Micro/WIN32 编程软件包,使用起来非常方便、快捷。此外,西门子公司 1996 年还推出了超小型 PLC 产品 LOGO 系列,可用于小型控制系统,非常简单、经济。

一、S7-200 系列 PLC 硬件系统的基本构成

S7-200 系列 PLC 分为主模块和扩展模块。

1. 主模块

主模块又称作基本单元或 CPU 模块，图 3-13 所示是 S7-200 系列 PLC 的外观示意图。它有 CPU221、CPU222、CPU224、CPU226、CPU226XM 等 5 种型号，外观布置大体相同。包括中央处理单元（CPU）、电源以及开关量 I/O 等，集成在一个紧凑、独立的设备中。

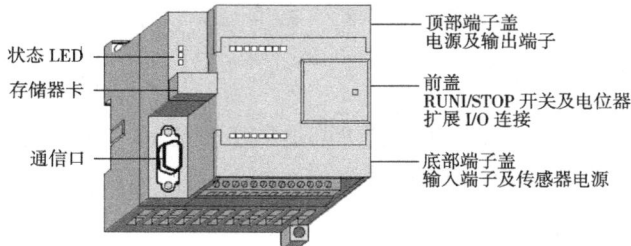

图 3-13　S7-200 系列 PLC 外观示意图

由图 3-13 可见，接线端子位于机身的上下两侧，这是连接输入、输出器件及电源用的端子。为了方便接线，CPU224、CPU226 和 CPU226XM 机型采用可插拔整体端子。用于通信的 RS-485 接口在机身的左下部，图中前盖下有用于连接扩展单元的扩展接口。

前盖下还设有模式选择开关，具有 RUN（运行模式）、STOP（停止模式）及 TERM（暂态模式）3 种状态，并由 CPU 前面板上 LED 显示当前的工作模式。CPU 在 RUN 状态下执行完整的程序；在 STOP 状态下 CPU 不执行程序，此时可与装载 STEP 7-WIN 编程软件的计算机通信，以下载及上载应用程序；TERM 状态是一种暂态，可以用程序将 TERM 转换为 RUN 或 STOP 状态，在调试程序时很有用处。TERM 状态还和机器的特殊标志位 SM 0.7 有关，可用于自由口通信时的控制。可以用硬件或软件的方式选择工作模式。硬件方式是通过手动改变 PLC 主模块上的方式开关切换工作模式，当方式开关设为 TERM 或 STOP 时，若电源掉电再恢复，CPU 会自动进入 STOP 方式。若掉电前设为 RUN 方式时，则电源恢复时自动进入 RUN 方式。软件方式是使用 STEP7-Micro/WIN32 编程软件中工具栏中的功能键改变工作方式，但是此时的方式开关必须置于 TERM 或 RUN 位置。

图 3-14 所示为一个基本的 S7-200 PLC 与计算机通过 PPI 编程电缆连接的示意图，它包括一个 S7-200 主模块（可带有扩展模块），一台装有编程软件包（Micro/WIN32 软件）的计算机，以及一条通信电缆。整个系统的运行由 STEP7-Micro/WIN32 编程软件支持。图 3-14 中 PC/PPI 通信电缆提供从 RS-232 口到 RS-485 口的转换，当编制好的程序下载到 PLC 中并且调试无误后，可将计算机与编程电缆分开。通过设置 PC/PPI 电缆上的 DIP 开关，可以选择计算机所支持的波特率，如果电缆支持这些选项，也要选择 11 位（常规的 PPI 通信协议）和 DCE（数据通信设备），设置方法参考图 3-14。

2. 扩展模块

主模块具有一定数量的本机 I/O 点，当本机 I/O 点不够时，可用专用的扩展模块扩展 I/O 点。扩展模块通过一个总线连接器同本机单元连接在一起，带有扩展模块的 S7-200 如图 3-15 所示。

S7-200 系列 CPU 提供一定数量的主机数字量 I/O 点，但在主机 I/O 点数不够的情况下，就必须使用扩展模块的 I/O 点。

典型的数字量输入/输出扩展模块有以下几种。

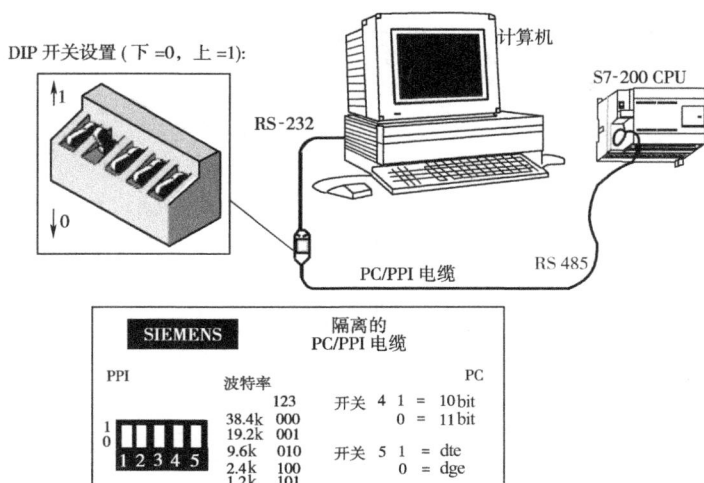

图 3-14　计算机与 PLC 的连接

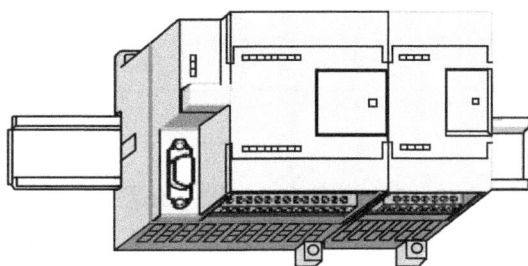

图 3-15　带有扩展模块的 S7-200

输入扩展模块 EM221(2 种):8 点 DC 输入,8 点 AC 输入。

输出扩展模块 EM222(3 种):8 点 DC 输出,8 点 AC 输出,8 点继电器输出。

输入/输出混合扩展模块 EM223(6 种):4 点(8 点、16 点)DC 输入或 4 点(8 点、16 点)DC 输出,4 点(8 点、16 点)DC 输入或 4 点(8 点、16 点)继电器输出。

此外,还有模拟量扩展模块、高级功能模块等,可参考西门子的使用手册。

二、S7-200 系列 PLC 的主要性能指标

S7-200 CPU 模块的主要性能见表 3-2,并且为适应不同的应用场合,CPU22X 系列 PLC 可有不同的输入/输出电压和输入、输出方式。

CPU22X 系列 PLC 主要性能　　　　　　　　　　　　　　表 3-2

特性	CPU221	CPU222	CPU224	CPU226	CPU226XM
外形尺寸(mm)	90×80×62	90×80×62	120.5×80×62	190×80×62	190×80×62
程序存储区	2048 字	2048 字	4096 字	4096 字	8192 字
数据存储区	1024 字	1024 字	2560 字	2560 字	5120 字
掉电保持时间(s)	50	50	190	190	190
本机 I/O	6 入/4 出	8 入/6 出	14 入/10 出	24 入/16 出	24 入/16 出

特　　性	CPU221	CPU222	CPU224	CPU226	CPU226XM
扩展模块数量	0	2	7	7	7
高速计数器 单向 双向	4 个 30kHz 2 个 20kHz	4 个 30kHz 2 个 20kHz	6 个 30kHz 4 个 20kHz	6 个 30kHz 4 个 20kHz	6 个 30kHz 4 个 20kHz
脉冲输出（DC）	2 个 20kHz	2 个 20kHz	2 个 20kHz	2 个 20kHz	2 个 20kHz
模拟电位器	1	1	2	2	2
实时时钟	配时钟卡	配时钟卡	内置	内置	内置
通信口	1RS-485	1RS-485	1RS-485	2RS-485	2RS-485
浮点运算	有				
I/O 映像区	256（128 入/128 出）				
布尔指令执行速度	0.37μs/指令				

三、外部接线端子图

外端子为 PLC 输入、输出、外电源的连接点。图 3-16 及图 3-17 给出了 CPU224 DC/DC/DC 及 CPU224 AC/DC/Relay 的各类接线点的位置分布图，也称外端子图或 PLC 接线端子图。CPU224 DC/DC/DC 用斜线分割的 3 部分分别表示 CPU 电源的类型为直流、输入的电源类型为直流及输出器件的类型为晶体管型。在输出器件类型中，Relay 为继电器，DC 为晶体管。由图中可以看出，PLC 各个接线口都编有号码，且输入、输出口都是分组安排的，有的 PLC 不是分组的。

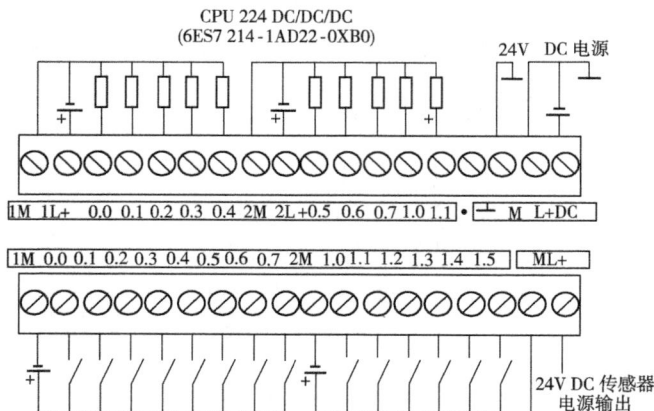

图 3-16　CPU224 DC/DC/DC 接线

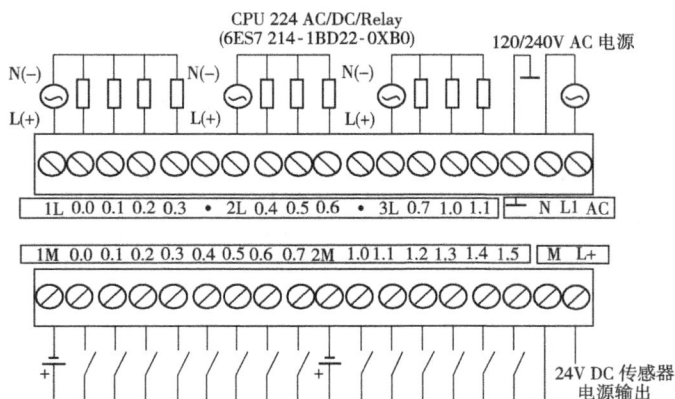

图 3-17　CPU224 AC/DC/Relay 接线

第八节　S7-200 可编程控制器的内部元件及寻址方式

一、软元件（软继电器）

用户使用的 PLC 中的每一个输入/输出、内部存储单元、定时器和计数器等都称为软元件。各元件有不同的功能，有固定的地址。软元件的数量决定了可编程控制器的规模和数据处理能力，每一种 PLC 的软元件是有限的。

软元件是 PLC 内部的具有一定功能的器件，这些器件由电子电路和寄存器及存储器单元等组成。例如，输入继电器由输入电路和输入映像寄存器构成；输出继电器由输出电路和输出映像寄存器构成；定时器和计数器也都由特定功能的寄存器构成。它们都具有继电器特性，但没有机械性的触点。为了把这种元器件与传统电气控制电路中的继电器区别开来，我们把它们称为软元件或软继电器。这些软继电器的最大特点是其触点可以无限次使用。

编程时，用户只需要记住软元件的地址即可。每个软元件都有一个地址与之相对应，软元件的地址编排采用区域号加区域内编号的方式。即 PLC 内部根据软元件的功能不同，分成了许多区域，如输入/输出继电器区、定时器区、计数器区、特殊继电器区等，分别用 I、Q、T、C、SM 等来表示。

二、软元件类型及功用

在系统软件的安排下，不同的软元件具有不同的功能。下面介绍 S7-200 系列 PLC 常用编程软元件的功能及使用方法（软元件名称后括号中的字母为软元件分区的区域号）。

1. 输入继电器（I）

输入继电器与 PLC 的输入端子相连，用于接收外部的开关信号。当外部的开关信号闭合时，则输入继电器的线圈得电，在程序中其常开触点闭合，常闭触点断开。输入继电器一般采取八进制编号，一个端子占用一个点。例如 I0.0、I0.7。但是输入继电器不能由程序驱动,其触点也不能直接输出带动负载。

2. 输出继电器(Q)

输出继电器与 PLC 的输出端子相连。当程序使得输出继电器线圈得电时,PLC 上的输出端开关闭合,它可以作为控制外部负载的开关信号,同时在程序中其常开触点闭合,常闭触点断开。在每个扫描周期的输入采样、程序执行等阶段,并不把输出结果信号直接送到输出继电器,而只是送到输出映像寄存器,只有在每个扫描周期的末尾才将输出映像寄存器中的结果几乎同时送到输出锁存器,对输出点进行刷新。

3. 通用辅助继电器(M)

通用辅助继电器的作用和继电接触器控制系统中的中间继电器相同,它在 PLC 中没有输入/输出端与之对应,因此它的触点不能直接驱动外部负载,只起中间状态的暂存。这是与输出继电器的主要区别,它主要起逻辑控制作用。

4. 特殊继电器(SM)

有些辅助继电器具有特殊功能或用来存储系统的状态变量、有关的控制参数和信息,我们称其为特殊继电器。特殊继电器为用户提供一些特殊的控制功能及系统信息,用户对操作的一些特殊要求也通过 SM 通知系统。特殊继电器分为只读区及可读/可写区两大部分,只读区特殊标志位,用户只能利用其触点。例如:

SM0.0　RUN 监控,PLC 在 RUN 状态时,SM0.0 总为 1;

SM0.1　初始化脉冲,PLC 由 STOP 转为 RUN 时,SM0.1 置一个扫描周期;

SM0.2　当 RAM 中保存的数据丢失时,SM0.2 置一个扫描周期;

SM0.3　PLC 上电进入 RUN 时,SM0.3 置一个扫描周期;

SM0.6　扫描时钟,一个扫描周期为 ON,下一个扫描周期为 OFF,交替循环;

SM0.7　指示 CPU 上 MODE 开关的位置,0 – TERM,1 – RUN,通常用来在 RUN 状态下启动自由口通信方式。

SMB28 和 SMB29　分别存储模拟调节器 0 和 1 的输入值,CPU 每次扫描时更新该值;可读/可写特殊继电器用于特殊控制功能,例如,用于自由口设置的 SMB30,用于定时中断时间设置的 SMB34/SMB35,用于高速计数器设置的 SMB36 ~ SMB65,用于脉冲串输出控制的 SMB66 ~ SMB85 等等。

5. 定时器(T)

定时器的作用相当于时间继电器,是累计时间增量的内部器件,灵活地使用定时器可以编制出有复杂动作的控制程序。当定时器的输入条件满足时开始计时,当前值从 0 开始按一定的时间单位增加,当定时器的当前值达到预设值时,定时器触点动作,利用定时器的触点就可以得到控制所需的延时时间,使用时要提前输入时间预设值。定时器的计时过程采用时间脉冲计数的方式,其时基增量分为 1ms、10ms、100ms 三种。

6. 计数器(C)

计数器用来累计输入脉冲的个数,经常用来对产品进行计数或进行特定功能的编程。使用时要提前输入它的设定值(计数的个数)。当输入触发条件满足时,计数器开始累计它的输入端脉冲上升沿(正跳变)的次数,当计数器计数达到预定的设定值时,其常开触点闭合,常闭触点断开。

7. 高速计数器(HC)

高速计数器的工作原理与普通计数器基本相同,它用来累计比主机扫描速率更快的高速脉冲,高速计数器使用主机上的专用端子接收这些信号。高速计数器的当前值是一个双字长(32 位)的整数,且为只读值。高速计数器的数量很少,编址时只用名称 HC 和编号,如 HC2。

8. 变量存储器(V)

变量存储器用来存储变量。它可以存放程序执行过程中控制逻辑操作的中间结果,也可以使用变量存储器来保存与工序或任务相关的其他数据。在进行数据处理时,变量存储器会被经常使用。

9. 局部变量存储器(L)

局部变量存储器用来存放局部变量。变量存储器存储的变量是全局有效的,全局有效是指同一个变量可以被任何程序(包括主程序、子程序和中断程序)访问;而局部有效是指变量只和特定的程序相关联。

S7-200 PLC 提供 64 个字节的局部存储器,其中 60 个可以作暂时存储器或给子程序传递参数。主程序、子程序和中断程序都有 64 个字节的局部存储器可以使用。不同程序的局部存储器不能互相访问。

10. 累加器(AC)

S7-200 PLC 提供 4 个 32 位累加器,为 AC0 ~ AC3。累加器是用来暂存数据的寄存器。它可以用来存放数据,如运算数据、中间数据和结果数据,也可用来向子程序传递参数,或从子程序返回参数。使用时只表示出累加器的地址编号,如 AC0。累加器可进行读、写两种操作。

11. 顺序控制继电器(S)

有些 PLC 也把顺序控制继电器称为状态器。顺序控制继电器用在顺序控制或步进控制中,它是使用顺控继电器指令的重要元件,通常与顺序控制指令 LSCR、SCRT、SCRE 结合使用,实现顺控流程的方法为 SFC(Sequential Function Chart)编程。

12. 模拟量输入映像寄存器(AI)、模拟量输出映像寄存器(AQ)

模拟量输入电路用以实现模拟量/数字量(A/D)之间的转换,而模拟量输出电路用以实现数字量/模拟量(D/A)之间的转换。CPU 对这两种寄存器的存取方式不同的是,模拟量输入寄存器只能进行读取操作,而对模拟量输出寄存器只能进行写入操作。

三、数据类型及寻址方式

1. 数据类型

1)数据类型及范围

S7-200 系列 PLC 的数据类型可以是字符串、布尔型(0 或 1)、整型和实型(浮点数)。实数采用 32 位单精度数来表示,数据类型、长度及范围如表 3-3 所示。

数据类型、长度及范围 表 3-3

基本数据类型	无符号整数表示范围		基本数据类型	有符号整数表示范围	
	十进制	十六进制		十进制	十六进制
字节 B(8 位)	0 ~ 255	0 ~ FF	字节 B(8 位)只用于 SHRB 指令	−128 ~ 127	80 ~ 7F

续上表

基本数据类型	无符号整数表示范围		基本数据类型	有符号整数表示范围	
	十进制	十六进制		十进制	十六进制
字 W（16 位）	0 ~ 65535	0 ~ FFFF	INT（16 位）	− 32768 ~ 32767	8000 ~ 7FFF
双字 D（32 位）	0 ~ 4294967295	0 ~ FFFFFFFF	DINT（32 位）	− 2147483648 ~ 2147483647	80000000 ~ 7FFFFFFF
BOOL	0 ~ 1				
字符串	每个字符以字节形式存储，最大长度 255 个字节，第一个字节定义字符串长度				
实数（32 位）	$− 10^{38} ~ 10^{38}$（IEEE32 浮点数）				

编程软元件在存储区中的位置都是固定的，S7-200 采用分区结合字节序号编址。另一方面，PLC 处理的数据可以是二进制数中的一位，也可以是一个字节、两个字节或多个字节的各种数制的数字。这样就有了依数据长度不同引出的寻址方式。

2）常数

在编程中经常会使用常数。常数数据长度单位可为字节、字和双字。在机器内部的数据都以二进制存储，但常数的书写可以用二进制、十进制、十六进制、ASCⅡ码或浮点数（实数）等多种形式。几种常数形式分别如表 3-4 所示。表中的#为常数的进制格式说明符，如果常数无任何格式说明符，则系统默认为十进制数。

常 数 的 表 示 法　　　　表 3-4

数　制	格　式	举　例
十进制	［十进制值］	20047
十六进制	16#［十六进制］	16#4E4F
二进制	2#［二进制值］	2#1010_0101
ASCⅡ码	'［ASCⅡ码文本］'	'This is a book'
实数	ANSI/IEEE754 ~ 1985	+ 1.123344E − 38（正数） − 1.33354E − 38（负数）

2. 寻址方式

1）位寻址（bit）

位寻址也叫字节·位寻址，一个字节占有 8 个位。图 3-18 为字节·位寻址的例子，3-18a）为位地址的表示方法，I3·4 在输入存储区中的位置已标明在图 3-18b）中，输入存储区是整个存储器的一个区域。在进行字节·位寻址时，一般将该位看作是一个独立的软元件，像一个继电器一样，认为它有线圈及常开、常闭触点，且当该位置 1，即线圈"得电"时，常开触点接通，常闭触点断开。由于取用这类元件的触点只不过是访问该位的"状态"，可以认为这些软元件的触点有无数多对。字节·位寻址一般用来表示"开关量"或"逻辑量"。

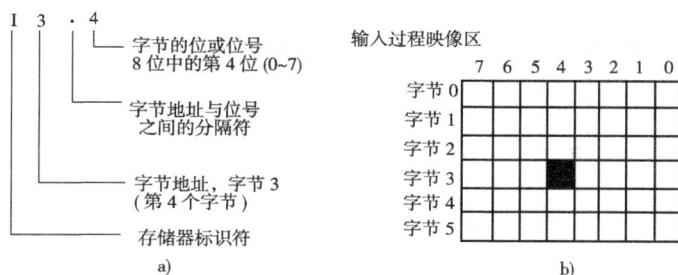

图 3-18 字节·位寻址

2)字节寻址(8bit)

字节寻址以存储区标识符、字节标识符、字节地址组合而成,如图 3-19 中的 VB100。

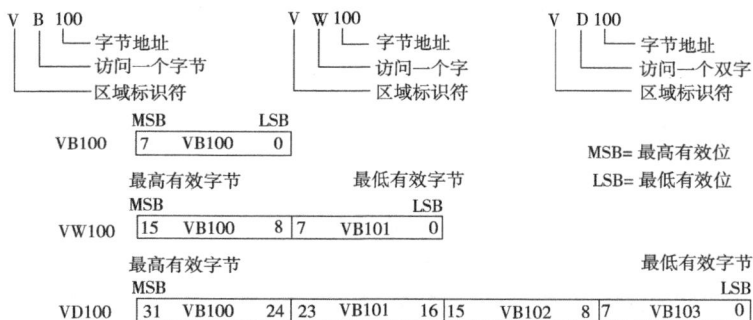

图 3-19 对同一地址进行字节、字和双字寻址的比较

3)字寻址(16bit)

字寻址以存储区标识符、字标识符及字节地址组合而成,如图 3-19 中的 VW100。

4)双字寻址(32bit)

双字寻址以存储区标识符、双字标识符、字节地址组合而成,如图 3-19 中的 VD100。

为了使用方便以及使数据与存储单元长度统一,S7-200 系列 PLC 中,一般存储单元都具有字节·位寻址、字节寻址、字寻址及双字寻址四种寻址方式,但在不同的寻址方式选用了同一字节地址作为起始地址时,其所表示的地址空间是不同的。图 3-20 给出了 VB100、VW100、VD100 三种寻址方式所对应的三个存储单元所占的实际存储空间,这里要注意的是,"VB100"是最高有效字节,而且存储单元不可重复使用。

一些存储数据专用的存储单元不支持位寻址方式,主要有模拟量输入/输出存储器,累加器及计时、计数器的当前值存储器等。还有一些存储器的寻址方式与数据长度不方便统一,如累加器不论采用字节、字或双字寻址,都要占用全部 32 位存储单元。与累加器相反,模拟量输入、输出单元为字节标号,但由于模拟量规定为 16 位,模拟量单元寻址时均以偶数标志。

此外,定时器、计数器具有当前值存储器及位存储器两类存储器,但属于同一个器件的存储器采用同一标号寻址。

以 CPU224 为例,操作数存储范围如表 3-5 所示。

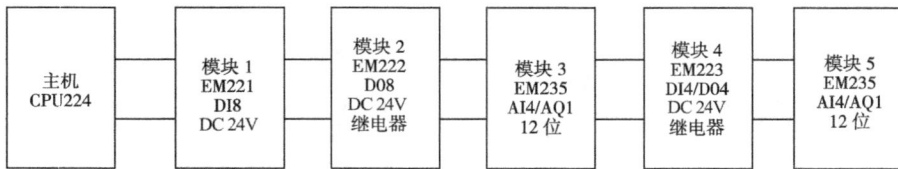

图 3-20　扩展模块连接图

CPU224 部分操作数存储空间　　　　　　　　　　　　　　　　　　　表 3-5

位存取（字节，位）	字 节 存 取	字　存　取	双 字 存 取
V0.0 ~ 5119.7	VB0 ~ 5119	VW0 ~ 5118	VD0 ~ 5116
I0.0 ~ 15.7	IB0 ~ 15	IW0 ~ 14	ID0 ~ 12
Q0.0 ~ 15.7	QB0 ~ 15	QW0 ~ 14	QD0 ~ 12
M0.0 ~ 31.7	MB0 ~ 31	MW0 ~ 30	MD0 ~ 28
SM0.0 ~ 179.7	SMB0 ~ 179	SMW0 ~ 178	SMD0 ~ 176
S0.0 ~ 31.7	SB0 ~ 31	SW0 ~ 30	SD0 ~ 28
T0.0 ~ 255		T0 ~ 255	
C0.0 ~ 255		C0 ~ 255	
L0.0 ~ 63.7	LB0 ~ 63	LW0 ~ 62	LD0 ~ 60

　　本地 I/O 和扩展 I/O 的寻址。CPU 提供的本地 I/O 具有固定的地址。当需要扩展某类输入/输出口时，可以将扩展模块连接到 CPU 的右侧形成 I/O 链。对于同类型的输入、输出模块而言，模块的地址取决于 I/O 类型和模块在 I/O 链中的位置，也就是说，各模块之间安装顺序没有限制，但是各模块的 I/O 地址编号与安装位置有关。图 3-20 给出了一个本地和扩展 I/O 地址举例，可以从中分析扩展模块编址的情况，如表 3-6 所示。

各模块 I/O 编址　　　　　　　　　　　　　　　　　　　　　　表 3-6

主机 I/O	模块 1 I/O	模块 2 I/O	模块 3 I/O	模块 4 I/O	模块 5 I/O
I0.0　Q0.0	I2.0	Q2.0	AIW0　AQW0	I3.0　Q3.0	AIW8　AQW2
I0.1　Q0.1	I2.1	Q2.1	AIW2	I3.1　Q3.1	AIW10
I0.2　Q0.2	I2.2	Q2.2	AIW4	I3.2　Q3.2	AIW12
I0.3　Q0.3	I2.3	Q2.3	AIW6	I3.3　Q3.3	AIW14
I0.4　Q0.4	I2.4	Q2.4			
I0.5　Q0.5	I2.5	Q2.5			
I0.6　Q0.6	I2.6	Q2.6			
I0.7　Q0.7	I2.7	Q2.7			
I1.0　Q1.0					
I1.1　Q1.1					
I1.2					
I1.3					
I1.4					
I1.5					

第九节 S7-200 系列 PLC 基本指令系统

梯形图指令与语句表指令是可编程控制器程序最常用的两种表述工具,它们之间有着密切的对应关系。逻辑控制指令是 PLC 中最基本最常见的指令,是构成梯形图及语句表的基本成分。

基本逻辑控制指令一般指位逻辑指令、定时器指令及计数器指令。位逻辑指令又含触点指令、线圈指令、逻辑堆栈指令、RS 触发器等指令。这些指令处理的对象大多为位逻辑量,主要用于逻辑控制类程序中。

一、位逻辑指令

1. 触点指令

1) 标准触点指令

常开触点对应的存储器地址位为 1 状态时,该触点闭合。在语句表中,分别用 LD (Load,装载)、A(And,与)和 O(Or,或)指令来表示开始、串联和并联的常开触点(表 3-7)。常闭触点对应的存储器地址为 0 状态时,该触点闭合。在语句表中,分别用 LDN(Load Not)、AN(And Not)和 ON(Or Not)来表示开始、串联和并联的常闭触点(表 3-7)。触点符号中间的"/"表示常闭,触点指令中变量的数据类型为 BooL 型。图 3-21 是触点与输出指令的例子。

标准触点指令   表 3-7

LD bit	常开触点与左侧母线相连接
A bit	常开触点与其他程序段串联
O bit	常开触点与其他程序段并联
LDN bit	常闭触点与左侧母线相连接
AN bit	常闭触点与其他程序段串联
ON bit	常闭触点与其他程序段并联

2) 逻辑堆栈指令

S7-200 有 1 个 9 位的堆栈,栈顶用来存储逻辑运算的结果,下面的 8 位用来存储中间运算结果。堆栈中的数据一般按"先进后出"的原则存取。主要介绍两种指令:

(1) OLD 指令(栈装载或),用于串联电路块的并联。两个或两个以上触点的串联连接称为串联电路块,在并联这种串联电路块时要用 OLD 指令。在并联这种电路块时,其起点要用 LD 或 LDN 指令,而终点要用 OLD 指令。OLD 指令是一条独立的指令,它表示电路块的连接,不是一个具体的元件,因而不带器件号。例如,图 3-22 所示的梯形图,含有串联的块。

(2) ALD 指令(栈装载与),用于并联电路块与前面电路的串联。这个指令和 OLD 指令很相似,具体示例参见图 3-22。

图 3-21　触点与输出指令

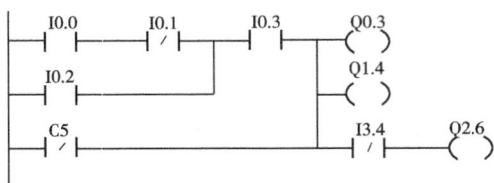

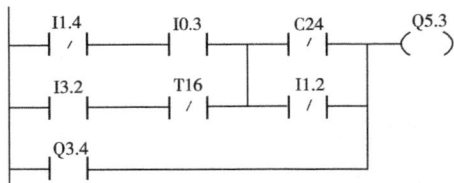

```
LD    I0.0
AN    I0.1
O     I0.2
A     I0.3
ON    C5
=     Q0.3
=     Q1.4
AN    I3.4
=     Q2.6
```

图 3-22　ALD 与 OLD 指令

```
LDN   I1.4
A     I0.3
LD    I3.2
AN    T16
OLD
LDN   C24
ON    I1.2
ALD
O     Q3.4
=     Q5.3
```

（3）立即触点指令，只能用于输入 I，执行立即触点指令的，立即读入物理输入点的值。可以不受扫描周期的影响，即时地反映输入状态的变化但是并不更新该物理输入点对应的映像寄存器。触点符号中间的"I"和"/I"表示立即常开和立即常闭。图 3-23 是立即触点与输出指令的例子。

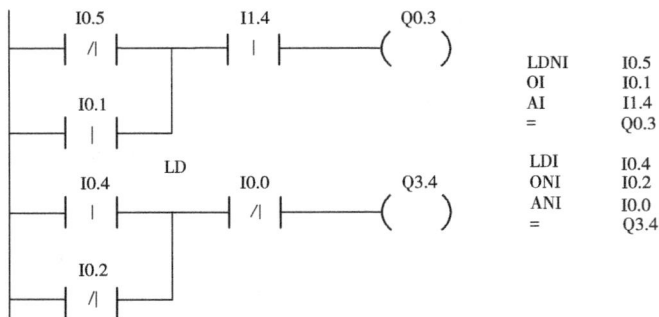

```
LDNI  I0.5
OI    I0.1
AI    I1.4
=     Q0.3

LDI   I0.4
ONI   I0.2
ANI   I0.0
=     Q3.4
```

图 3-23　立即触点与输出指令

2. 输出指令

输出指令包括输出与立即输出指令、置位与复位指令和立即置位与复位指令，见表 3-8。

输　出　类　指　令　　　　　　　　　　　　　　　　　表 3-8

= bit	输出	SI bit,N	立即置位
=I bit	立即输出	R bit,N	复位
S bit,N	置位	RI bit,N	立即复位

1）输出与立即输出

输出指令（＝）与线圈相对应，驱动线圈的触点电路接通时，线圈流过"能流"，指定位对应的映像寄存器为 1，反之则为 0。输出类指令应放在梯形图的最右边，变量为 BOOL 型。

立即输出指令（＝I）只能用于输出量（Q），执行该指令时，新值立即写入指定的物理输出位和对应的输出映像寄存器。线圈符号旁的"I"用来表示立即输出。

2)置位与复位

执行 S(Set,置位或置1)指令时,从指定的位地址开始的 N 个点的映像寄存器都被置位(变为1),直至复位指令到来才能复位(变为0)。

执行 R(Reset,复位或置0)指令时,从指定的位地址开始的 N 个点的映像寄存器都被复位(变为0)。

置位点(或复位点)范围 N:1~255。通常复位指令与置位指令配合使用,示例的梯形图及对应的时序图如图 3-24 所示。

3)立即置位与立即复位指令

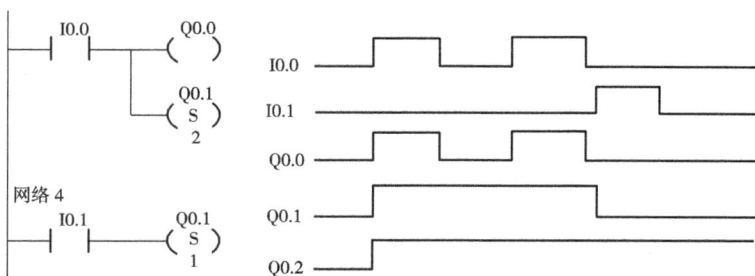

图 3-24 置位与复位

执行 SI(立即置位)或 RI(立即复位)指令时,从指定位地址开始的 N 个连续的物理输出点将被立即置位或复位,$N=1~128$。指令中的"I"表示立即。该指令只能用于输出量(Q),新值被同时写入对应的物理输出点和输出映像寄存器。

3. 其他指令

1)取反(NOT)

取反触点将它左边电路的逻辑运算结果取反,运算结果若为1则变为0,为0则变为1,该指令没有操作数,如图 3-25 所示。

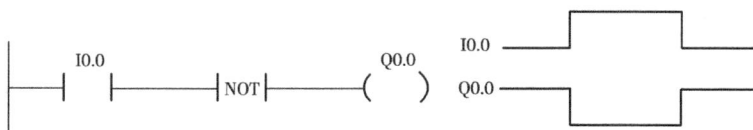

图 3-25 取反指令

2)跳变触点

正跳变沿检测操作检测到一次正跳变(触点的输入信号由"0"变为"1")时,或负跳变沿检测操作检测到一次负跳变(触点的输入信号由"1"变为"0")时,沿检测操作接通一个扫描周期。正/负跳变指令的助记符分别为 EU(Edge Up,上升沿)和 ED(Edge,下降沿),它们没有操作数,沿检测操作符号中间的"P"和"N"分别表示正跳变(Positive Transition)和负跳变(Negative Transition),如图 3-26 所示。

3)RS 触发器指令

RS 触发器指令在编程软件 Micro/WIN32 v3.2 版本中才有。它包括 SR 与 RS 两条指令。

SR:置位优先触发器是一个置位优先的锁存器。当置位信号和复位信号都为真时,以置位优先,故输出为真。

RS:复位优先触发器是一个复位优先的锁存器。当置位信号和复位信号都为真时,以复位优先,故输出为假。

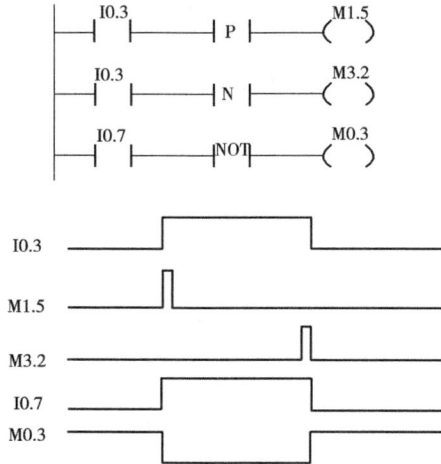

图 3-26 取反和跳变指令

表 3-9 给出了 RS 触发器指令的梯形图符号及真值表。图 3-27 给出了 RS 触发器指令举例。

RS 触发器指令及真值表 表 3-9

指令(SR)	S1	R	输出(bit)
置位优先触发器指令 ┌─────────┐ │ bit │ ─┤S1 OUT├─ │ SR │ ─┤R │ └─────────┘	0	0	保持前一状态
	0	1	0
	1	0	1
	1	1	1
指令(RS)	S	R1	输出(bit)
置位、优先触发器指令 ┌─────────┐ │ bit │ ─┤S OUT├─ │ RS │ ─┤R1 │ └─────────┘	0	0	保持前一状态
	0	1	0
	1	0	1
	1	1	0

4)程序结束、停止运行及空操作指令

程序结束指令 END 为条件结束指令,当执行条件成立时结束主程序,返回主程序起点。

无条件结束指令 MEND,在用户程序结束时使用。

停止运行指令 STOP,执行条件成立时,停止执行程序,使 CPU 状态由 RUN 状态转到 STOP 状态。

空操作指令(NOP N)不影响程序的执行,操作数 $N = 0 \sim 255$。

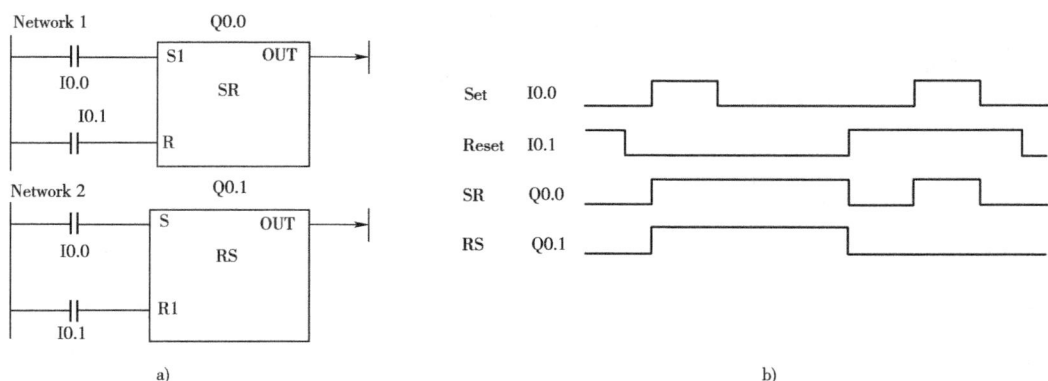

图 3-27　RS 触发器指令举例
a）梯形图；b）时序图

二、定时器指令

S7-200 系列 PLC 具有接通延时定时器（TON）、有记忆的接通延时定时器（TONR）及断开延时定时器（TOF）3 类。相关指令在梯形图中的符号及操作数类型见表 3-10。

定 时 器 指 令　　　　　　　　　　　　　　　　　　　　　　表 3-10

定时器类型	接通延时定时器	有记忆的接通延时定时器	断开延时定时器
指令的表达形式	TON T×× ,PT — IN　　TON — PT	TONR T×× ,PT — IN　　TONR — PT	TOF T×× ,PT — IN　　TOF — PT
操作数的范围及类型	T×× :（WORD）常数 T0 ~ T255 IN :（BOOL）I,Q,V,M,SM,S,T,C,L,能流 PT :（INT）IW,QW,VW,MW,SMW,T,C,LW,AC,AIW,常数		

每个定时器均有一个 16bit 当前值寄存器及一个 1bit 的状态位 T-bit（反映其触点状态）。接通延时定时器和有记忆的接通延时定时器在使能输入 IN 接通时计时,当定时器的当前值大于等于 PT 端的预设值时,该定时器位被置位。当使能输入 IN 断开时,接通延时定时器的当前值置 0,而对于有记忆的接通延时定时器,其当前值保持不变。因而可以用有记忆接通定时器累计输入信号（即 IN 端）的接通时间,其当前值的复位则需用复位指令。当达到预设时间后,接通延时定时器和有记忆的接通延时定时器继续计时,一直计到最大值 32767。

断开延时定时器在使能输入 IN 端断开后延时一段时间断开输出。当使能输入 IN 端接通时,定时器位立即接通,并把当前值设为 0。当输入断开时,从输入信号接通到断开的负跳变启动计时,当达到预设时间值 PT 时,定时器位断开,并且停止当前值计时。当输入断开的时间短于预设值时,定时器位保持接通。定时器的分辨率和编号如表 3-11 所示。

定时器的分辨率和编号   表 3-11

定时器类型	分辨率（ms）	最大当前值（s）	定时器编号
TONR	1	32.767	T0，T64
	10	327.67	T1～T4，T65～T68
	100	3276.67	T5～T31，T69～T95
TON，TOF	1	32.767	T32，T96
	10	327.67	T33～T36，T97～T100
	100	3276.67	T37～T63，T101～T255

图 3-28 所示为接通延时定时器指令应用示例。图中定时器 T37 当 I0.0 接通时开始计时，计时达到设定值 1s 时状态 bit 置 1，其常开触点接通，驱动 Q0.0 有输出；其后当前值仍增加，但不影响状态 bit。当 I0.0 断开时，T37 复位，当前值清 0，状态 bit 也清 0，即回复原始状态。若 I0.0 接通时间未到设定值就断开，则 T37 跟随复位，Q0.0 不会有输出。

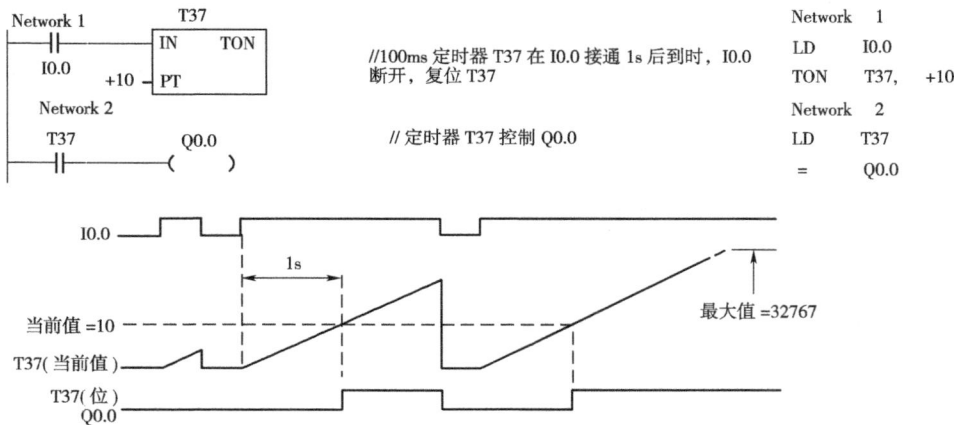

图 3-28 接通延时定时器指令程序举例

定时器的计时设定与定时器的分辨率有关。从工作机理上讲，定时器实际上是对时间间隔计数的计数器。时间间隔的长短就形成了计时器的分辨率，有 1ms、10ms、100ms 三种，分辨率一般取决于定时器编号，S7-200 PLC 定时器编号与分辨率的安排见表 3-11。

三、计数器指令

S7-200 PLC 有加（增）计数器、减计数器及加／减计数器、高速计速器四类计数器指令，以下介绍前三类。

1. 加计数指令（CTU）

如表 3-12 所示，C×× 为加计数器编号，CU 为加计数器的输入端，PV 为加计数器的预置数端，R 为加计数器的复位端。对于加计数器，在 CU 输入端，每当一个上升沿（从"0"到"1"）到来时，计数器当前值加 1，当计数器当前计数值大于或等于预置计数值（PV）时，该计数器状态位（C）被置位（置 1），计数器仍计数，但不影响计数器的状态位。当复位端（R）置位时，计数器被复位，即当前值清零，状态位也清零。加计数器指令的示例梯形图及对应的时序图如图 3-29 所示。

计 数 器 指 令 表 3-12

计数器指令类型	加计数器指令	减计数器指令	加减计数器指令
指令的表达形式	CTU C× × , PT ┤CU CTU ┤R ┤PV	CTD C× × , PT ┤CD CTD ┤LD ┤PV	CTUD C× × , PT ┤CU CTUD ┤CD ┤R ┤PV
操作数的范围及类型	C× ×：(WORD)常数 C0 ~ C255 CU、CD、LD、R：(BOOL)I,Q,V,M,SM,S,T,C,L,能流 PT：(INT)IW,QW,VW,MW,SMW,T,C,SW,LW,AC,AIW,＊VD,＊LD,＊AC,常数		

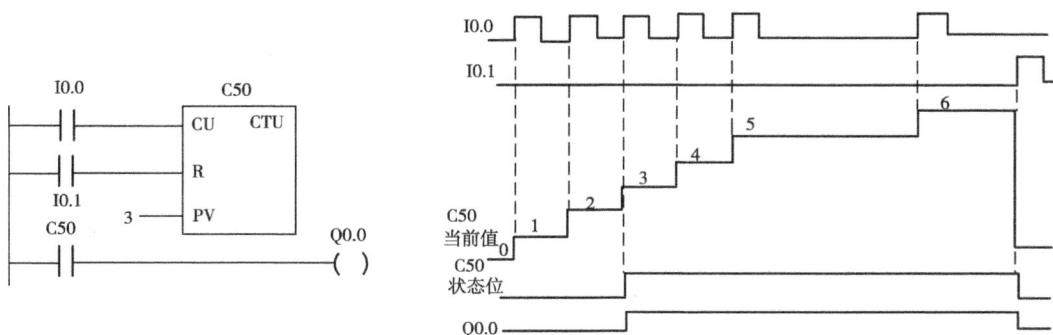

图 3-29 加计数器指令示例

2. 减计数指令（CTD）

C× ×为减计数器编号，CD 为减计数器的输入端，PV 为减计数器的预置数端，LD 为减计数器的复位端。对于减计数器，在 CD 输入端，每当一个上升沿到来时，计数器当前值减1，当计数器当前计数值等于 0 时，该计数器状态位被置位（置 1），计数器停止计数。如果在CD 端仍有上升沿到来时，计数器仍保持为 0，且不影响计数器的状态位。当复位端（LD）置位时，计数器被复位，即减计数器被装入预设值（PV），状态位被清零。减计数器指令的示例梯形图及对应的时序图如图 3-30 所示。

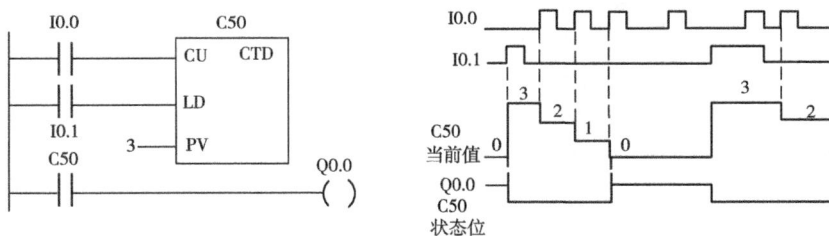

图 3-30 减计数器指令示例

3. 加/减计数器指令（CTUD）

加减计数器（CTUD）兼有加计数器和减计数器的双重功能，CU 输入的每个上升沿到来时，计数器当前值加 1；CD 输入端的每一个上升沿到来时，计数器当前值减 1。当前值大于或等于预置计数值（PV）时,计数器状态位被置位。当复位端（R）被置位时,计数器复位。加/减计数器指令的示例梯形图及对应的时序图如图3-31所示。

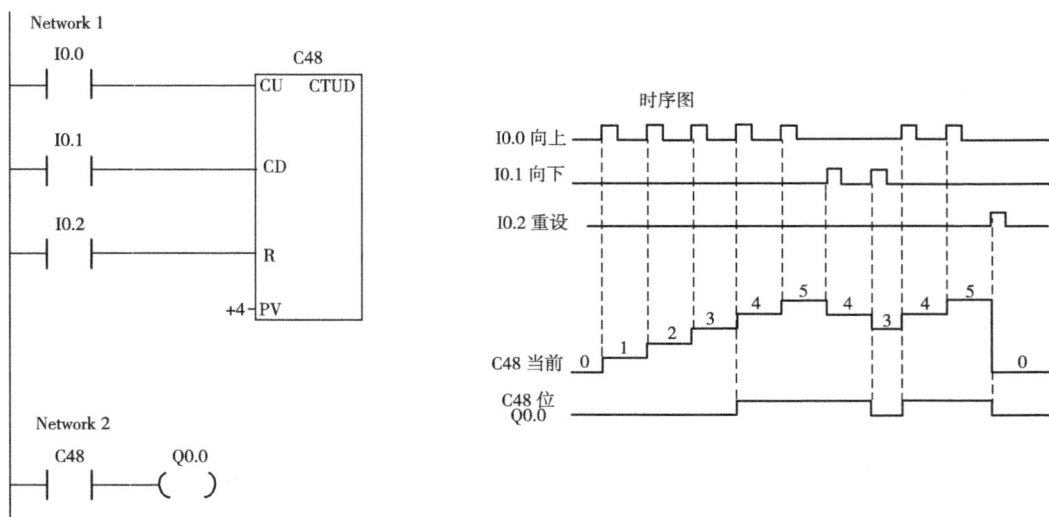

图 3-31　加/减计数器指令示例

第十节　S7-200 系列 PLC 功能指令

随着计算机技术的发展,PLC 除了有丰富的逻辑指令外,还有丰富的功能指令。为了满足工业控制的需要,PLC 生产厂家为 PLC 增添了过程控制、数据处理和特殊功能的指令,这些指令称为功能指令。这些功能指令的出现,极大地拓宽了 PLC 的应用范围,增强了 PLC 编程的灵活性。

一、功能指令的分类及用途

S7-200 系列可编程序控制器的基本指令基于继电器、定时器、计数器类软元件,主要用于逻辑处理。功能指令实际上就是一个个功能完整的子程序,从而大大提高了 PLC 的实用价值和应用普及率。PLC 功能指令依据其功能大致可分为数据处理类、程序控制类、特种功能类及外部设备类等类型。其中数据处理类含传送比较、算术与逻辑运算、移位、循环移位、数据变换、编解码等指令,用于各种运算的实现。程序控制类含子程序、中断、跳转、循环和步进顺控等指令,用于程序结构及流程的控制。特种功能类含时钟、高速计数、脉冲输出、表功能、PID 处理等指令,用于实现某些专用功能。

和基本指令类似,功能指令具有梯形图及指令表等表达形式。由于功能指令的内涵主要是指令要完成什么功能,而不含表达梯形图符号间相互关系的成分,功能指令的梯形图符号多为功能框。又由于数据处理远比逻辑处理复杂,功能指令涉及的机内器件种类及数据量都比较多。以下作几点说明:

（1）梯形图中,S7-200 PLC 用一个方框表示每一条功能指令,这些方框称为指令盒。我们假想梯形图的母线能提供一种能流,能流在梯形图中流动。每个指令盒都有一个使能输入端 EN 和一个使能输出端 ENO。当 EN 端有能流，即 EN 端有效时，该条功能指令才被执行；如果 EN 端有能流且该功能指令执行无误时，则 ENO 为 1，即 ENO 能把这种能流传递下去，如果指令执行有误，则 ENO 为 0，能流不能继续传递。所有的功能指令只有在 EN 端有效时才被执行。

（2）为了方便用户更好地了解机内运行的情况，并为控制及故障自诊断提供方便，PLC 中设立了许多特殊标志位，如溢出位、负值位等。具体情况可在指令说明中查阅。

（3）有些功能指令需要的是使能信号的上升沿，若使能信号不是一个扫描周期的脉冲信号，则可能会产生意想不到的结果。所以在使用功能指令时，必须给功能框设定合适的执行条件，这一点非常重要。

（4）操作数是功能指令涉及或产生的数据。操作数可分为源操作数、目标操作数及其他操作数。源操作数是指令执行后不改变其内容的操作数，目标操作数是指令执行后将改变其内容的操作数。从梯形图符号来说，功能框左边的操作数通常是源操作数，功能框右边的操作数为目标操作数。有时源操作数及目标操作数也可使用同一存储单元。操作数中还有辅助操作数，常用来对源操作数和目标操作数做出补充说明。

操作数的类型及长度必须和指令相配合。S7-200 系列 PLC 的数据存储单元有 I、Q、V、M、SM、S、L、AC 等多种类型，长度表达形式有字节（B）、字（W）、双字（DW）多种，需认真选用。指令各操作数适合的数据类型及长度可在指令表说明部分查阅。此外，常数也可作为操作数，表示常数时，K 表示十进制，H 表示十六进制。在一条指令中，源操作数、目标操作数及其他操作数都可能不止一个，也可能一个都没有。

二、传送类指令

该类指令用来完成各存储单元之间进行一个或者多个数据的传送。可分为单一传送指令和块传送指令。

1. 单一传送

单一传送包括字节传送、字传送、双字和实数传送。

功能描述：使能输入 EN 有效时，将 IN 中的值传送到 OUT 所指的存储单元。

数据类型：输入输出均为字节（字、双字或实数）。表 3-13 给出了以上指令的表达形式及操作数。

字节、字、双字、实数传送指令　　　　　　　　表 3-13

LAD	MOV_B EN ENO ????-IN OUT-????	MOV_W EN ENO ????-IN OUT-????	MOV_DW EN ENO ????-IN OUT-????	MOV_R EN ENO ????-IN OUT-????
STL	MOVB IN,OUT	MOVW IN,OUT	MOVD IN,OUT	MOVR IN,OUT
类型	字节	字、整数	双字、双整数	实数
功能	使能输入有效时，即 EN=1 时，将一个输入 IN 的字节、字/整数、双字/双整数或实数送到 OUT 指定的存储器输出。在传送过程中不改变数据的大小。传送后，输入存储器 IN 中的内容不变			

2. 块传送

该类指令可用来进行一次多个（最多 255 个）数据的传送，它包括字节块传送、字块传送和双字块传送。

功能描述：把从 IN 开始的 N 个字节（字或双字）型数据传送到从 OUT 开始的 N 个字节（字或双字）存储单元。

数据类型：输入输出均为字节（字或双字），N 的范围是 $1 \sim 255$。表 3-14 给出了以上指令的表达形式。

块 传 送 指 令

表 3-14

BLKMOV_B	BLKMOV_W	BLKMOV_D
EN　ENO ???? — IN　OUT — ???? ???? — N	EN　ENO ???? — IN　OUT — ???? ???? — N	EN　ENO ???? — IN　OUT — ???? ???? — N

3. 字节立即传送

字节立即传送指令就像位指令中的立即指令一样，用于输入和输出的立即处理。字节立即传送指令含字节立即读指令（BIR）和字节立即写（BIW）指令，允许在物理 I/O 和存储器之间立即传送 1 个字节数据。字节立即读指令（BIR）读物理输入 IN，并存入 OUT，不刷新过程映像寄存器。字节立即写指令（BIW）从存储器 IN 读取数据，写入物理输出 OUT，同时刷新相应的过程映象区。表 3-15 给出了以上指令的表达形式。

字节立即传送指令

表 3-15

项　目	字节立即读指令	字节立即写指令
指令的表达形式	MOV_BIR EN　ENO ???? — IN　OUT — ????	MOV_BIW EN　ENO ???? — IN　OUT — ????

三、比较指令

比较指令是将两个数值或字符串按指定条件进行比较，条件成立时，触点就闭合。所以比较指令实际上也是一种位指令。在实际应用中，比较指令为上、下限控制以及为数值条件判断提供了方便。

比较指令的类型有：字节比较、整数比较、双字整数比较、实数比较和字符串比较。数值比较指令的运算符有："＝"、"＞＝"、"＜"、"＜＝"、"＞"和"＜＞"等六种，而字符串比较指令只有"＝"和"＜＞"两种。

比较指令以触点形式出现在梯形图及指令表中，因而有"LD"、"A"、"O"三种基本形式。

对于梯形图，当比较结果为真时，指令使能点接通；比较指令为上、下限控制及事件的比较判断提供了极大的方便。表 3-16 给出了以上指令的表达形式。

比较指令的表达形式 表 3-16

形　式	方　式				
	字节比较	整数比较	双字整数比较	实数比较	字符串比较
以“==”指令为例	???? ==B ????	???? ==I ????	???? ==D ????	???? ==R ????	???? ==S ????

图 3-32 所示为比较指令的用法。从图 3-33 中可以看出：计数器 C30 中的当前值大于等于 30 时，Q0.0 为 ON；VD1 中的实数小于 95.8 且 I0.0 为 ON 时，Q0.1 为 ON；VB1 中的值大于 VB2 中的值或 I0.1 为 ON 时，Q0.2 为 ON。

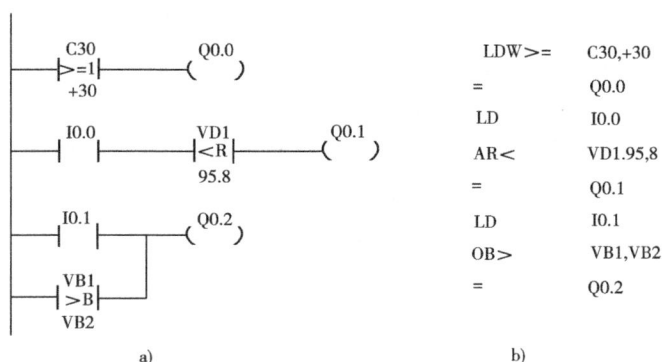

a)

LDW>=	C30,+30
=	Q0.0
LD	I0.0
AR<	VD1.95,8
=	Q0.1
LD	I0.1
OB>	VB1,VB2
=	Q0.2

b)

图 3-32　比较指令使用举例

a）梯形图；b）语句表

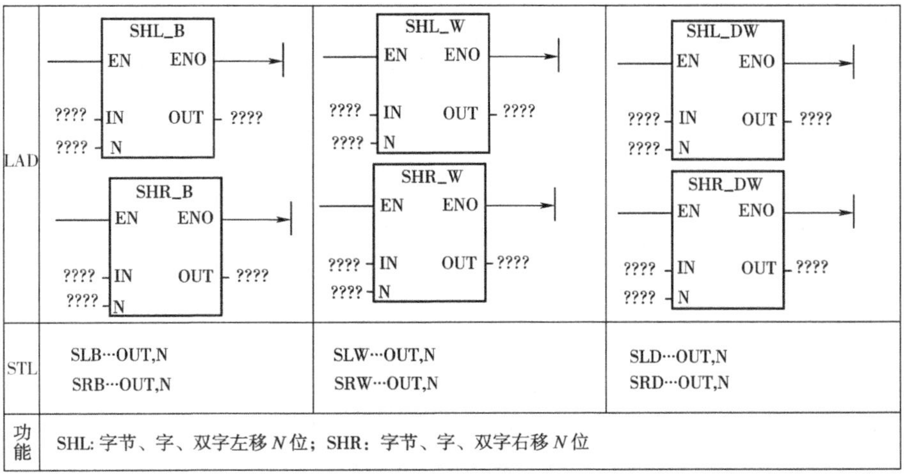

图 3-33　移位指令

四、移位与交换指令

移位指令含移位、循环移位、移位寄存器及字节交换等指令。移位指令在程序中可方便某些运算的实现，如乘 2 及除 2 等，可用于取出数据中的有效位数字，移位寄存器可用于实现步序控制。

1. 字节、字、双字右移位和左移位指令

字节向右移位指令 SHR_B 与字节向左移位指 SHL_B 将输入(IN)的无符号数字节中的各位向右或向左移动 N 位后,送给输出字节(OUT)。移位指令对移出位补 0,如果移动的位数 $N \geq 8$,最多移位 8 次,所有的循环和移位指令中的 N 均为字节变量。

字移位和双字移位指令的移动最大次数分别为 16 和 32。

如果移位次数大于 0,"溢出"存储器位(SM1.1)保存最后一次被移出的位的值。如果移位操作的结果为 0,零标志位(SM1.0)就置位。图 3-33 为移位指令。

2. 字节、字、双字循环移位指令

字节、字、双字循环左移或循环右移指令把输入 IN(字节、字、双字)循环左移或循环右移 N 位,把结果输出到 OUT 中。如果所需移位次数 N 大于或等于最大允许值(对于字节操作为 8、对于字操作为 16、对于双字操作为 32),那么在执行循环移位前,先对 N 执行取模操作,得到 1 个有效的移位次数。取模结果对于字节操作为 0 ~ 7,对于字操作为 0 ~ 15,对于双字操作为 0 ~ 31。如果移位次数为 0,循环移位指令不执行。如果循环移位指令正常执行后,最后 1 位的值会复制到溢出标志位(SM1.1)。如果移位的结果是 0,零标志位(SM1.0)被置位。字节操作是无符号的。对于字及双字操作,当使用符号数据时,符号位也被移位。图 3-34 为循环移位指令。

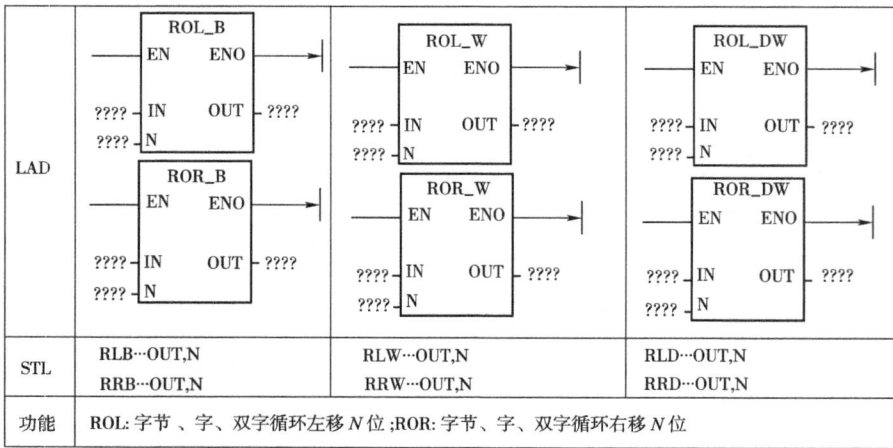

LAD	ROL_B / ROR_B	ROL_W / ROR_W	ROL_DW / ROR_DW
STL	RLB…OUT,N RRB…OUT,N	RLW…OUT,N RRW…OUT,N	RLD…OUT,N RRD…OUT,N
功能	ROL:字节、字、双字循环左移 N 位;ROR:字节、字、双字循环右移 N 位		

图 3-34　循环移位指令

3. 移位寄存器指令和字节交换指令

移位寄存器指令(SHRB)把输入的 DATA 数值移入移位寄存器,而该移位寄存器是由 S-BIT 和 N 决定的。其中,S-BIT 指定移位寄存器的最低位,N 指定移位寄存器的长度和移位的方向(正向移位 $= N$、反向移位 $= -N$)。SHRB 指令移出的每一位都相继被放在溢出位(SM1.1)。

移位寄存器指令提供 1 种排列和控制产品流或数据的简单方法。使用该指令时,每个扫描周期整个移位寄存器移动 1 位。

字节交换指令用来交换输入字 IN 的高字节和低字节。

图 3-35 为移位寄存器指令和字节交换指令的表达形式。

五、数字运算类指令

数字运算指令是运算功能的主体指令，含四则运算指令、数学功能指令及递增指令、递减指令。四则运算含整数、双整数、实数四则运算，一般说来，源操作数与

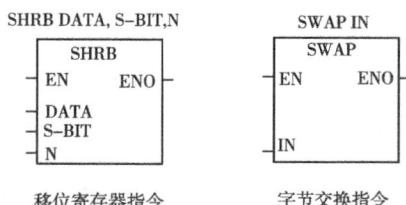

图 3-35 移位寄存器指令和字节交换指令

目标操作数具有一致性，但也有整数运算产生双整数的指令。数学功能指令指三角函数、对数及指数、平方根等指令。运算类指令与存储器及标志位的关系密切，使用时需注意。

1. 四则运算指令

1）整数四则运算指令

整数的四则运算指令使两个 16 位整数运算后产生一个 16 位结果（OUT）。整数除法不保留余数。

在 LAD 中：IN1 + IN2 = OUT，IN1 - IN2 = OUT，IN1 * IN2 = OUT，IN1/IN2 = OUT。

图 3-36 为整数四则运算指令的表达形式。

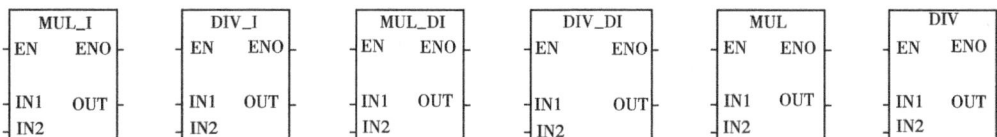

图 3-36 整数四则运算指令的表达形式

使 ENO = 0 的错误条件是：SM1.1 置 1（溢出时）、SM1.3 置 1（被 0 除时）、错误代码 = 0006（间接寻址）。受影响的 SM 标志位：SM1.0 置 1（结果为 0 时）、SM1.1 置 1（溢出时）、SM1.2 置 1（结果为负值）、SM1.3 置 1（被 0 除时）。

2）双整数四则运算指令

双整数的四则运算指令使两个 32 位整数运算后产生一个 32 位结果（OUT）。双整数除法不保留余数。

在 LAD 中：IN1 + IN2 = OUT，IN1 - IN2 = OUT，IN1 * IN2 = OUT，IN1/IN2 = OUT。

图 3-37 为双整数四则运算指令的表达形式。

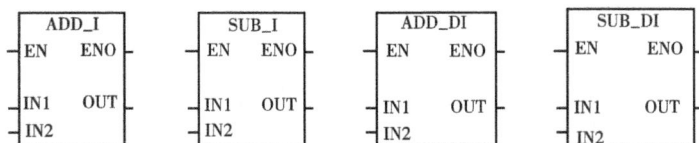

图 3-37 双整数四则运算指令的表达形式

使 ENO = 0 的错误条件和受影响的 SM 标志位和整数四则运算指令相同。

3）实数四则运算指令

实数的四则运算指令使两个 32 位实数运算后产生一个 32 位实数结果（OUT）。

在 LAD 中：IN1 + IN2 = OUT，IN1 - IN2 = OUT，IN1 * IN2 = OUT，IN1/IN2 = OUT。

图 3-38 为实数四则运算指令的表达形式。

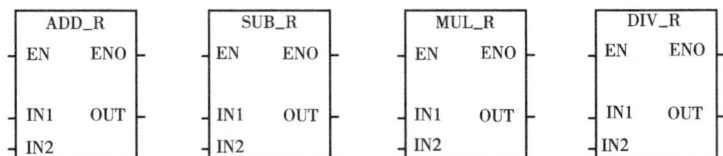

图 3-38 实数四则运算指令的表达形式

使 ENO =0 的错误条件和受影响的 SM 标志位和整数四则运算指令相同。

4）整数乘法产生双整数和带余数的整数除法指令

整数乘法产生双整数指令（MUL），将两个 16 位整数相乘，得到 32 位结果（OUT）。

在 LAD 中，IN1 * IN2 = OUT。

带余数的整数除法指令（DIV），将两个 16 位整数相除，得到 32 位结果。其中 16 位为余数（高 16 位字节），另外 16 位为商（低 16 位字节）。

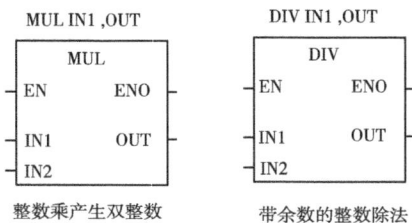

图 3-39 整数乘法产生双整数和带余数的整数除法指令

在 LAD 中，IN1/IN2 = OUT。

图 3-39 为整数乘法产生双整数和带余数的整数除法指令的表达形式。

使 ENO =0 的错误条件和受影响的 SM 标志位和整数四则运算指令相同。

2. 数学功能指令

正弦（SIN）、余弦（COS）和正切（TAN）指令计算角度值 IN 的三角函数值，并将结果存放在 OUT 中，输入角度为弧度值。自然对数指令（LN）计算输入值 IN 的自然对数，并将结果存放在 OUT 中。自然指数指令（EXP）计算输入值 IN 为指数的自然指数值，并将结果存放在 OUT 中。平方根指令（SQRT）计算实数 IN 的平方根，结果存放在 OUT 中。

在 LAD 中，SIN（IN）= OUT，COS（IN）= OUT，TAN（IN）= OUT，LN（IN）= OUT，EXP（IN）= OUT，SQRT（IN）= OUT。

图 3-40 为数学功能指令的表达形式。

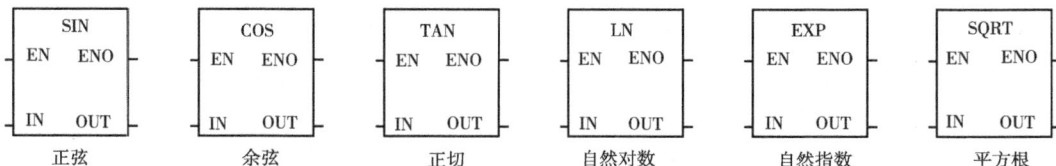

图 3-40 数学功能指令的表达形式

使 ENO =0 的错误条件是：SM1.1（溢出）、错误代码 =0006（间接寻址）。受影响的 SM 标志位：SM1.0（结果为 0）、SM1.1（溢出）、SM1.2（结果为负）。

3. 递增和递减指令

字节、字、双字递增或递减指令把输入字节（IN）加 1 或减 1，并把结果存放到输出单元（OUT）。字节增减指令是无符号的，字增减指令和双字增减是有符号的。

在 LAD 中：IN + 1 = OUT，IN − 1 = OUT。图 3-41 为递增和递减指令的表达形式。

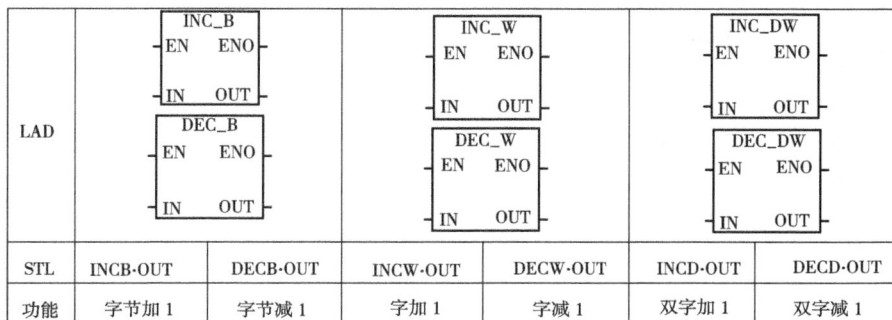

LAD	INC_B / DEC_B	INC_W / DEC_W	INC_DW / DEC_DW
STL	INCB·OUT	DECB·OUT	INCW·OUT	DECW·OUT	INCD·OUT	DECD·OUT
功能	字节加 1	字节减 1	字加 1	字减 1	双字加 1	双字减 1

图 3-41　递增和递减指令的表达形式

使 ENO = 0 的错误条件是：SM1.1(溢出)、错误代码 = 0006(间接寻址)。受影响的 SM 标志位：SM1.0(结果为 0)、SM1.1(溢出)、SM1.2(结果为负)。

六、逻辑操作指令

逻辑操作指令用于数据对应位间的逻辑操作，含与、或、异或及取反指令。

1. 字节、字和双字取反指令

字节取反、字取反、双字取反指令将输入(IN)取反的结果存入 OUT 中。图 3-42 为字节、字和双字取反指令的表达形式。

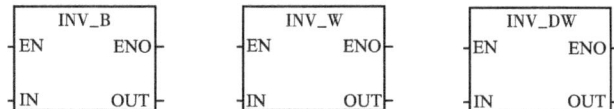

图 3-42　字节、字和双字取反指令的表达形式

使 ENO = 0 的错误条件是：错误代码 = 0006(间接寻址)。受影响的 SM 标志位：SM1.0(结果为 0)。

2. 与、或、异或指令

与、或、异或指令参与运算的操作数可以是字节、字或双字。与、或、异或指令是对 2 个输入字节按位与、或、异或，得到 1 个字节结果(OUT)。

图 3-43 为字节与、或、异或指令的表达形式。

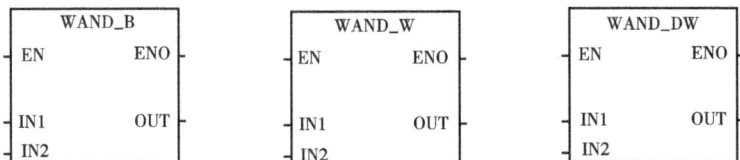

图 3-43　字节的与、或、异或指令的表达形式

使 ENO = 0 的错误条件是：错误代码 = 0006(间接寻址)。受影响的 SM 位：SM1.0(结果为 0)。

七、程序控制指令

跳转指令、循环指令、顺控继电器指令、子程序指令、中断指令统称为程序控制类指令。程序控制类指令用于程序执行流程的控制。对 1 个扫描周期而言，跳转指令可以使程序出现跨越或跳跃以实现程序段的选择；子程序指令可调用某段子程序；循环指令可多次重复执行指定的程序段；中断指令则用于中断信号引起的子程序调用；顺控继电器指令及状态编程法可形成状态程序段中各状态的激活及隔离。

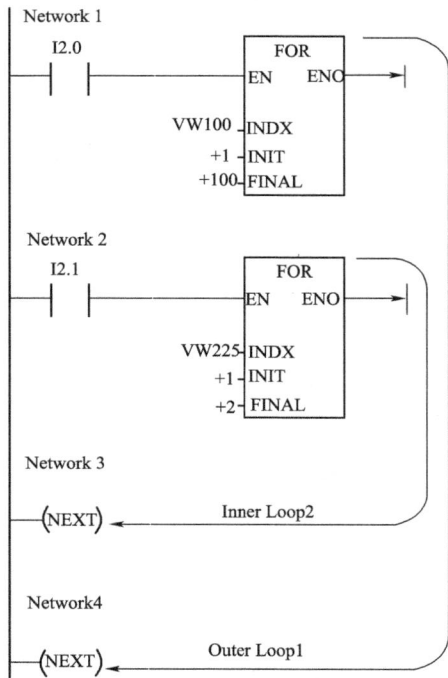

图 3-44 循环指令应用举例

1. 循环指令

FOR-NEXT 指令循环执行 FOR 指令和 NEXT 指令之间的循环体指令段一定次数。FOR 和 NEXT 指令用来规定需重复一定次数的循环体程序。FOR 指令参数 INDEX 为当前循环数计数器，用来记录循环次数的当前值。参数 INIT 及 FINAL 用来规定循环次数的初值及终值。循环体程序每执行 1 次，INDEX 值加 1。当循环次数当前值大于终值时，循环结束。可以用改写 FINAL 参数值的方法在程序运行中控制循环体的实际循环次数。FOR-NEXT 指令可以实现 8 层嵌套。FOR 指令和 NEXT 指令必须成对使用，在嵌套程序中距离最近的 FOR 指令及 NEXT 指令是一对。

图 3-44 是循环指令应用举例。该例中为两层循环嵌套，循环体为向 VW200 中加 1，当两层循环同时满足条件，程序执行后，向 VW200 中加 200 个 1。

2. 跳转指令

跳转指令（JMP）使程序流程跳转到指定标号 N 处的程序分支执行。标号指令（LBL）标记跳转目的地的位置 N。N 操作数范围为 0 ~ 255。

图 3-45 是跳转与标号指令。在跳转发生的扫描周期中，被跳过的程序段停止执行，该程序段涉及的各输出器件的状态保持跳转前的状态不变，不响应程序相关的各种工作条件的变化。

可以有多条跳转指令使用同一标号，但不允许 1 个跳转指令对应两个标号的情况，即在同一程序中不允许存在两个相同的标号。可以在主程序、子程序或者中断服务程序中使用跳转指令，跳转与之相应的标号必须位于同一段程序中（无论是主程序、子程序还是中断子程序）。在跳转条件中引入上升沿或下降沿脉冲指令时，跳转只执行 1 个扫描周期，但若用特殊辅助继电器 SM0.0 作为跳转指令的工作条件，跳转就成为无条件跳转。

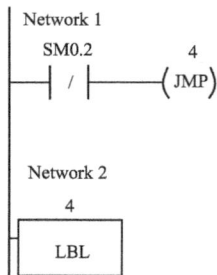

图 3-45 跳转与标号指令

3.子程序指令

子程序指令含子程序调用指令(CALL)和子程序返回指令(CRET)。子程序调用指令将程序控制权交给子程序 SBR-N,该子程序执行完成后,程序控制权回到子程序调用指令的下一条指令。子程序条件返回指令(CRET)在条件满足时中止子程序执行。子程序指令见表3-17。

子 程 序 指 令 　　表3-17

指令的表达形式		数据类型及操作数
子程序调用指令：CALL SBR-N — EN　[SBR-N]	子程序条件返回指令：CRET —(RET)	N：WORT 常数 CPU221、CPU222、CPU224、CPU226：0 ~ 63 CPU226XM：0 ~ 127

4.顺控继电器指令

顺控制继电器也称为状态器,顺控继电器指令用于步进顺控程序的编制。状态法编程可以这样表述:对于较复杂的控制过程,可将它分割为一个个的小状态,分别对每个小的状态编程后,再依这些小状态的联系将小状态程序连接起来以实现总的控制任务。顺控继电器指令就是针对小状态及小状态的联系安排的。

S7-200 系列 PLC 中设有顺控继电器。其中 s bit 是顺序控制继电器标号,顺序控制继电器有 1 个状态位(即使能位),从 SCR 开始到 SCRE 结束的所有指令组成 SCR 段。SCR 是 1 个顺序控制继电器(SCR)段的开始,当 s bit 状态位为 1 时,允许 SCR 段工作。SCR 段必须用 SCRE 指令结束。SCRT 指令执行 SCR 段的转移。它一方面对下一个 SCR 状态位置位,以使下一个 SCR 段工作;另一方面又同时对本段 SCR 状态位复位,以便本段 SCR 停止工作。SCR 指令只能用在主程序中,顺序控制继电器的编号为 S0.0 ~ S31.7。

图 3-46 所示梯形图,就是用顺序控制继电器指令编写的交通灯控制的部分程序。

八、高速计数指令

1.高速计数器

相对普通计数器,高速计数器是对较高频率的信号计数的计数器,由于信号源来自机外,且需以短于扫描周期的时间响应,高速计数器都工作在中断方式。高速计数器一般都是可编程的,通过程序指定及设置控制字,同一高速计数器可工作在不同的工作模式上,为应用带来极大的灵活性。高速计数器还采用专用指令编程,进一步扩大了其应用的功能。PLC 所能构成的高速计数器的数量、最高工作频率及高速计数器的工作方式等也成了衡量可编程控制器性能的重要标准之一。

S7-200 系列 CPU 因型号而异最多可以配置 6 个高速计数器。HSC 标号及最高工作频率见表3-18。每个高速计数器最多有 12 种工作模式,如表3-19 所示。

S7-200 系列 CPU 支持的高速计数器号 　　表3-18

CPU 型号		CPU221 和 CPU222	CPU224、CPU226、CPU226XM
支持 HSC 号		HSC0、HSC3、HSC4、HSC5	HSC0 ~ HSC5
最高工作频率	单相	4 个 30kHz	6 个 30 kHz
	二相	2 个 20 kHz	4 个 20 kHz

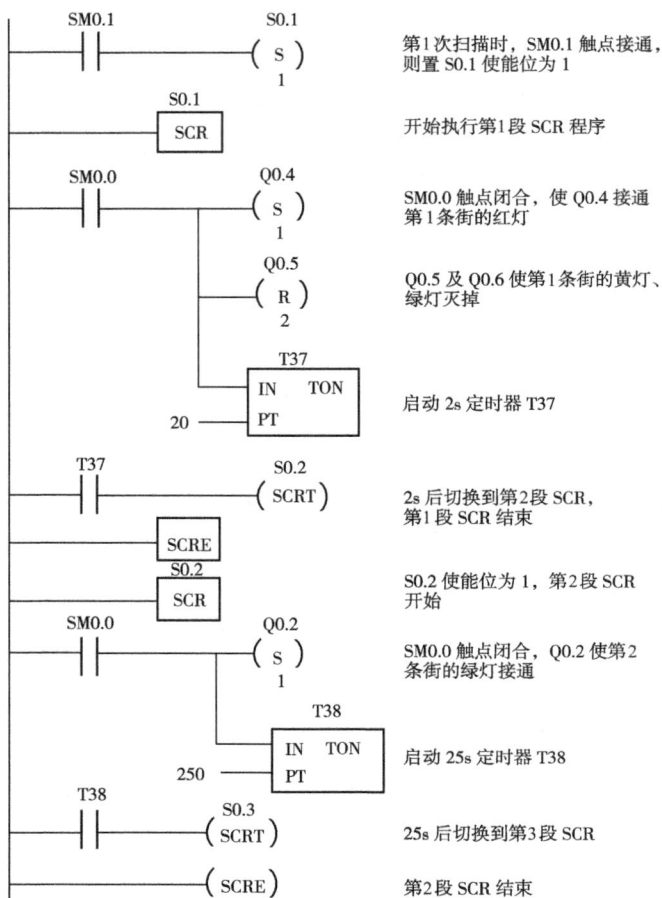

图 3-46 顺控继电器指令示例

高速计数器的标号、工作模式及输入端子　　　　表 3-19

计数器标号及各种工作模式对应的输入端子	HSC0	I0.0	I0.1	I0.2	
	HSC1	I0.6	I0.7	I0.2	I1.1
	HSC2	I1.2	I1.3	I1.1	I1.2
	HSC3	I0.1			
	HSC4	I0.3	I0.4	I0.5	
	HSC5	I0.4			
带有内部方向控制的单相计数器	模式0	时钟			
	模式1	时钟		复位	
	模式2	时钟		复位	启动
带有外部方向控制的单相计数器	模式3	时钟			
	模式4	时钟		复位	
	模式5	时钟		复位	启动

续上表

带有增减计数时钟双相计数器	模式6	增时钟	减时钟	
	模式7	增时钟	减时钟	复位	
	模式8	增时钟	减时钟	复位	启动
A/B 相正交计数器	模式9	时钟 A	时钟 B	
	模式10	时钟 A	时钟 B	复位	
	模式11	时钟 A	时钟 B	复位	启动

2. 高速计数器指令

高速计数器指令有两条,为高速计数器定义指令 HDEF、高速计数指令 HSC,如表 3-20 所示。HDEF 指令定义 1 个高速计数器的工作模式。EN:本指令使能条件;HSC:高速计数器编号,为 0 ~ 5 的常数;MODE:工作模式,为 0 ~ 12 的常数。HSC 指令,根据高速计数器控制位的状态,并按照 HDEF 指令指定的工作模式,设置高速计数器并控制其工作。EN:本指令使能条件;N:高速计数器编号。

高速计数器指令   表 3-20

指令的表达形式	操作数的含义及范围
定义高束计数器指令 HDEF HSC,MODE HDEF —EN ENO— —HSC —MODE 高速计数器指令 HSC N HSC —EN ENO— —N	HSC:(BYTE)常数;MODE:(BYTE)常数;N:(WORD)常数

3. 高速计数器的计数方式

1)单相增/减计数

单相是指只有一个脉冲输入端。增/减计数是指可以通过方向控制作加法计数或者减法计数。

2)双相脉冲增/减计数

双相是指有 2 个脉冲输入端:1 个为加计数脉冲,1 个为减计数脉冲。

3)双相正交脉冲计数

双相是指有 A、B 两相输入脉冲。正交是指 A、B 两相输入脉冲在相位上互差 90°。A 相超前 B 相 90°时,加计数;A 相滞后 B 相 90°时,减计数。此种方式下,还可选择单倍频计数(1 个脉冲计 1 个),或 4 倍频计数(1 个脉冲计 4 个)。

4. 通过编程设置高速计数器

1)控制字节

除了定义高速计数器的工作模式之外,还要对有关的控制字节进行初始化才能使用。每个高速计数器都有 1 个控制字节,包括下列几项:允许或禁止计数,计数方向控制或对所有其他模式初始化计数方向,要装入的计数器当前值和要装入的预置值。执行 HSC 指令时,要检验控制字节和有关的当前值及预置值。表 3-21 对这些控制位逐一做了说明。

HSC0 ~ HSC5 的控制位 　　　　　　　　　　表 3-21

HSC0	HSC1	HSC2	HSC3	HSC4	HSC5	描　　述
SM37.0	SM47.0	SM57.0		SM147.0		复位有效电平控制位,0 = 复位高电平有效,1 = 复位低电平有效
	SM47.1	SM57.1				启动有效电平控制位,0 = 启动高电平有效,1 = 启动低电平有效
SM37.2	SM47.2	SM57.2		SM147.2		正交计数器速率选择,0 = 4 × 计数率,1 = 1 × 计数率
SM37.3	SM47.3	SM57.3	SM137.3	SM147.3	SM157.3	计数方向控制位,0 = 减计数,1 = 增计数
SM37.4	SM47.4	SM57.4	SM137.4	SM147.4	SM157.4	向 HSC 中写入计数方向,0 = 不更新,1 = 更新计数方向
SM37.5	SM47.5	SM57.5	SM137.5	SM147.5	SM157.5	向 HSC 中写入计数方向,0 = 不更新,1 = 更新预置值
SM37.6	SM47.6	SM57.6	SM137.6	SM147.6	SM157.6	向 HSC 中写入新的初始值,0 = 不更新,1 = 更新初始值
SM37.7	SM47.7	SM57.7	SM137.7	SM147.7	SM157.7	HSC 允许,0 = 禁止 HSC,1 = 允许

2）设定当前值和预置值

每个高速计数器都有 1 个 32 位的当前值和 1 个 32 位的预置值。为了向高速计数器装入新的当前值和预置值,必须先设置控制字节,并把当前值和预置值存入特殊存储器字节中,然后必须执行 HSC 指令,从而将新的值送给高速计数器。

除了控制字节和新的预置值与当前值保存字节外,每个高速计数器的当前值可利用数据类型 HC(高速计数器当前值)后跟计数器号(0,1,3,4,5)的格式读出。因此,可用读操作直接访问当前值,但写操作只能用上述的 HSC 指令来实现。

3）状态字节

每个高速计数器都有 1 个状态字节,其中某些位表征了当前计数方向,当前值是否等于预置值,当前值是否大于预置值。

4）HSC 中断

所有高速计数器都会在当前值等于预置值时产生中断。使用外部复位输入的计数器模式支持外部复位有效时产生的中断。除模式 0、1 和 2 外,所有的计数器模式支持计数方向改变的中断,每个中断条件可分别被允许或禁止。

5. 高速计数器程序的构成

选择了高速计数器标号,决定了高速计数器模式,安排了高速计数器输入端口后,高速计数器应用事项中剩下的是编制高速计数器应用程序。程序含高速计数器初始化程序及高速计数器执行程序两部分。高速计数器初始化程序要完成的任务如下。

(1)使用高速计数器定义指令将选定的高速计数器及工作模式定义完成。程序中 1 个高速计数器只能定义 1 次。

(2)设置控制字节。

(3)设置初始值。

（4）设置预置值。

（5）指定并使能中断程序。

（6）激活高速计数器。

高速计数器初始化一般以子程序方式出现，在主程序中使用初次扫描存储位 SM0.1 调用初始化子程序。高速计数器使用当前值等于预置值、计数方向改变、外部复位等高速计数器事件引出计数控制目的的执行。高速计数器执行程序一般以中断程序的方式出现。中断程序的内容可以是重设高速计数器有关的参数或完成高速计数所表示的物理量值的控制任务。

第十一节　PLC 的编程及应用

【例3-1】 试根据图 3-47 所示，要求当开关 S_1 动作、开关 S_2 不动作而均使灯亮，编制梯形图。

解：由于 S_1 和 S_2 都是常开触点，因此常态下输入端子 I0.0、I0.1 不通电，只有当 2 个开关动作（闭合）时，才通电，按控制要求所编的梯形图程序为：

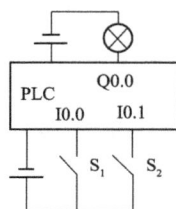

图 3-47　PLC 外部接线图

图 3-47 的 PLC 外部接线图虽然简单，但却是各种复杂电路的最基本的控制电路。当开关采取不同的接法时，既可以使用动合触点，也可以使用动断触点，要完成同样的控制功能时，则相应的梯形图及语句表程序亦做不同的处理。例如图 3-48 所示接法时，梯形图程序变为：

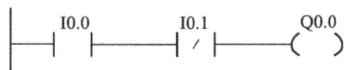

a)

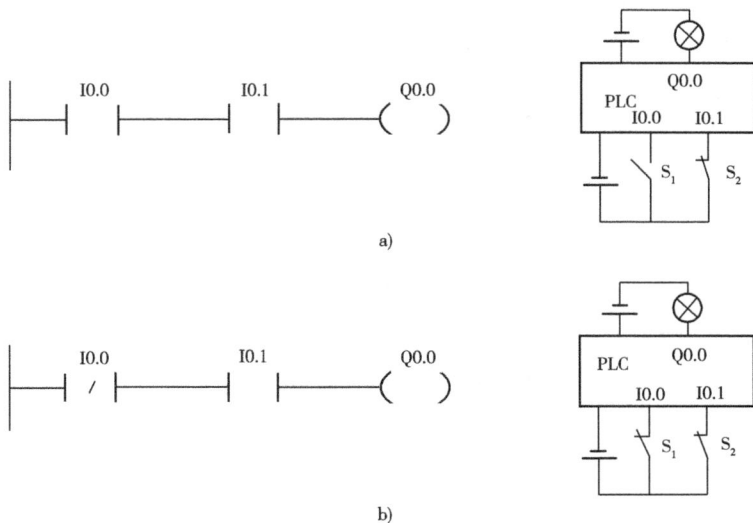

b)

图 3-48　PLC 的外部接线图

【例 3-2】 三相异步电动机的启、停控制及正、反转控制

1. 三相异步电动机的启、停控制

解： 三相异步电动机启、停控制是电动机最基本的控制，图 3-49 给出了主电路、PC 外部接线及控制程序。图中 SB1 为启动按钮，SB2 为停止按钮。

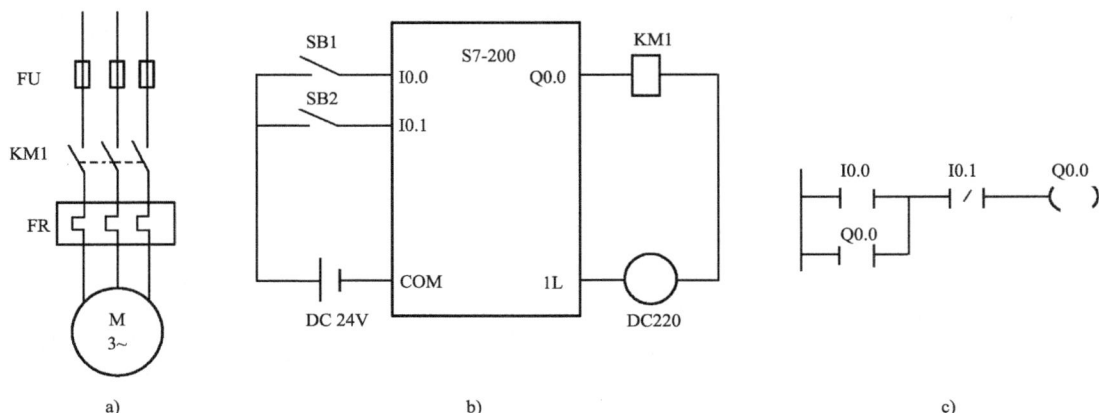

图 3-49　三相异步电动机启、停控制

a) 主电路；b) PLC 外部接线；c) 梯形图程序

在继电器控制电路中，停止按钮都是串联在回路中，使用其动断触点。但在 PLC 控制中，停止按钮有两种处理方法，可以使用动合触点也可以使用动断触点，相应梯形图及语句表程序中亦作不同处理。在本例图 3-49b) 中，停止按钮 SB2 用的是动合触点，则图 3-49c) 的梯形图中使用输入继电器的动断触点 I0.1，这种处理方法的接线图与继电器控制不同，但梯形图与继电器控制电路一致，读图方便。

2. 三相异步电动机的正、反转控制

解： 三相异步电动机正、反转控制的主电路、PC 外部接线及控制程序见图 3-50。图中 SB1 为正向启动按钮，SB2 为反向启动按钮，SB3 为停止按钮，KM1 为正向接触器，KM2 为反向接触器。

三相异步电动机的正、反转是通过正、反向接触器改变定子绕组的相序来实现的，其中 1 个很重要的问题就是必须保证在任何时候、任何条件下，正、反向接触器都不能同时接通。为此，在程序中两个输出 Q0.0、Q0.1 之间，相互构成互锁，这种靠软件上的互锁称为内部软互锁，这样能够保证输出 Q0.0 和 Q0.1 不同时接通。

但是为了可靠地对正、反转接触器进行互锁，防止由于编程错误导致 2 个接触器同时输出，在 KM1、KM2 之间可以采用动断触点构成互锁，这种互锁称为外部硬互锁。另外，在接触器断开的瞬间，由于电动机线圈电感的作用会产生电弧，这时如果另 1 个方向的接触器立即通电吸合，会产生电弧短路。为此可利用内部定时器延时，保证正、反转切换时有一定的时间差，从而防止电弧短路。

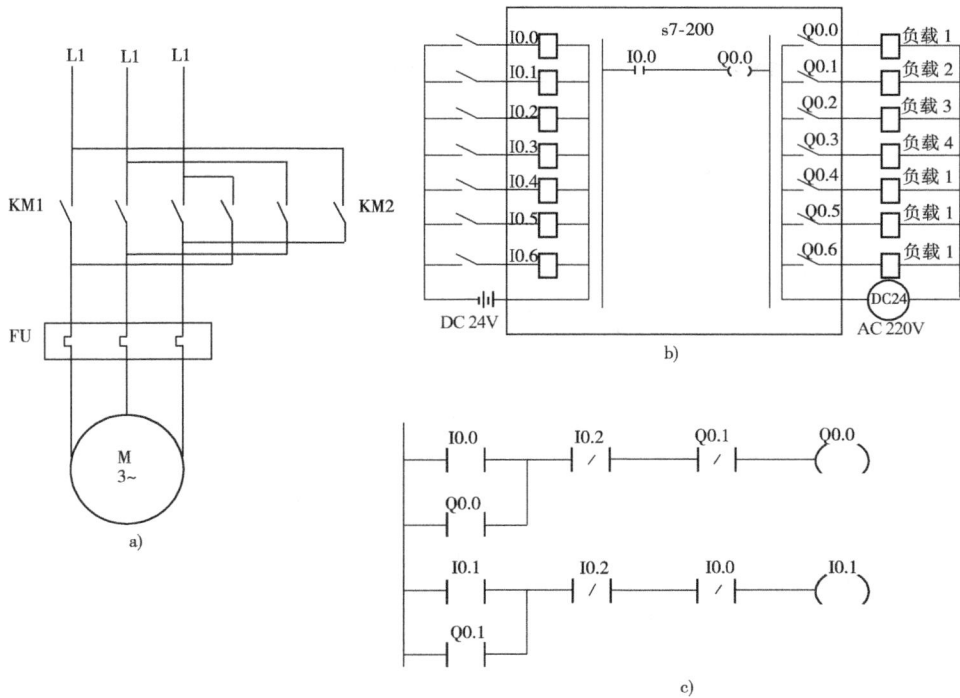

图 3-50　三相异步电动机正、反转控制
a）主电路；b）PLC 外部接线；c）梯形图程序

【例 3-3】　儿童 2 人、青年学生 1 人和教授 2 人组成 3 组抢答。儿童中任何 1 个人按钮均可抢答，教授需 2 人同时按按钮可抢答。每个抢答桌上安装 1 个指示灯。抢答有效时，指示灯闪亮。在主持人按按钮同时宣布开始后 10s 内有人抢答则幸运彩球转动，10s 后抢答无效。

表 3-22 及图 3-51 给出了本例 PLC 的 I/O 分配表及梯形图。该梯形图与前例梯形图相比含有较多的支路，但每个输出支路仍可看作是启-保-停电路，只不过是条件较复杂的启-保-停电路。可先分别编制儿童抢答、学生抢答、教授抢答及彩球转动 4 个输出的启-保-停电路，然后再绘出各输出的条件及相互制约部分。这是比较简单的控制，但实际上要有违例扣分和答题时间限制等情况，因此不仅在程序上要做相应的调整，把输出的所有关联条件都要考虑进去，而且必要的时候要增加 I/O 点的数量。

输入/输出地址分配表　　　　　　　　　　　　　表 3-22

输 入 设 备	地　　址	输 出 设 备	地　　址
儿童抢答按钮	I0.1 I0.2	儿童抢答指示灯	Q0.1
学生抢答按钮	I0.3	学生抢答指示灯	Q0.2
教授抢答按钮	I0.4 I0.5	教授抢答指示灯	Q0.3
主持人开始按钮	I0.6	彩球转动	Q0.4
主持人复位按钮	I0.7		

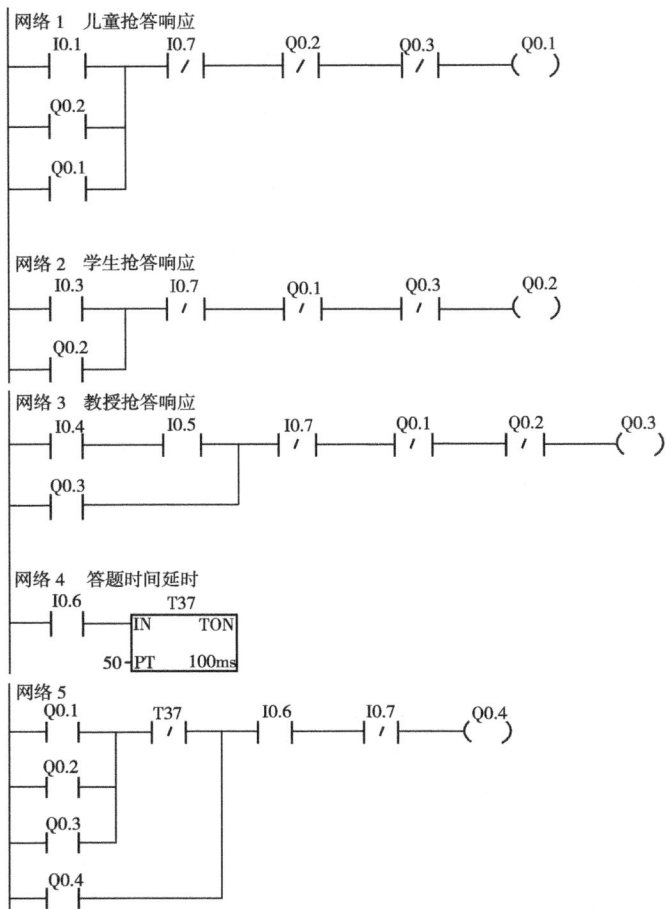

图 3-51　例 3-3 的梯形图

【例3-4】　有一密码锁，它有 5 个键，SB1 为开锁键，按下 SB1 才能进行开锁工作。开锁条件：SB2 按压 3 次，SB3 按压 2 次，锁才能被打开，SB4 为复位键，SB5 报警键。试用 PLC 实现此功能。

解：输入输出分配见表 3-23，梯形图如图 3-52 所示。

输入/输出地址分配表　　　　　　　　　　表 3-23

输 入 设 备	地　址	输 出 设 备	地　址
开锁按钮 SB1	I0.0	开锁输出信号	Q0.0
复位按钮 SB4	I0.1	报警输出信号	Q0.1
SB2	I0.2		
SB3	I0.3		
报警按钮 SB5	I0.4		

网络 1　开锁条件 SB2 按 3 次

网络 2　开锁条件 SB3 按 2 次

网络 3　当开锁条件满足后按 SB1 打开锁

网络 4　若没有满足任何一个条件报警输出

网络 5　若有报警按 SB4 复位

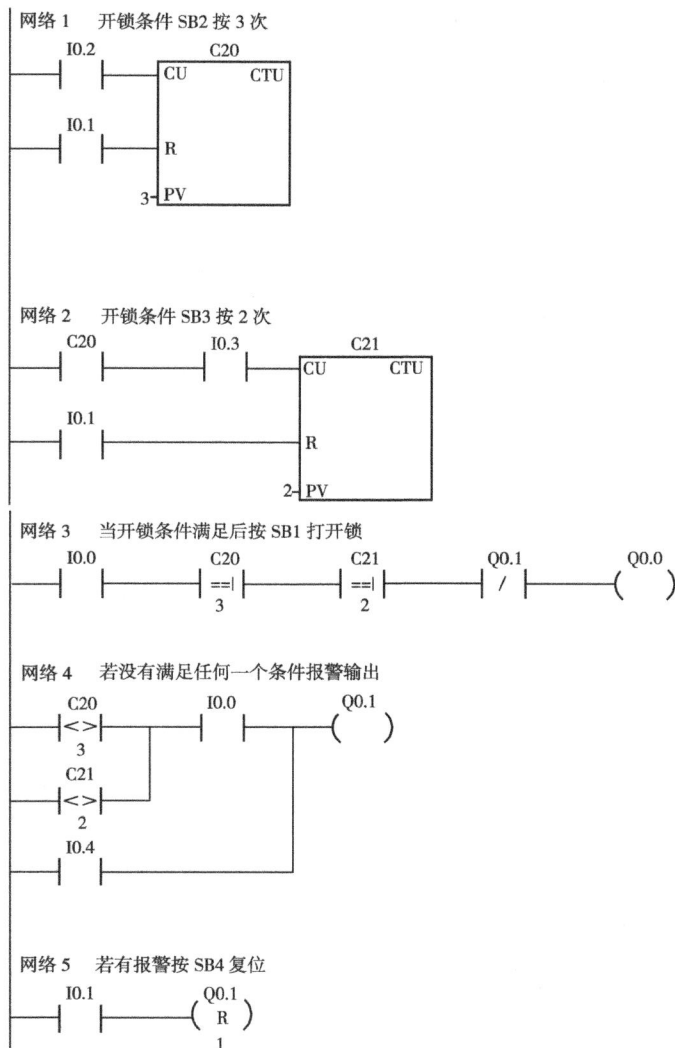

图 3-52　例 3-4 梯形图

【例 3-5】　电机顺序启/停电路。要求 3 台电机按启动按钮后，M1、M2、M3 正序启动；按停止按钮后，逆序停止。动作之间要有一定间隔。

解：先把题目中的输入/输出点找出来，分配好对应的 PLC 的 I/O 地址，如表 3-24 所示。图 3-53 为电机顺序启停电路的梯形图，程序中设置 3 台电机启动的时间间隔为 1min，停止时间间隔为 30s。

输入/输出地址分配表　　　　　　　　　　　　　　　　　表 3-24

输　入　设　备	地　　　址	输　出　设　备	地　　　址
启动按钮	I0.0	电机 M1	Q0.0
停止按钮	I0.1	电机 M2	Q0.1
		电机 M3	Q0.2

网络 1   M2 自动启动脉冲 T37

```
   I0.0        Q0.1         M0.0
 ──┤├──────────┤/├──────────( )──────
   M0.0                              ┌──────────────┐
 ──┤├──                        ┌─────┤       T37    │
                               │     │IN       TON  │
                               │     │              │
                           600─┤PT      100ms │
                                     └──────────────┘
```

网络 2   M3 自动启动脉冲 T38

```
   T37        Q0.2         M0.1
 ──┤├──────────┤/├──────────( )──────
   M0.1                              ┌──────────────┐
 ──┤├──                        ┌─────┤       T38    │
                               │     │IN       TON  │
                           600─┤PT      100ms │
                                     └──────────────┘
```

网络 3   M2 关断脉冲 T39

```
   I0.1        T39          M0.2
 ──┤├──────────┤/├──────────( )──────
   M0.2                              ┌──────────────┐
 ──┤├──                        ┌─────┤       T39    │
                               │     │IN       TON  │
                           300─┤PT      100ms │
                                     └──────────────┘
```

网络 4   M1 关断脉冲 T40

```
   T39        T40          M0.3
 ──┤├──────────┤/├──────────( )──────
   M0.3                              ┌──────────────┐
 ──┤├──                        ┌─────┤       T40    │
                               │     │IN       TON  │
                           300─┤PT      100ms │
                                     └──────────────┘
```

网络 5   电机 1

```
   I0.0        T40          Q0.0
 ──┤├──────────┤/├──────────( )──────
   Q0.0
 ──┤├──
```

网络 6   电机 2

```
   T37        T39          Q0.1
 ──┤├──────────┤/├──────────( )──────
   Q0.1
 ──┤├──
```

网络 7   电机 3

```
   T38        I0.1         Q0.2
 ──┤├──────────┤/├──────────( )──────
   Q0.2
 ──┤├──
```

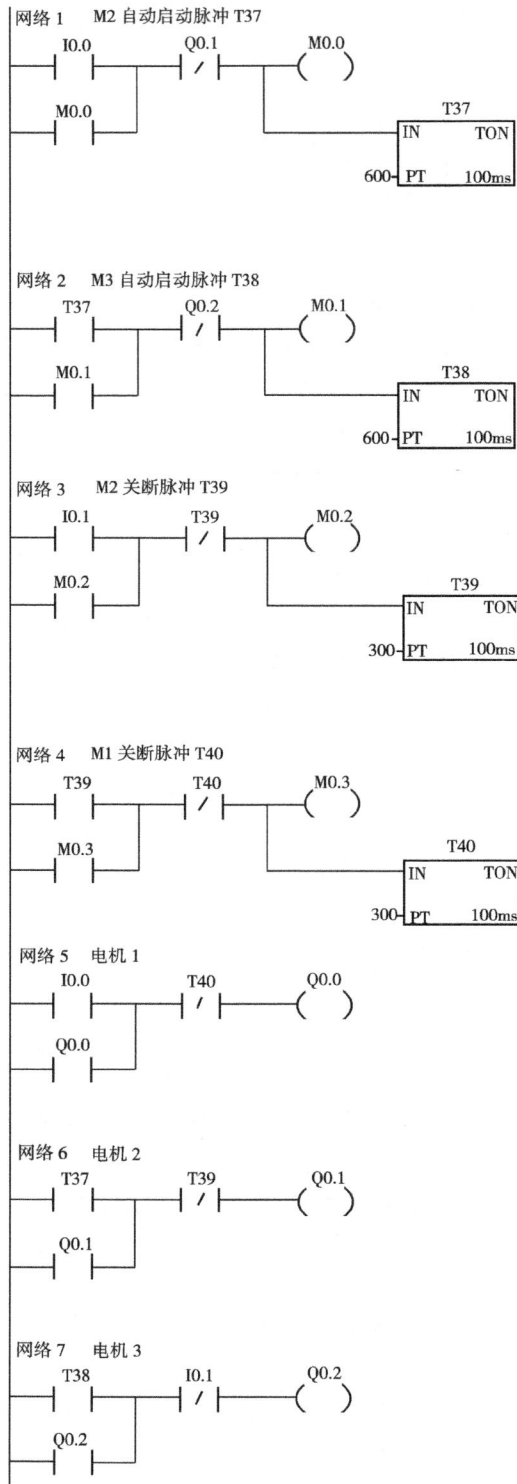

图 3-53   例 3-5 的梯形图

第十二节　编程软件 STEP7-Micro/Win32 使用方法介绍

STEP7-Micro/WIN32 编程软件包是西门子公司专为 SIEMATIC 系列 S7-200 PLC 研制开发的,它可以使用个人计算机(或编程器)作为图形编程器,用于在线或者离线开发用户程序,并可方便地对 S7-200 用户程序进行实时监控等操作。本节将简要介绍 STEP7-Micro/WIN32 编程软件的安装及操作方法。

一、编程软件的系统要求

PLC 系统主要由 1 台 S7-200 CPU,1 台装有编程软件 STEP7-Micro/WIN 32 的 PC 机或编程器,1 根连接电缆及有关的电源线组成。

对操作系统的要求:基于 Windows 的 32 位操作系统。

对 PC 机的要求:IBM486 或更高的处理器、16M 内存、50M 以上硬盘空间,或是装有 STEP7-Micro/WIN32 的西门子编程器以及 Microsoft Windows 支持的显示器和鼠标。

对通信的要求:PC/PPI 电缆(用于 PLC 和 PC 机的连接)。

二、软件的安装

STEP7-Micro/WIN32 编程软件的安装同一般软件的安装相似,双击"Setup"图标进入安装。在安装的过程中,会出现"Setting the PG/PC Interface"对话框,即"设定 PG/PC 接口"的对话框,如图 3-54 所示。选择 PC/PPI cable(PPI),出现安装完成(Setup Complete)对话框,即可结束安装。桌面上自动生成快捷图标,双击该图

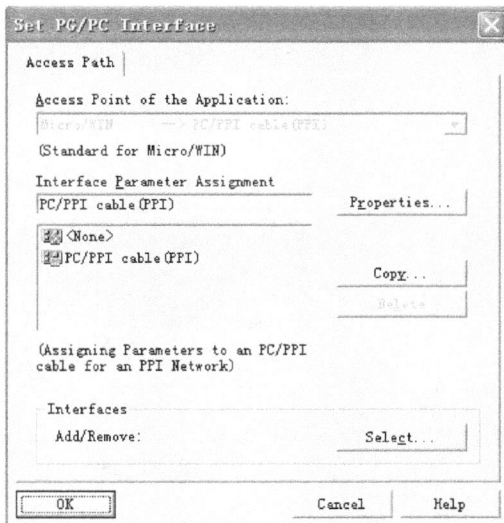

图3-54　设定 PG/PC 接口

标,屏幕直接进入 STEP7-Micro/WIN32-Project 1 界面(梯形图程序编辑器),如图 3-55 所示,即可进行梯形图编程。

三、硬件的连接

1. PC 与 S7-200 CPU 的连接

图 3-56 给出了 1 个利用 PC/PPI 电缆连接 PC 与 CPU 的典型组态。

(1)设置 PC/PPI 电缆 DIP 开关:在 DIP 开关上,选择计算机所支持的通信速率:9600b/s;选择 11 位,表示传送字符的数据格式;选择 DCE,表示数据通信设备。最后开关的设置为"01000"。

(2)将 PC/PPI 电缆的 RS-232 端(标有 PC)连到 PC 的串行通信口:COM1 或 COM2。

(3)PC/PPI 电缆的 RS-485 端(标有 PPI)连到 PLC 的通信口。

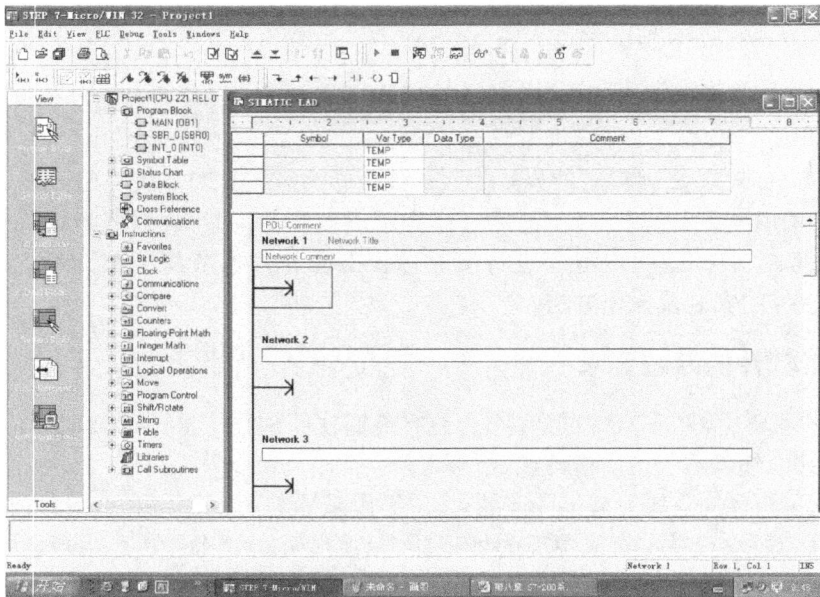

图 3-55　STEP7-Micro/WIN32 程序编辑界面

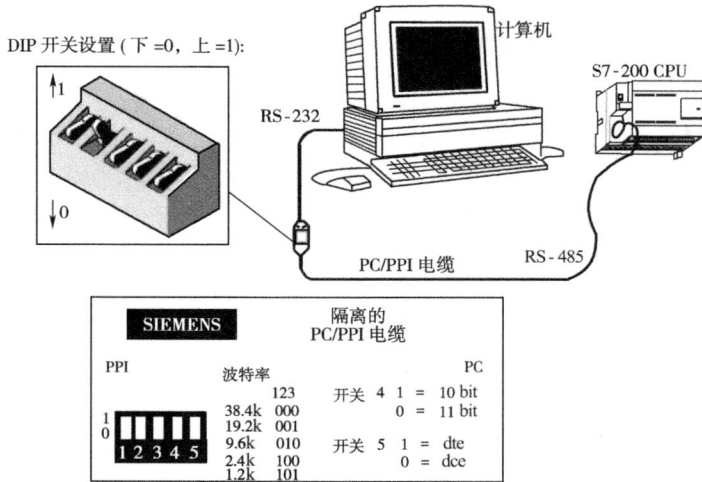

图 3-56　主机与计算机连接

2. 通信

在 STEP7-Micro/WIN32 下，单击通信图标"Communications"，如图 3-55 左侧所示，或从菜单中选择 View（视图）>Communications 选项会出现 1 个"通信"对话框，如图 3-57 所示，其中"Local"=0 为 PC 的默认地址。双击 PC/PPI 电缆的图标出现"Set PG/PC interface"对话框，如图 3-54 所示。选择"Properties"属性按钮出现接口属性对话框"Properties – PC/PPI cable（PPI）"，如图 3-58 所示，检查有关属性，在"Local Connection"界面中，检查 PC 连接通信口是否与设置的相同，并单击"确定"。以上软件中的设置若与硬件上的设置不一致，都会造成通信失败。

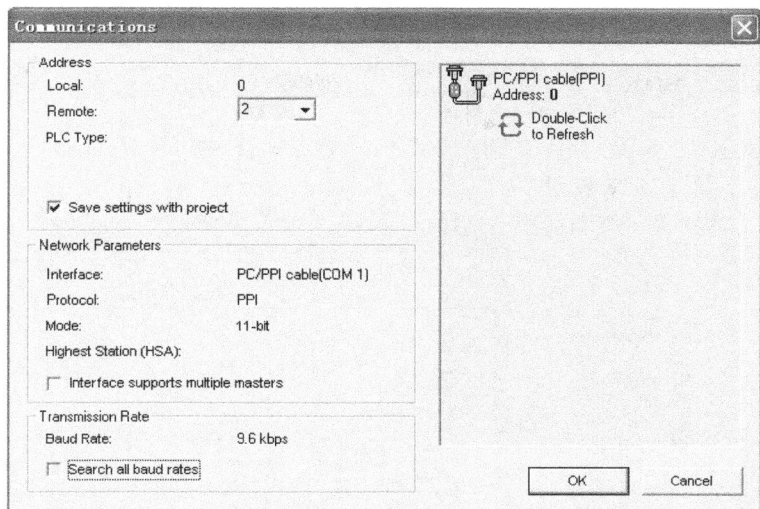

图 3-57 通信对话框

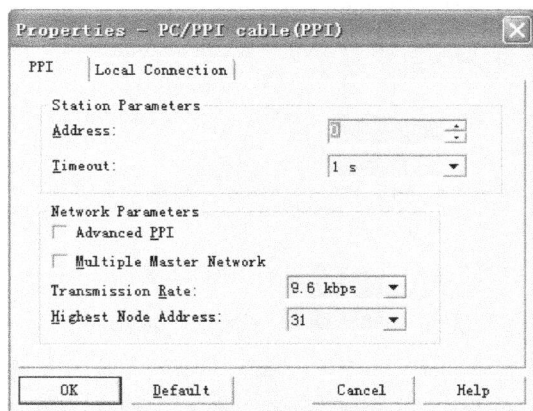

图 3-58 接口属性对话框

四、显示界面及各部分功能

1. 显示界面

在 STEP7-Micro/WIN32 安装完成后,在 Windows 桌面上会出现 STEP7-Micro/WIN32 的快捷方式图标,双击该图标,将进入应用程序界面,如图 3-59 所示。

2. 各部分功能

1)主菜单条

位于界面最上面的就是 STEP7-Micro/WIN32 编程软件的主菜单,各部分功能介绍如下:

(1)File(文件)。文件操作的下拉菜单包含如新建、打开、关闭、保存文件、上传和下载程序、文件的打印预览和设置等。其中,Upload(上传):把 PLC 中已经存在的程序上传到微机中,可存入磁盘或修改编辑;Download(下载):把在微机上编辑的程序下载到 PLC 中。

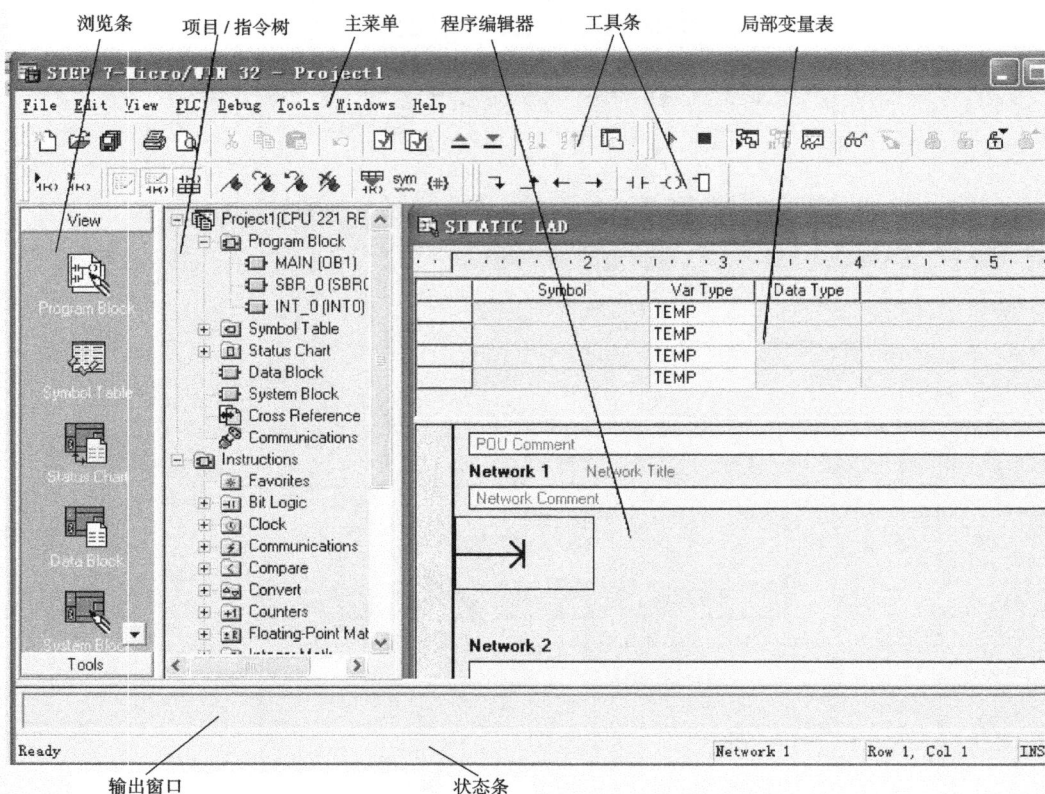

图 3-59　STEP7-Micro/WIN32 显示界面

（2）Edit（编辑）。它提供选择、复制、剪切、粘贴等编辑操作。

（3）View（视图）。选择不同语言（STL，LAD，FBD）的程序编辑器；决定其他辅助窗口（浏览条、指令树、工具条、输出窗口）的打开与关闭；选择符号表的排列顺序（顺序、逆序）；设置程序窗口风格（符号表、状态图、数据块、系统块、交叉引用、通信、符号寻址）等。

（4）PLC（可编程控制器）。可建立与 PLC 联机时的相关操作，如 PLC 运行/停机；Compile（编译）：编译当前窗口的文件；Compile All（全部编译）：编译整个项目文件；（Clear）清除：清除 PLC 中的程序和数据；Power-Up Reset（上电重复位）；Time（设定时间），Type（选择PLC 类型）等。

（5）Debug（调试）。Debug 用于联机调试。First Scan（单次扫描）、Multiple Scan（多次扫描）：设定计算机对 PLC 中变量的扫描方式；Program Status（程序状态在线监控）、Chart（图状态）：设定计算机对 PLC 的监控方式；Single Read（单次读取）、Write All（全部写入）：在图状态方式下，对 PLC 变量进行读、写操作；Force（强迫）、Unforce（非强迫）、Unforce All（全部非强迫）、Read All Forced（读取全部强迫）：在 PLC 停机状态下，强制改变输出状态，或对 PLC 中的变量进行强制操作。

（6）Tools（工具）。可以调用复杂指令的编程向导（包括 PID 指令、NETR/NETW 指令和HSC 指令等）、安装文本显示器 TD200 等。

（7）Windows(窗口)。进行窗口之间的切换,设置视窗的排放形式,如层叠、水平、垂直等。

（8）Help(帮助)。查看帮助内容,方便用户使用。

2）工具条

为提供简便的鼠标操作,将最常用的操作功能以按钮形式设定在工具条上。常用的工具条有文件工具条、调试工具条和编程工具条等。欲查看工具条按钮的名称,将鼠标箭头移至工具条按钮上,将显示按钮名称;欲了解工具功能的详情,同时按 SHIFT 与 F1,将鼠标箭头置于工具条按钮上,然后单击按钮。工具条中部分按钮的作用如图 3-60 ~ 图 3-62 所示。

打开新项目

打开现有项目

保存当前项目

打印

打印预览

剪切选择并复制到剪切板

将选择内容复制到剪切板

将剪切板内容粘贴到当前位置

撤销最近输入

编译程序块或数据块（激活窗口内）

全部编译（程序块、数据块及系统块）

从 PLC 向 STEP 7-Micro/WIN32 上载项目

从 STEP 7-Micro/WIN32 向 PLC 下载项目

顺序排序: 对符号表名称列按照 A-Z 排序

逆序排序: 对符号表名称列按照 Z-A 排序

缩放: 设定梯形图及功能块图视图的放大程度

堂量说明器: SIMATIC 类型指定器打开 / 关闭切换

图 3-60 文件工具条

3）浏览条

位于软件窗口的左方是浏览条,它显示编程特性的按钮控制群组,如:程序块、符号表、状态图、数据块、系统块、交叉引用及通信等控制。该条可用"View(视图)"菜单 Navigation Bar(引导条)选项来选择是否打开。各部分功能介绍如下:

（1）Program Block(程序块)。点击切换到程序编辑器窗口。

（2）Symbol Table(符号表)。为程序数据及 I/O 点指定符号名。符号表允许程序员使用符号编址的一种工具,可用来建立自定义符号与直接地址之间的对应,并附加注释,有利于程序结构清晰易读。如图 3-63 所示,是 1 个编辑好的符号表和编译后对应的梯形图示例。

图 3-61　调试工具条

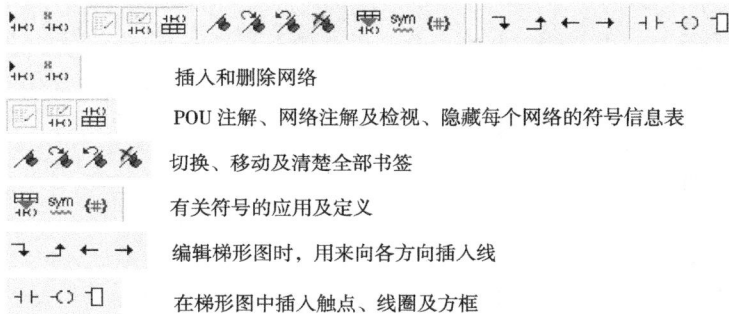

图 3-62　编程工具条

a)

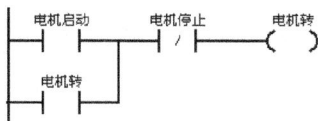

b)

图 3-63　符号表应用示例

a)程序中建立的符号表;b)用符号编址表示的梯形图

(3)Status Chart(状态图)。状态图也叫状态强制表,用来监控及强制 PLC 程序数据及 I/O点。状态图允许将程序输入、输出或变量置入图标中,以便监控其状态。如图 3-64 示例中,要强制某位的状态,输入新值后,按鼠标的右键,点击"Force"。

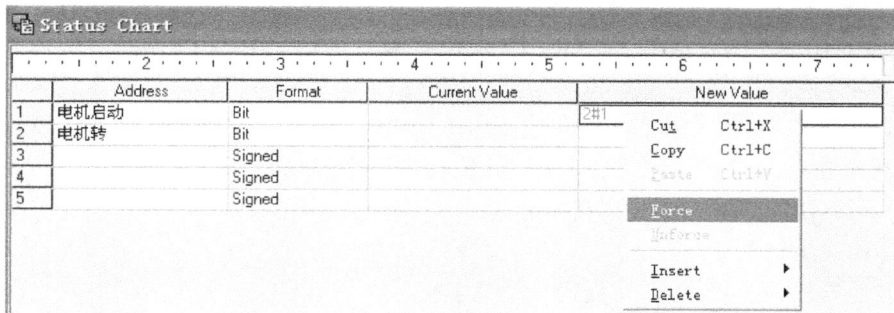

图 3-64　状态图应用示例

(4)Data Block(数据块)。在 PLC 内存储程序数据及初始条件数据,并加上必要的注释说明。初启程序窗口可以显示和编辑数据块的内容。

(5)System Block(系统块)。配置 PLC 硬件选项。

(6)Cross Reference(交叉引用)。PLC 内存使用总结,要了解程序中是否已经使用和在何处使用某一符号名或内存赋值时,可使用"交叉引用表"。交叉引用示例如图 3-65 所示。

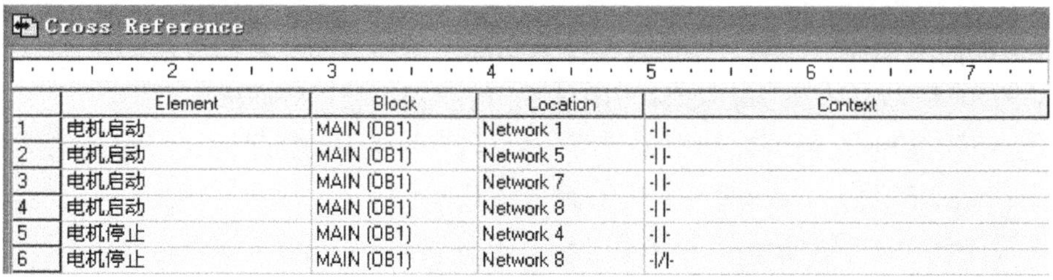

图 3-65　交叉引用应用示例

(7)Communication(通信)。设定并测试从 PC 至 PLC 的通信网络,具体使用方法和示例在本节的"硬件连接"部分已作介绍,这里不再赘述。

4)项目/指令树

项目/指令树提供了所有的项目对象和当前程序编辑器可用的所有的指令的 1 个树型浏览。该条可用"View(视图)"菜单"Instruction Tree(指令树)"选项来选择是否打开。

5)程序编辑器

用来编辑程序,包括 LAD、FBD 或者 STL,在下面部分的编程方法中会有详细介绍。

6)局部变量表

每个程序都对应 1 个局部变量表,在带参数的子程序调用中,参数的传递就是通过局部变量表进行的。

7)输出窗口和状态条

用于显示系统各项操作或编程软件执行时的输出信息和状态信息。

五、编程方法

1. STEP7-Micro/WIN32 梯形图的编辑说明

（1）STEP7-Micro/WIN32 程序编辑器窗口提供 3 种程序编辑区域,有 OB1（主程序编写区域）、SBR0（子程序编写区域）、INT0（中断程序编写区域）,在编辑界面的下部有切换窗口,也可以在"项目/指令树"中点选相应的编辑区域。

（2）Network（网络）。在梯形图中,用输出的个数将程序分成为网络的一些段,1 个网络只能有 1 个输出。在编程窗口,已经自上而下标好了 Network1、Network2、Network3 等网络节点编号。每个网络都是触点、线圈和功能框的有序组合。

（3）梯形图编辑器的符号。

"—┤"是可选的能量流连接,提供 1 个能量流。

"—→"指向 1 个需要能量流连接的器件。

"???"或"?":指示需要 1 个数位。

红色波浪线或红字:提示操作数错误。

绿色波浪线:显示变量或符号的使用未经定义。

2. 软件的操作和使用

如前所述,STEP7-Micro/WIN32 提供了 3 种程序编辑器供用户选择:语句表编辑器（STL）、梯形图编辑器（LAD）、功能块图（FBD）,其中梯形图最为常用。利用程序编辑器编程,其基本步骤可简单描述如下:

新建→选择编程元件编程（LAD 或 STL）→编译（Compile）→保存（Save Project）→停机（PLC STOP）→下载（Download）→运行（RUN）→可在线监控（Program Status）。

在整个编程过程中,还可以利用助记符号寻址;对网络标题、网络和编程语句注释;用状态/强制表强制变量等。下面,给出有关的操作方法。

1）建立新项目、标题注释、输入程序

（1）View >选择 LAD（梯形图）或 STL（语句表）编辑器,或单击"New Project"（新建）按钮→进入 LAD（默认）或 STL 编辑器。

（2）双击"Network Title"行或选中后按回车键,进入网络标题（最多 127 个字符）和注释编辑器（均可中文输入）。

（3）输入梯形图程序:双击屏幕左边指令树"Instructions"下面的各编程元件,或直接从工具条选择元件并单击,输入至光标选中之处。每个网络除并联输出外只允许有一个输出,且整个程序中不允许双重输出。

2）编译、保存、下载、监视程序

（1）编译（可选）。单击菜单 PLC > compile（编译）或单击工具条上的（Compile）按钮,CPU 自动检查语法错误,在屏幕底部状态条中给出程序是否有语法错误（Error）的信息,但对于线圈的双重输出,不会作为语法错误被检出。

（2）保存。单击菜单 File > Save 或单击工具条上"Save Project"（保存）按钮也可。

（3）下载和监视。程序编辑完后,必须下载至 PLC,才能执行。

①下载程序:由 PLC > Stop 或直接单击工具条上"Stop"按钮,将 PLC 置于 Stop 状态（或

直接单击"Download"按钮,此时屏幕会提示 PLC 必须置于"STOP"工作模式),然后下载。在屏幕上,将会有信息提示下载是否成功。

若将存在语法错误的程序未经编译直接下载,CPU 会自动停止下载,并给出下载失败提示,同时在主窗口底部状态条中提示编译错误数量及可能的错误类型等。待纠错后,重新下载。有些错误会生成 1 个非致命(Non Fatal)编译规则错误代码,以提示错误类型,可通过 PLC > Information 查看"Non Fatal"所显示的错误代码。

②监视程序:程序下载成功后,置 PLC 为"RUN"工作模式,输入有关信号,PLC 执行程序。此时,可通过菜单 Debug > Programs Status 或工具条上"Program Status"(程序状态)按钮,在线监控程序的运行,屏幕上将会显示位指令的状态"0"或"1"(蓝色高光)和有关存储器的数据。并且,通过菜单 View > STL 可直接将 LAD 转换成 STL 显示。

3)用状态/强制表强制变量(可在线修改用户程序的变量)

当程序运行时,可以利用"状态/强制表"来读、写、强制和监视变量以及为存储单元赋值。

(1)创建状态/强制表。单击梯形图编辑器屏幕左侧"Status Chart"图标,弹出状态强制表。

(2)监视。程序运行时,调出创建好的状态表,在"Current Value(当前值)"栏中,显示元素的当前状态或值。

(3)在线修改元素的状态或值。在状态/强制表中,双击"New Value(新值)"栏→输入新状态或新值→单击工具条上"Force(强制)"按钮,则新值被强制输入,或将位地址的状态强制为"1"或"0",程序根据新值或新状态执行,而不必令 PLC"STOP"重新下载程序。可通过工具条上"Unforce"按钮取消强制。

上述所有过程,读者可在选中各项目后,按"F1"键获得详细的帮助信息以及示例程序。本书限于篇幅,不再赘述。

第十三节 S7-200 的通信方式与通信参数的设置

一、S7-200 的通信方式

在网络中的设备被定义为 2 类:主站和从站。主站设备可以对网络上其他设备发出请求,也可以对网络上的其他主站设备的请求作出响应。从站只响应来自主站的申请。典型的主站设备包括编程软件、TD200 等可编程人机界面(HMI)产品和 S7-300、S7-400 等 PLC。从站设备只能对网络上主站的请求作出响应,自己不能发送通信请求。一般情况下,S7-200 PLC 被配置为从站。当 S7-200 需要从另外的 S7-200 读取信息时,S7-200 也可以定义为主站。

S7-200 系统的通信方式有:PPI 方式、用户自定义(自由端口模式)方式和 DP 方式。在 PPI 方式中又包含单主站方式和多主站方式。

1. 单主站方式

单个主站与 1 个或多个从站通信,如图 3-66 所示,主站依次和每一个从站通信,它具有访问网络上所有从站的权利。主站通常是上位 PC,从站是 S7-200 PLC。

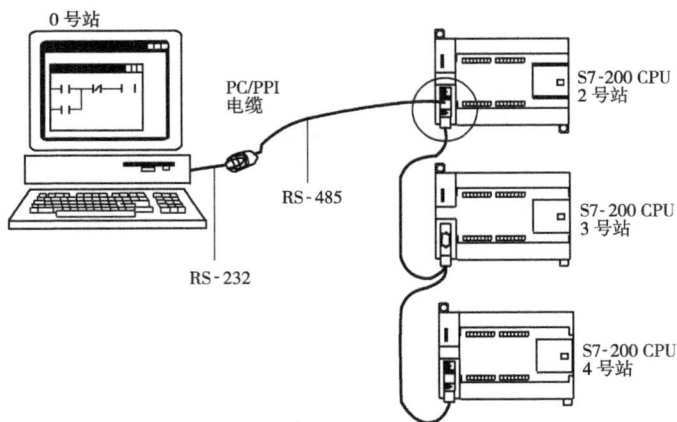

图 3-66　单主站方式

2. 多主站方式

该通信网络中有多个主站,1 个或多个从站,如图 3-67 所示。主站可以是上位 PC、文本显示器 TD200、操作面板(OP15)或触摸屏等,从站可以是 S7-200 系列 PLC 或是其他智能设备。

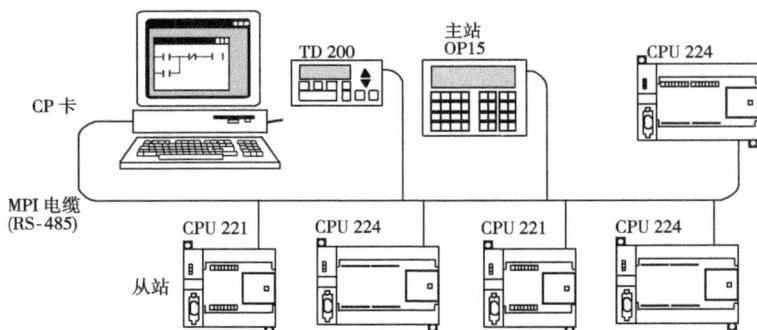

图 3-67　多主站方式

3. 用户自定义(自由端口模式)方式

这种方式也是 1 种单主站方式,区别在于图 3-66 中的上位 PC 改为 S7-200 系列 PLC,这为 2 台或多台 S7-200 PLC 之间做简单的并行数据交换提供了方便的通信形式。

4. DP 方式

这种方式实际上是使用调制解调器的远程通信方式,具有 DP 功能的 S7-200 CPU 可以组成 PROFIBUS-DP 网络,实现远程 I/O 通信。

二、S7-200 支持的通信协议

S7-200 系列 PLC 安装有串行通信口。CPU221、CPU222、CPU224 为 1 个 RS-485 口,定义为 PORT0。CPU226 及 CPU226XM 为 2 个 RS-485 口,定义为 PORT0 和 PORT1。S7-200

CPU 支持点对点接口（PPI）、多点接口（MPI）、PROFIBUS 通信协议和 USS 协议中的一种或多种，如果使用相同的波特率，这些协议可以在同一个网络中同时运行而互不干扰。

在对网络中的设备进行配置时，必须对设备的类型、在网络中的地址和通信的波特率进行设置。

在网络中的设备必须有唯一的地址，以保证数据发送到正确的设备或从正确的设备接收数据，S7-200 支持的网络地址为 0~126。对于有两个通信口（CPU 226）的 S7-200，每一个通信口可以有不同的地址。S7-200 的地址在编程软件的系统块中设定 S7-200 的缺省地址是 2，编程软件的缺省地址是 0，操作面板（如 TD200 和 OP37）的缺省地址是 1。

1. PPI 协议

PPI 通信协议是西门子公司专为 S7-200 系列 PLC 开发的通信协议，内置于 S7-200 CPU 中。PPI 协议物理上基于 RS-485 口，通过屏蔽双绞线就可以实现 PPI 通信。PPI 协议是一种主-从协议。主站设备发送要求到从站设备，从站设备响应，从站不能主动发出信息。主站靠 PPI 协议管理的共享连接来与从站通信。PPI 协议并不限制与任意 1 个从站通信的主站的数量，但在 1 个网络中，主站不能超过 32 个。PPI 协议最基本的用途是使用 PC 机运行 STEP7-Micro/WIN32 软件编程，从而上载及下载应用程序，此时使用西门子公司的 PC/PPI 电缆连接 PC 机的 RS-232 口及 PLC 机的 RS-485 口，并选择一定的波特率即可。

与此类似的情况是由 PC 机作为主站，一台或多台 S7-200 机作为从站的 PPI 模式通信情况，PC/PPI 电缆仍旧是 RS-232/RS-485 口的主要匹配设备。图 3-80 为通过 PC/PPI 电缆与多台 S7-200 机通信时的连接。

PPI 通信协议用于多主站时，网络中可以有 PC 机、PLC、HMI 等主站设备，这时 S7-200 机可以作为主站也可作为从站。

2. MPI 协议

MPI 允许主-主通信和主-从通信。协议如何操作有赖于设备类型，如果设备是 S7-300 CPU，那么就建立主-主通信；如果设备是 S7-200 CPU 那么就建立主-从通信，因为 S7-200 系列 PLC 在 MPI 协议网络中仅能作为从站。PC 机运行 STEP7-Micro/WIN32 与 S7-200 机通信时必须通过 CP 卡，且设备之间通信连接的个数受 S7-200 CPU 及 PROFIBUS-DP 模块 EM277 所支持的连接个数的限制，EM277 为 PROFIBUS-DP 分布 I/O 的扩展接口。图 3-68 为带有主站及从站的 MPI 协议网络。

3. PROFIBUS 协议

PROFIBUS 是一种国际化的、开放的、不依赖于设备生产厂商的现场总线标准。它广泛应用于制造业自动化，流程工业自动化和楼宇、交通、电力等其他领域自动化，适用于工厂内车间级和现场级设备之间的数据交换和通信，以实现工厂现场底层到车间级的分散式数字控制和现场通信网络化，从而为实现工厂综合自动化和现场设备智能化提供了可行的解决方案。

PROFIBUS 协议包括 DP、PA 和 FMS 3 种，应用时可以使用不同厂家的 PROFIBUS 设备。这些设备可以包括普通的输入/输出模块及 PLC。PROFIBUS 网络通常可以有 1 个主站及若干个 I/O 从站。S7-200 系列 PLC 可作为从站通过 EM277 接入 PROFIBUS 网络。图 3-69 给出了 1 个 S7-300 主机带有 1 个 S7-200 从站的网络。

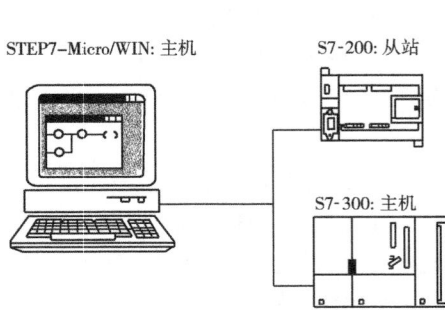

图 3-68　带有主站及从站的 MPI 协议网络

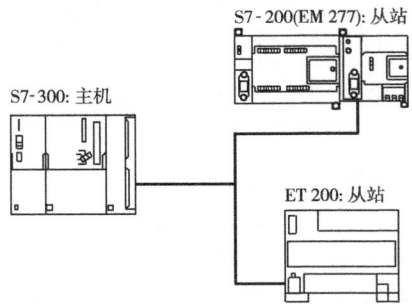

图 3-69　PROFIBUS 网络中的 S7-200

4. 自由口模式

自由口模式是 S7-200 PLC 1 个很有特色的功能。S7-200 PLC 的自由口通信，即用户可以通过用户程序对通信口进行操作，自己定义通信协议（例如 ASCII 协议）。应用此种通信方式，使 S7-200 CPU 可以与任何通信协议已知、具有串口的智能设备和控制器（例如：打印机、条形码阅读器、调制解调器、变频器、上位 PC 机等）进行通信，当然也可以用于两个 CPU 之间简单的数据交换。该通信方式使可通信的范围大大增大，使控制系统配置更加灵活、方便。当连接的智能设备具有 RS-485 接口时，可以通过双绞线进行连接，如果连接的智能设备具有 RS-232 接口时，可以通过 PC/PPI 电缆连接起来进行自由口通信。此时通信支持的波特率为 1.2～115.2kb/s。

在自由口通信模式下，通信协议完全由用户程序控制。通过设定特殊存储字节 SMB30（端口 0）或 SMB130（端口 1）允许自由口模式。应注意的是，只有在 CPU 处于 RUN 模式时才能允许自由口模式，此时编程器无法与 S7-200 进行通信。当 CPU 处于 STOP 模式时，自由口模式通信停止，通信模式自动转换成正常的 PPI 协议模式，编程器与 S7-200 恢复正常的通信。

5. USS 协议

USS 协议是西门子传动产品（变频器等）通信的一种协议，S7-200 提供 USS 协议的指令，用户使用这些指令可以方便地实现对变频器的控制。通过串行 USS 总线最多可接 30 台变频器（从站），然后用 1 个主站（PC 或西门子 PLC）进行控制，总线上的每个传动装置都有 1 个从站号（在传动设备的参数中设定），主站依靠此络的中继器。

从站号识别每个传动装置。USS 协议是一种主-从总线结构，从站只是对主站发来的报文做出回应并发送报文。另外，也可以是一种广播通信方式，1 个报文同时发给所有 USS 总线传动设备。

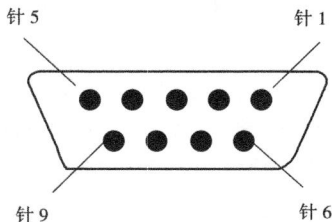

图 3-70　9 针 D 型连接器

三、S7-200 通信的网络部件

网络部件可以把每个 S7-200 上的通信口连到网络总线上。下面介绍通信口、网络总线连接器和用于扩展网

1. 通信口

S7-200 CPU 上的通信口是 PROFIBUS 标准的 RS-485 兼容 9 针"D"型连接器（图 3-70），图中所示是通信接口的物理连接口。

2. 网络连接器

利用西门子提供的两种网络连接器可以把多个设备很容易地连到网络中,图 3-71 所示为电缆接入网络连接器的情况。两种连接器都有两组螺丝端子,可以连接网络的输入和输出。两种网络连接器还有网络终端匹配(电阻)选择开关。一种连接器仅提供连接到 CPU 的接口,而另一种连接器则增加了 1 个编程接口。带有编程接口的连接器可以把西门子编程器和操作面板增加到网络中,而不用改动现有的网络连接。带编程口的连接器把从 CPU 来的信号传到编程口,这个连接器对于连接从 CPU 取电源的设备(例如 TD200 或 OP37)很有用。

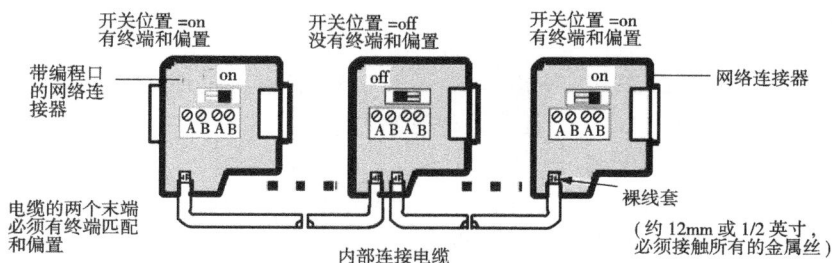

图 3-71　网络电缆的连接

3. 中继器

西门子提供连接到 PROFIBUS 网络段的网络中继器,如图 3-72 所示。利用中继器可以延长网络距离;允许给网络加入设备,并且提供了 1 个隔离不同网络段的方法。在波特率是 9600 时,PROFIBUS 允许在 1 个网络段上最多有 32 个设备,最长距离是 1200m,每个中继器允许给网络增加另外的 32 个设备,而且可以把网络再延长 1200m。网络中最多可以使用 9 个中继器,网络总长度可增加至 9600m。每个中继器为网络段提供终端匹配开关。

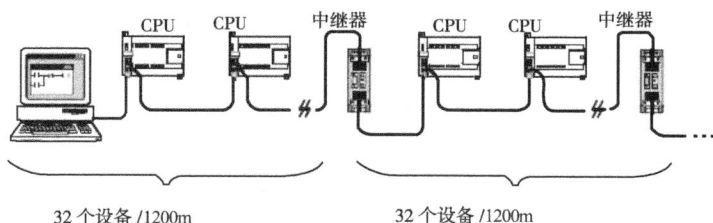

图 3-72　带有中继器的网络

四、网络读写指令

网络读写指令如图 3-73 所示。

网络读指令。NETR 初始化通信操作,通过通信端口(PORT)接收远程设备的数据并保存在表(TBL)中。TBL 和 PORT 均为字节型,PORT 为常数。

网络写指令。NETW 初始化通信操作,通过指定

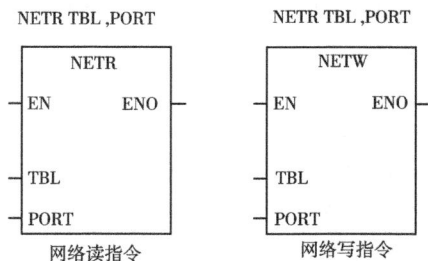

图 3-73　网络读写指令

的端口(PORT)向远程设备写入表(TBL)中。

NETR 指令可从远程站点上最多读取 16Byte 的信息，NETW 指令可向远程站点最多写入 16Byte 的信息。可以在程序中使用任意数目的 NETR 利 NETW 指令，但在任意时刻最多只能有 8 个 NETR 及 NETW 指令有效。

五、S7-200 通信扩展模块

1. EM241 调制解调器模块

使用 EM241 调制解调器模块可以使 S7-200 具有电话机所具有的部分功能。该模块的主要特点和功能有：

（1）提供标准的国际电话线接口，与电话线连接。

（2）提供与支持 STEP7-Micro/WIN32，通过调制解调器接口，连接到具有 EM241 扩展模块的 S7-200 上，实现对 S7-200 的编程和远程诊断。

（3）支持 Modbus RTU 协议。

（4）提供向预先设定的寻呼机发送数字或文本信息的功能。

（5）提供向预先设定的手机发送短信息的功能。

（6）允许 CPU 到 CPU 或 CPU 到 Modbus 的数据传送。

（7）密码保护功能。

（8）提供安全回拨功能。

2. CP243-1 工业以太网通信处理器模块

CP243-1 是一种通信处理器，它可以将 S7-200 系统连接到工业以太网中。CP243-1 还可用于实现 S7-200 低端性能产品的以太网通信。因此，1 台 S7-200 还可通过以太网与其他 S7-200、S7-300 或 S7-400 控制器进行通信，并可与基于 OPC 的服务器进行通信。

在开放的 SIMATIC NET 通信系统中，工业以太网可以用作协调级和单元级网络。在技术上，工业以太网是一种基于屏蔽同轴电缆、双绞线而建立的电气网络，或一种基于光纤电缆的光网络。

六、通信设置

在进行组网之前，首先必须对进入网络的 PLC 进行各个参数的设置，包括站地址、通信速率等关键因素。可以在两处对通信进行设置，第一是在 STEP7-Micro/WIN32 软件中的"Communication"中设置，例如对通信接口的安装与删除操作；第二是对通信设备的硬件的设置，例如对 PC/PPI 电缆上开关的设置。

第十四节　计算机与 PLC 的通信

计算机与 S7-200 系列 PLC 之间通信可以用以下的方法来实现：

（1）使用 Micro Computing 软件提供的 SIMATIC 控件实现通信。

（2）使用用户自定义的协议（自由端口模式）通信。

（3）使用工控组态软件（如西门子的 WinCC）实现通信。

(4)使用高级编程语言 VB 的串行通信控件(Comm Control)实现通信。

(5)使用 STEP7-Micro／WIN32 软件,在 PPI 工作模式下实现。

一、用 Micro Computing 软件实现 PLC 与计算机的通信

西门子公司的 SIMATIC Micro Computing 软件使用微软的 Active X 技术,可用来实现计算机与 S7-200 CPU 之间的数据通信。它提供了计算机与可编程序控制器交换数据的数据控件(Data Control)和 1 组可通过数据控件从可编程序控制器读写数据的用户控件(标准 Active X 控件)。这些控件不仅可以用于软件本身提供的控件窗口,生成与 S7-200 CPU 交换数据的简易人机界面,也可以嵌入到 Office、VB、VC 或 Delphi 等所有支持 OLE(对象链接与嵌入)的 Windows 应用软件中。因此,该软件为其他 Windows 应用程序提供了一种访问可编程序控制器的方法,极大地提高了设计的灵活性,从而能够满足用户各式各样的设计要求。

Micro Computing 有下列 4 种用户控件:

(1)Button(按钮控件),可用来模拟物理按钮,也可以作状态指示灯使用。

(2)Label(标签控件),用于显示字符串常量或过程数据,标签控件不能写入字符或数据。

(3)Edit(编辑控件),用于显示或修改可编程序控制器的存储器变量。

(4)Slider(滑块控件),用可移动的滑块形象地显示或修改可编程序控制器的存储器变量。

根据需要,还可以添加 Windows 应用程序提供的 Active X 控件。

二、自由端口模式下 PLC 的串行通信程序设计

自由端口模式为计算机或其他有串行通信接口的设备与 S7-200 CPU 之间的通信提供了一种廉价和灵活的方法。计算机与可编程序控制器通信时,为了避免通信中的各方争用通信线,一般采用主从方式,即计算机为主机,可编程序控制器为从机,只有主机才有权主动发送请求报文(或称为请求帧),从机收到后返回响应报文。下面主要介绍使用 PC/PPI 电缆连接计算机和 CPU 模块在自由端口模式下的编程方法。

如果使用 PC/PPI 电缆,在 S7-200 CPU 的用户程序中应考虑电缆的切换时间。S7-200 CPU 接收到 RS-232 设备的请求报文后,到它发送响应报文的延迟时间必须大于等于电线的切换时间。波特率为 9600b/s 和 19200b/s 时,电线的切换时间分别为 2ms 和 1ms。一般用定时中断实现切换延时。S7-200 的通信帧采用异或校验。异或校验(或求和校验)是提高通信可靠性的最常用的措施之一,用得较多的是异或校验,即将每 1 帧中的第 1 个字符(不包括起始字符)到该帧中正文的最后 1 个字符作异或运算,并将异或的结果(异或校验码)作为报文的一部分发送到接收端。接收方计算出接收到的数据的异或校验码,并与发送方传送过来的校验码比较,如果不同,可以判定通信有误。

三、使用工控组态软件(如西门子的 WinCC)实现通信

人机界面就是人与机械沟通的桥梁,称为 HMI(Human-Machine Interface),通过 HMI,人与机械就能建立直观、方便的对话方式,完成各种操作。HMI 一般具有以下功能:

（1）画面显示与组织功能。

（2）数据处理与统计功能。

（3）故障处理功能。

（4）现场设备及系统操作功能。

常用的人机界面一般可分为软件和硬件一体的人机界面。通常所用的工业控制组态软件就是一种人机界面软件，它可与各种工控机 IPC 和各种显示、控制仪表通信，采集各种数据并作动态显示及实时处理，且能把过程变量组态成动画形式直观表达。西门子公司的组态软件 WinCC 是比较出名的一种，此外国内自主开发的组态软件有研华公司的 Genie 等。

工业控制组态软件的共同特点是：必须运行在 1 个操作系统平台上，比如 DOS、Windows 等。虽然还未出现各型号 PLC 都可以公用的组态软件，但是各 PLC 生产厂家却都同时采用液晶、触摸屏技术的最新成果，为自己的 PLC 开发了软硬一体的液晶触摸屏，例如西门子的 OP 系列等。有些公司的触摸屏只能与本公司的 PLC 相连，有些专门生产 HMI 产品的公司的触摸屏则与常用的 PLC 都能相连。

如图 3-74 所示，为应用组态软件的触摸屏编辑界面示例，该界面美观、形象、易于理解。触摸屏和 PLC 可以采取直接传送的方式，编辑界面时，在所选择的图形上，直接定义出 PLC 的 I/O 地址或寄存器的编号。该方式直接读取或改写 PLC 内部元件的值（但是不能改写 I/O 端口值），大大减轻了用户程序的负担，而且操作方便，节省了输入点数。

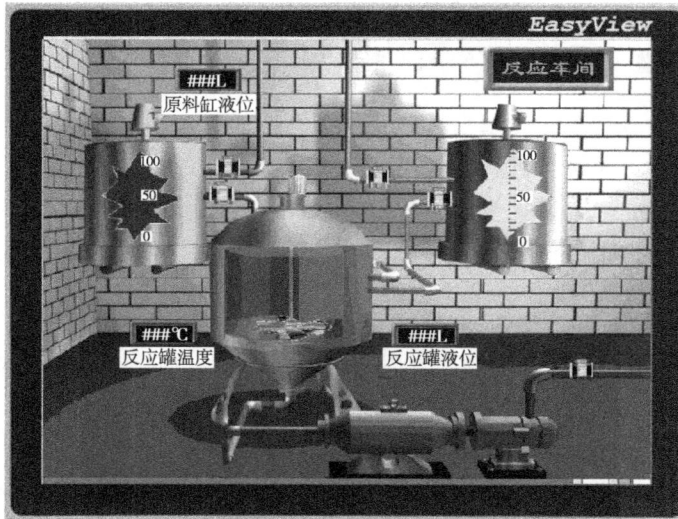

图 3-74　应用组态软件的触摸屏编辑界面示例

四、使用串行通信控件实现通信

在 Windows 环境下，操作系统通过驱动程序控制各硬件资源，不允许用户像在 Dos 环境下那样直接对串口进行底层的操作。为此，VB 提供了 1 个串行通信控件 Microsoft Comm Control，简称 MSComm 控件。程序员只需设置和监视 MSComm 控件的属性和事件，就可以轻而易举地实现串行通信。这个控件也可以安装在其他高级语言程序中,例如 Delphi、VC,应用的方法是一样的。

1. MSComm 控件的属性

通过设置 MSComm 控件的属性对串口进行操作,其主要属性如下:

CommPort:设置并返回通信端口号。

Settings:设置并返回波特率、奇偶校验位、数据位和停止位。其中以字符 n、o、e 分别代表无校验、奇校验和偶校验。

PortOpen:设置并返回通信端口的状态。设置为 True 时,打开端口;设置为 False 时,关闭端口。

Input:从接收缓冲区读取数据,类型为 Variant。

OutPut:向发送缓冲区写入数据,类型为字符串或字节数组。

InputMode:设置从缓冲区读取数据的格式,设为 0 时为字符串格式,设为 1 时为二进制格式。

InBufferCount:设置和返回接收缓冲区的字节数,设为 0 时清空接收缓冲区。

OutBufferCount:设置和返回发送缓冲区的字节数,设为 0 时清空发送缓冲区。

InputLen:设置和返回 Input 每次读出的字节数,设为 0 时读出接收缓冲区中的全部内容。

RThreshold:表示在串口事件(OnComm)发生之前,接收缓冲区接收的最少字节数。若设为 0,可以禁止发生 OnComm 事件。一般设为 1,即当接收缓冲区中的字节数大于等于 1 时,就会产生接收事件。

CommEvent:返回相应的 OnComm 事件常数。

2. MSComm 控件处理接收信息的方式

MSComm 控件提供了两种处理方式:事件驱动方式和查询方式。一般用事件驱动方式,只要处理接收到的 RThreshold 属性非 0 时,收到字符或传输线发生变化时就会产生串口事件 OnComm。通过查询 CommEvent 属性可以捕获并处理这些通信事件。图 3-75 上类似电话的图标是 MSComm 控件,按右键点击属性弹出属性页对话框,可以对控件进行设置,也可以在对象的属性中或程序中逐一设置。双击该图标可

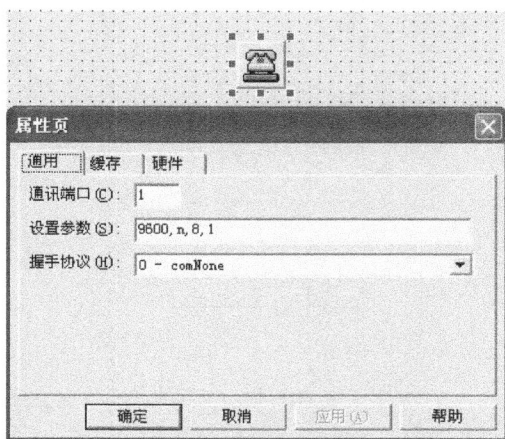

图 3-75　通信控件设置窗口

以调出 OnComm 事件,编写相应的通信程序即可,这里不再赘述。

五、使用 STEP7-Micro/WIN32 软件在 PPI 工作模式下实现通信

在 STEP7-Micro/WIN32 软件管理下,PC 可作为通信中的主站,S7-200 系列 PLC 则作为通信中的从站,不需编程。此种通信形式主要执行工艺参数的设定和修改、生产过程的监控和显示、用户程序的上载和下载等。

复习思考题

1. 什么是 PLC，PLC 有什么特点？

2. PLC 与继电接触器式控制系统相比有哪些异同？

3. 构成 PLC 的主要部件有哪些？各部分主要作用是什么？

4. PLC 是按什么样的工作方式进行工作的？它的中心工作过程分哪几个阶段？在每个阶段主要完成些什么控制任务？

5. PLC 常用的编程语言有哪些，各有什么特点？

6. 可编程序控制器有哪几项主要性能指标？

7. S7-200 PLC 中共有几种分辨率的定时器？它们的刷新方式有何不同？S7-200 PLC 中共有几种类型的定时器？对它们执行复位指令后，它们的当前值和位的状态是什么？

8. S7-200 PLC 中共有几种形式的计数器？对它们执行复位指令后，它们的当前值和位的状态是什么？

9. 已知输入信号 I0.0 的波形，画出图 3-76 梯形图程序中 M0.0、M0.1、M0.2 和 Q0.0 的波形。

10. 指出图 3-77 中的错误。

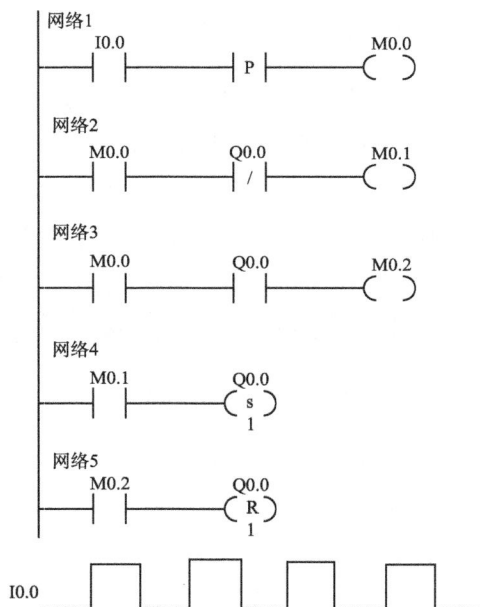

图 3-76　习题 9 的图　　　　图 3-77　习题 10 的图

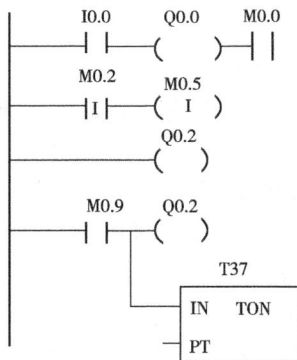

11. 试设计 1 个照明灯的控制程序。当按下接在 I0.0 上的按钮后，接在 Q0.0 上的照明灯可发光 30s，如果在这段时间内有人按下按钮，则时间间隔从头开始。这样可确保在最后 1 次按完按钮后，灯光可维持 30s 的照明。

12. 试设计 1 个抢答器程序。出题人提出问题，3 个答题人按动按钮，仅仅是最早按的人面前的信号灯亮，然后出题人按动复位按钮后，引出下一个问题。

13. 用简单设计法设计 1 个对锅炉鼓风机和引风机控制的梯形图程序。

（1）开机时首先启动引风机，10s 后自动启动鼓风机；

（2）停止时,立即关断鼓风机,经20s后自动关断引风机。

14.多个传送带启动和停止示意如图3-78所示。初始状态为各个电机都处于停止状态。按下启动按钮后电动机M1通电运行,行程开关SQ1有效后,电动机M2通电运行,行程开关SQ2有效后,M1断电停止。其他传动带动作类推。整个系统循环工作。按停止按钮后,系统把目前的工作进行完后停止在初始状态。

试设计其梯形图并写出语句表。

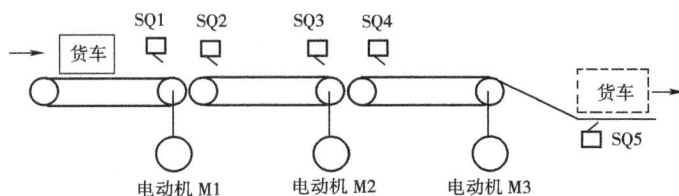

图3-78 习题14的图

15.根据所学的PLC知识,设计1个用S7-200PLC控制十字路口交通信号灯的程序,然后在实验室进行实际接线操作并调试。

第四章　变频器技术

知识目标

1. 描述变频调速技术的发展及应用前景；
2. 解释电力电子器件工作原理和性能指标；
3. 描述变频器的工作原理、控制方式及控制方式选择。

能力目标

1. 进行变频器具体型号的识读，识别端子功能含义，能完成外围驱动线路连接；
2. 进行变频器各种基本参数的设置和参数变更。

第一节　变频技术的发展趋势及其应用

在工业生产及国计民生中，电动机的使用十分广泛，电动机的传动方式一般分为直流电动机传动及交流电动机传动。过去由于交流电动机实现调速较困难或某些调速方式低效不够理想，因而长期以来在调速领域大多采用直流电动机，而交流电动机的优点在调速领域中未能得到发挥。交流电动机的调速方式一般有以下 3 种。

（1）变极调速。通过改变电动机定子绕组的接线方式以改变电动机极数实现调速，这种调速方法是有级调速，不能平滑调速，而且只适用于笼型电动机。

（2）改变电动机转差率调速。其中，通过改变电动机转子回路的电阻进行调速，此种调速方式效率不高，且不经济；其次，采用滑差调速电动机进行调速，调速范围宽且能平滑调速，但这种调速装置结构复杂（一般由异步电动机、滑差离合器和控制装置 3 部分组成），滑差调速电动机是在主电动机转速恒定不变的情况下调节励磁实现调速的，即便输出转速很低，而主电动机仍运行在额定转速，因此耗电较多，另外励磁和滑差部分也有效率问题和消耗问题。较好的转差率调速方式是串级调速。

（3）变频调速。通过改变电动机定子的供电频率，以改变电动机的同步转速达到调速的目的，其调速性能优越，调速范围宽，能实现无级调速。

目前，我国生产现场所使用的交流电动机大多为非调速型，其耗能十分惊人。如采用变频调速,则可节约大量能源,这对提高经济效益具有十分重要的意义。

一、变频调速技术的发展

20 世纪 50 年代末,由于晶闸管(SCR)的研究成功,电力电子器件开始运用于工业生产,可控整流直流调速便成了调速系统中的主力军。但由于直流电动机结构复杂,造价比交流电机高,直流电动机在运行中,炭刷接触产生炭粉而易引起环火,须经常维护,而且直流调速系统线路复杂,维修十分不便。因而促进了世界各国对交流调速技术的开发和研制。

20 世纪 80 年代中期,随着第 3 代电力电子器件,如门极可关断晶闸管(GTO)、大功率晶体管(GTR)、绝缘栅双极型晶体管(IGBT)等全控型电力电子器件的研制成功,以及电力电子器件从电流驱动型到电压驱动型全控器件等的发展,日本等国已先后研制开发出了功率等级不同的把控制、驱动、检测、保护及功率输出集于一体的变频调速产品。交流变频调速的关键装置——逆变器具有性能优良、主电路简单、驱动方便、工作可靠等优点。同时随着控制理论、微电子技术和计算机技术的发展,交流电动机变频调速技术取得了突破性进展,并以其优越的调速性能和良好的节能效果逐渐取代了直流调速系统和其他的调速方式,如变极调速、串级调速、滑差电机调速、整流子电机调速等。

随着全球能源短缺趋势的加剧以及交流变频技术及变频器产品的性能和功能日趋完善,使其越来越广泛地应用在工业生产的各个领域中。据有关资料介绍,日本生产的中小功率变频器达到 12 亿 kW,在中国占有较大的市场份额,约为 35%,达到 3000 万 kW。除日本外,欧美等发达国家目前已形成了较完整的变频器技术产业体系。

二、变频调速技术的原理及特点

(1)变频调速技术的原理是把工频 50Hz 的交流电转换成三相频率和电压可调的交流电,通过改变交流电动机定子绕组的供电频率,在改变频率的同时也改变电压,从而达到调节电动机转速的目的(即 VVVF 技术)。目前的变频器系统还采用微机控制技术,它可根据电动机负载的变化实现自动、平滑地增速或减速。

(2)交流变频调速系统一般由三相交流异步电动机、变频器及控制器组成,它与直流调速系统相比具有以下显著优点:

①异步电动机比直流电动机结构简单、重量轻、价格低,它没有换向器,运行可靠。

②控制电路比直流调速系统简单,易于维护。

③变频调速系统调速范围宽,能平滑调速,其调速静态精度及动态品质好,而且节能显著,是目前世界公认的交流电动机的最理想、最有前途的调速技术,因而在国际上获得了广泛的应用。

三、变频牵引技术在国外的应用情况

随着变频技术的发展,电力牵引系统有了很大的变化,其牵引与调速系统由最初的变阻调速发展到斩波器调速,进而发展到应用交流三相异步牵引电动机采用调压变频调速(VVVF)的牵引技术。目前世界上德国、日本等发达国家研制的地铁和轻轨车辆几乎全部采用交流变频调速牵引技术。

例如,根据有关资料报道的德国采用 BR120 型交流变频牵引电力机车试验的结果表明,这种性能的机车比直流牵引车辆具有以下显著的优点:

(1)在相同黏重时牵引力提高 30%。

(2)功率因数高($\cos\theta$ 值可达到 1),电网利用率提高 30%。

(3)由于它采用电力电子器件取代了有触点元件,维修费可降低 50%。

(4)无故障运行超过 40 万 km。

(5)节能显著,采用 GTO 变频器的交流电牵引装置比相同容量使用斩波调速的直流牵引装置效率可提高 6% ~7%。

据有关资料报道,1 辆 5600kW 的机车每小时可节电 392kW,若按年运行 3000h 计算,则每年节电可达 117.6 万 kW。

国际上在交流牵引处于领先水平的日本和德国,基本都是采用 PWM(交—直—交)型 GTO-VVVF 逆变器(简称 GTO 变频器)和异步牵引电动机配套组成变频牵引系统。

日本在 1990 年后生产的 GTO 变频器容量就达到了 4500V/3000A。日本于 1991 年 11 月公布的所有日本交流变频调速车的主要参数中,变频器一项基本上都是采用由日立、东芝、三菱电机、富士电机和东洋公司制造的 GTO 变频器。东洋公司从 1986 年到 1990 年底止,就已为 23 种车型提供了 GTO 变频器。

近年来,德国、日本等国家新研制的地铁和轻轨列车,几乎全部采用交流变频牵引技术;而用于交流牵引系统的新型三点式逆变器,在德国和日本则已有应用。1993 年德国就已经有数千台用此方案构成的 IGBT 三点式逆变器用于轻轨电车上。IGBT 器件与可关断器件 GTO 相比有较多优点。IGBT 为电压驱动,其开关频率高,抗干扰和贯穿短路保护能力强,损耗小,性能好且工作可靠,虽然 IGBT 耐压不如 GTO 高,但采用新型的三点式电压型逆变器,则可用耐电压等级低一半的器件,而且还有效地减少了谐波电流,抑制了电磁噪声。因此,目前高压大电流的 GTO 和 IGBT 模块构成的变压变频装置和微机技术在机车车辆上的应用已取得了很大的进展。

四、变频技术在我国城市交通车辆上的应用

根据有关资料报道,广州本田公司已用 200 台变频电车取代了 152 台电阻式控制的旧电车和 48 台斩波控制电车。在实际的营运路线上,分别对各种电车进行了耗电测定,其测量结果如表 4-1 所列。

不同控制方式车辆耗电量测量结果　　　　　　　　　　　　　表 4-1

控 制 方 式	VVVF 变频器	电 阻 式	斩波控制式	备 注
耗电量(kW·h/车)	12.24	16.85	13.24	往复平均
每公里单车耗电量[kW·h/(km/车)]	0.979	1.384	1.059	
到达时间(min)	25.30	30.30	28.40	
乘客数(人)	17	17	17	

测量结果表明,新型车耗电量为电阻式车的 72.6%。根据他们对 200 台新型变频车与 200 台旧车一年的耗电量比较计算,新型车的耗电约减少 24%。由此可见采用变频技术的车辆节电效果十分明显。因此,我国电子工业部早在"九五"规划中就将以变频牵引装置为

代表的节能技术列为发展的重点。

我国于1996年研制成功了AC4000型交流牵引电力机车。目前DC 750V系统下的地铁车辆每台牵引电机功率为90~160kW,因此采用600~1000A/1200V IBGT构成的三点式逆变器牵引系统,已能达到所需的容量。我国原来规划的广州地铁和上海地铁准备用直流斩波调速车,后考虑到与国际先进水平、节约能源及经济合理性等因素,最终确定了选择三相交流异步牵引机变频调速的传动方案。

我国地铁车辆电力牵引系统从变阻调速到斩波器调速,进而发展到使用三相异步电动机的变频牵引技术。在DC 750V系统下运行的地铁中,采用成熟的、批量生产的、价廉的耐压1200V的IGBT器件构成三点式逆变器,实现地铁车辆交流传动方案,造价也不贵,而且对于城市轨道交通DC 750V系统中地铁或轻轨车辆上所采用的交流传动所需的电气设备,我国已完全能够设计和制造,从而使我国铁路机车工业跨入了研制发展绿色交通车辆的国际先进行列。

近年来,变频器产品已在国际、国内工业生产和国计民生中得到了广泛的应用。低压电动机变频调速产品目前应用已非常普及和成熟,高压电动机变频调速也在被人们关注和逐渐应用。交流变频器已成为对工业生产进行技术改造和对产品、设备更新换代的理想调速装置。

第二节 通用变频器的工作原理及控制方式

变频器的英文译名是VFD(Variable-Frequency Drive),是现代科技由中文反向译为英文的为数不多实例之一。变频器是应用变频技术与电力电子技术,通过改变电机工作电源的频率和幅度的方式来控制交流电动机的电力传动元件;利用电力半导体器件的通断作用将工频电源变换为另一频率的电能控制装置。

一、脉冲宽度调制(PWM)原理

1. 脉冲宽度调制技术的概念

(1)脉冲宽度调制(PWM):是通过按照一定的规则和要求对一系列脉冲宽度进行调制,来得到所需要的等效波形。

(2)以变频调速常用的电路结构为例来说明PWM含义:一般异步电动机需要的是正弦交流电,而逆变电路输出的往往是脉冲。PWM控制的目的就是通过对逆变电路输出脉冲的宽度进行调制,使之与正弦波等效。这样,虽然电动机的输入信号仍为脉冲,但它是与正弦波等效的调制波,那么电动机的输入信号也就等效为正弦交流电了。

2. PWM技术的基本原理

(1)PWM技术的理论基础:采样控制理论中的1个重要结论——面积等效控制原理。

(2)SPWM原理:将1个正弦半波电压分为N等份,并把正弦曲线每1等份所包围的面积都用1个与其面积相等的等幅矩形脉冲来代替,且矩形脉冲的中点与相应正弦等分的中点重合,得到脉冲列,这就是PWM波。正弦波的另外半波也用同样的办法来等效,就可以得到与正弦波等效的脉宽调制波,又称其为SPWM。SPWM波在变频电路中被广泛采用。

根据采样控制理论,N值越高(脉冲频率越高),SPWM越接近正弦波,但脉冲频率一方面受变频器中开关器件工作频率的限制，另一方面频率太高，电磁干扰增大，要带来一些新的问题。

（3）实际应用中 SPWM 波的形成：

调制方法 $\begin{cases} 调制波\ u_r\ 所希望生成的正弦波 \\ 载波\ u_T\ 等腰三角波或锯齿波 \end{cases}$

利用载波和调制波相的比较方式来确定脉宽和间隔。

（4）按照调制脉冲的极性关系，PWM 逆变电路的控制方式分为单极性控制和双极性控制。

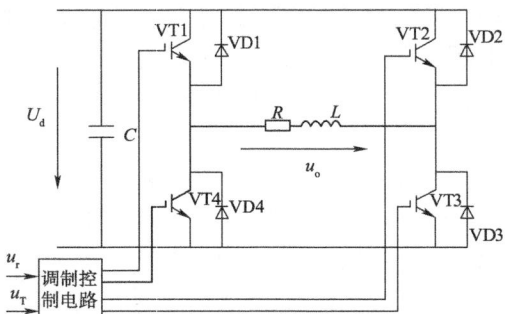

图 4-1　单相桥式 SPWM 逆变电路

3. 单相桥式 SPWM 逆变电路分析

电路图如图 4-1 所示。

1）单极性 SPWM 控制

设定载波 u_T、调制波 u_r，如图 4-2a）所示。

（1）在 u_r 正半周，让 VT1 一直保持通态，VT4 保持断态。当 $u_r > u_T$ 时，控制 VT3 为通态，负载输出电压 $u_o = U_d$；当 $u_r < u_T$ 时，控制 VT3 为断态，负载输出电压 $u_o = 0$，此时负载电流可以经过 VT1 与 VD2 续流。

（2）在 u_r 负半周，让 VT4 一直保持通态，VT1 保持断态。当 $u_r < u_T$ 时，控制 VT2 为通态，负载输出电压 $u_o = -U_d$；当 $u_r > u_T$ 时，控制 VT2 为断态，负载输出电压 $u_o = 0$，此时负载电流可以经过 VT4 与 VD3 续流。

这样，就得到了 SPWM 波 u_o，u_{of} 为 u_o 的基波分量。可见，在任一半个周期中，SPWM 波只能在 1 个方向变化，故称为单极性 SPWM 控制方式。由于改变 u_r 的幅值时，调制波的脉宽将随之改变，从而改变输出电压的大小；而改变 u_r 的频率时，则输出电压的基波频率也随之改变，所以这就实现了既可调压又可调频的目的。

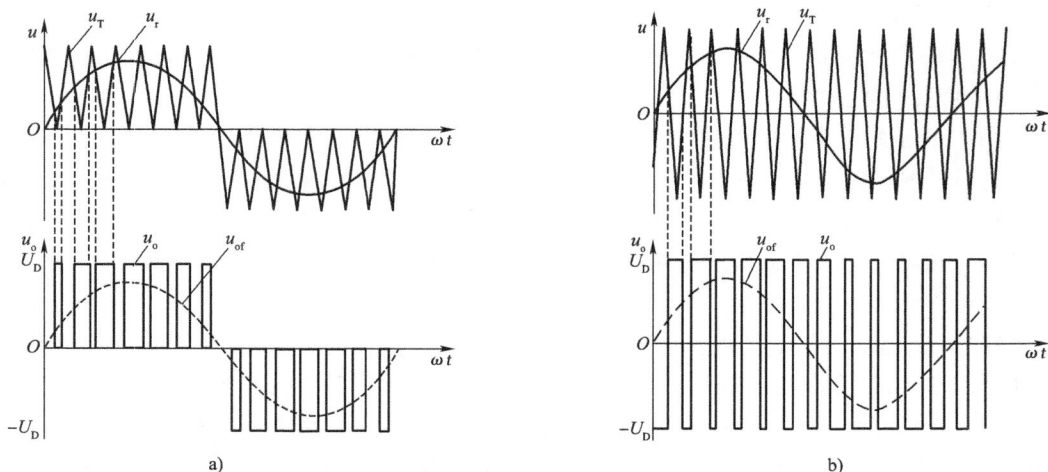

图 4-2　单相桥式 SPWM 控制方式原理图

a）单极性 SPWM 控制原理；b）双极性 SPWM 控制原理

2）双极性 SPWM 控制

设定调制波 u_r、载波 u_T，载波 u_T 改为正负 2 个方向变化的等腰三角波，如图 4-2b）所示。

当 $u_r > u_T$ 时，给 VT1 和 VT3 导通信号，而给 VT2 和 VT4 关断信号，负载输出电压 $u_o = U_d$；当 $u_r < u_T$ 时，给 VT2 和 VT4 导通信号，而给 VT1 和 VT3 关断信号，负载输出电压 $u_o = -U_d$。这样，就得到了 SPWM 波 u_o。可见，在任一半个周期中，SPWM 波在正、负两个方向交替，故称为双性 SPWM 控制方式。改变 u_r 的幅值和频率，即可达到调压、调频的目的。

4. 变频器的三相桥式 SPWM 逆变电路

由电路结构图 4-3 可见，其控制方式为双极性控制。电路的开关器件采用 IGBT，负载为感性。

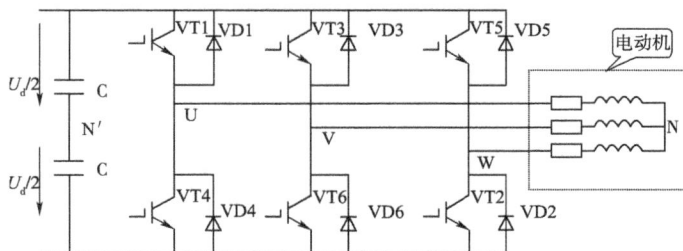

图 4-3 三相桥式 SPWM 逆变电路

1）调频原理

U、V、W 三相载波信号共用 1 个三角载波 u_T，三相调制信号 u_{rU}、u_{rV}、u_{rW} 为相位依次相差 120° 的正弦波。改变三相调制信号 u_{rU}、u_{rV}、u_{rW} 的频率，即可改变变频器的输出频率，达到变频的目的。U、V、W 三相的 IGBT 控制规律相同，现以 U 相为例来说明电路的控制过程。当 $u_{rU} > u_T$ 时，给 VT1 导通信号，给 VT4 关断信号，则 U 相相对于电源假想中点 N′ 的输出电压 $u_{UN'} = U_d/2$；当 $u_{rU} < u_T$ 时，给 VT4 导通信号，给 VT1 关断信号，则 U 相相对于电源假想中点 N′ 的输出电压 $u_{UN'} = -U_d/2$。VT1 和 VT4 的驱动信号始终是互补的。当给 VT1（VT4）加导通信号时，可能是 VT1（VT4）导通，也可能是二极管 VD1（VD4）续流导通，这要由感性负载中原来电流的方向和大小来决定，和单相桥式 PWM 逆变电路双极性控制时的情况相同。V 相和 W 相的控制方式和 U 相相同。$u_{UN'}$、$u_{VN'}$ 和 $u_{WN'}$ 的波形如图 4-4 所示。线电压 u_{UV} 的波形可由 $u_{UN'} - u_{VN'}$ 得出。若求负载的相电压可由式 $u_{UN} = u_{UN'} - (u_{UN'} + u_{VN'} + u_{WN'})/3$ 求得，其波形略。

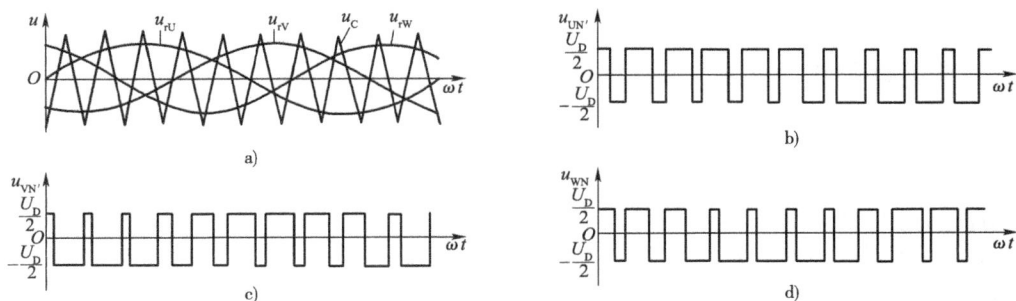

图 4-4 SPWM 变频器电路波形

2）调压原理

变频器的调压和调频是同时进行的。当将三相调制信号 u_{rU}、u_{rV}、u_{rW} 的频率调低（高）时，3 个信号的幅度也相应调小（大），使得调制信号的 U/f 为常数，或按照设定的要求变化。若调制信号的幅度变小，则变频器的输出脉冲宽度变窄，等效电压变低；若调制信号的幅度变大，则变频器的输出脉冲宽度变宽，等效电压变高。

综上所述，变频器的调压调频过程是通过控制三相调制信号进行的。

在双极性 SPWM 控制方式中，理论上要求同一相上下 2 个桥臂的驱动信号互补，但实际上为了防止上下两个桥臂直通而造成电源短路，通常要求先加关断信号，再延迟 Δt 时间，才给另一个施加导通信号。延迟时间 Δt 的长短主要由功率开关器件的关断时间决定。由于这个延时将会给输出 PWM 波带来不利影响，使其偏离正弦波，所以在保证电路可靠工作的前提下，延迟时间要尽可能短。

二、变频器的组成

如图 4-5 所示，其中 R、S、T 为变频器输入端，U、V、W 为变频器输出端。

1. 整流及滤波电路

如图 4-5 所示，整流有三相整流电路完成，C_1、C_2 组成滤波电路，R_1、R_2 为滤波电路能量释放通道。

功能：将工频交流电整为直流，并滤波。

限流电阻的作用：R_0 减少了整流电路输出电流对逆变电路的冲击，起到限制电流、保护逆变电路的作用。

2. 逆变电路

如图 4-5 所示，逆变电路由 T_1、T_4、D_1、D_4 组成。

功能：将直流逆变为频率和电压可调的三相交流电，即为 SPWM 的原理。

3. 制动电阻和制动单元

制动电阻的工作原理就是将机械能通过电动机转化成的电能最终转化为热能，实现电动机快速制动。制动单元是变频器使用过程中必不可少的单元。如图 4-5 中 J 即为制动单元部分。

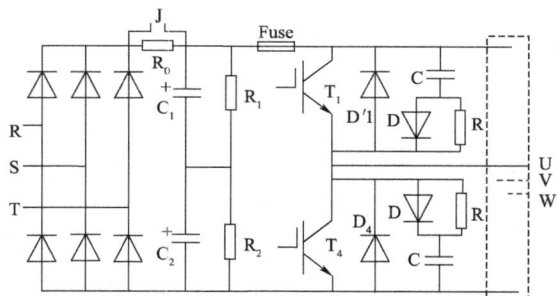

图 4-5　通用变频器主电路

三、变频器的控制方式

1. 恒压频比控制方式

恒压频比控制方式简称为恒 V/f 控制，如图 4-6 所示。其特点是：在变频调速过程中，使电动机供电电源电压 U_1 与频率 f_1 的比值保持恒定。采用恒 V/f 控制方式的变频电路（图 4-7）成本较低，但控制精度较差。

$$\dot{U}_1 = \dot{I}_1(R_1 + jX_1) + \dot{E}_1$$

$$\dot{E}_1 = 4.44K_1 f_2 / V_1 \Phi$$
$$U_1 \approx E_1 = 4.44K_1 f_2 N_1 \Phi$$

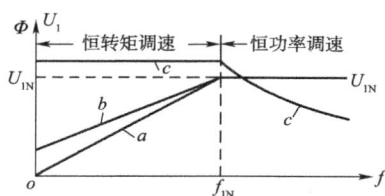

图 4-6 恒压频比控制方式

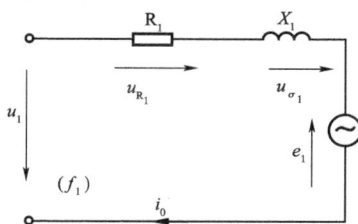

图 4-7 V/f 控制方式电路模型

改变 f_1 的同时应适当改变 U_1。在改变频率 f_1 的同时保持压频比恒定也就是保持主磁通量 Φ 基本恒定，通常这种调速又称恒磁通调速。

（1）增加 f_1 而 U_1 不变，主磁通 Φ 减小，电机欠励磁，电磁转矩 T 将减小，磁路利用不充分，效率低。

（2）减小 f_1 而 U_1 不变，主磁通 Φ 将增大，电机过励磁，励磁电流增加且有可能畸变。

恒 V/f 控制存在问题：

（1）在增加电源频率时，V/f 控制要求电压 U_1 也增加，可是因为电机绕组绝缘条件所限，定子电压 U_1 不得高于额定电压 U_{1N}，所以，变频调速中当频率高于基频（即额定供电频率 f_{1N}，又称基本频率或基底频率）时，不允许恒磁通调速，也就是说不允许使用恒 V/f 方式。

（2）当电源频率 f_1 调至较小时，电机低速运行，感生电势 E_1 也较小，电机定子绕组压降 $(R_1 + jX_1)$ 相对 E_1 较大，不可以忽略，于是再保持 U_1/f_1 恒定，已不能使主磁通 Φ 恒定。

从电动机电磁转矩的表达式 $T = KT\Phi I_2 \cos\varphi_2$（KT 为电机结构系数；$\Phi$ 为主磁通；I_2 为转子电流；$\cos\varphi_2$ 为转子回路功率因数）可知，调速过程中如果转子回路参数保持不变，恒磁通调速实际就是恒转矩调速，也就是说恒 V/f 控制方式是针对恒转矩负载提出的。

2. 恒电压平方与频率比控制

恒电压平方与频率比控制的特点是：在变频输出的同时保持电压的平方 U_1^2 与频率 f_1 之比恒定，又简称恒 U_1^2/f_1 控制。采用这种控制方式可以实现恒功率调速。

原理如下所示。

电机转矩：

$$\varphi_2 = K_T\Phi = \frac{E_2}{\sqrt{R_2^2 + X_2^2}} \times \frac{R_2}{\sqrt{R_2^2 + X_2^2}} = K_T\Phi \frac{E_2 R_2}{R_2^2 + X_2^2}$$

转子回路电抗及感生电动势：

$$X_2^2 = 2\pi f_2 L_{\sigma 2}$$
$$E_2 = 4.44K_2 f_2 N_2 \Phi$$
$$T = K_T\Phi^2 \frac{4.44K_2 f_2 N_2 R_2}{R_2^2 + (2\pi f_2 L_{\sigma 2})^2}$$

由 $E_1 = 4.44K_1 f_1 N_1 \Phi$，得：

$$\Phi = \frac{E_1}{4.44K_1 f_1 N_1}$$

$$T = K_T \left(\frac{E_1}{4.44 K_1 f_1 N_1} \right)^2 \times \frac{4.44 K_2 f_2 N_2 R_2}{R_2^2 + (2\pi f_2 L_{\sigma2})^2} = K \times (E_1/f_1)^2 \times \frac{R_2/f_2}{(R_2/f_2)^2 + (2\pi f_2 L_{\sigma2})^2}$$

$$R_2 \propto T n_0 = T \times \frac{60 f_1}{P} \propto T f_1 = K \times (E_1^2/f_1) \times \frac{R_2/f_2}{(R_2/f_2)^2 + (2\pi L_{\sigma2})^2}$$

3. 平方转矩控制方式

平方降转矩负载要求电机输出的转矩 T 要与电机转速 n 的平方成正比,即 T/n^2 恒定。由于电机转速 n 与旋转磁场转速 n_0 相差不多,也可以看成 T/n_0^2 恒定。

而 $n_0 \propto f_1$,于是又可以等价为要求 T/f_1^2 恒为常数的控制方式。平方转矩控制方式压频曲线如图4-8所示。

$$\frac{T}{f_1^2} = K \times \left(\frac{E_1}{f_1^2} \right)^2 \times \frac{R^2/f_2}{(R_2/f_2)^2 + (2\pi L_{\sigma2})^2}$$

4. 转差频率控制

$$T = K_T \left(\frac{E_1}{4.44 K_1 f_1 N_1} \right)^2 \times \frac{4.44 K_2 f_2 N_2 R_2}{R_2^2 + (2\pi f_2 L_{\sigma2})^2} = K \times (E_1/f_1)^2 \times \frac{R_2/f_2}{(R_2/f_2)^2 + (2\pi f_2 L_{\sigma2})^2}$$

由上式可知,在进行 E_1/f_1 控制的基础上,对电动机转子回路的频率 f_2 进行控制,达到控制电机输出转矩的目的,而 f_2 又与转差成正比,因此又叫转差频率,这就是转差频率控制的含义及出发点。转差频率反馈示意图如图4-9所示。

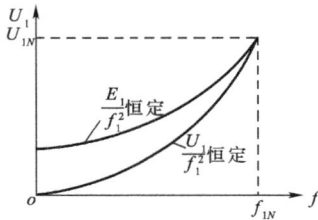

图4-8 平方转矩控制方式压频曲线

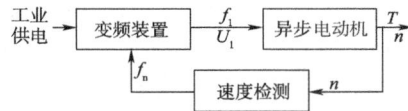

图4-9 转差频率反馈示意图

5. 矢量控制方式

矢量控制方式的基本思想是认为异步电动机和直流电动机具有相同的转矩产生机理,即电动机的转矩为磁场和与其相垂直的电流矢量的乘积。

异步电动机空载时,定子励磁电流很小,如果给异步电动机施加负载,则其定子励磁电流将会增加,而且负载所需转矩越大,励磁电流就越大。这是因为电机空载时励磁电流主要用于产生磁通,有负载时励磁电流既要维持主磁通基本恒定,同时又要提供产生转矩所需的能量。

将定子电流分解为产生磁场的电流分量和产生转矩的电流分量之和。通过控制电动机定子电流的大小和相位,也就是定子电流相量,就可以分别对电动机的励磁电流和转矩电流进行控制,从而达到控制电动机转矩的目的。矢量控制方式主要有基于转差频率控制的矢量控制方式和无速度检测器矢量控制方式。

第三节 通用变频器的应用

三菱变频器 FR-E700 经济型高性能通用变频器,通用性好,操作简单,价格便宜,应用范围比较广泛。本书以此为例讲解通用变频器的运行调试应用。

一、变频器 FR-E700 结构

变频器 FR-E700 结构如图 4-10 所示。

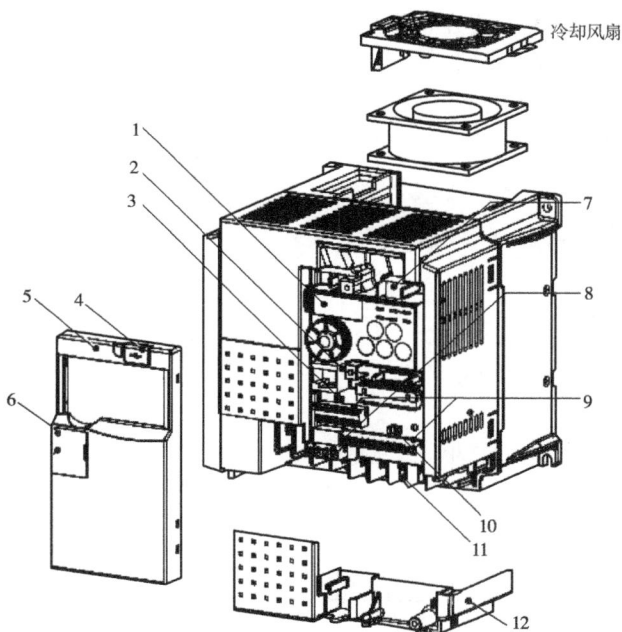

图 4-10　FR-E700 外观图

1-操作面板;2-PU 接口;3-电压/电流输入切换开关;4-USB 接口盖;5-前盖板;6-PU 接口盖;7-USB 接口(迷你-B 连接器);8-内置选件连接器;9-标准控制电路端子排;10-控制逻辑切换跨接器;11-主电路端子排;12-梳形配线盖板

1.操作面板

操作面板是人机交互的最简洁方式,可以实现变频器内部参数的设定、修改和控制,同时还可以对变频器的输出进行控制和设定,如图 4-11 所示。

(1)运行模式显示。PU:PU 运行模式时亮灯;EXT:外部运行模式时亮灯;NET:网络运行模式时亮灯。

(2)单位显示。Hz:显示频率时亮灯;A:显示电流时亮灯(显示电压时熄灯,显示设定频率监视时闪烁)。

(3)监视器(4 位 LED)显示频率、参数编号等。

(4)M 旋钮,用于变更频率设定、参数的设定。按该旋钮可显示以下内容:监视模式时的设定频率;校正时的当前设定值;报警历史模式时的顺序。

(5)模式切换,用于切换各设定模式,和 $\frac{PU}{EXT}$ 同时按下也可以用来切换运行模式。长按此键(2s)可以锁定操作。

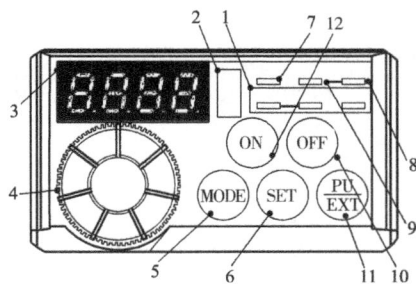

图 4-11　操作面板

1-运行模式显示;2-单位显示;3-监视器;4-M 旋钮;5-模式切换 6-设定确定;7-运行状态显示;8-参数设定模式显示;9-监视器显示;10-停止运行;11-运行模式切换;12-启动指令按钮

（6）各设定参数的确定。

（7）运行状态显示变频器动作中亮灯/闪烁。亮灯：正转运行中；缓慢闪烁（1.4s循环）：反转运行中；快速闪烁（0.2s循环）：按键或输入启动指令都无法运行时，有启动指令、频率指令在启动频率以下时，输入了MRS信号时。

（8）参数设定模式显示，参数设定模式时亮灯。

（9）监视器显示，监视模式时亮灯。

（10）停止运行，停止运转指令。保护功能（严重故障）生效时，也可以进行报警复位。

（11）运行模式切换，用于切换PU/外部运行模式。使用外部运行模式（通过另接的频率设定电位器和启动信号启动的运行）时按此键，使表示运行模式的EXT处于亮灯状态（切换至组合模式时，可同时按⑩MODE 0.5s）。PU：PU运行模式；EXT：外部运行模式；也可以解除PU停止。

（12）启动指令。

2. PU接口

使用PU接口可以通过FR-PU07运行或与电脑等进行通信。

3. USB接口

将变频器和个人电脑用USB电缆连接后，通过使用FR Configurator，便可简单地实行变频器的设定。变频器的参数设定和输入输出状态的设定等都可以通过USB通信实现。进行USB通信设定如表4-2所示。

USB通信设定　　　　表4-2

参数编号	名　称	初始值	设定范围	内　容
547	USB通信站号	0	0~31	变频器站号指定
548	USB通信检查时间间隔	9999	0	可进行USB通信，设为PU运行模式会报警并停止
			0.1~999.8s	设定通信检查时间的间隔，如果无通信状态持续超过容许时间，变频器会发生报警并停止
			9999	不进行通信检测

变频器和个人PC的连接如图4-12所示。

二、变频器的接线

1. 主电路

主电路是动力回路，包括三相交流电源的输入和可调压调频电源的输出，如图4-13所示。

2. 控制电路

控制电路是变频器的输入给定电路，变频器的频率给定有4种方式：控制面板给定，固定端子给定，模拟信号给定，通信给定。工程机械很少使用，面板给定方式大多数使用的是固定端子给定、模拟信号给定和通信给定方式。固定端子给定方式接线如图4-14所示。

模拟信号给定方式接线如图4-15所示。

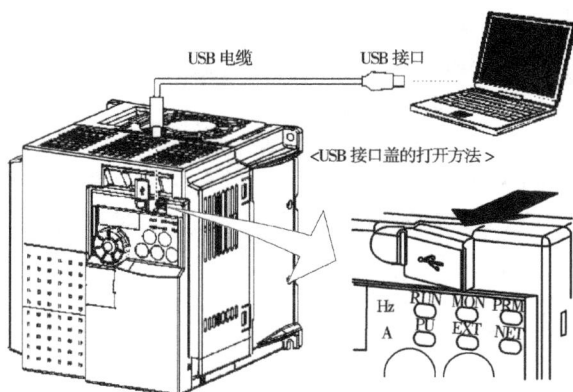

图 4-12　USB 通信接线

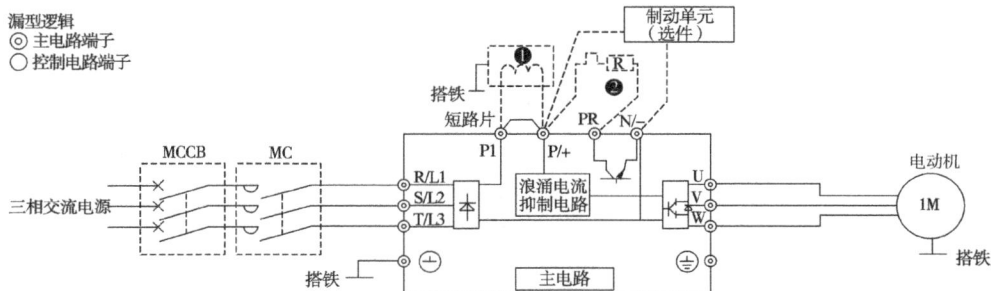

图 4-13　变频器主电路接线

❶直流电流器(FR-HEL)连接直流电抗器时,请取下 P1—P/ + 间的短路片。

❷制动电阻器(FR-ABR 型)为防止制动电阻器过热或烧损,请安装热敏继电器。

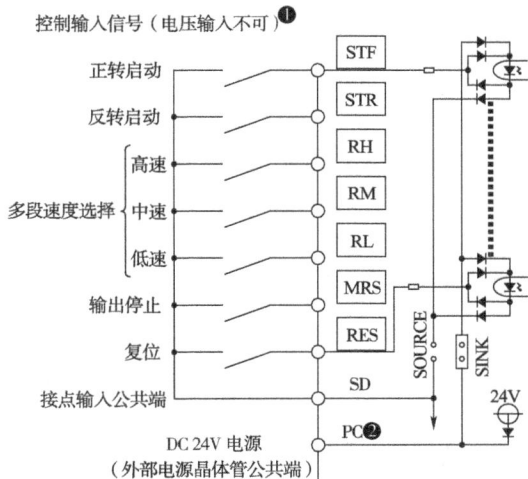

图 4-14　变频器输入信号接线

❶可通过输入端子功能分配(Pr. 178 ~ Pr. 184)变更端子的功能。

❷端子 PC-SD 间作为 DC 24V 电源使用时,请注意两端子间不要短路。

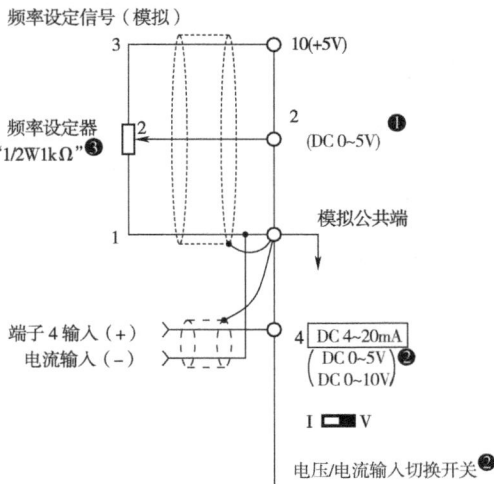

图 4-15　变频器模拟量给定方式接线

❶可通过模拟量输入选择(Pr.73)进行变更。

❷可通过模拟量输入选择(Pr.267)进行变更。设为电压输入(0 ~ 5V 或 0 ~ 10V)时,请将电压/电流输入切换开关置为"V",电流输入(4 ~ 20mA)时,请置为"1"(初始值)。

❸频率设定变更频繁时,推荐为"2W1kΩ"。

通信给定方式就是通过 USB 通信方式或 PU 口通信方式实现变频器和智能控制器如PLC、单片机、工控机等。通过通信的方式将变频器参数直接传送至变频器内部寄存器，进行相应的参数设定和控制。

3. 保护电路

变频器的保护电路（图 4-16）是在变频器运行过程中异常信号的输出，是变频器自检的一部分，输出信号可以被 PLC 等智能控制器采集处理，实现对变频器的检测和保护。保护电路包括继电器输出、集电极开路输出和模拟电压输出。同时内部信号的检测和保护也可以通过 USB 和 PU 口通信的方式对外进行通信，传递参数数据。

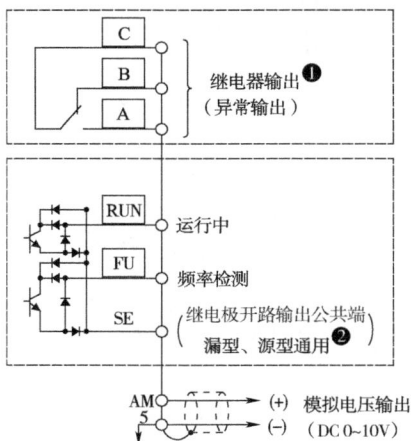

图 4-16　变频器输出端子接线

❶可通过 Pr.192 ABC 端子功能选择变更端子的功能。
❷可通过输出端子功能分配（Pr.190、Pr.191）变更端子的功能。

三、变频器参数及常用功能参数设置

1. 变频器参数

变频的参数很多，设置方式有两种：通信参数设置和面板参数设置。通信参数设置应用在变频器系统调试过程；在工程机械维修和维护现场一般使用面板参数设置的方式，这种方式简单易行，不受环境和设备的限制即可进行。表 4-3 为常用参数及功能。

变频器常用参数及功能表　　　　　　　　　　　　　　　表 4-3

功　能	参数	名　　称	设定范围
基本功能	0	转矩提升	0 ~ 30%
	1	上限频率	0 ~ 120Hz
	2	下限频率	0 ~ 120Hz
	3	基准频率	0 ~ 400Hz
	4	多段速设定（高速）	0 ~ 400Hz
	5	多段速设定（中速）	0 ~ 400Hz
	6	多段速设定（低速）	0 ~ 400Hz
	7	加速时间	0 ~ 3600/360s
	8	减速时间	0 ~ 3600/360s
	9	电子过电流保护	0 ~ 500A

续上表

功　能	参数	名　　称	设 定 范 围
直流制动	10	直流制动动作频率	0～120Hz
	11	直流制动动作时间	0～10s
	12	直流制动动作电压	0～30%
—	13	启动频率	0～60Hz
	14	适用负载选择	0～3
JOG 运行	15	点动频率	0～400Hz
	16	点动加减速时间	0～3600/360s
—	17	MRS 输入选择	0、2、4
—	18	高速上限频率	120～400Hz
—	19	基准频率电压	0～1000V、8888、9999
加减速时间	20	加减速基准频率	1～400Hz
	21	加减速时间单位	0、1
失速防止	22	失速防止动作水平	0～200%
	23	倍速时失速防止动作水平补偿系数	0～200%、9999
多段速度设定	24	4 速	0～400Hz、9999
	25	5 速	0～400Hz、9999
	26	6 速	0～400Hz、9999
	27	7 速	0～400Hz、9999
—	29	加减速曲线选择	0、1、2
—	30	再生制动功能选择	0、1、2
频率跳变	31	频率跳变 1A	0～400Hz、9999
	32	频率跳变 1B	0～400Hz、9999
	33	频率跳变 2A	0～400Hz、9999
	34	频率跳变 2B	0～400Hz、9999
	35	频率跳变 3A	0～400Hz、9999
	36	频率跳变 3B	0～400Hz、9999
—	37	转速显示	0、0.01～9998
—	38	RUN 键旋转方向选择	0、1

2. 常用功能设置

1)设定变频器外部简单运行模式

可通过简单的操作来完成利用启动指令和速度指令的组合进行的 Pr.79 运行模式选择设定。方法如图 4-17 所示。

2)变更变频器使用上限频率(图 4-18)

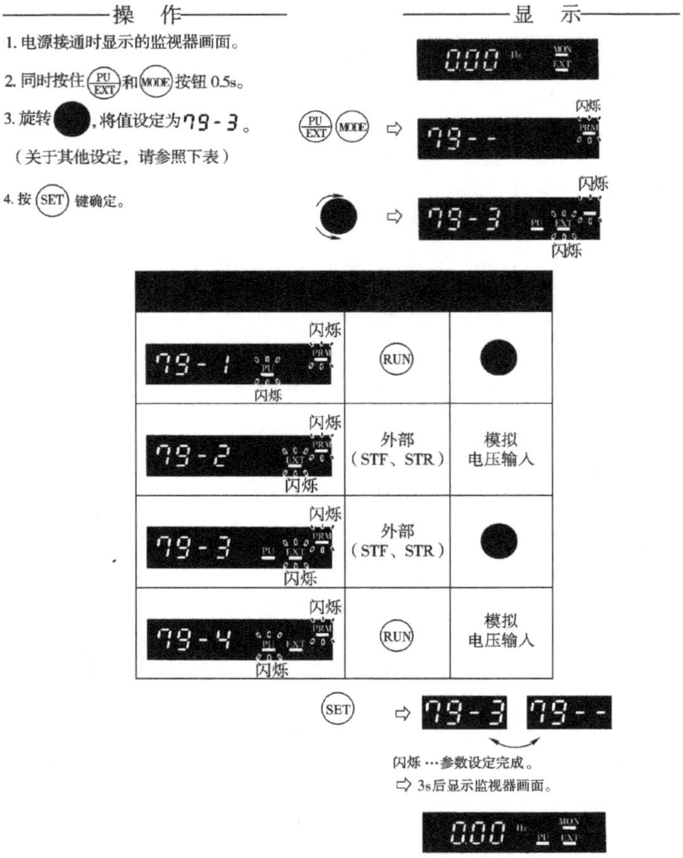
操　作
显　示
1. 电源接通时显示的监视器画面。
2. 同时按住 PU/EXT 和 MODE 按钮 0.5s。
3. 旋转 ，将值设定为 79 - 3。
（关于其他设定，请参照下表）
4. 按 SET 键确定。
0.00 Hz MON EXT
闪烁
79 - -
闪烁
79 - 3
闪烁
闪烁
79 - 1
闪烁
RUN
闪烁
79 - 2
闪烁
外部（STF、STR）
模拟电压输入
闪烁
79 - 3
闪烁
外部（STF、STR）
闪烁
79 - 4
闪烁
RUN
模拟电压输入
SET
79 - 3
79 - -
闪烁 … 参数设定完成。
3s后显示监视器画面。
0.00 Hz MON PU EXT

图 4-17　变频器外部简单运行模式的设定

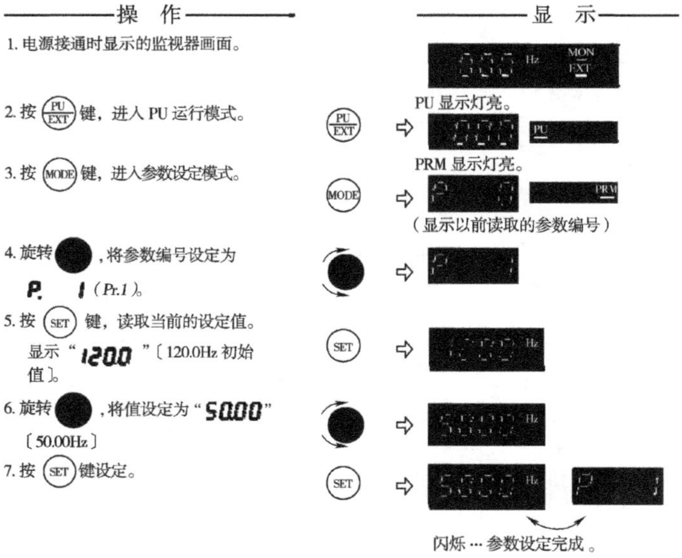
操　作
显　示
1. 电源接通时显示的监视器画面。
2. 按 PU/EXT 键，进入 PU 运行模式。
3. 按 MODE 键，进入参数设定模式。
4. 旋转 ，将参数编号设定为 P. 1（Pr.1）。
5. 按 SET 键，读取当前的设定值。显示“120.0”〔120.0Hz 初始值〕。
6. 旋转 ，将值设定为“50.00”〔50.00Hz〕
7. 按 SET 键设定。
Hz MON EXT
PU 显示灯亮。
PU
PRM 显示灯亮。
PRM
（显示以前读取的参数编号）
Hz
闪烁 … 参数设定完成。

图 4-18　变更变频器使用上限频率

3）运行模式切换

设置外部运行模式设置步骤，如图4-19所示。

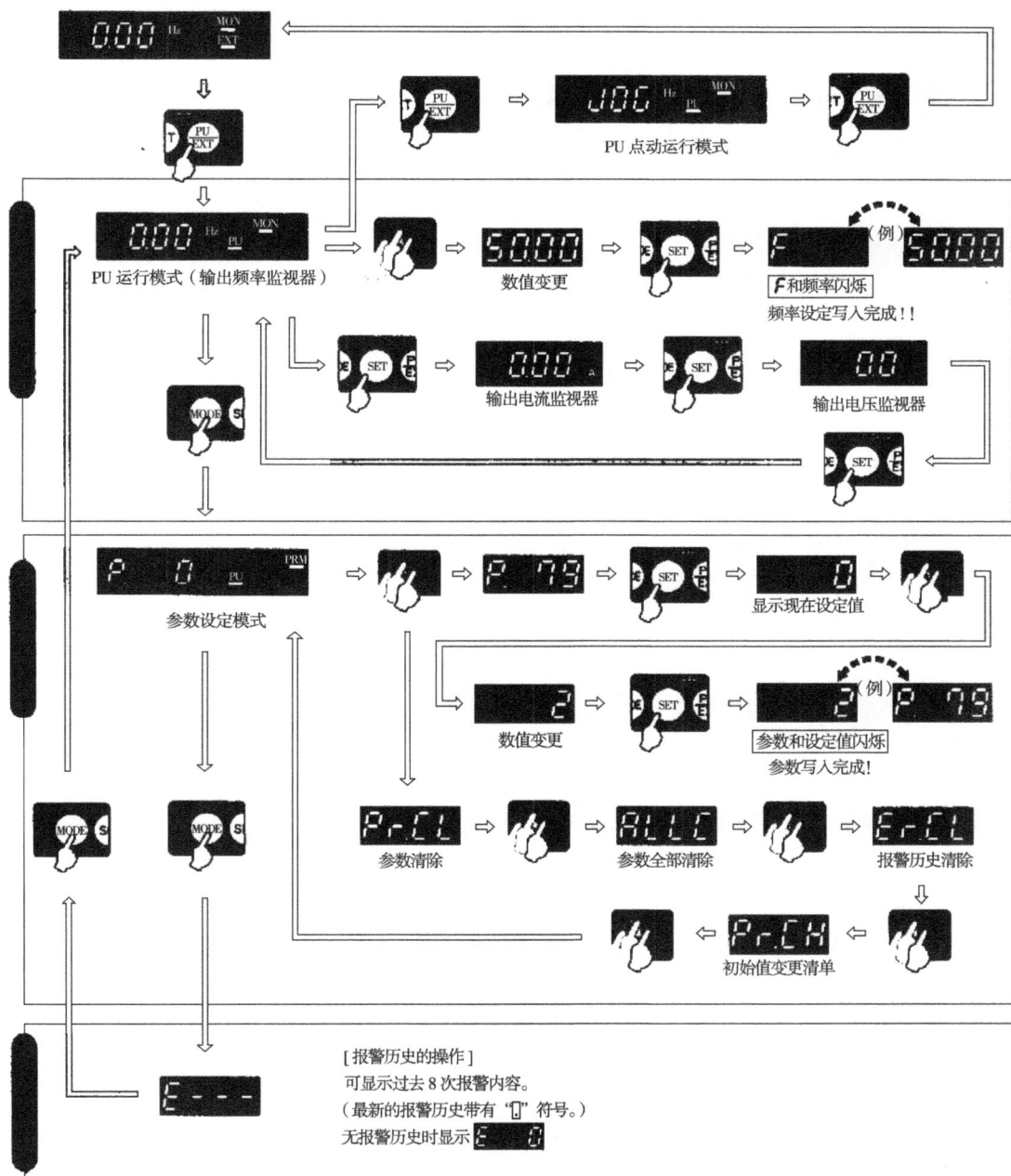

图4-19　设置外部运行模式

更多的设置内容，请参照变频器使用手册。

复习思考题

1. 叙述交流调速技术相对于其他调速技术的优缺点。

2. 叙述电力电子晶体管的工作原理、应用范围和工作缺陷。

3. 叙述电力电子二极管的工作原理,并分析电力电子二极管的伏安特性。

4. 试设定变频器7段速运行,总结所要设定的参数和注意事项。

5. 试设定变频器外部运行模式及面板给定频率调整模式,分析两种模式是否可以共存。

6. 试设定变频器通信给定频率的参数,并对参数进行调整和修正。

第五章 沥青混合料拌和设备自动控制系统

🔍 **知识目标**

1. 解释沥青混合料拌和设备自动控制系统的一般组成及各组成部分的功能;
2. 解释沥青混合料拌和设备顺序启停(开机关机)的要求;
3. 描述沥青混合料混凝土拌和设备冷骨料供给控制系统的工作原理及控制过程;
4. 解释沥青混合料拌和设备干燥燃烧器自动控制系统组成及各部分的功能;
5. 描述沥青混合料拌和设备燃烧器自动控制过程;
6. 解释沥青混合料拌和设备称量及搅拌控制系统的组成及各部分的功能;
7. 描述沥青混合料拌和设备称量及搅拌控制系统的工艺流程;
8. 描述沥青混合料拌和设备除尘控制系统的各部分功能及生产工艺流程;
9. 描述人机控制界面的工作原理及设计制作过程。

🔑 **能力目标**

1. 进行沥青混合料拌和设备继电器控制系统顺序启停控制和可编程控制系统顺序启停控制的设计;
2. 进行西门子 PLC200 系列可编程序控制器的软件使用及梯形图设计;
3. 进行人机控制界面的设计制作;
4. 进行沥青混合料拌和设备冷骨料控制系统的硬件选用及软件设计制作;
5. 进行沥青混合料拌和设备称量及搅拌控制系统的控制方案设计;
6. 进行沥青混合料拌和设备除尘控制系统的硬件及软件设计制作;
7. 进行除尘自动控制系统人机控制界面的设计制作。

第一节　沥青搅拌设备自动控制系统概述

随着对沥青混合料质量要求的提高,以及电子技术、传感技术、信息处理技术的进步,以计算机为核心的自动控制系统已成为沥青混合料拌和设备的重要组成部分,它不仅减轻了操作人员的劳动强度,改善工作条件,更重要的是为提高沥青混合料拌和设备的性能提供了可靠的保障。沥青混合料拌和设备自动控制系统的一般组成如图 5-1 所示。

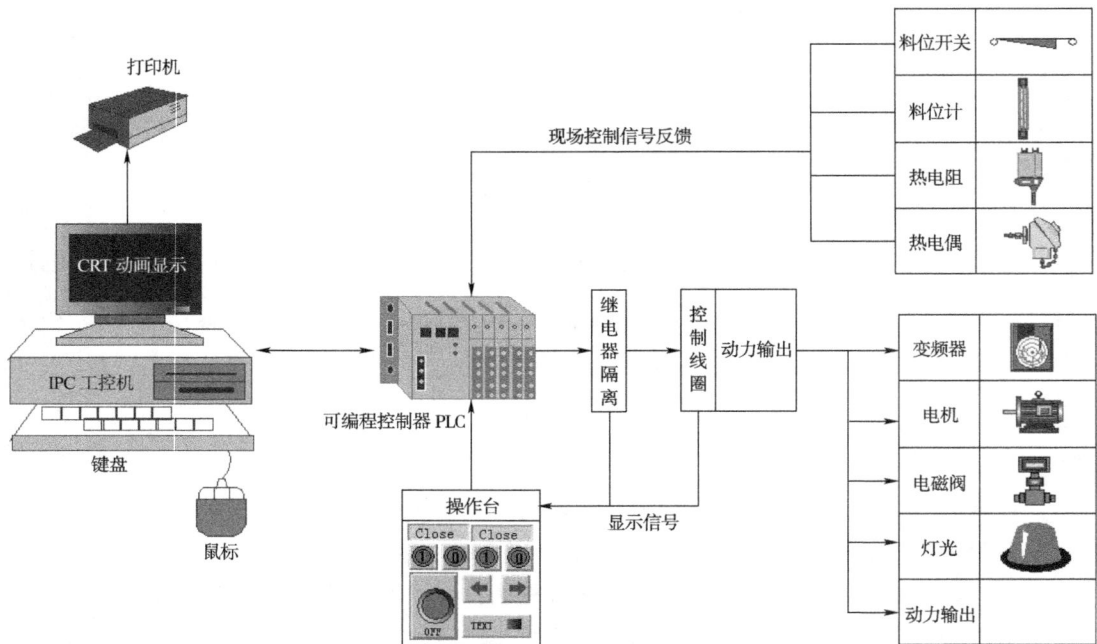

图 5-1　沥青混合料拌和设备自动控制系统的一般组成

一、工业计算机(上位机)

(1)与普通计算机的区别。与普通计算机相比,工业计算机考虑到工业现场环境,在设计制造时考虑了防尘、防振动、防高温等措施,对 CPU、主板等元器件及集成电路的技术性能要求较高。

(2)上位机是自动控制系统的数据处理中心、远程监控中心和数据传送中心,与各种现场控制设备、检测设备(PLC、智能控制仪表等)共同构成沥青混合料拌和设备的控制中心。一方面从现场设备获得混合料温度、骨料温度、排气温度、热料仓料位、沥青矿料配比重量等实时数据,对数据进行必要的加工处理后,并以图形方式直观地显示在计算机屏幕上;另一方面,按照操作人员的要求将控制指令送给现场电机、电磁阀、开关等设备,对执行机构实施控制或调整控制参数。

(3)上位机需完成的功能有:查看生产现场的实时数据及设备工艺流程画面,修改生产过程参数和状态对沥青混合料拌和设备进行控制,自动打印各种实时及历史生产数据报表,及时得到并处理各种生产过程中的过程报警和系统报警,与管理部门的计算机联网,为管理生产部门提供实时数据。

二、下位机

1.组成

下位机主要包括 PLC 可编程控制器、智能仪表等,上与工业计算机相连,下与工业现场设备相连。

2.功能

下位机实现对生产过程中的温度、压力、流量、电流电压值等连续变化的模拟量进行A/D或D/A转换及开关量控制,并进行单回路或多回路闭环控制,与工业用计算机完成数据共享、数据交换及指令下达。

三、工业现场设备

1.组成

工业现场设备主要有各种温度传感器、流量传感器、料位传感器、压力传感器、变频器、电机、电磁阀及各种电气开关等。

2.功能

工业现场设备实现对现场各种及各运动部件的控制。

沥青混合料拌和设备自动控制系统主要完成沥青混合料拌和设备的各运动部件的顺序控制、干燥燃烧器温度控制、称量及搅拌控制、成品料仓控制、除尘控制。

第二节 沥青混合料拌和设备的顺序启停控制

一、概述

现今,沥青混合料拌和设备的顺序启停控制,一般采用继电器控制方式或可编程控制方式。随着自动控制技术的发展、微处理技术的提高及沥青混合料拌和设备控制技术的不断完善,现沥青混合料拌和设备一般均采用可编程控制方式,二者特点如下:

继电器控制方式:以继电器、接触器行程开关等器件组成的自动控制线路为继电器自动控制方式。它结构简单、价格低廉、抗干扰能力强,但继电器自动控制电路采用固定的硬接线方法来完成各种逻辑控制,灵活性差,另外机械触点的工作频率低、易损坏,因此继电器控制电路可靠性较差。

可编程控制方式:以单片机为核心的、能够逻辑顺序编程的"软接触点"控制系统。它有可靠性强、编程简单、组合灵活、扩展方便、体积小、电气元件少等优点,因此,目前沥青混合料拌和设备的控制系统均采用此控制方式。

二、沥青混合料拌和设备顺序启停的要求

沥青混合料拌和设备各部电动机及运转机构的顺序启动及停止的要求是:按照沥青混合料拌和设备设定的各部电动机连锁关系依次顺序启动或停止。此项功能一般为自动控制,即按下启动或停机按钮,各运动部件电动机将依次顺序启动或反向依次停机。具体要求如下:

1.开机

(1)启动全部空气压缩机,待气压达到规定值后,能够驱动气缸动作的同时,打开除尘布袋脉冲仪,以清除黏附在布袋上的粉尘。

(2)引风机在风门关闭状态下启动,待引风机启动过程结束运转正常后,逐步开启风门,

并使烘干筒负压达到规定设定值。

（3）开启回收粉提升机、螺旋输送器。

（4）开启拌缸、振动筛、热料提升机、烘干筒、斜皮带输送机、集料皮带输送机。

（5）开启冷石粉（商品石粉）输送机及螺旋输送机（有的设置在计量系统控制开启）。

（6）若配置成品料输送系统，启动小车反复空转运转几次。

（7）开启燃烧器系统鼓风机及燃油泵。

（8）待各运转机构全部空载运转后，应检查以下工作情况是否正常，否则需停机：烘干筒的负压、布袋除尘器运行压差及参数差、各传动电机空载电流、控制系统各仪表信号灯指示、各运转机构运转。

（9）以上为沥青混合料拌和设备各部运转机构及电动机启动工作顺序，待启动完毕后，设备进入正常工作状态。

（10）正常工作状态下进入下一顺序运行：自动燃烧器开始点火燃烧，小火燃烧 3~5min 后，即可按施工要求的比例上料，对集料进行烘干处理，根据进料量的多少，燃烧器自动调节风门；烘干后的热石料经提升、筛分按规定规格进入热石料储仓，根据各规格料仓料位反应信号，可对某一种冷集料的进料量进行调整，达到成品料的级配与冷集料量成平衡。

2．停机

停止冷集料供料、集料输送皮带机、初级振动筛（如有配置的）。待烘干筒出料基本完毕时，关闭燃烧器（使用中要求：停火后应继续运转燃烧器风机、烘干筒及排风机，直至烘干筒内温度降至 70℃ 以下时方可关机）、热石料提升机、振动筛。在成品料搅拌结束后，关闭石粉螺旋输送机、石粉提升机、搅拌缸。待烘干筒冷却 10~15min 后，关闭烘干筒电机、引风机。引风机关闭后，除尘布袋还需工作 20~30min 后才允许关闭，然后关闭回收粉尘螺旋输送机、回收粉提升机。最后关闭空气压缩机。

开机时各运动部件电机启动的顺序流程为：

空气压缩机→排风门开度最小→引风机→回收粉提升机→回收粉尘螺旋输送器→搅拌器→振动筛→热矿料提升机→烘干筒→斜皮带输送机→集料皮带输送机→冷矿粉提升机→冷矿粉螺旋输送器→燃烧器风机。

停机时各运动部件电机停止顺序流程为：

集料皮带输送机→斜皮带输送机→关闭燃烧器→热矿料提升机→振动筛→关闭石粉螺旋输送机→石粉提升机→搅拌缸→关闭烘干筒电机→引风机→回收粉尘螺旋输送机→回收粉提升机。

第三节　冷骨料供给控制系统

配料机根据结构形式和工作原理的不同，分为皮带式、电磁振动式、往复滑板式和链板式等多种形式。现今沥青搅拌设备的配料机大多以皮带式为主，通过变频器自动调节环形皮带转速以控制冷集料的供给量，喂料速度能在控制室内按照设定的范围自动调整。

皮带式给料机的工作原理如图 5-2 所示，集料在重力作用下压在料斗下的皮带给料机上，通过皮带给料机驱动电机的旋转，强制将集料卸出。通过调节皮带给料机驱动电机的转速或料斗闸门的开度来改变供料量。料斗闸门的开度用于粗调,并在开机前调好;而开机后的精调一般有电动机变频调速、滑差电机调速、液压无级调速等形式。在给定范围内,速度变化是无级的,因此供料量的变化是线性的。下面以西门子S7-200系列PLC及富士FVR22.2E9S-4变频器为例,详细说明沥青混合料拌和设备冷集料供给控制系统的控制原理及工作过程。

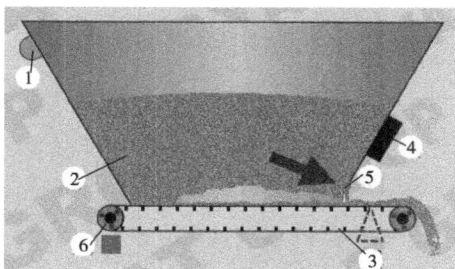

图 5-2　皮带式给料机的工作原理

1-集料斗警示灯;2-冷集料;3-皮带配料机;4-振捣器;5-料斗调节闸门;6-皮带秤驱动电动机

冷集料供给系统用于对生产沥青混合料所需的各种规格的砂石料,按目标配合比进行定容配给,以便把不同规格的砂石料按一定比例供给烘干筒烘干加热,筛分后进入热集料储仓。它对沥青混凝土的级配质量和整套设备的生产能力等影响较大。冷集料供给系统主要由冷集料斗、供料器、集料皮带机、投料皮带机和机架装置组成,如图5-3所示。

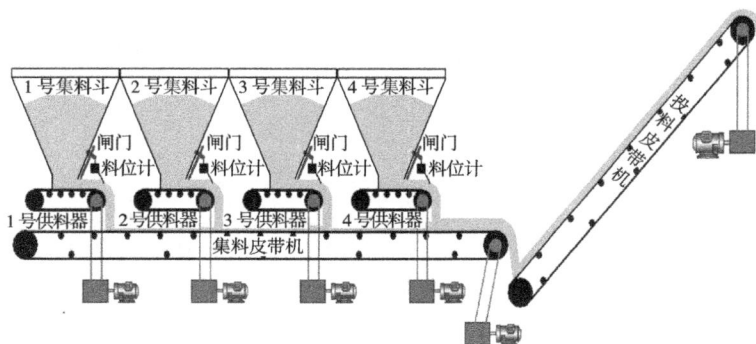

图 5-3　基于 S7-200 沥青混凝土拌和设备冷集料供给控制系统

冷集料斗的数量一般根据工程量的最大需要确定,设计制造时一般为4~6个,实际生产中应根据具体的需求选定投入使用数量。冷集料斗由钢板焊接而成,下部留有出料口,前壁(出口方向)设有1个手动流量调整闸门,可改变出料口的高度,从而改变冷集料供给流量,用于辅助调节冷集料流量的大小。在盛装砂、石屑的细集料斗的后壁上,一般安装小型振动器(壁仓振动器),用于防止细集料在斗内结块而引起出料口料流中断。壁仓振动器可自动启振间歇工作,也可手动控制。冷料斗下部料流的上方分别装有料流检测器(料位计),用于检测供料料流是否正常。

每个冷集料斗的正下方分别装有皮带式冷集料供给器,其功用是把冷集料从料斗中按配合比要求,从冷集料斗的出口将冷集料拉出,汇集到集料皮带输送机上,经投料皮带机送入烘干筒进行烘干加热。沥青混合料拌和设备冷集料供给装置(供料器)广泛采用变频调速加二级定比减速(或一级减速)方式,驱动供料器滚筒旋转。

二级定比减速:定比减速器 + 皮带减速或链轮减速。

一级减速:定比减速器。

集料皮带机和投料皮带机采用定比减速方式,电动机都采用三相异步笼型电动机。

一、供料器电动机的控制

通过控制变频器外部启停端子就可控制供料器驱动电动机的启停，并按设定能力运转工作；也可通过改变变频器的频率给定信号改变电动机工作电源的频率，从而改变电动机的转速以调整冷集料的供给量，即供料器的实际供给能力。冷集料供给系统电器控制原理如图 5-4 所示：

M_1，M_2，M_3，M_4：分别驱动 1 号、2 号、3 号、4 号供料器的三相异步笼型电动机；RST：工频电源；UVW：电动机工作电源；///：三相；E：搭铁；R19A：启停控制中间继电器；FVR22.2E9S-4：富士变频器。

1. 供料器驱动电动机的启停控制方式

（1）可利用 PLC 信号输出端子与变频器的启停端子相连，通过控制 PLC 输出端子的状态，控制驱动电动机的启停，如图 5-4 所示。

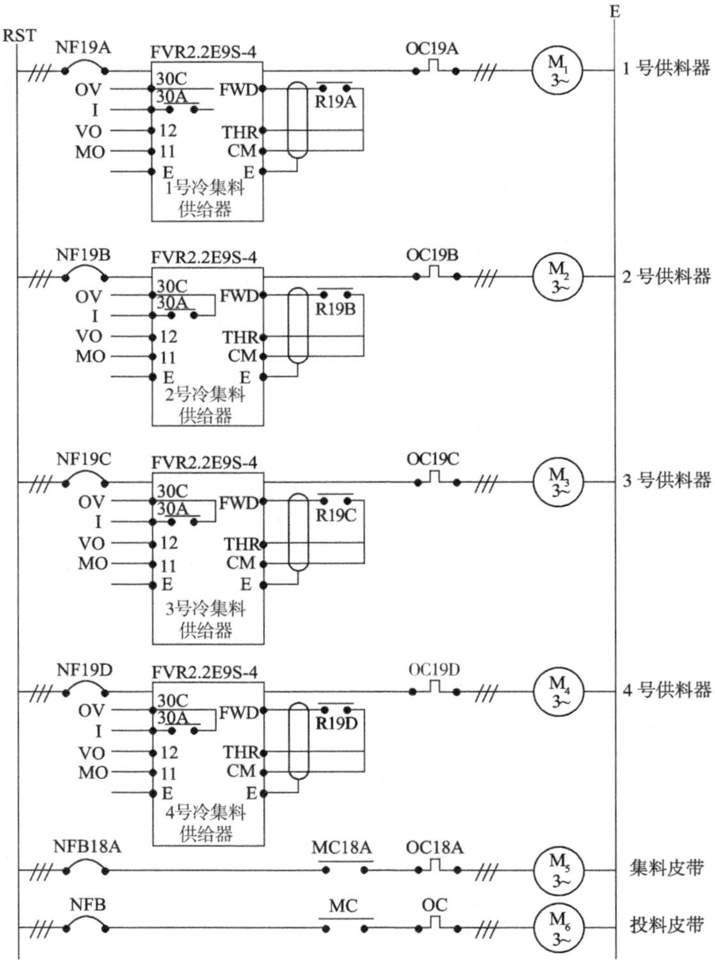

图 5-4　冷集料供给系统电器控制原理

（2）可采用操作面板上的主令按钮开关，直接控制变频器的启停端子控制电动机的启停，如图5-4所示。

通常，电动机的启停控制均要设置两个主令按钮，分别作为电动机的启动控制和停止控制，但沥青混合料拌和设备工艺复杂，输入点数较多，为了减少PLC输入点数的使用，降低成本，方便操作台按钮、开关、主令器件的布置，可采用1个按钮，通过PLC软件编程，实现启动与停止的控制功能。单按钮启停控制梯形图如图5-5所示。按钮开关SB_1接PLC端子I0.0。I0.0作为启动与停止单按钮SB的PLC地址，第一次按下按钮SB时，PLC的输出端子Q1.1有输出，即Q1.1＝1；第二次按下按钮SB_1时，PLC的输出端子Q1.1无输出，即Q1.1＝0；第三次按下按钮SB时，PLC的输出端子Q1.1又有输出，Q1.1＝1，……

工作过程中，为了判别Q1.1是否有相应的输出，可采用信号指示灯HLA来指示Q1.1的状态。由于信号指示灯HLA与负载（中间继电器R19A）的通断状态完全相同，且信号指示灯HLA负载电流很小，可将它并联后共用1个PLC输出点（Q1.1），以减少PLC输出点的使用。这样，每个供料器可分别使用1个单按钮作为供料器启停控制的主令器件，通过单按钮的操作，PLC运行与之相应T形图程序，控制PLC的输出端子的状态，使中间继电器相应的动作（通、断），控制变频器启停的外控端子的通断，最终控制供料器电动机的启停。

2. 供料器供给能力的调整控制

当供料器驱动电动机采用变频控制方式时，供料器供给能力的调整控制就转换为对变频器工作频率的调节控制。现以4000型沥青混合料拌和设备为例，说明冷集料供给系统某一配料单元的控制，如图5-6所示。

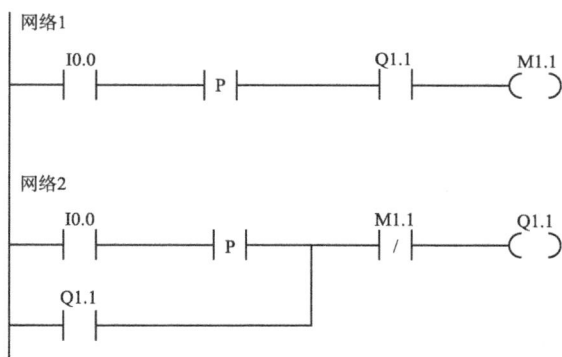

图5-5 单按钮启停控制梯形图

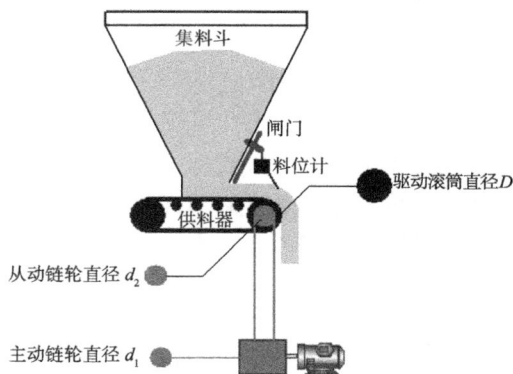

图5-6 冷集料供给系统配料单元

基本参数如下所示：

供料器最大供给能力$Q_{max}=160t/h$。

电动机为4极笼型异步电动机，即$p=2$。

供料器工况：恒转矩连续工作，$T_L=700N\cdot m$。

驱动滚筒直径$D=325mm$。

料流参数：料流宽度$B=410mm$。

冷集料密度$\rho=1.6t/m^3$。

批散系数$R=0.92\sim0.97$。

料流高度（闸门开度）初定 $H = 150\text{mm}$。

供料器的供给能力 $Q = \pi D \times n_L \times B \times H \times \rho \times R \times 60$；$n_L = Q/(\pi D \times B \times H \times \rho \times R \times 60)$。

取 $Q = Q_{\max} = 160\text{t/h}, H = 150\text{mm}, R = 0.95$。

则驱动滚筒最大转速 $n_{L\max} = 160/(3.14 \times 0.325 \times 0.41 \times 0.15 \times 1.6 \times 0.95 \times 60) = 28(\text{r/min})$。

负载最大功率 $P_{L\max} = (T_L \times n_{L\max})/9\,550 = (700 \times 28)/9\,550 = 2.05(\text{kW})$。

电动机的额定功率 $P_{MN} \geqslant P_{L\max}$。

故供料器驱动电机 $P_{MN} = 2.2\text{kW}$。

电动机的额定转矩 $T_{MN} = (P_{MN} \times 9\,550)/1\,440 = 14.6(\text{N·m})$；$T_{MN}/T_{L\max} = 1/\lambda$。

总减速比 $\lambda = T_{L\max}/T_{MN} = 700/14.6 = 47.95$。

采用变频器 + 二级定减速比传动方式：$\lambda = \lambda_1 \times \lambda_2$。

选取 $\lambda_1 = 35$ 的定比减速器为第一级减速器，第二级减速采用皮带传动减速，则

$$\lambda_2 = \lambda/\lambda_1 = 47.95/35 = 1.37$$

即

$$d_2/d_1 = \lambda_2 = 1.37$$

再考虑皮带的包角、传递功率等因素。

取

$$d_1 = 140\text{mm}$$

则

$$d_2 = \lambda_2 \times 140 = 1.37 \times 140 = 191.8(\text{mm}) \approx 192\text{mm}$$

电动机最大转速 $n_{M\max} = n_{L\max} \times \lambda = 28 \times 48 = 1344(\text{r/min})$。

因为异步电动机 $n = 60f(1-s)/p$；$f_{\max} = n_{M\max} \times p/60(1-s) = 46(\text{Hz})$。

驱动电机的基本参数可确定为：

三相异步 4 极笼型电动机 $P_N = 2.2\text{kW}$，$f_N = 50\text{Hz}$。

一级减速比传动功率 $\geqslant 2.2\text{kW}$，减速比 35。

二级三角皮带传动功率 $\geqslant 2.2\text{kW}$，减速比 1.37。

总减速比 $\lambda = 48$。

$$Q = \pi D \times n_L \times B \times H \times \rho \times R \times 60$$

$$n_A = n_{MN}/\lambda$$

$$n_{MN} = 60f(1-s)/p = 60f \times 0.99/2 \approx 30f$$

$$n_L = f \times 30/48 = 0.625f$$

$$Q = \pi D \times n_L \times B \times H \times \rho \times R \times 60$$

$$= 3.14 \times 0.325 \times 0.41 \times 1.6 \times 0.95 \times 60 \times (30/48) \times H \times f$$

$$Q = 23.66Hf$$

即供料器的实际供给能力 Q 是关于频率 f 及料流高度（闸门开度）H 的函数。

对某一供料器在工作过程中，当料流高度 H 确定时，则供给能力 Q 就是关于频率 f 的正比例函数。通过改变频率 f 就可改变供给能力。故在供料器投入工作前，应设定变频器频率给出方式及功能参数并确定闸门开口高度。

1)变频器频率给定方式的设定

变频器是通过调节频率来调节电动机工作转速的,所谓变频器给定频率的方式,就是通过什么方法来调节变频器的输出频率,从而达到调节电动机工作转速的目的,通用变频器的给定频率设定方式通常有以下 4 种:①外接给定方式;②变频器操作面板给定方式;③预置给定方式;④通信给定方式。沥青混凝土拌和设备冷集料供料器变频器的频率给定方式,可以采用上面所介绍的任何一种方式。下面以第 1 种外接方式进行介绍。

对于任一品牌的变频器,都为用户提供了可以进行外接给定控制信号的输入端子。外接给定就是通过变频器的外接频率给定端子,引入模拟量频率给定信号(标准的电压信号 DC 0 ~ 10V,电流 DC 4 ~ 20mA)进行频率给定。引入电压模拟频率给定信号,称为外接电压频率给定控制,引入电流模拟频率给定信号,称为外接电流频率给定控制。

采用外接频率给定的沥青混凝土拌和设备,根据模拟信号的来源不同,可采用以下控制方式:

①PLC + D/A 模块 + 变频器:模拟信号来自 PLC D/A 模块输出端子。

②电位器 + 变频器:模拟信号来自拌和设备操作面板电位器。

在工业控制中,有些现场设备需要用模拟量信号控制,如变频器、电动阀门等执行机构需要用连续变化的模拟信号控制或驱动。

EM232D/A 转换模块就是将存储于 PLC 模拟量输出映象单元的数字量转换为模拟电压或电流信号,再去控制执行机构,以适应模拟量控制的要求。EM232 模拟量输出模块具有 2 个模拟量输出通道,每个输出通道占用 S7200PLC 模拟量输出映象区存储器 AQ 区域 2 个字节即 1 个字,如 AQW_0,AQW_2,用于存储 D/A 转换前待转换的二进制的数字量。该模块输出的模拟量可以是电压信号(– 10 ~ 10V),线性对应的数字量为十进制的 – 32000 ~ 32000。也可以是电流信号(0 ~ 20mA),线性对应的数字量为十进制的 0 ~ 32000,如图示 5-7 所示。

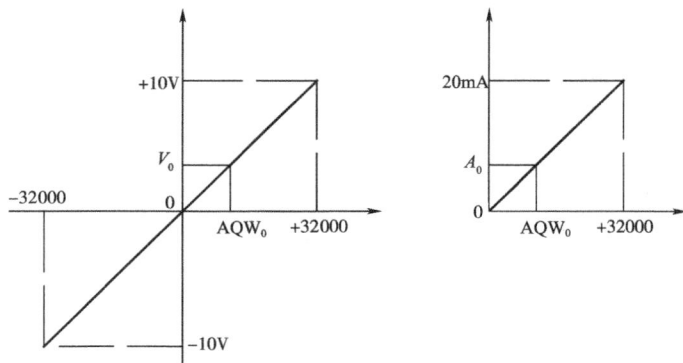

图 5-7 模拟量(电压或电流)与数字量的线性对应关系

电流输出:

$$I_o/20mA = AQW_0/32000$$

$$I_o = AQW_0 \times 20/32000$$

只要给存储器 AQW_0 1 个确定的值(0 ~ 32000),D/A 转换模块 EM232 便自动将这个数值按上述关系转换为相应的电流信号,由 I 输出。

电压输出:

$$V_o/10V = AQW_0/32000$$

$$V_o = (10/32\,000) \times AQW_0$$

当 AQW_0 中待转换数值在范围 $0 \sim 32000$ 时：$V_o = (+10/32000) \times |AQW_0|$

当 AQW_0 中待转换数值在范围 $-32000 \sim 0$ 时：$V_o = (-10/32000) \times |AQW_0|$

D/A 转换模块自动地将 AQW_0 中的数据按上述线性关系对应地转换成模拟量电压信号，由 V_o 输出。

冷集料供给系统外部接线图如图 5-8 所示。

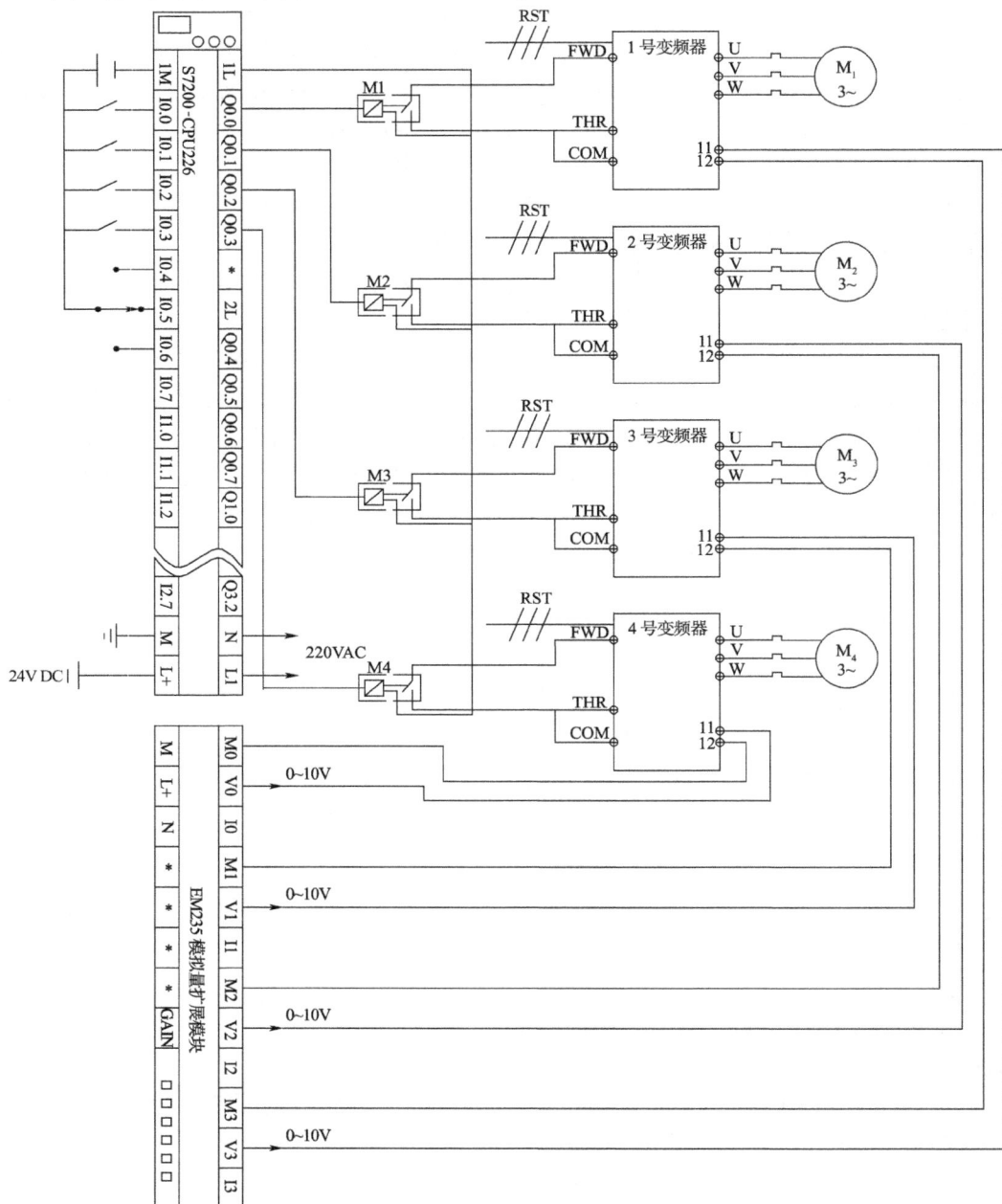

图 5-8　冷集料供给系统外部接线图

以 PLC S7-200 D/A 转换模块 EM232 输出的模拟量电压信号(DC 0~10V)作为变频器外接电压频率给定方式的控制信号为例,介绍沥青混合料拌和设备冷集料供料器供给能力调整的控制方法。

(1)通过工业 PC 用鼠标或键盘把 1 号~4 号供料器的供给设定值 Q 分别存储于 S7-200 变量存储器中,如存储于 VD0,VD04,VD08,VD12 之中。

(2)在设备实际使用中,首先根据供料器要求供给能力的设定值 $Q(t/h)$ 确定闸门开度 H。

(3)根据每个供料器的开度及供给能力,确定并将各自的最大供给能力(最高频率转速时的供给能力)Q_{1max}、Q_{2max}、Q_{3max}、Q_{4max},数值存储于 VD60、VD64、VD68、VD72 变量存储器中,最小供给能力为 $Q_{1min} = Q_{2min} = Q_{3min} = Q_{4min} = 0$,从而确定了供给能力与斜率之间的线性对应关系。

(4)通过 PLC 软件编程,将各工程单位值(设定值)线性对应地转换成 0~32000 范围内的数字量,并将该转换值存储于模拟量输出映象区 AQW 区域中作为待转换数据。对任一型号的沥青混合料拌和设备在实际工作中,对每个供料器的开度、变频器最大输出频率是一定的,最大供给能力 Q_{max} 也是一定的。如 4000 型沥青混合料拌和设备,在开度为 100% 全开时的 Q_{max} 为 160t/h。

$$(AQW_0)/32\,000 = (VD0)/(VD60)$$

$$(AQW_0) = 32\,000 \times (VD0)/(VD60) = (32\,000/160) \times (VD0) = 200 \times (VD0)$$

依据上式,通过 PLC 的软件编程就可实现由供给能力 $Q(t/h)$ 工程单位到数字量的转换,并作为待转换的数据存储于模拟量输出映象单元 AQW_0、AQW_2、AQW_4、AQW_6 之中。

(5)通过 D/A 转换模块 EM232 将 AQW_0、AQW_2、AQW_4、AQW_6 之中的待转换的数字量转换为模拟量 DC 0~10V 电压,并由 D/A 转换模块 EM232 的相应电压输出端子如 V0、M0 输出,实现供给能力 $Q(t/h)$ 到模拟电压 DC 0~10V 的转换。

通过上述软件编程转换为相应的数字量存于 AQW_0、AQW_2、AQW_4、AQW_6 中经 D/A 模块转换为 DC 0~10V 的电压,由 EM232 相应的端子输出,EM232 模拟电压输出端子与变频器外接电压频率给定端子相连。总之,通过对供料器闸门开度 H 确定相应的最大供给能力 Q_{max} 的设置,软件编程,经由 D/A 转换模块 EM232 就可以将供给能力线性地转换为 DC 0~10V 的电压,并由 EM232 模拟电压端子输出,作为变频器的外接电压频率给定信号。

2)变频器功能参数的设定

各种变频器都有许多可供用户选择的功能,用户在使用变频器前,必须根据生产设备的特点和要求,预先对相关的参数进行设定,从而实现预期的功能。而通用变频器的参数多至数百及至数千个,而对于某一具体用途,只需从多参数中选择其中几个或十几个进行设定,其他参数不必重新设定,用出厂设定值即可。

对于冷集料供给系统,所选择设定的功能参数较少,如下所述:

最低频率 f_{min} 的设置;

最高频率 f_{max} 的设置。

考虑变频器存在低频截止区,且电动机长期在低速区运转工作时,转矩特性及稳定性较差等原因,可设置供料器变频器最低工作频率为 10Hz,即 $f_{min} = 10Hz$;又因供料器驱动电动机采用普通的三相笼型异步电动机,电动机不宜长时间工作于太高转速,应对变频器最高工

作频率 f_{max} 的进行设置。

3）供料器料斗闸门高度的确定

由于 $Q = 23.66Hf$ ，即供给能力 Q 是关于料斗料流高度 H 及频率 f 的函数，可以看出，若改变供料能力 Q ，可以有以下几种方法：

当频率 f 不变时，通过改变料斗料流高度 H 即可改变供给能力 Q 。这种方法因操作不便且不够准确，控制难度较大，在实际应用中不宜采用。

当料斗料流高度 H 不变时，可通过改变频率 f 改变供料能力 Q 。这种方法便于操作，响应快、准确且易控制，在实际应用中得到广泛应用。

那么对某一供料器系统，如何根据供给能力的需求确定料斗料流高度 H 呢？

高度 H 的确定应依据下列因素：

（1）在所要求的供给能力下，尽可能地使驱动电动机长时间处于中高转速工况，即 $f = 35Hz$ 。

（2）一般情况下料流高度 H 不小于矿料粒径的 6 倍。由于石屑等细集料最大粒径为 5mm，所以 $H_{min} = 5 \times 6 = 30(mm)$ 。

（3）对于某 4000 型沥青混合料拌和设备，根据前面计算 $H_{max} = 150mm$ 。

例如：当 $f = 35Hz$ 时， $Q = 23.66Hf = 23.66H \times 35$ ，则 $H = Q/828(mm)$ ；

如果 $Q = 80(t/h)$ 时， $H = (80 \times 10^3)/828 = 96(mm)$ ；

$Q_{max} = 23.66Hf_{max} = 23.66 \times 50 \times Q/828 = 1.429Q$ ；

$Q_{min} = 23.66Hf_{min} = 23.66 \times 10 \times Q/828 = 0.2857Q$ ；

调节比 $= f_{max}/f_{min} = 1.429Q/0.2857Q = 5$ ；

$Q_A = Q_{min} = 23.66H_{min}f_{min} = 23.66 \times 0.03 \times 10 = 7(t/h)$ ；

$Q_B = 23.66H_{min}f_{35} = 23.66 \times 0.03 \times 35 = 25(t/h)$ ；

$Q_C = 23.66H_{max}f_{35} = 23.66 \times 0.15 \times 35 = 125(t/h)$ ；

$Q_D = 23.66H_{max}f_{max} = 23.66 \times 0.15 \times 50 = 175(t/h)$ ；

料流高度 H 根据供给能力 Q 来确定，如图 5-9 所示。

当 $Q < Q_A(Q_{min})$ 时，即 $Q < 7$ 时， $H < 30mm$ （一般不采用）；

当 $Q_A(Q_{min}) \leq Q < Q_B$ 时，即 $7 \leq Q < 25$ 时， $H = H_{min} = 30mm$ ；

当 $Q_B \leq Q < Q_C$ 时，即 $25 \leq Q < 125$ 时， $H = Q/828mm$ ；

当 $Q_C \leq Q < Q_D(Q_{max})$ 时，即 $125 \leq Q < 175$ 时， $H = H_{max} = 150mm$ 。

4）某一高度 H 下，最大供给能力的确定

当供料器料流高度 H 根据所需供给能力 Q 依据上述情况确定之后，就可确定对应相应闸门开度 H 和变频器的最高工作频率设定为 50Hz 时，供料器的最大供给能力 Q_{Hmax} ：

$$Q_{Hmax} = 23.66f_{max}H = 23.66 \times 50H = 1183H$$

5）料流高度为 H 时，供给能力与频率之间的关系确定（图 5-10）

（1）OA：通过软件编程确定供给能力与 D/A 模块转换数字量 N 之间的关系。

$N/32000 = Q/Q_{Hmax}$ ， $N = 32000Q/Q_{Hmax}$ ，将工程量单位供给能力 Q 转换为数字量并存储于 PLC 模拟量输出映象单元 AQ 区。

$Q:(0 \sim Q_{max}) \rightarrow N:(0 \sim 32000)$

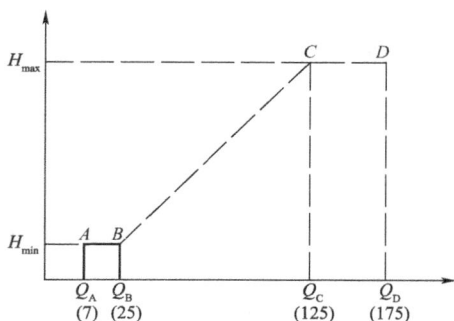

图 5-9 供料器料流高度与供料能力的关系

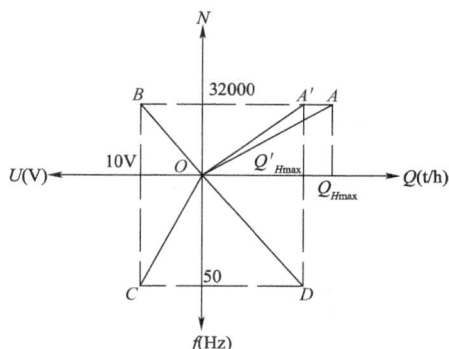

图 5-10 供料能力与频率的关系

（2）OB：通过 PLC D/A 转换模块 EM232 将 AQ 区的数字量 N 自动地将 AQW_0 中的数字量线性对应转换成直流电压信号 U，并由 D/A 转换端子向外输出，即：

$$N:(0 \sim 32\,000) \rightarrow U:(0 \sim 10V)$$

（3）OC：将 D/A 数模转换模块 EM232 相应端子输出的模拟电信号作为变频器的频率给定信号。

通过对变频器的设定：给定方式为外控电压（0～10V），功能参数：$f_{min} = 10Hz$，$f_{max} = 50Hz$，U 与 f 的对应关系为 $V/10 = f/f_{max}$，$V = 10f/f_{max} = f/5$。

通过以上 3 步可以看出，供料器在供给能力为 Q、料流高度为 H 时，通过 PLC 软件编程及 D/A 转换，并对变频器进行相应的设定之后，拖动电动机就会与供给能力 Q 相对应的工作频率下工作，满足供给能力 Q 的要求。

（4）OD：供料器的实际供给能力 Q' 与频率 f 的关系。

供料器运行工作时，经现场检测，供料器实际供给能力 Q' 与设定能力 Q 会存在一定的偏差。主要是料流高度等因素无法准确调定，导致 Q_{Hmax} 不准，使 A' 点偏离 A 点。

6）供料的实际供给能力校验与重新标定

如何使实际供给能力与设定供给能力一致，应根据实际检测的 Q'_H 值确定开度为 H 时对应的最大值 Q'_{Hmax}。对 PLC 编程软件中用于存储最大供给能力的变量存储单元的内容，应重新标定为 Q'_{Hmax}，即重新标定后将 OA 段调整为 OA'，这样设定值 Q 与实际值 Q' 一致。

具体方法是：分别对供料器的实际供给能力 Q' 进行实测。在某一频率 f 转速下，某时间段 t（s）内，测得的实际重量 m（kg），则实际供给能力 $Q' = 3.6m/t$（t/h）

在相同的时间间隔 t 内，至少检测两次。如检测 3 次则：

$$Q' = \left(\frac{3.6m_1}{t} + \frac{3.6m_2}{t} + \frac{3.6m_3}{t} \right) \times \frac{1}{3} = \frac{3.6}{3t} \times (m_1 + m_2 + m_3)$$

根据 Q' 可以求出开度为 H 时，最高转速所对应的最大供给能力 Q'_{Hmax} 为：

$$Q'_{H_{max}} = \frac{f_{max}}{f} \times Q' = \frac{3.6f_{max}}{3ft} \times (m_1 + m_2 + m_3)$$

对每个供料器分别求出各自的最大供给能力 Q'_{H1max}、Q'_{H2max}、Q'_{H3max}、Q'_{H4max}。

将变量存储器 VD60、VD64、VD68、VD72 的内容重新标定为 Q'_{H1max}、Q'_{H2max}、Q'_{H3max}、

$Q'_{H4\max}$，即将 OA 段重新修定为 OA'。这样，实际供给能力 Q' 就能与设定值 Q 保持一致。通过改变设定值，即可改变实际供给能力。

二、冷集料供给系统供料的工作模式

根据拌和设备工作过程中的实际要求，各供料器的工作模式可分为：自动工作模式、继续工作模式、停止工作模式 3 种。它是通过 1 个三位主令开关作为 PLC 输入信号控制端子，通过对 PLC 进行软件编程，实现 3 种工作模式的选定及转换，如图 5-11 所示。

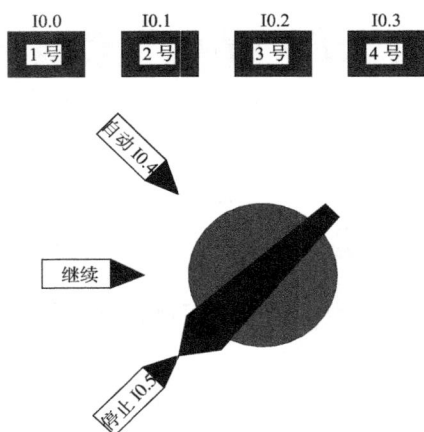

图 5-11　供料器工作模式操作面板

I0.4 = 1 时，自动工作模式；

I0.5 = 1 时，停止工作模式；

I0.4 = 0 与 I0.5 = 0 时，继续工作模式。

1. 自动工作模式下的工作要求

（1）自动模式下的自动启动、停止。

顺序启动：首先在停止位，根据实际情况对供料器的要求，将供料器的转速（供给能力）进行设置。对供料能力的设置就是对需投入工作的供料器的选定。其次在停止位，根据实际生产情况对供料器的要求，将工作批次（生产量即生产混合料吨数）进行设置。当工作模式开关转换至自动位时，已设置供给能力的供料器，PLC 通过运行自动启动控制程序，将按顺序自动启动。

顺序停止：在自动工作模式下，实际生产混合料数量达到预约批次（预约生产量）时，控制系统将自动运行停止控制程序，使各供料器按要求顺序停止。当实际生产量未达到预约产量时，将工作模式开关由自动位转换至停止位时，各供料器将同时停止。

（2）各供料器在自动位工作时，操作单按钮开关（I0.0,I0.1,I0.2,I0.3）对各供料器工作状态干涉无效。

（3）当工作模式开关置于停止位或自动位时，可切换目标配合比；置于继续位时，不能切换。

（4）置于自动位时，各供料器的供给能力可通过增减按钮分别进行增减调整控制。由于设备刚启动时，冷料的供给量与热料仓的下料量会出现供需不平衡，使热集料储仓出现缺料或溢料现象，不能使设备连续生产。故需对相应的供料器的供给能力进行微调，使之达到平衡，保证生产连续进行。按需要可单独对各个供料器的供给能力进行微调。

（5）各供料器在自动工作模式下工作时，只有以下制约条件同时满足，供料器方可自动启动或工作，否则，供料器将无法自动启动或停止工作并发出声光警报，保证设备整体运行的安全性和可靠性。

燃烧系统的制约条件：

①燃油泵工作状态：当燃油泵停止时，供料器自动停止工作。

②火焰检测器：当燃烧器熄火时，供料器自动停止工作。

③排气温度制约条件：当排气温度过低（小于90℃）时或排气温度过高（大于240℃）时，

供料器将自动停止供料。

④集料皮带输送机的工作状况：只有当集料皮带机在工作状况下，各供料器在自动工作模式下方可自动启动或工作，否则将无法启动或工作。

⑤供料器在自动模式下工作时，必须首先对生产批量（混合料生产吨数）提前进行预约设置。否则供料器将无法自动启动或工作。当实际生产量达到预约产量时，供料器将自动按顺序停止工作。

⑥紧急按钮急停开关状态：当急停开关按下时，各供料器同时停止工作。

2. 继续工作模式下的功能要求

当供料器的工作模式在自动模式与连续模式之间相互转换，以及由自动工作位转换至继续工作位时，各供料器的工作状态（工作转速、启停状态）都与转换前原工作模式相同，是前一个工作模式的继续；当由继续工作位转换至自动工作位时，按自动工作设置要求工作。连续模式主要用于设备调试、检修工况，可方便地启动或停止任一供料器。由于此时无任一制约条件限制，安全可靠性得不到保障，故设备正常生产时，应将工作模式开关置于自动位在自动模式下进行生产。

（1）可对各供料器的转速单一进行增减控制，也可按目标配合比的比例统一进行增减控制。

（2）可通过单按钮选择开关（I0.0，I0.1，I0.2，I0.3），分别对各供料器进行启停控制。

（3）不受燃烧器工作状态、排气温度、集料皮带机、预约批量等条件的制约。

（4）在将工作模式开关置于连续位之前，各供料器的供给能力已完成预约设置，选择由停止位转换连续位，再通过单按钮选择开关（I0.0，I0.1，I0.2，I0.3），分别启动相应的供料器。在连续位工作时，停止各供料器有两种方式：一种方式是将工作模式开关由继续位转换到停止位，则各供料器同时停止；另一种方式是使用单按钮启停按钮的控制，停止各供料器工作。

三、冷集料供给系统的设计实例

1. 外部接线图

外部接线图参见图5-8。

2. 冷集料供给系统工作模式控制

自动工作模式顺序功能图如图5-12所示。

3. 内存变量分配表

为了便于编制程序和修改程序，需要建立输出与内存变量分配表，如表5-1所示。

内存变量分配表

表5-1

序号	名　称	地　址	注　释	序号	名　称	地　址	注　释
1	1号供料器启停控制	I0.0	按钮	6	停止工作位	I0.5	三挡开关、触点
2	2号供料器启停控制	I0.1	按钮	7	紧急状态	I0.6	按钮
3	3号供料器启停控制	I0.2	按钮	8	油泵工作状态	M1.0	BOOL
4	4号供料器启停控制	I0.3	按钮	9	火焰状态	M1.1	BOOL
5	自动工作位	I0.4	三挡开关、触点	10	集料皮带状态	M1.2	BOOL

续上表

序号	名　　称	地　址	注　释	序号	名　　称	地　址	注　释
11	自动工作满足条件	M1.3	BOOL	19	顺序停止间隔时间	T40	定时器
12	排气温度设定值	VD80	内部变量寄存器	20	顺序停止间隔时间	T41	定时器
13	排气温度实际值	VD84	内部变量寄存器	21	顺序停止间隔时间	T42	定时器
14	生产批量设定值	VD88	内部变量寄存器	22	1 号供料器输出端子	Q0.0	中间继电器
15	生产量累计	VD92	内部变量寄存器	23	2 号供料器输出端子	Q0.1	中间继电器
16	顺序启动间隔时间	T37	定时器	24	3 号供料器输出端子	Q0.2	中间继电器
17	顺序启动间隔时间	T38	定时器	25	4 号供料器输出端子	Q0.3	中间继电器
18	顺序启动间隔时间	T39	定时器				

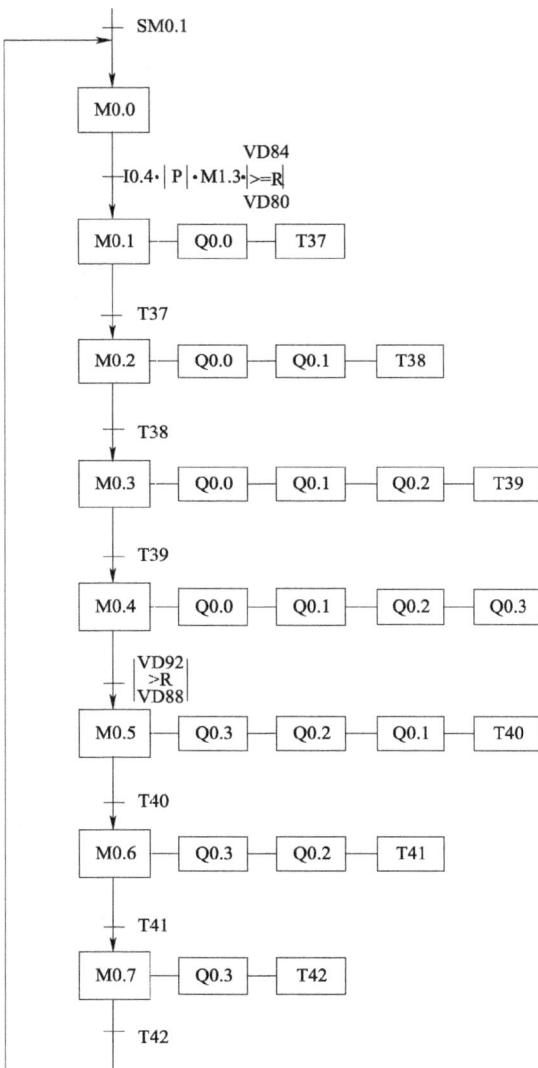

图 5-12　自动控制模式顺序功能

注:

1. PLC 首次扫描时 SM0.1 = 1,SM0.1 只 on(置位或导通)一个扫描周期,将 M0.0 置位,即 M0.0 = 1。当工作模式开关置自动位上跳变时,约束条件满足要求即 M1.3 = 1,且未达到批量即(VD92)≤(VD88)时,转换条件满足,进行下一步,M0.1 置位 M0.1 = 1,M0.0 复位 M0.0 = 0。
M0.1 = 1 时,Q0.3 = 1,T37 开始定时,1 号供料器启动。

2. 当定时时间到,T37 = 1 时,转换条件满足,进行下一步,M0.2 置位 M0.2 = 1,M0.1 复位 M0.1 = 0。当 M0.2 = 1 且 M0.1 = 0 时,Q0.2 = 1,Q0.3 = 1,T38 开始定时,2 号供料器开始启动,1 号、2 号供料器同时工作。

3. 当定时时间到,T38 = 1 时,转换条件满足,进行下一步,M0.3 置位 M0.3 = 1,M0.2 复位 M0.2 = 0。当 M0.3 = 1 且 M0.2 = 0 时,Q0.1 = 1,Q0.2 = 1,Q0.3 = 1,T39 开始定时,3 号供料器开始启动,1 号、2 号、3 号供料器同时工作。

4. 当 T39 定时时间到,T39 = 1 时,转换条件满足,进行下一步,M0.4 置位 M0.4 = 1,M0.3 复位 M0.3 = 0。当 M0.4 = 1 且 M0.3 = 0 时,Q0.0 = 1,Q0.1 = 1,Q0.2 = 1,Q0.3 = 1,4 号供料器开始启动,1 号、2 号、3 号、4 号供料器同时工作。顺序启动结束。

5. 实际生产混合料累计量达到生产批量设定值时,即(VD92)>(VD88)时,转换条件满足,进行下一步,M0.5 置位、M0.4 复位。M0.5 = 1,M0.4 = 0,Q0.0 = 0,Q0.1 = 1,Q0.2 = 1,Q0.3 = 1,T40 定时开始,1 号供料器停止工作。

6. 当 T40 定时时间到,T40 = 1 时,转换条件满足,进行下一步,M0.6 置位 M0.6 = 1,M0.5 = 0 复位 M0.5 = 0,当 M0.6 = 1 且 M0.5 = 0 时,Q0.0 = 0,Q0.1 = 0,Q0.2 = 1,Q0.3 = 1,T41 定时开始,2 号供料器停止工作。

7. 当 T41 定时时间到,T41 = 1 时,转换条件满足,进行下一步,M0.7 置位 M0.7 = 1,M0.6 = 0 复位 M0.6 = 0,当 M0.7 = 1,M0.6 = 0 时,Q0.0 = 0,Q0.1 = 0,Q0.2 = 0,Q0.3 = 1,T42 定时开始,3 号供料器停止工作。

8. 当 T42 定时时间到,T42 = 1 时,转换条件满足,进行下一步,M0.0 置位 M0.0 = 1,M0.7 = 0 复位 M0.7 = 0,当 M0.0 = 1 且 M0.7 = 0 时,Q0.0 = 0,Q0.1 = 0,Q0.2 = 0,Q0.3 = 0,1 号供料器停止工作。顺序停止结束。

4. 梯形图及功能解释(图 5-13)

按照自动工作模式和继续工作模式的功能要求,将程序设计为"自动"和"继续"两个子程序,由主程序根据模式开关给定的条件进行调取。程序梯形图如图 5-13 所示。

主程序:

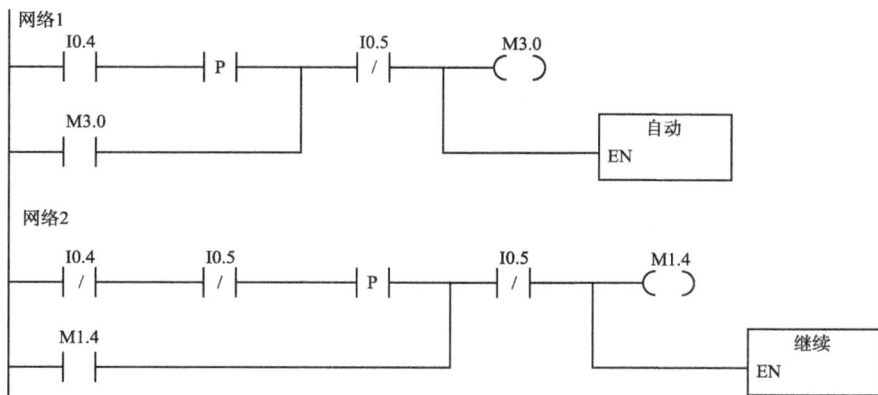

"自动"子程序:

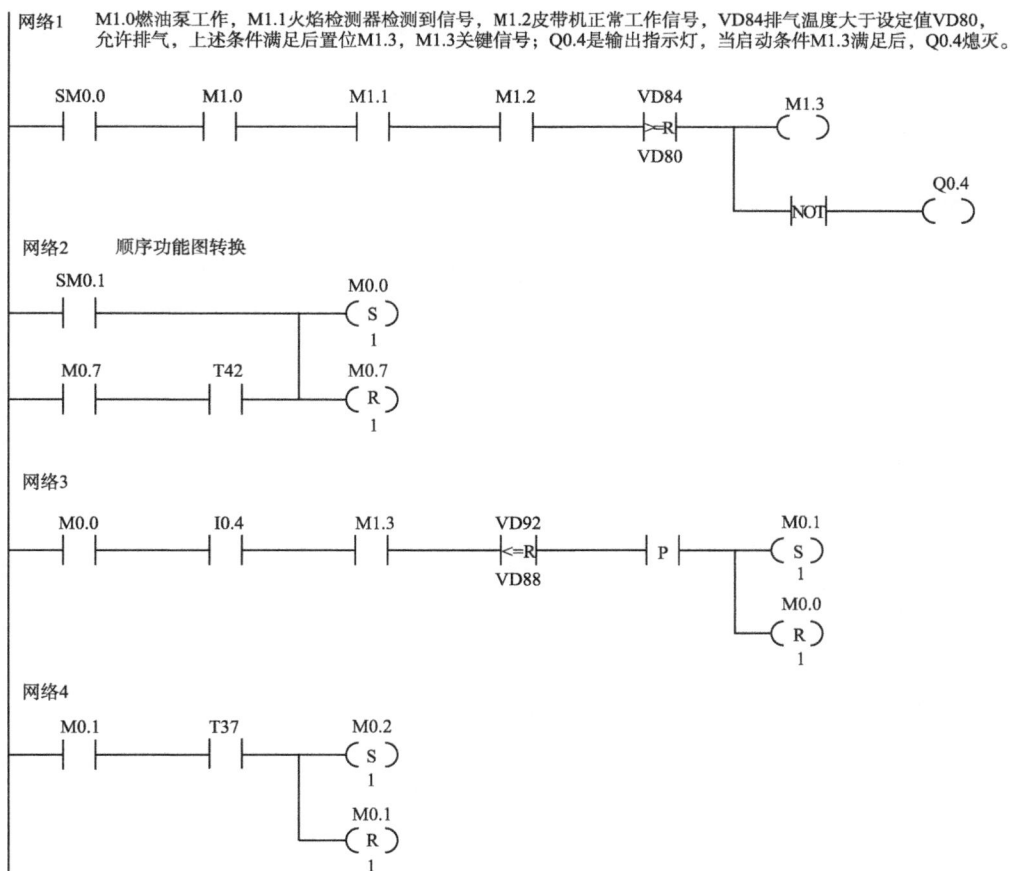

图 5-13

注:

1. 当约束条件不满足 M1.3 = 0 时，Q0.4 = 1，指示灯亮。当约束条件满足 M1.3 = 1 时，Q0.4 = 0，指示灯熄灭。

2. 燃油泵工作时 M1.0 = 1，燃烧器着火 M1.1 = 1，集料皮带机工作 M1.2 = 1，排气温度在正常范围内，实际温度值（VD84）不低于排气温度的最低设定值（VD80）时，约束条件 M1.3 = 1。

3. T37、T38、T39 为顺序启动时间间隔定时器 5s，T40、T41、T42 为顺序停止时间间隔定时器 5s。

4. PLC 首次扫描 SM0.1on 一个扫描周期 SM0.1 = 1，将 M0.0 置位 M0.0 = 1。

5. 约束条件 M1.3 = 1，混合料实际生产量（VD92）小于生产批量设定值（VD88）时，工作模式开关置自动位 I0.4 = 1 上跳变时，M0.1 置位，M0.0 复位，M0.1 = 1，M0.0 = 0，1号供料器启动。

6. M0.1 = 1，T37 定时时间到 T37 = 1 时 M0.2 置位，M0.1 复位，M0.2 = 1，M0.1 = 0，2号供料器启动。

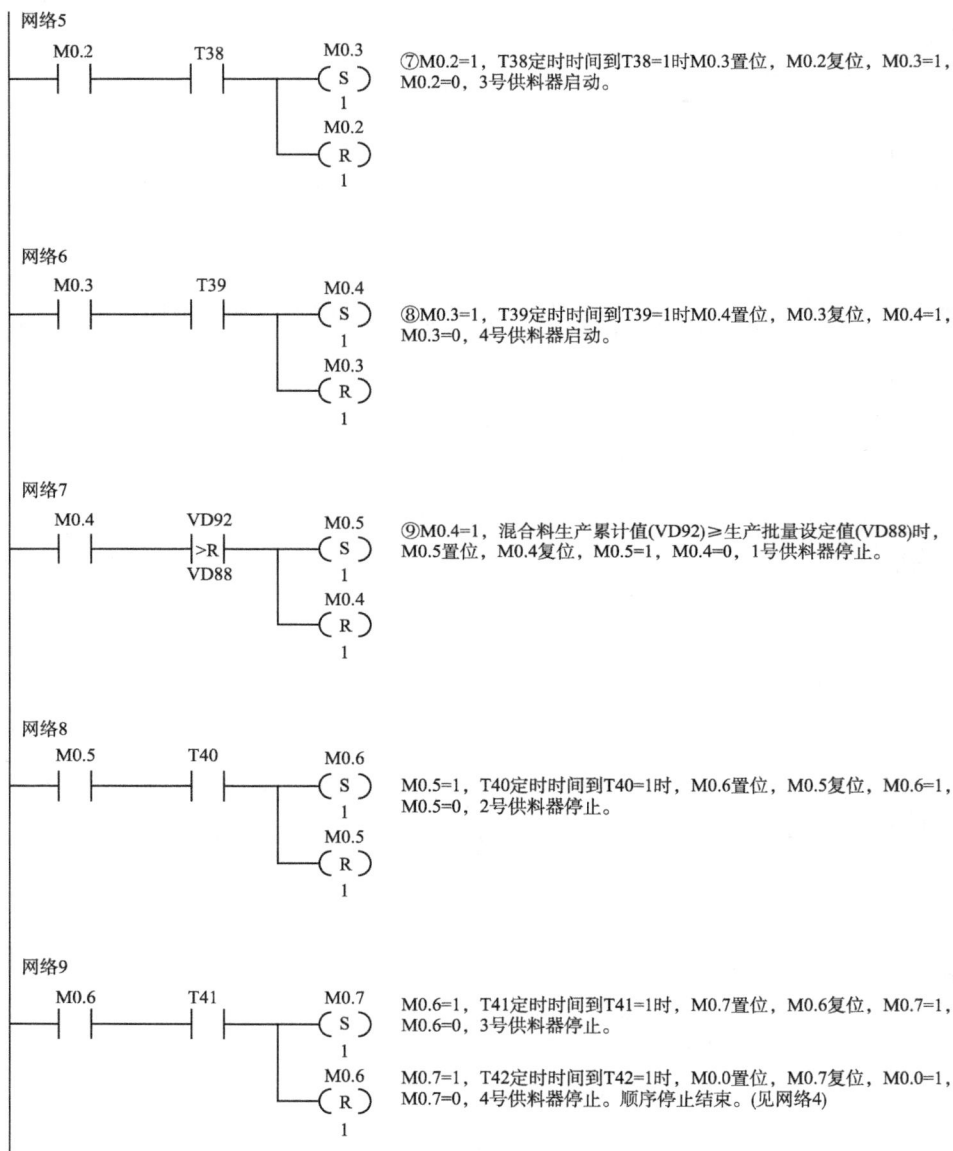

网络5

⑦M0.2=1，T38定时时间到T38=1时M0.3置位，M0.2复位，M0.3=1，M0.2=0，3号供料器启动。

网络6

⑧M0.3=1，T39定时时间到T39=1时M0.4置位，M0.3复位，M0.4=1，M0.3=0，4号供料器启动。

网络7

⑨M0.4=1，混合料生产累计值(VD92)≥生产批量设定值(VD88)时，M0.5置位，M0.4复位，M0.5=1，M0.4=0，1号供料器停止。

网络8

M0.5=1，T40定时时间到T40=1时，M0.6置位，M0.5复位，M0.6=1，M0.5=0，2号供料器停止。

网络9

M0.6=1，T41定时时间到T41=1时，M0.7置位，M0.6复位，M0.7=1，M0.6=0，3号供料器停止。

M0.7=1，T42定时时间到T42=1时，M0.0置位，M0.7复位，M0.0=1，M0.7=0，4号供料器停止。顺序停止结束。（见网络4）

图 5-13

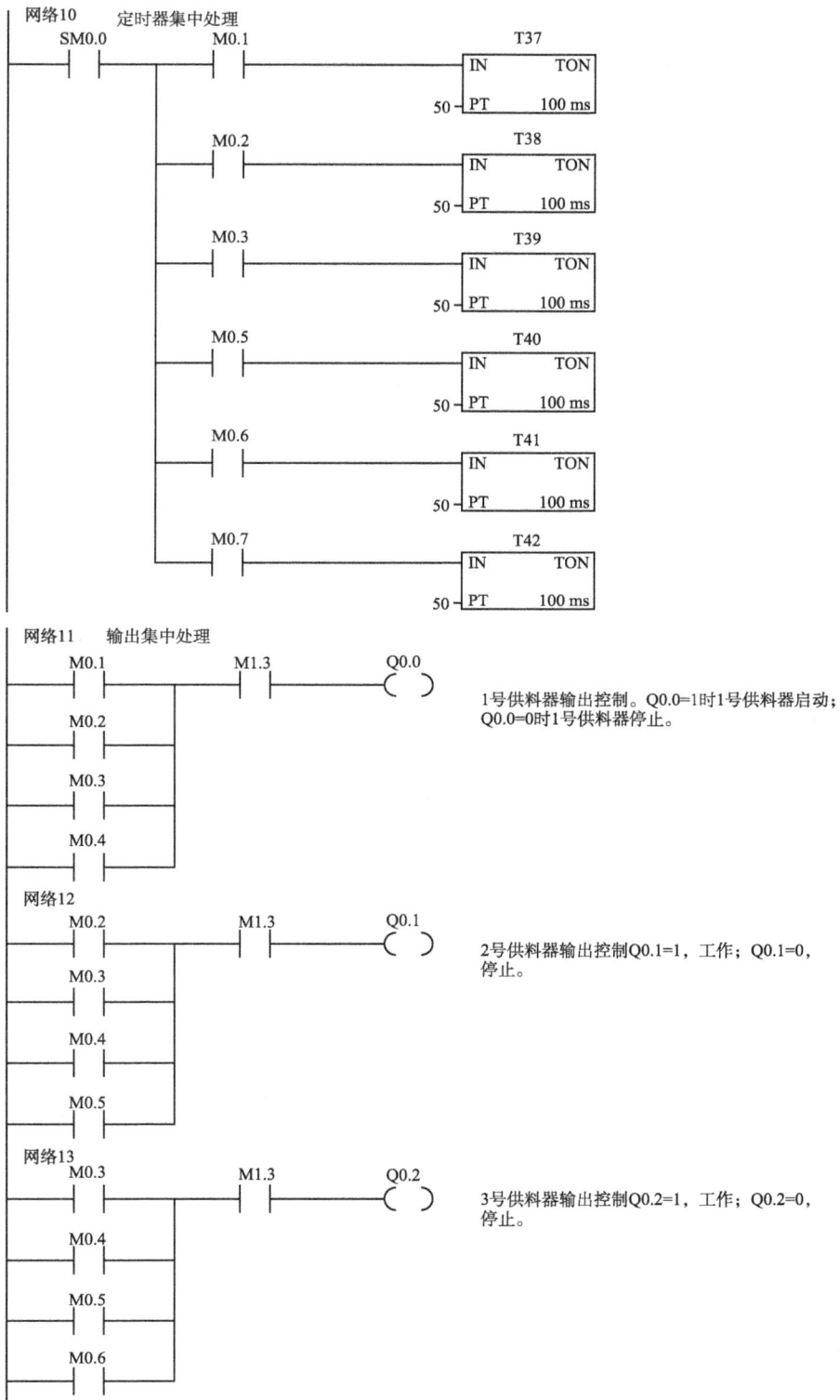

网络10　　定时器集中处理

SM0.0　　　　　M0.1　　　　　　　　　　　　　　T37
├──┤├──────┤├─────────────┤IN　　　TON│
　　　　　　　　　　　　　　　　　　　　50─┤PT　　100 ms│

　　　　　　　　M0.2　　　　　　　　　　　　　　T38
　　　　　　├──┤├─────────────┤IN　　　TON│
　　　　　　　　　　　　　　　　　　　　50─┤PT　　100 ms│

　　　　　　　　M0.3　　　　　　　　　　　　　　T39
　　　　　　├──┤├─────────────┤IN　　　TON│
　　　　　　　　　　　　　　　　　　　　50─┤PT　　100 ms│

　　　　　　　　M0.5　　　　　　　　　　　　　　T40
　　　　　　├──┤├─────────────┤IN　　　TON│
　　　　　　　　　　　　　　　　　　　　50─┤PT　　100 ms│

　　　　　　　　M0.6　　　　　　　　　　　　　　T41
　　　　　　├──┤├─────────────┤IN　　　TON│
　　　　　　　　　　　　　　　　　　　　50─┤PT　　100 ms│

　　　　　　　　M0.7　　　　　　　　　　　　　　T42
　　　　　　└──┤├─────────────┤IN　　　TON│
　　　　　　　　　　　　　　　　　　　　50─┤PT　　100 ms│

网络11　　输出集中处理

M0.1　　　　　　　　M1.3　　　　Q0.0
├──┤├──┬────────┤├──────( )
M0.2　　　│
├──┤├──┤
M0.3　　　│
├──┤├──┤
M0.4　　　│
└──┤├──┘

1号供料器输出控制。Q0.0=1时1号供料器启动；Q0.0=0时1号供料器停止。

网络12

M0.2　　　　　　　　M1.3　　　　Q0.1
├──┤├──┬────────┤├──────( )
M0.3　　　│
├──┤├──┤
M0.4　　　│
├──┤├──┤
M0.5　　　│
└──┤├──┘

2号供料器输出控制Q0.1=1，工作；Q0.1=0，停止。

网络13

M0.3　　　　　　　　M1.3　　　　Q0.2
├──┤├──┬────────┤├──────( )
M0.4　　　│
├──┤├──┤
M0.5　　　│
├──┤├──┤
M0.6　　　│
└──┤├──┘

3号供料器输出控制Q0.2=1，工作；Q0.2=0，停止。

图　5-13

网络14

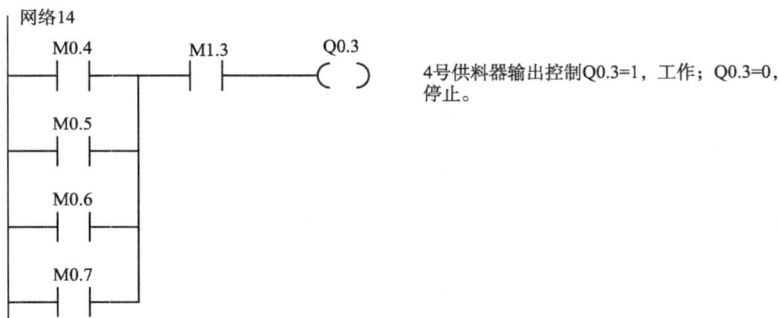

4号供料器输出控制Q0.3=1，工作；Q0.3=0，停止。

"继续"子程序：

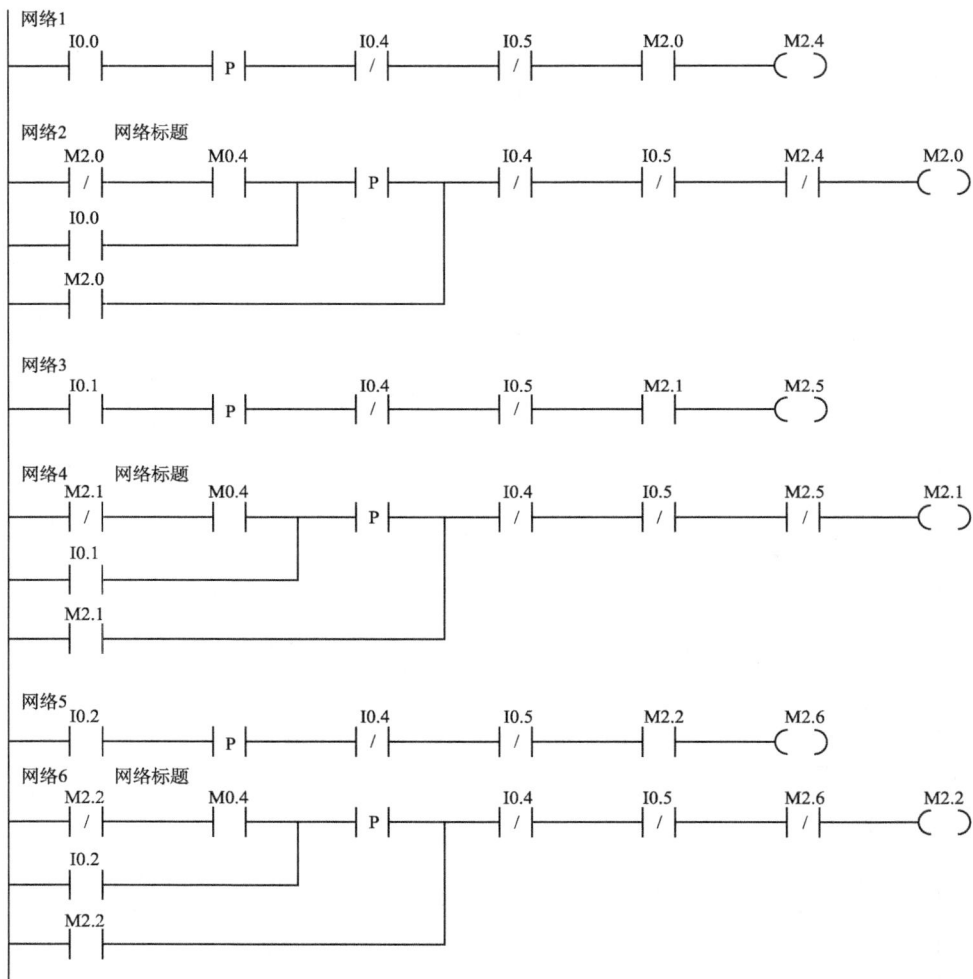

图 5-13

注：

1. 当各供料器在连续位工作时，通过操作单按钮启停开关 I0.0 ~ I0.3，就可以控制 M2.0 ~ M2.3 的状态从而控制 1 号 ~4 号供料器的启停。

2. 当工作模式为自动位转换至继续位工作时，由于在转换过程中 M0.4 = 1，无论 M2.0 ~ M2.3 的状态如何，都使 M2.0 ~ M2.3 状态为 1，从而转换后，在继续位 1 号 ~4 号供料器工作状态都可以转换前自动位工作时的状态相同。

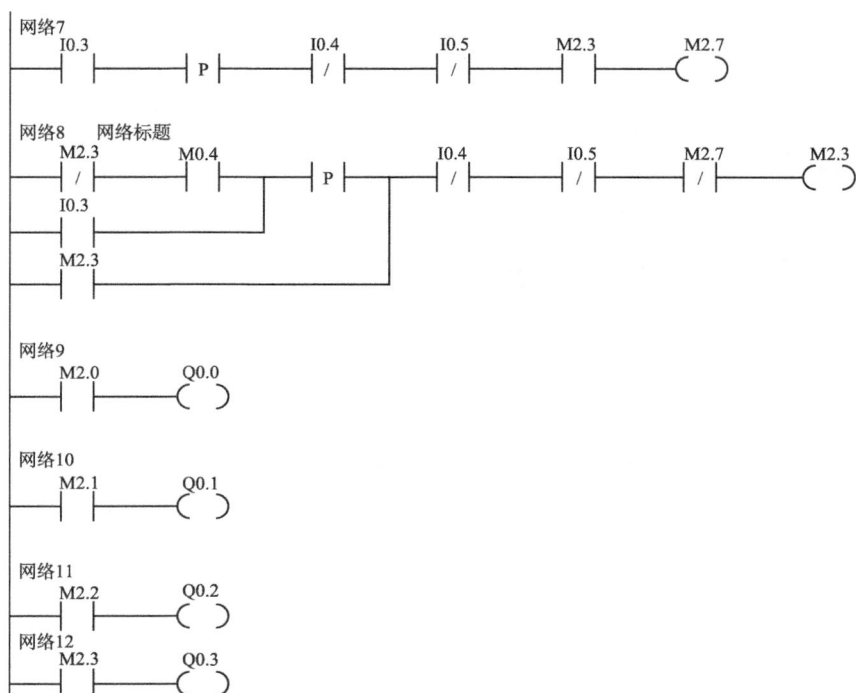

图 5-13　冷集料供给系统 PLC 梯形图

四、供料器供给能力数模转换(D/A)输出控制

(1)数模转换器(D/A)采用西门子 EM232,首先将工程单位(供给能力)转换为数字量(N)并存储于相应的模拟量输出映象单元,如 AQW$_0$ 中。如图 5-14,对应关系如下:

$$(AQW_0)/32000 = Q/Q_{max} = (VD40)/(VD60)$$
$$(AQW_0) = 32000 \times (VD40)/(VD60)$$

通过对 PLC 进行软件编程确定上述关系。软件运行时,按上述关系将 VD40 中的工程单位转换为数字量,并存储于 AQW$_0$ 中。

(2)D/A 转换模块采用西门子 EM232,模拟量输出映象区为 AQW$_0$。存储数字量范围为 0~32000,对应输出电信号为 0~10V 直流电压信号,对应关系如下:

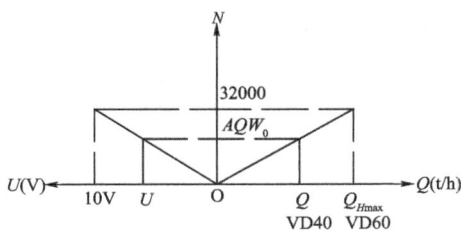

图 5-14　供给能力、数字量与模拟量输出映象单元的关系

$$U/10 = (AQW_0)/32000, U = 10 \times (AQW_0)/32000$$

PLC 运行时,EM232 D/A 转换模块自动地将 AQW$_0$ 中的数字量按上述对应关系转换为 0~10V直流电压信号,并由 EM232 相应地从输出端子输出,用于变频器的频率给定信号。D/A 转换模块西门子 EM232 工作梯形图如图 5-15 所示。

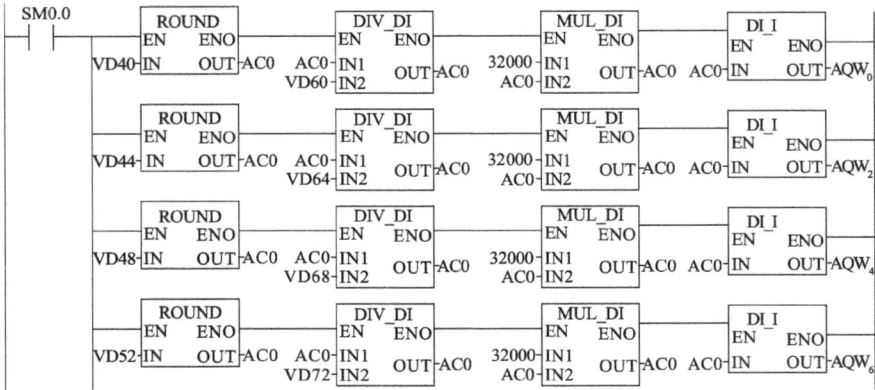

图 5-15 D/A 转换模块西门子 EM232 工作梯形图

注：
1. VD40～VD52：分别存储 1 号、2 号、3 号、4 号供料器供给能力。
2. VD60～VD72：分别存储最高转速时 1 号、2 号、3 号、4 号供料器的最大供给能力。
3. AQW0～AQW6：1 号、2 号、3 号、4 号供料器进行 D/A 转换时模拟量输出映象系统。

五、冷集料料流检测报警控制

当供料器工作时，冷集料斗内的矿料就会被供料皮带由斗的下部出料口拉出。但由于某些原因，如冷集料斗空料（无料），细集料（石屑、机制砂）在斗内膨拱或出料口被异物卡塞，均不能使冷集料从斗内拉出，即出现料流中断，皮带空称，影响冷集料初级配，进而影响级配精度。由于冷集料供给系统距离操作控制室较远，操作者不易直接目视，所以冷集料供给系统应具有料流检测功能，便于操作者及时发现料流断流并采取相应的措施，自动启动破拱振动器或由操作人员通知装载机上料，及时恢复中断料流。

通常情况下，可采取在每个冷集料斗出口处安装 1 个行程开关来检测料流。当供料器皮带上无料时，行程开关处于断开状态；当供料器皮带上有料流通过时，物料作用于行程开关的执行元件（料拍），使行程开关处于接通状态。在操作面板上设有 1 个二位开关，用于振动器的自动起振与停止（Auto/Stop）。

（1）外部端子接线图，如图 5-16 所示。

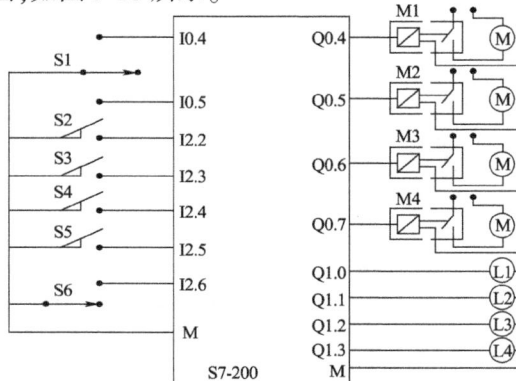

图 5-16 冷集料料流检测报警控制接线图

S1-冷集料供料器工作模式选择开关；S2～S5-料流检测行程开关；S6-振动器自动起振与停止开关；L1～L2-指示灯；M1～M4-振动器控制继电器

（2）内存变量分配如表5-2所示。

内存变量分配表 表5-2

序 号	名 称	地 址	注 释
1	1号料流检测	I2.2	行程开关。有I2.2=1，无I2.2=0
2	2号料流检测	I2.3	行程开关。有I2.3=1，无I2.3=0
3	3号料流检测	I2.4	行程开关。有I2.4=1，无I2.4=0
4	4号料流检测	I2.5	行程开关。有I2.5=1，无I2.5=0
5	振动器选择开关	I2.6	I2.6=1自动起振，I2.6=0停振
6	1号振动器	Q0.4	Q0.4=1时起振，Q0.4=时停振
7	2号振动器	Q0.5	Q0.5=1时起振，Q0.5=时停振
8	3号振动器	Q0.6	Q0.6=1时起振，Q0.6=时停振
9	4号振动器	Q0.7	Q0.7=1时起振，Q0.7=时停振
10	1号指示灯	Q1.0	指示灯
11	2号指示灯	Q1.1	指示灯
12	3号指示灯	Q1.2	指示灯
13	4号指示灯	Q1.3	指示灯
14		I0.4	冷集料自动工作位
15	1号手动方式标志	M2.0	
16	2号手动方式标志	M2.1	
17	3号手动方式标志	M2.2	
18	4号手动方式标志	M2.3	

（3）通过对PLC进行软件编程，实现以上功能，梯形图如图5-17所示（以1号供料器为例）。

供料器供给能力已进行设置，（VD40）大于0时，供料器工作于自动模式下I0.4=1或工作于连续模式下M2.0=1。

当供料皮带无料流时，行程开关S2断开，I2.2=0，Q1.0=1指示灯L1亮，引起操作人员注意。

振动器开关选择自动启振时I2.6=1，若供料器皮带无料，在定时间T54与T55作用下，Q0.4会有间断导通（图5-18），振动器将自动间歇工作。

定时器T54作用：初次供料或料流短时中断，供料皮带上无料，行程开关此时断开I2.2=0，振动器不工作，断流超过5s，振动器将间歇工作，停振时间为5s。

定时器T55作用：决定振动器每次工作时间。经过振动器振动破拱之后，料流恢复，I2.2=1振动器将自动停振，指示灯熄灭，表示破拱成功。

经间歇振动之后，料流仍未恢复，应将振动器选择开关置停止位I2.6=0，停止振动器工作，但Q1.0=1指示灯仍亮，指示操作人员现场查看情况是否空料、堵塞还是破拱未成功，采取相应措施，尽快恢复料流。

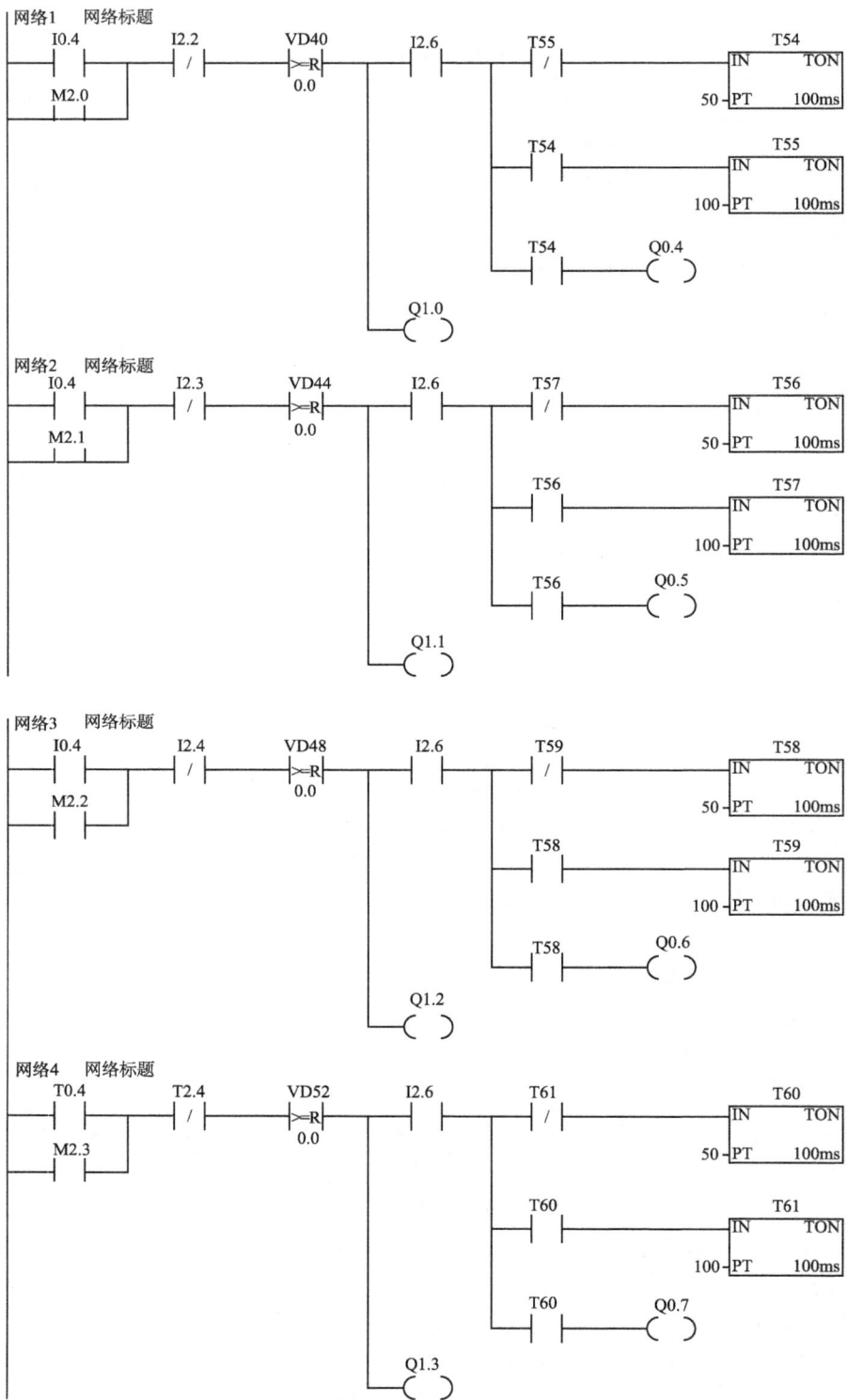

图 5-17　冷集料料流检测报警控制 PLC 梯形图

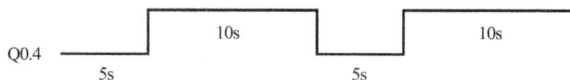

图 5-18　Q0.4 间断导通

第四节　干燥燃烧器自动控制系统

燃烧器主要由以下几部分组成:反应燃烧室、鼓风机、喷嘴、燃油供给装置、丙烷气点火装置、电点火装置、火焰控制装置、鼓风检测装置及燃油空气比例控制机构等。

下面以机械式雾化燃烧器为例,简要说明燃烧器的工作原理及自动控制过程。

燃油供给系统(图 5-19)主要由燃料油滤清器、流量表、电磁阀、喷油泵、燃烧器本体、回油阀等组成。

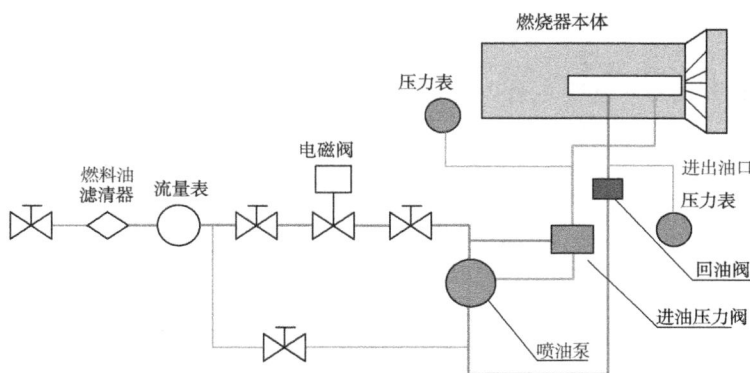

图 5-19　燃烧器油路系统原理图

图中高压油部分,压力达 2.1 ~ 2.4MPa,保证燃油的充分雾化。回油调节部分,根据燃烧量的不同,压力在 0.3 ~ 1.5MPa 间调节。

一、干燥燃烧器自动控制系统组成

对干燥燃烧器的基本要求:具有远距离电子点火功能,二级点火,并能按设定的参数调整火焰的强度,便于对矿料加热温度进行控制,能够监控燃烧状态。干燥燃烧器自动控制系统结构组成如图 5-20 所示。

1. 点火控制系统

点火控制系统主要由点火电极、点火变压器、点火电磁阀、丙烷电磁阀组成。

点火控制系统功能:按一定点火时序分别控制点火电磁阀、丙烷电磁阀、燃油泵、风油连动调节电机执行器的输出,最终达到将燃油点火燃烧的目的,同时受风油调节机构最高限位、最低限位、火焰监测条件的限制,任一条件出现故障将停止点火。点火时序是 PLC 可编程控制器中操作燃烧器启动、运转、停止的定时程序,并受工业计算机(来自操作人员)的控制。点火时序图如图 5-21 所示。

点火过程:沥青混合料拌和设备启动,系统设置初始工作参数;燃烧器启动,点火电磁阀得电工作,工作时间为 T5;点火电磁阀工作后延时 T1,丙烷电磁阀工作,工作时间 T4;丙烷电磁阀工作后延时 T2，燃油泵开始工作；燃油泵开始工作后，风油调节机构开始工作；经几次预热开度后转入正常基准开度工作，点火过程结束。

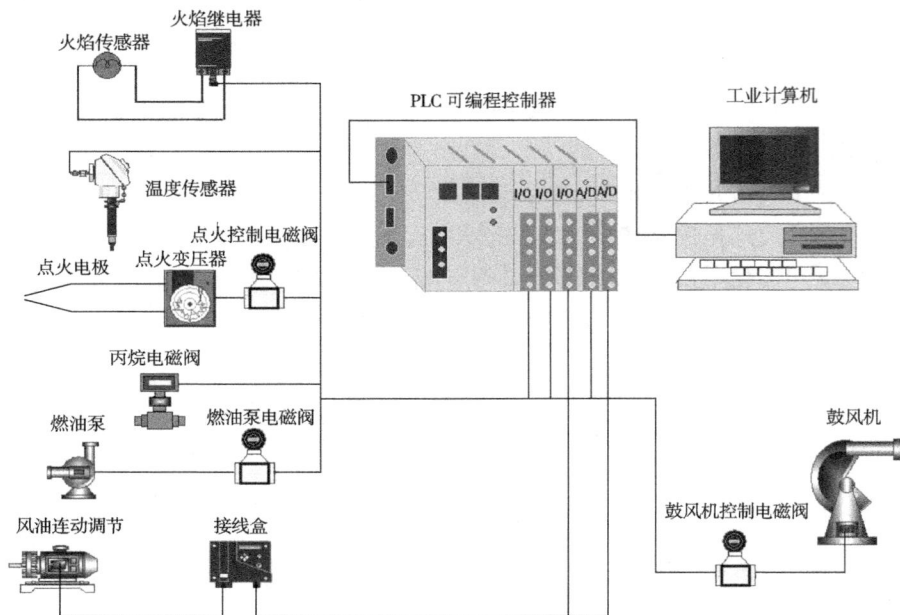

图 5-20 干燥燃烧器自动控制系统组成

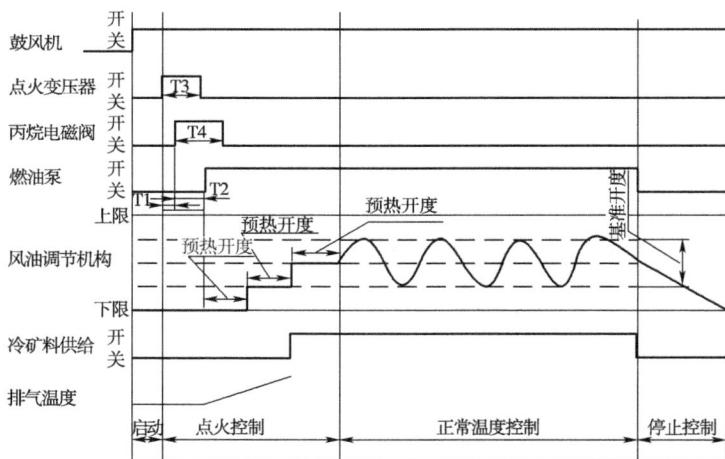

图 5-21 点火时序图

2.火焰监测系统

火焰监测系统主要由火焰传感器、监测火焰继电器组成。

火焰监测系统功能：火焰传感器接收到光源照射后，光电二极管理导通，电信号通过火焰继电器被传送到 PLC 可编程控制器中，以完成对点火和正常温度功能的控制。在点火及正常温度控制过程中，如出现故障导致火焰熄灭，燃油泵及风油调节电动机等会自动停止工作，以保证燃烧器控制系统（图5-22）的安全。

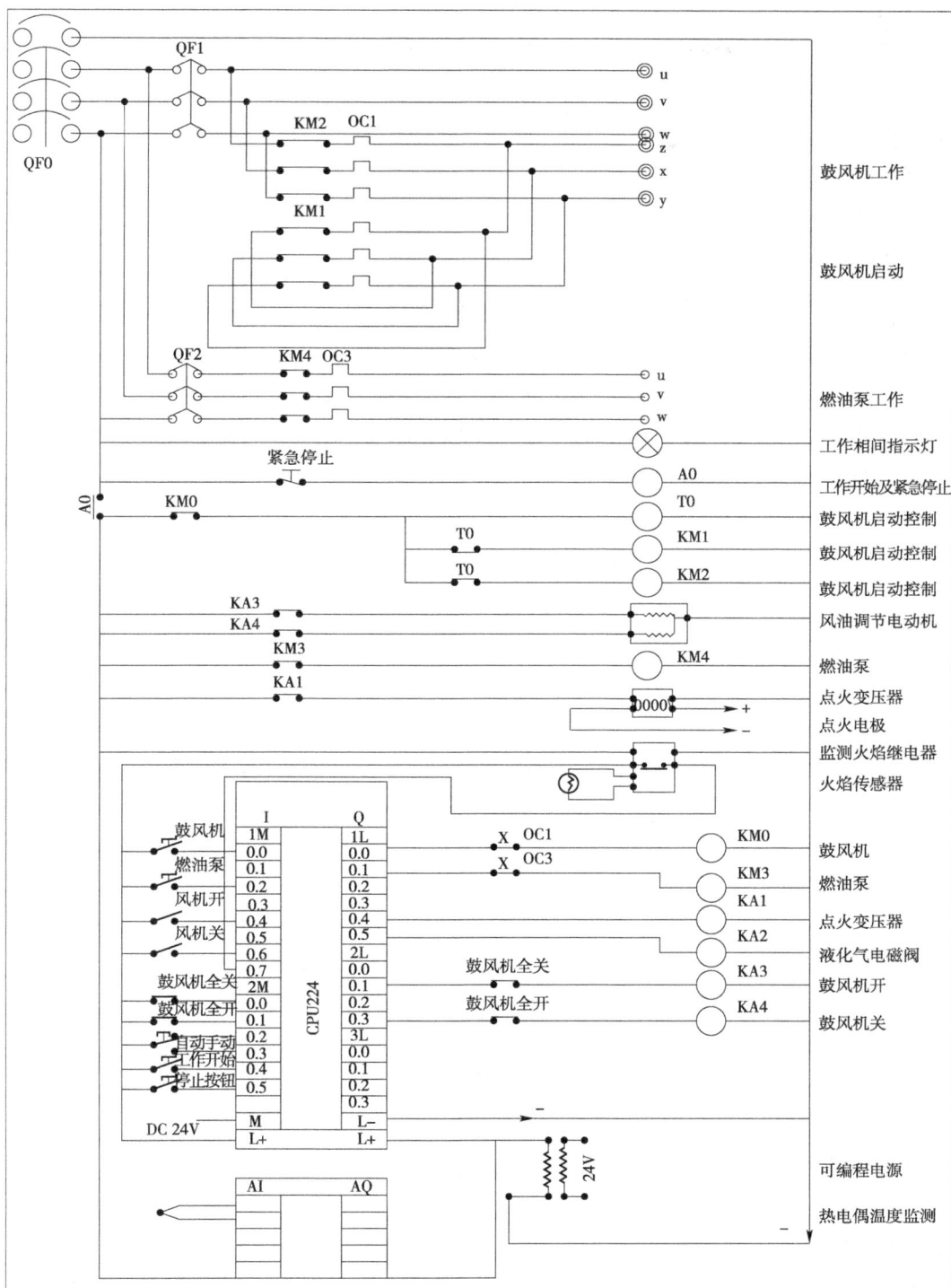

图 5-22 燃烧器控制系统工作原理图

3.温度控制系统

温度控制系统主要由燃油泵及其控制电磁阀、风油连动调节机构及其控制盒、鼓风机及其控制电磁阀、温度传感器组成。

温度控制系统功能:温度传感器将检测到的温度信号传送到 PLC 可编程控制器中,PLC可编程控制器将实际温度与设定的温度进行比较,并根据比较结果自动调节火焰大小,使矿料加热温度控制在设定范围内。PLC 可编程控制器自身带有 PID 调节功能,并具有自适应、自整定功能,可根据现场的实际情况自整定出 PID 的参数,参数调整好后,温度控制器选择自动工作状态,其温度控制准确、稳定,误差在 ±5℃ 以内。

二、燃烧器自动控制过程

根据燃烧器控制系统开关量及温度模拟量采集的要求,以西门子 PLC 为例,燃烧控制系统的接线图、CPU 模块、EM235 模拟量扩展模块地址资源及功能说明,如图 5-22 所示。

燃烧器自动控制过程就是操作燃烧启动点火、运转、温度自动控制、停止的过程,其程序逻辑框图如图 5-23 所示。

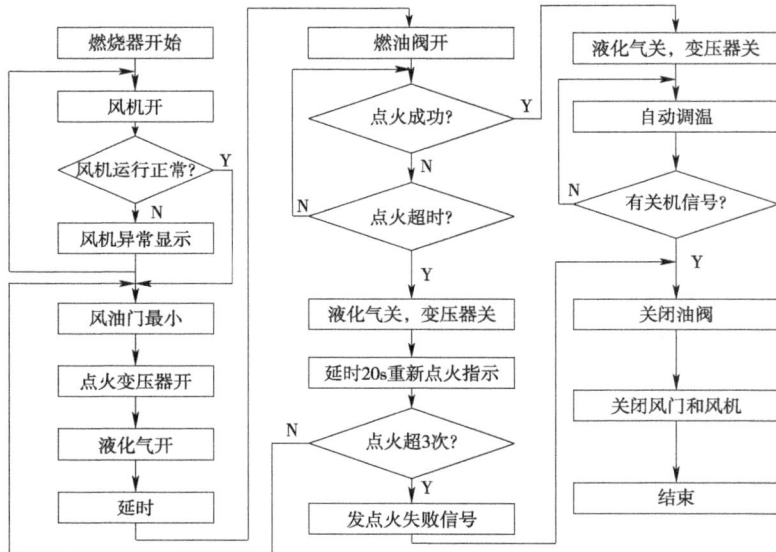

图 5-23　燃烧器自动控制过程程序逻辑框图

第五节　称量及搅拌控制系统

一、称量及搅拌控制系统的组成及功能

称量及搅拌控制系统,主要由电子称量系统、称门仓门开关控制系统、可编程控制器(或智能控制仪表)、工业计算机组成,如图 5-24 所示。称量搅拌控制系统是通过工业计算机输入的配方(沥青混合料拌和设备生产配合比)后,按照一定的程序手动或自动完成以下循环过程:将不同规格的热矿料依次累加称量(先沥青称量,后矿粉称量),并按顺序放入搅拌器中,经搅拌器搅拌合格后,由搅拌器底门排入运输车辆或成品料小车中,依次循环。

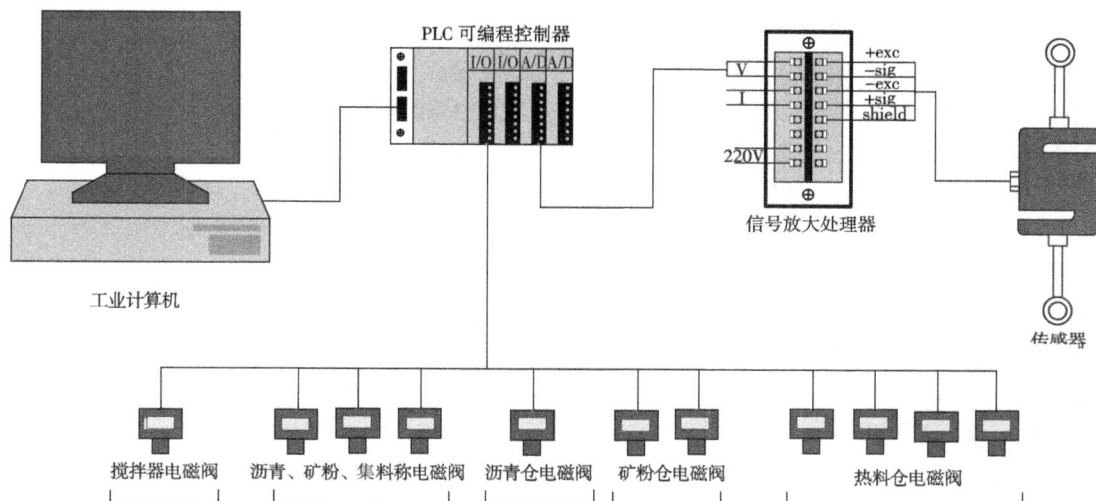

图 5-24　称量及搅拌控制系统组成示意图

1. 电子称量系统

电子称量系统由电子重力传感器、信号放大处理控制器、可编程控制器（或智能控制仪表）组成。传感器将信号传送到信号放大处理控制器上，信号放大处理控制器采用高精度线性放大器，将信号调整并放大成标准电流或电压信号输送到可编程控制器或智能仪表中。

1）传感器

沥青混合料拌和设备普遍采用电阻应变片式传感器，根据电子计量秤结构形式的不同，采用单传感器、三传感器、四传感器等不同形式。它结构简单、体积小、线性好、稳定性及灵敏度高，适合动态及静态测量。电阻应变片式传感器由弹性元件和电阻应变片组成，当弹性元件受到拉力（或压力）时，其表面产生应变，粘贴在弹性元件表面的电阻应变片随着弹性元件的应变而产生相应的变化，再通过采用直流电桥（或交流电桥）测量电路，把电阻值的变化转化为电压（或电流）的变化，传感器灵敏度有 1mV/V、1.5mV/V、3mV/V 等。传感器电路图如图5-25所示。

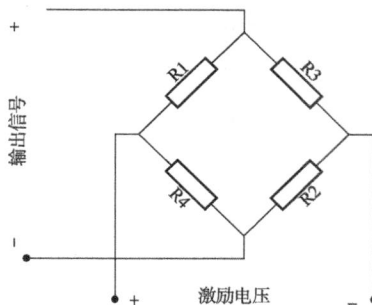

图 5-25　传感器电路图

2）信号放大处理单元

高精度线性运算放大器，因传感器输出的信号比较微弱，一般为毫伏（mV）级电压信号（或毫安级电流信号），信号放大处理单元的作用就是将该信号放大成为可编程控制器（或智能仪表）所需 0～10V 电压信号（或 4～20mA 电流信号），因此要求它线性放大稳定，温度漂移小，其零点及线性均可调，这样能够保证电子称量系统的精度。

2. 仓门及称门控制系统

由各仓门电磁阀、各称门电磁阀、可编程控制器组成。按照沥青混合料拌和设备的生产要求，控制各热料仓、矿粉仓、沥青仓、集料秤、沥青秤、矿粉秤、搅拌器放料门的开关动作。

3. 可编程控制器（或智能仪表）

可编程控制器一方面将现场采集到的实际称重值与通过工业计算机输入的配方设定值

进行比较,控制仓门及称门控制系统的工作,另一方面将现场采集到的模拟信号及开关量信号转换为数字信号后送入到工业计算机中,完成称量搅拌控制系统的模拟显示,并接受工业计算机的控制。传感器信号经放大处理单元放大后的标准电压(或电流)信号转化为工业计算机可使用的数字信号。

4.工业计算机(上位机)

工业计算机与现场控制设备PLC(或智能控制仪表等)共同构成称量搅拌控制系统的控制中心。一方面从PLC设备获得热料仓料位指示、各仓门及称门开关状态、沥青矿料配比重量等实时数据,对数据进行必要的加工处理后,并以图形方式直观地显示在计算机屏幕上,形成称量搅拌控制系统的工艺流程画面,并可自动完成各种实时及历史生产数据的报表打印等;另一方面将操作人员的控制指令送给现场电机、电磁阀、开关等设备,对执行机构实施控制或调整控制参数。

二、称量及搅拌系统的工艺流程

按照沥青混合料拌和设备的生产要求,以一定的时序手动或自动完成热料仓、矿粉仓、沥青仓、集料秤、沥青秤、矿粉秤、搅拌器放料门的开关,以完成集料计量、粉料计量、沥青计量、集料排出、粉量排出、沥青喷射、搅拌混合料搅拌、成品料排出的循环过程。具体流程图如图5-26所示。

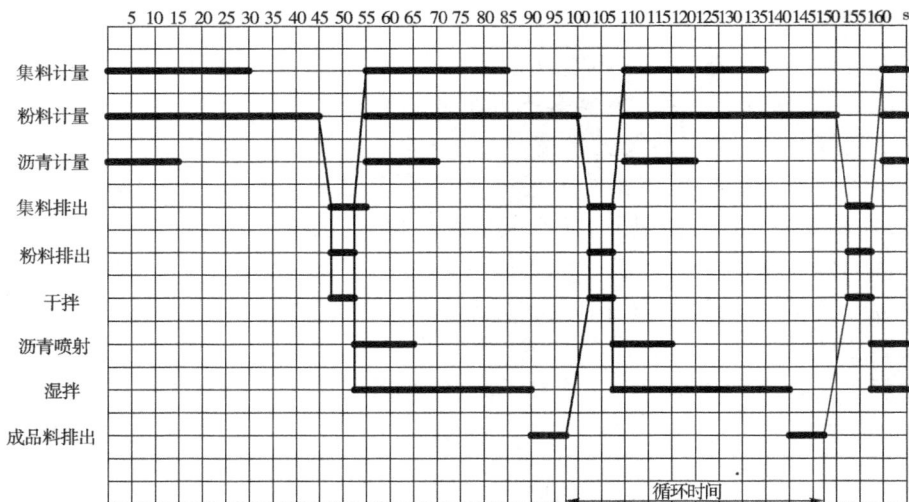

图5-26 称量及搅拌系统流程图

三、称量及搅拌控制系统的控制方式

典型的控制方式:以工业计算机作为上位机,可编程作为下位机的计算机自动控制方式。计算机和可编程采用计算机串口通信(通信参数设置见相关手册)。根据系统的工艺流程及硬件电路的结构要求,选择西门子CPU226模块及EM231模拟量扩展模块。CPU226模块数定量输入通道为24路24V直流输入,输出通道为16路继电器输出(CPU规范见技术规范)。EM231模拟量扩展模块有4路模拟量输入通道,分辨率为12位A/D转换器,输入电压信号为 0 ~ 10V(或 0 ~ 5V),模拟数控转换时间≤250 微秒(μs)。根据控制方案确定称量及搅拌控制系统原理图,如图 5-27 所示。

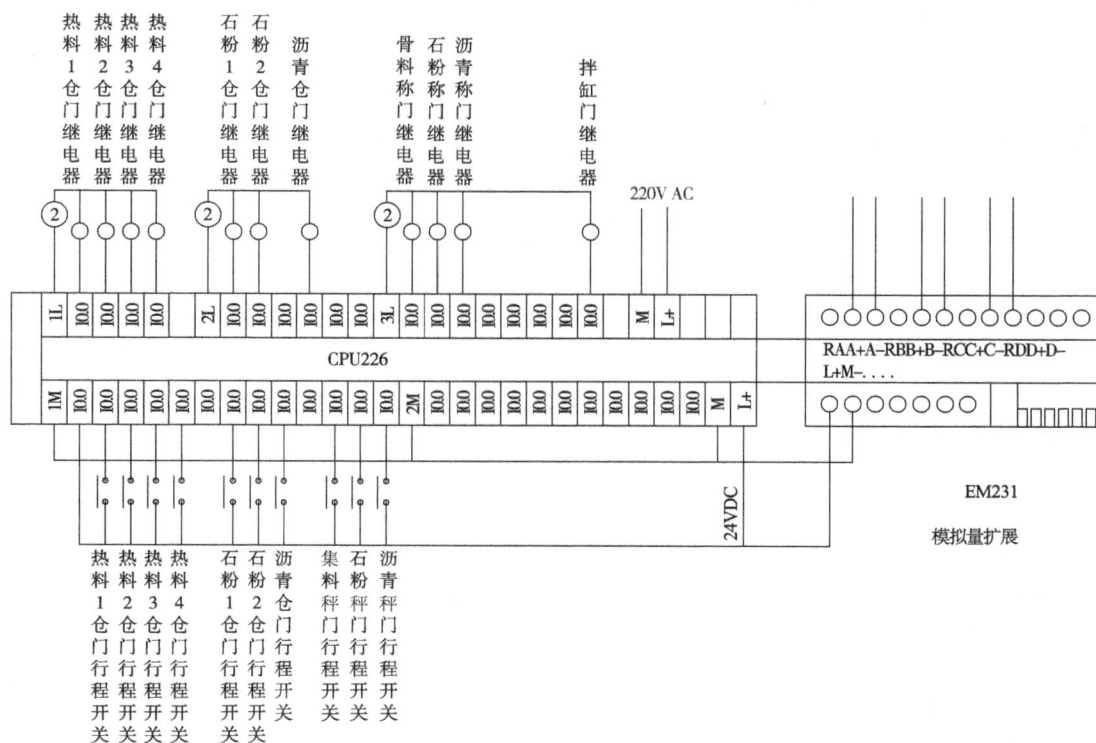

图 5-27 称量及搅拌控制系统原理图

第六节 除尘控制系统

沥青混合料拌和设备一级除尘控制比较简单;二级除尘有文丘里湿式除尘、大气反吹风布袋除尘、脉冲压缩空气布袋除尘。文丘里湿式除尘结构及控制比较简单,而布袋除尘结构及控制较为复杂,本节对脉冲压缩空气布袋除尘作如下介绍:

由于二级布袋除尘布袋的过滤作用,收集到的细小颗粒由螺旋输送器送入石粉储存罐中,清洁的空气经布袋通过排风机排入大气中。所以,对二级布袋除尘(针孔性能介绍)要求:最高耐热温度220℃,工作温度100 ~ 180℃,具有自动清洁功能及温度控制功能,并能根据负压的变化自动调节排风机的风门。由于目前沥青混合料拌和设备除尘系统主要采用脉冲压缩空气布袋除尘,本文详细介绍脉冲压缩空气布袋除尘控制系统。

一、脉冲压缩空气布袋除尘控制系统的组成

脉冲压缩空气布袋除尘控制系统从结构上可以分为以下几个部分:

1. 启动控制

启动控制主要包括热粉回收和冷粉供给及热粉再利用控制,即各给粉电机、转阀、提升

机的启动及停止(包括袋除尘部分、热粉提升机、两级热粉螺旋输送器和一转阀,冷粉提升机、两级冷粉螺旋输送、两个转阀及冷热粉过渡储仓等)控制。

启动部分可以分为点动、手动及自动3种工作方式。点动方式主要是供试验、维修使用,在这种工作方式下,各部分的运行均是点动状态。在手动方式下,可以根据需要手动启动各个环节,在这种方式下,各个环节均有联锁控制。引风机是在纯手动下工作的,在整套系统启动之前,应该先将风门关至最小位置,这样可以减小启动电流。自动方式下,按下"启动"按钮后,按照下面的顺序依次启动,当引风机停止之后,则按照相反的顺序停止:

热粉提升→二级热粉螺旋输送→1号转阀→一级热粉螺旋输送

2. 布袋吹扫及自动清洁功能控制

因排风机排风压力较大,除尘布袋后腔空气压力小于前腔空气压力,前后负压压差一般为100mm水柱,工作过程中根据此设定值自动调整排风门开度,如果压差持续增加,自清洁系统开始工作。自清洁系统均采用单独的分立控制器元件或可编程控制器以一定的脉冲频率依次控制反吹机构或脉冲阀开启,因反吹机构或脉冲阀的快速开启,压缩空气瞬间吹向布袋,抖动布袋达到清洁布袋的目的。

当引风机及一级热粉螺旋输送启动之后便开始进行吹扫控制。如果吹扫控制在手动方式下,可以任意设定其吹扫时间及间歇时间,如果选择在自动方式下,则根据布袋前后的压差自动调整间歇时间。

3. 布袋温度及引风机的风门控制控制功能

因除尘布袋最高耐热热温度为220℃,工作时间不超过5min,因此,二级布袋除尘控制系统具有高温保护报警及防止低温结露功能,温度过高需将燃烧器切断,停止加热或将除尘箱入口前部的冷空气风门打开,将冷空气引入除尘箱中以降低布袋温度;温度过低,通过采取在除尘箱前加燃烧器及除尘箱体加热等方式给布袋加热。

为保证布袋内温度要求,在后烟箱及袋入口处分别装有热电偶以检测其温度,一般情况下要保证袋入口处温度在120~180℃范围内,如果后烟箱温度达到200℃以上时,可以将烟道上的风门略微打开,当袋入口处温度不及120℃时,可以将烟道上的风门全部关上以保证温度要求。为保证滚筒内火焰燃烧更充分,在滚筒前装有一差压变送器,可以通过调节风机执行器的风门来改变其差压。

4. 冷、热给粉及称量控制

冷、热给粉控制的目的是保证冷粉的供应量,为此冷、热粉过渡储仓均装有料位计,如果在自动工作方式下,只要冷粉过渡储仓不足下限料位时,不论热粉处于什么状态,都立即停止上热粉而启动冷粉装置,直到冷粉过渡储仓达到上限位置,如果此时热粉过渡储仓不足料位计位置时就继续上热粉,直到热粉过渡储仓达到料位计位置才停止。在手动方式下,可以根据实际情况上冷热粉,但必须注意挡板的实际位置。冷、热粉称量控制,可以根据要求设定石粉总量(原设备)及热粉的需求量,当开始计量石粉时,首先是称量热粉,当热粉达到由设定的量值转换的转阀圈数之后,开始计量冷粉直到石粉总量达到设定总量为止。

二、除尘自动控制系统的设计

除尘控制系统主要采用可编程序控制器进行控制,上位机一般采用工控机作为上位机组态画面的显示与管理,使操作者可以直观明了地从监控画面上掌握各部分的工作状态,而且配有声音报警,操作简单方便。本文以北京亚控组态王上位机组态软件及西门子 S7226 为例,介绍除尘自动控制系统的设计制作过程。

1. 除尘自动控制系统人机控制界面的设计制作

(1)建立上位机组态画面设备驱动程序和下位机的连接。设备驱动程序能够连接的种类主要有 PLC 控制设备、带数字通信接口的智能仪表等、PC 总线、工业计算机设备等,本文介绍北京亚控科技组态王软件及西门子 S7226 的驱动连接。两者间的通信参数设置如图 5-28 所示。通信方式采用点对点接口(PPI)协议,工控机设备设为主站,S7226 设备设为从站。

(2)定义变量。数据库是"组态王"最核心的部分。在组态王运行时,工业现场的生产状况要以动画的形式反映在屏幕上,同时工程人员在计算机前发布的指令也要迅速送达生产现场,所有这一切都是以实时数据库为中间环节,数据库是联系上位机和下位机的桥梁。在数据库中存放的是变量的当前值,变量包括系统变量和用户定义的变量。变量的集合形象地称为"数据词典",数据词典记录了所有用户可使用的数据变量的详细信息如图 5-29 所示。

图 5-28　通信参数设置对话框

变量名	变量类型	ID	连接设备	寄存器
$年	内存实型	1		
$月	内存实型	2		
$日	内存实型	3		
$时	内存实型	4		
$分	内存实型	5		
$秒	内存实型	6		
$日期	内存字符串	7		
$时间	内存字符串	8		
$用户名	内存字符串	9		
$访问权限	内存实型	10		
$启动历史记录	内存离散	11		
$启动报警记录	内存离散	12		
$启动后台命令语言	内存离散	13		
$新报警	内存离散	14		
$双机热备状态	内存整型	15		
$毫秒	内存实型	16		
$网络状态	内存整型	17		
a	内存整型	21		
zx	内存整型	22		
v0	I/O整型	23	新IO设备	V0
v4	I/O整型	24	新IO设备	V4
qh	内存整型	25		
v2	I/O整型	26	新IO设备	V2
v6	I/O整型	27	新IO设备	V6
qw	内存整型	28		
cstime	内存整型	29		
txtime	内存整型	30		
v8	I/O整型	31	新IO设备	V8
v12	I/O整型	32	新IO设备	V12
v14	I/O整型	33	新IO设备	V14
v16	I/O整型	34	新IO设备	V16
v18	I/O整型	35	新IO设备	V18
v20	I/O整型	36	新IO设备	V20
v22	I/O整型	37	新IO设备	V22
v24	I/O整型	38	新IO设备	V24
v26	I/O整型	39	新IO设备	V26
v28	I/O整型	40	新IO设备	V28
v30	I/O整型	41	新IO设备	V30
zz	内存整型	42		
v10	I/O整型	43	新IO设备	V10
p1	内存实型	44		
p2	内存实型	45		
h	内存实型	46		
v32	I/O整型	47	新IO设备	V32
mn	内存整型	48		

图 5-29　变量集合

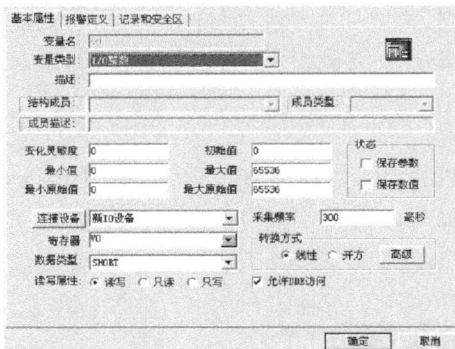

图5-30 变量属性对话框

本控制系统定义了如下的基本变量：内存离散、内存整数、I/O整数，这3种基本类型的变量是通过"变量属性"对话框（图5-30）定义的，同时在"变量属性"对话框的属性卡片中设置它们的部分属性。

例：建立一个I/O变量V0。

在"数据词典"项，右侧的内容显示区会显示当前工程中所定义的变量。双击"新建"图标，弹出"定义变量"属性对话框，"变量属性"对话框如图所示，根据控制系统需要按图所示填好各项内容，这样在上位机组态软件和PLCS7-226间建立了连接，即上位机组态组软件的变量V0和西门子S7-226PLC的VW0建立的相应的对应关系。其对应关系如表5-3所示。

V0与VW0的对应关系　　　　　　　　　　　　表5-3

V0	V1.5	V1.4	V1.3	V1.2	V1.1	V1.0	V0.9	V0.8	V0.7	V0.6	V0.5	V0.4	V0.3	V0.2	V0.1	V0.0
VW0	VW0.7	VW0.6	VW0.5	VW0.4	VW0.3	VW0.2	VW0.1	VW0.0	VW1.7	VW1.6	VW1.5	VW1.4	VW1.3	VW1.2	VW1.1	VW1.0

（3）绘制动画。除尘控制系统上位机组态画面绘制图形如图5-31、图5-32所示（详细绘制方法可参阅相关专业软件，在此不予详述）。

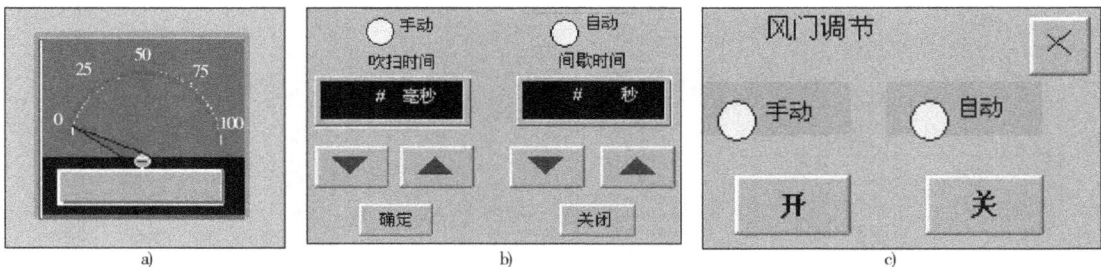

a)　　　　　　　　　　b)　　　　　　　　　　c)

图5-31 除尘控制系统人机界面部分画面
a)排风机风门显示；b)布袋清洁控制画面；c)风门调节画面

（4）建立上位机组态画面动画与变量的连接。按步骤（3）制作的画面都是静态的，那么它们如何才能反映工业现场的状况呢？这就需要通过实时数据库，因为只有数据库中的变量才是与现场状况同步变化的。数据库变量的变化又如何导致画面的动画效果呢？通过"动画连接"——所谓"动画连接"就是建立画面的图素与数据库变量的对应关系。这样，工业现场的数据，比如温度、液面高度等，当它们发生变化时，通过I/O接口，将引起实时数据库中变量的变化。动画连接的引入是设计人机接口的一次突破，它把工程人员从重复的图形编程中解放出来，为工程人员提供了标准的工业控制图形界面，并且由可编程的命令语言连接来增强图形界面的功能。图形对象与变量之间有丰富的连接类型，给工程人员设计图形界面提供了极大的方便。图形对象可以按动画连接的要求改变颜色、尺寸、位置、填充百分数等，1个图形对象又可以同时定义多个连接。把这些动画连接组合起来，应用程序将呈现出理想的图形动画效果。

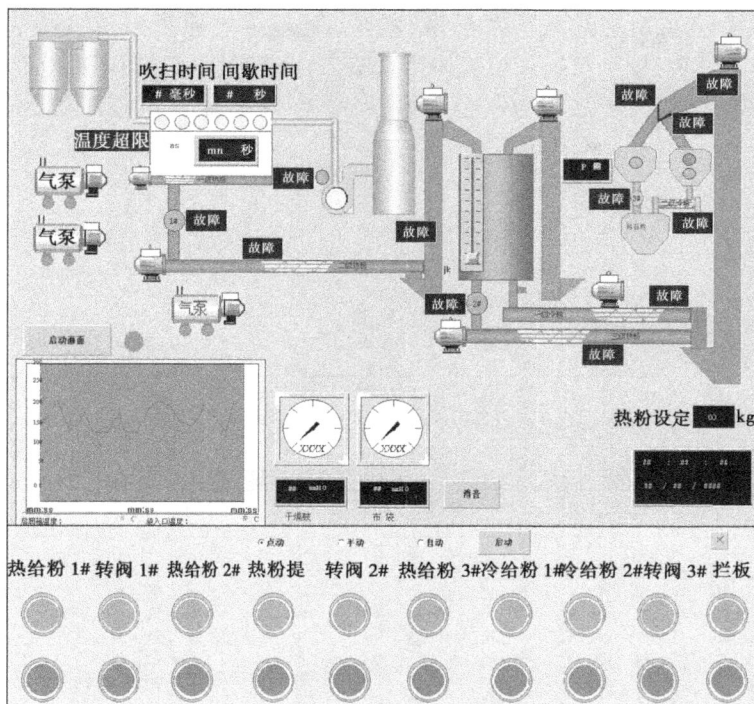

图 5-32 除尘控制系统人机界面主画面

例如,建立 1 个风机风门度开度指示画面。为指针作 1 个旋转动画连接并为指针选择旋转连接属性项,见图 5-33;为指针建立 1 个上位机变量 V34,即指针随着上位机变量 V34 数据的变化而旋转变化,见图 5-34。因为变量 V34 和西门子 PLCS7226 的寄存器 VW34 存在着对应关系,即上位机变量 V34 随着西门子 PLC 寄存器 VW34 数据的变化面变化,最终结果是:随着现场采集数据的变化,引起西门子 PLC 寄存器 VW34 数据的变化和人机界面变量 V34 数据的变化,从而引起风机风门指针同步的旋转变化。

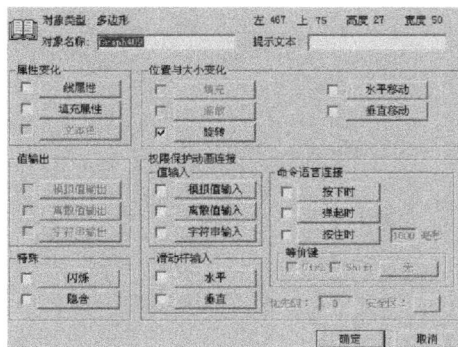

图 5-33 动画连接属性设定

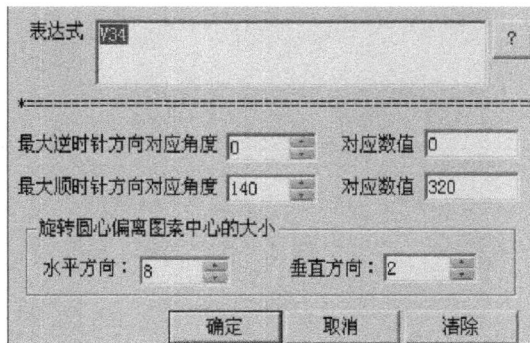

图 5-34 动画连接变量设定

(5)根据控制系统要求,设计制作上位机组态画面的脚本语言(编程语言)。

2. 下位机(西门子 PLCS7-226)控制系统设计

(1)根据除尘控制系统开关量及温度、料位、压差等模拟量采集的要求,选用西门子 PLCS7-226CPU 主模块,数字量扩展模块采用 EM223,模拟量采集选用两块 EM235 模拟量扩展模块。CPU 模块、EM223 数字量扩展模块、EM235 模拟量扩展模块资源及地址分配如图 5-35、图 5-36 所示。

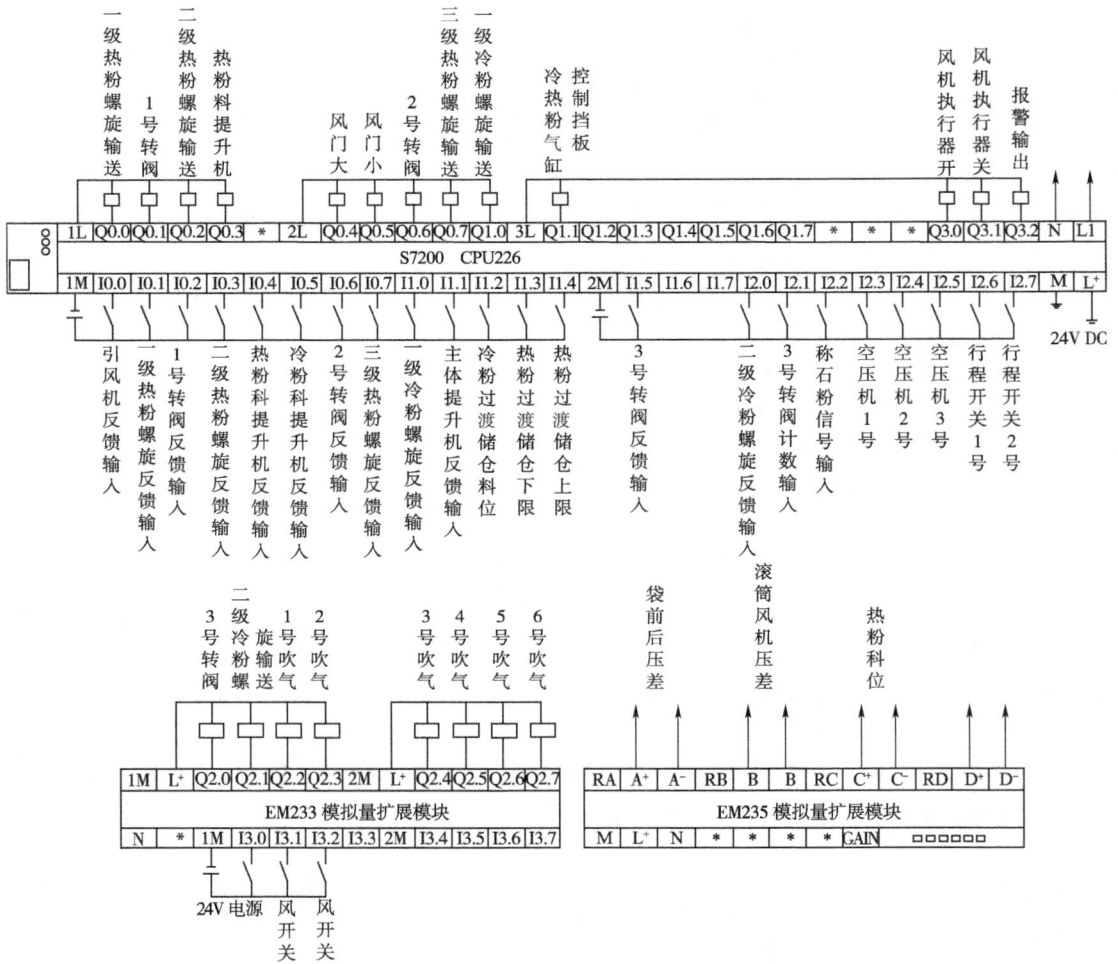

S7200 CPU226 输出端（上排）：

端子	名称
1L	
Q0.0	一级热粉螺旋输送
Q0.1	1号转阀
Q0.2	二级热粉螺旋输送
Q0.3	热粉料提升机
*	
2L	
Q0.4	风门大
Q0.5	风门小
Q0.6	2号转阀
Q0.7	三级冷粉螺旋输送
Q1.0	一级冷粉螺旋输送
3L	
Q1.1	控制挡板冷热粉气缸
Q1.2	
Q1.3	
Q1.4	
Q1.5	
Q1.6	
Q1.7	
*	
*	
Q3.0	风机执行器开
Q3.1	风机执行器关
Q3.2	报警输出
N	
L1	

S7200 CPU226 输入端（下排）：

端子	名称
1M	
I0.0	引风机反馈输入
I0.1	一级热粉转阀螺旋反馈输入
I0.2	1号热粉转阀反馈输入
I0.3	二级热粉科提升机反馈输入
I0.4	热粉科提升机反馈输入
I0.5	冷粉转阀反馈输入
I0.6	2号冷粉转阀反馈输入
I0.7	三级冷粉螺旋反馈输入
I1.0	一级冷粉螺旋反馈输入
I1.1	主体提升机反馈输入
I1.2	冷粉过渡储仓料位
I1.3	热粉过渡储仓下限
I1.4	热粉过渡储仓上限
2M	
I1.5	3号转阀反馈输入
I1.6	
I1.7	
I2.0	二级冷粉螺旋反馈输入
I2.1	3号转阀计数输入
I2.2	称石粉信号输入
I2.3	空压机1号
I2.4	空压机2号
I2.5	空压机3号
I2.6	行程开关1号
I2.7	行程开关2号
M	
L+	24V DC

EM233 模拟量扩展模块：

端子	名称
1M	
L+	
Q2.0	3号转阀
Q2.1	二级冷粉螺旋输送气
Q2.2	1号吹气
Q2.3	2号吹气
2M	
L+	
Q2.4	3号吹气
Q2.5	4号吹气
Q2.6	5号吹气
Q2.7	6号吹气
N	
*	
1M	
I3.0	24V 电源
I3.1	风开关
I3.2	风开关
I3.3	
2M	
I3.4	
I3.5	
I3.6	
I3.7	

EM235 模拟量扩展模块（2）：

端子	名称
RA	
A+	袋前后压差
A-	
RB	
B	滚筒风机压差
B	
RC	
C+	热粉科料位
C-	
RD	
D+	
D-	
M	
L+	
N	
*	
*	
*	
*	
GAIN	

图 5-35 CPU 模块、EM223 模块、EM235 模块(2)资源及地址分配

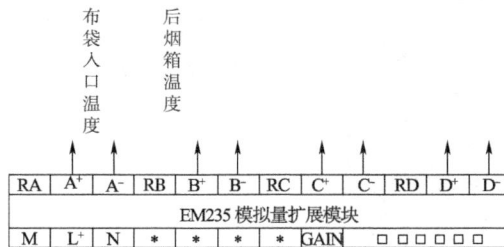

EM235 模拟量扩展模块（1）：

端子	名称
RA	
A+	布袋入口温度
A-	
RB	
B+	后烟箱温度
B-	
RC	
C+	
C-	
RD	
D+	
D-	
M	
L+	
N	
*	
*	
*	
GAIN	

图 5-36 EM235 模块(1)资源及地址分配

（2）除尘控制系统下位机 S7-226PLC 的程序设计。有关程序 T 型图编制及功能说明，请参阅本章第三节。

复习思考题

1. 简述沥青拌和设备计算机自动控制系统的一般组成及各组成部分的功能。

2. 简述沥青拌和设备顺序启停（开机、关机）的要求。

3. 试设计单按钮控制电机启停的梯形图。

4. 冷集料供给系统中闸门开度控制和电机变频调速控制有何不同，各在什么情况下使用？

5. 冷集料供给系统中最低频率 f_{min} 和最高频率 f_{max} 是如何设置的？

6. 冷集料供给系统中供料能力与频率的关系是怎样建立起来的？

7. 如何对供料的实际供给能力校验与重新标定？

8. 绘简图说明沥青拌和设备干燥燃烧器自动控制系统组成及各部分的功能。

9. 绘出燃烧器自动控制过程程序逻辑框图。

10. 绘出沥青拌和设备点火控制系统点火时序图。

11. 绘简图说明沥青拌和设备称量及搅拌控制系统的组成及各部分的功能。

12. 绘出沥青拌和设备称量及搅拌系统流程图。

13. 称量及搅拌控制系统的工艺流程。

14. 沥青拌和设备除尘控制系统的各部分功能及生产工艺流程。

15. 简述人机控制界面的工作原理及设计制作过程。

第六章 沥青混凝土摊铺机控制技术

🔍 **知识目标**

1. 解释摊铺机供电电路中的 24V 电压启动、12V 电压供电;
2. 识别摊铺机上常用的仪表和报警装置;
3. 描述行驶控制系统的基本组成和基本工作原理;
4. 描述液压泵变量控制系统工作原理;
5. 描述 VOGELE S1800 ABG423 液压马达变量系统工作原理;
6. 描述摊铺机接收料斗、刮板输送器和螺旋摊铺器工作原理;
7. 解释开关式、比例式和比例脉冲式自动调平装置;
8. 描述比例脉冲式自动调平装置工作原理。

🔑 **能力目标**

1. 进行坡度设置手机的零设置及横向坡度的设定;
2. 进行横向控制器和纵向控制器的调整;
3. 学会 CAN 型 Moba-Matic 自动找平控制系统的使用;
4. 进行 Mine-Line 摊铺机非接触平衡梁的安装与校准。

第一节 概 述

沥青混凝土摊铺机是摊铺沥青混合料或其他混合料的路面施工专用机械,其结构复杂、功能多、技术含量高,融合了机电液一体化技术,大大提高了摊铺机的经济性、技术性、安全性和可靠性。控制系统是摊铺机的重要组成部分之一,各控制单元功能的执行状况直接关系到摊铺机的施工质量,一般摊铺机最基本的操作控制分为手动控制和自动控制,通过手动控制与自动控制的有机结合,使操作人员的工作效率和设备的作业精度能充分提高。如今,国内外各生产厂家制造的摊铺机都采用全液压驱动和电子控制,如在摊铺机上广泛使用的自动调平系统,使得摊铺机的平整度更高。总之,控制系统是摊铺机不可或缺的组成部分,摊铺机的控制系统一般由以下几部分组成:

(1)基本电气控制系统:指摊铺机所必备的电气设备,主要采用电控技术,包括发动机的启动、充电、供电、仪表、工作灯照明用电以及报警装置等。

（2）行驶控制系统：控制行驶速度和方向。

（3）供料控制系统：通过调节刮板输送器和螺旋摊铺器的运行速度，控制供料量，保持材料在设定范围内。

（4）自动调平控制系统：通过对熨平板仰角的自动调节，改变铺层厚度，使路面平整度符合设计要求。

（5）其他工作装置的控制：这些装置都是采用简单控制。

①加热系统的控制：对熨平板与沥青接触部分加热，使温度在一定范围内。

②振捣器、夯锤的控制：通过调节振捣器、夯锤的振捣频率，改变预压实度。

③料斗的启闭、熨平板升降和熨平板伸缩的各种液压缸的控制：这些装置的动作是通过电磁换向阀或手动换向阀来完成的。

第二节　基本电气控制系统

一、发动机的启动与用电设备的供电

目前，伏格勒（VOGELE）和 ABG 机型的摊铺机采用的是德国道依茨系列的发动机，均采用电力启动机，各种型号的发动机上都配备交流发电机，它对除启动机外的一切用电设备供电，并向蓄电池充电。摊铺机用电系统的电压通常为 12V 和 24V，或 12V 与 24V 并用，当某一台摊铺机的启动电压为 24V，用电设备电压为 12V 时，应装备两只 12V 蓄电池，并应设置一个蓄电池电压转换继电器。启动时，通过点火开关和启动按钮控制继电器动作，通过连接线路的变换，使两只 12V 蓄电池串联，以 24V 电压向启动机供电。发动机启动后松开启动按钮，继电器转换成正常工作状态，这时两只蓄电池变成并联方式，当蓄电池电量不足时，12V 的交流发电机向蓄电池充电，以保证蓄电池的对外供电需要。

图 6-1 为 VOGELE S2000 型摊铺机的启动供电电路图，它就是采用 24V 电压启动，12V 电压供电的形式。

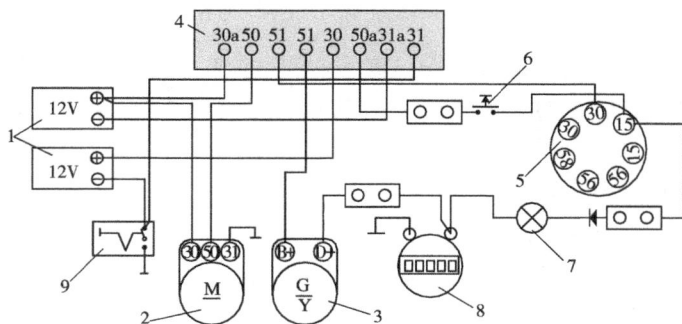

图 6-1　VOGELE S2000 摊铺机启动供给电路

1-蓄电池；2-启动机；3-交流发电机；4-电压转换继电器；5-启动钥匙开关；6-启动按钮；7-充电指示灯；8-工作小时计；9-电源开关

图 6-1 中的电压转换继电器分别与蓄电池、启动机、发电机、点火开关和电源开关相连。

该电压转换继电器共有 8 个接线柱,接线柱之间的通与断是通过继电器的触点合与分来实现的,几对触点的开、闭形式为:30a 与 50 为常开触点;30a 与 51 为常闭触点;31a 与 31 为常闭触点;31a 与 30 为常开触点。

1. 继电器的工作过程

当点火开关钥匙置于 I 挡(启动挡),按下启动按钮启动时,继电器电磁线圈通电后产生电磁力,吸下动触点,使接线柱 31a 与 30 连通,30a 与 50 连通。由于 31a 与 1 个蓄电池的负极相连,而 30 与另一个蓄电池的正极相连,所以,接线柱 31a 与 30 一经连通,实际上就将两个蓄电池串联在一起,此时蓄电池向启动机提供 24V 的电压。与此同时,30a 与 50 连通,蓄电池给启动机磁力开关供电,启动机开始启动。

发动机启动后,放松启动按钮,电压转换继电器 50a 断电,电磁线圈的电磁力消失,动触点在回位弹簧作用下回复原位,这时各线路的通断状况是:触点 31a 与 31 闭合,则 31a 与 31 线路连通;30、30a 与 51 连通,相当于两只蓄电池的正极与正极和负极与负极分别连接在一起,亦即两只蓄电池并联。另外,接线柱 51 与点火开关 30 连通,所以,点火开关 30 获得 12V 的电压,由此向各用电设备提供 12V 的直流电。

2. 交流发电机的发电

发电机为三相交流发电机,其电压为 12V,功率为 750W。其作用是为蓄电池充电,或向用电系统供电。点火开关 15 至发电机 D + 为发电机的激磁电路,充电指示灯串接在该线路上。接通点火开关,即将开关钥匙置于 I 档位置,则蓄电池的电压经充电指示灯 7 加在晶体管调节器的分压器上,接通发电机的磁场电路,蓄电池的电流经充电指示灯流入磁场绕组,经搭铁构成回路,使发电机激磁。同时,充电指示灯亮,表示发电机此时不工作。随着发电机转速的升高,发电机电压逐渐增大,"D + "电位升高,充电指示灯亮度减弱,当发电机电压达到蓄电池电压时,发电机由他激转为自激,通过磁场二极管向磁场绕组供电。此时充电指示灯因两端电位相同而熄灭,表示发电机正常工作。如果充电指示灯因灯丝断而损坏,就不能正常对发电机激磁。因此,一旦充电指示灯坏了,就应及时换上新灯泡,以保证发电机的正常发电。

二、仪表与报警

一台摊铺机除了发动机装备必要的仪表,其工作系统也要装备一些仪表。为了使操作人员能及时发现各工作装置的异常变化并采取相应的处理措施,在主要装置上装有各种报警装置,常用的报警方式是指示灯报警和蜂鸣器报警。以 ABG423 摊铺机为例(图 6-2),摊铺机上常用的仪表和报警装置有:

1. 机油压力指示灯报警

如图 6-2 所示,S30 为机油压力传感器,它串联在指示灯 H2 的电路中,该传感器通过机油压力对膜片产生推力控制触点闭合与分开。当发动机熄火无机油压力或发动机虽正常运转但机油压力低于规定数值时,触点不能分开处于闭合状态,此时机油压力指示灯 H2 的线路构成回路,指示灯亮;当发动机运转起来后,机油压力上升到正常的工作压力后,传感器的触点在膜片的推动下分开,使指示灯的回路在传感器处形成断路,指示灯熄灭。因此,只要注意察看指示灯的"亮"或"灭",就能判断发动机的机油压力是否正常。

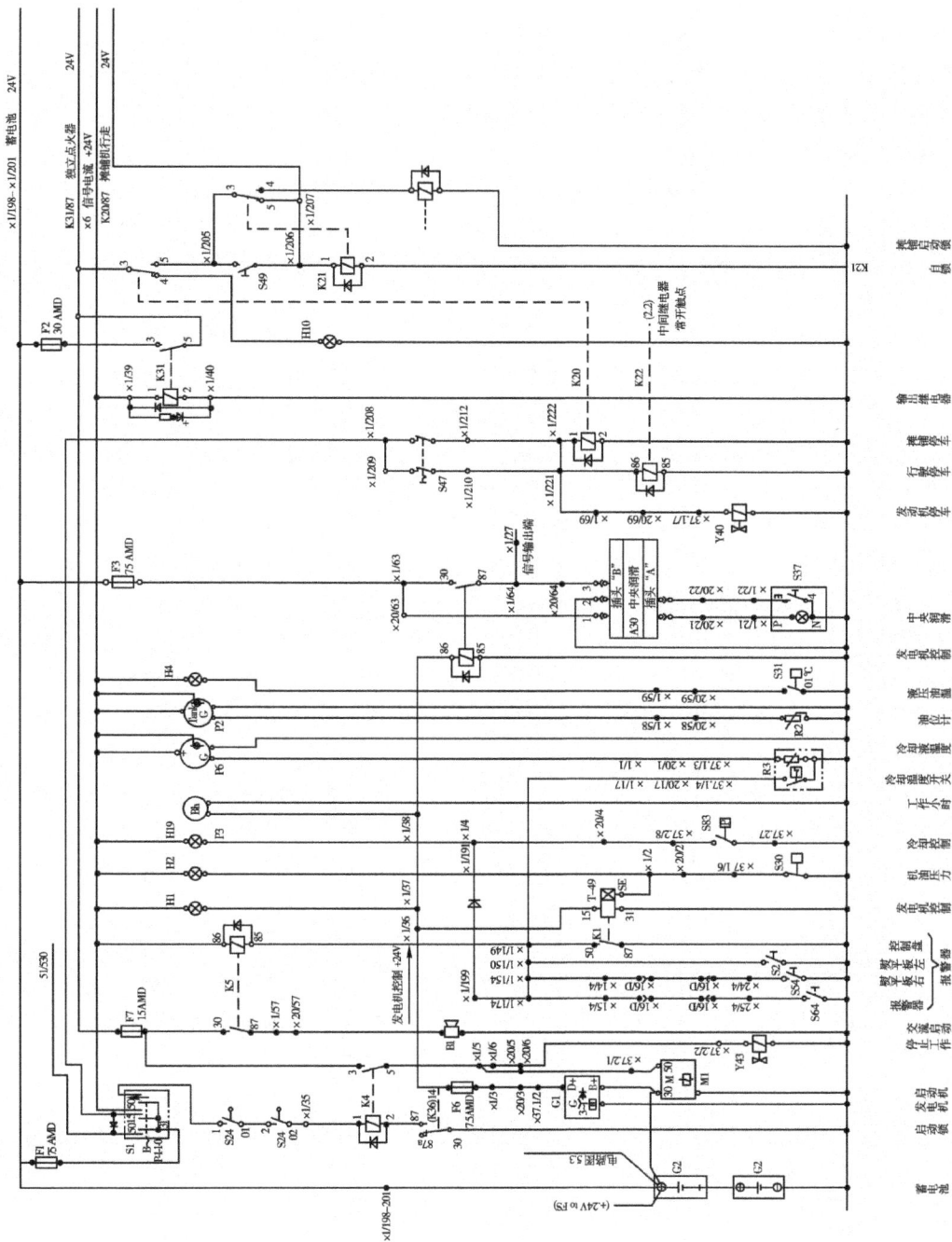

图 6-2　ABG423 摊铺机基本电气系统电路图

通常,发动机启动后润滑系各润滑部位在4s内都应达到正常润滑,在正常的机油压力作用下,机油压力传感器S30常闭触点分开,使机油压力指示灯H2熄灭。否则,S30触点一直闭合,H2指示灯亮,延时继电器K1通电4s后触点50与87闭合,使报警器B1的继电器K5通电后触点30与87闭合导通,这样报警器B1构成供电回路,即:K31/87→F7→K5$_{30-87}$→B1→电源负极。因此报警器B1发出声响报警。同样,当发动机在正常工作中由于某种原因造成润滑系统机油压力过低时,报警器B1也会报警。

2. 发动机温度表(P6)与水冷控制灯

(1)如图6-2,S83为冷却液量传感器,它串接在指示灯H19的线路上,当冷却液足够时,传感器S83内部触点是断开的,指示灯线路在此断路,灯泡不亮;当冷却液量因故不足时,传感器内部触点闭合,线路导通,指示灯H19亮,同时继电器K5接通,使警报器B1通电发出报警声响信号。

(2)发动机温度表P6用来显示发动机冷却液温度。冷却液温度的显示及报警,是由温度传感器R3和温度表P6来完成的。温度传感器R3为热敏电阻式传感器,温度传感器R3由热敏电阻和温控开关组成。水温表P6从点火开关S1得电后,与R3的热敏电阻串联接地后构成回路。当冷却液温度较低时,热敏电阻的阻值较大,水温表P6指示在低温区,当冷却液温度升高时,热敏电阻的阻值逐渐减小,水温表指示的温度数随之增大。当发动机冷却液温度正常时,水温表P6指示在绿色区域内;当冷却水温过高时,水温表P6指示在红色区域内;如果冷却液温度超过规定温度时,传感器R3温控触点闭合,使报警器继电器K5回路导通,触点30与87闭合后,使报警器B1的回路导通,即:K31/87→F7→K5$_{30-87}$→B1→电源负极,则报警器B1发出声响报警。冷却液的正常工作范围是60~113℃,若温度低于60℃,发动机不能满载工作,若温度越过113℃以上,应关闭所有液压装置,让发动机空转,直到发动机温度降至正常工作范围。如果冷却液温度不能下降甚至上升,则应立刻关闭发动机,排除造成过热的故障所在。

3. 发动机计时表P3

发动机计时表P3用来显示发动机运转的累计工作小时数。该表的一端与交流发电机D+连接,另一端搭铁,当发动机带动交流发电机一起工作后,计时表P3通电后开始计时,并将工作小时数累加。

4. 燃油表P2

燃油表P2用来显示燃油箱液面位置。该表的一端接在点火开关S1上,另一端与油量传感器R2串联后搭铁。R2为滑差电阻式传感器,传感器将油位高度位置信号转变成电信号,经燃油表P2显示出来,表内有一小照明指示灯,用于夜间照明。

5. 液压油温报警灯H4

液压油温报警灯H4有两个接线柱,它的一端接在点火开关S1上,另一端与传感器S31串联后搭铁,ABG423摊铺机报警温度设定为93℃,当液压油温达到或超过93℃时,传感器S31内的常开触点闭合,指示灯H4的搭铁线路连通,指示灯亮,发出报警指示。

6. 充电指示灯H1

前面已介绍过,在发电机正常工作时指示灯熄灭,发电机不工作时指示灯亮。

第三节　行驶控制系统

一、行驶控制系统的基本组成和基本工作原理

摊铺机的行驶系统通常采用全液压传动方式,这样的摊铺机左、右侧履带系统各自独立地驱动行驶,每侧履带驱动装置都有一套电子控制系统,采用这种驱动和控制方式可以使履带式摊铺机获得与轮胎式摊铺机一样圆滑的转弯效果。此外,摊铺机两侧履带能相互反向运动,进行原地转向,因此转弯半径小,转向阻力小,操作简便,工作效率高。图6-3 为全液压摊铺机的行走机构传动路线示意图,即:柴油机 1→分动齿轮箱 17→左、右侧轴向柱塞变量泵 2、3→左、右侧轴向柱塞变量液压马达 5、6→左、右侧减速箱 9→左、右侧行星减速器 10→左、右侧驱动链条 11→左、右侧履带 12。

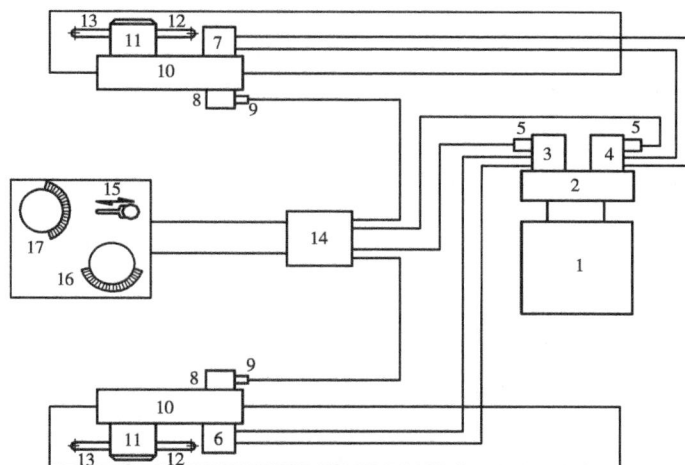

图6-3　全液压履带式摊铺机行走传动示意图

1-柴油机;2-分动齿轮箱;3-轴向柱塞变量液压泵(右侧);4-轴向柱塞变量液压泵(左侧);5-左右侧速度控制器;6-行走驱动轴向柱塞变量液压马达(右侧);7-行走驱动轴向柱塞变量液压马达(左侧);8-弹性负载制动器;9-转速传感器(实际值传感器);10-左右侧传动箱;11-左右侧行星减速器;12-左右侧驱动链轮;13-左右侧履带;14-电控制器;15-方向操纵杆;16-设定值传送器;17-转向电位计

摊铺机行驶是通过液压驱动装置进行驱动的,因此,摊铺机作业和自行转移行驶速度可以无级变化。

通过操纵盘上的行驶速度电位器可精确地调节行驶速度,并由电子控制装置保证机器平稳地启动和制动。摊铺机行驶控制,就是对液压驱动装置进行控制,图6-4 为 VOGELE S1800 摊铺机行走液压系统原理图。

该机的行走液压泵属于斜盘式轴向变量柱塞泵,行走液压马达属于斜轴式变量柱塞马达。可通过改变斜盘的倾角来改变泵的排量,改变倾斜方向来实现泵的进出油口的交换;可通过改变柱塞缸体的倾斜角度来改变液压马达的排量。S1800 摊铺机液压行走变速系统由液压泵变量系统和液压马达变量系统构成。

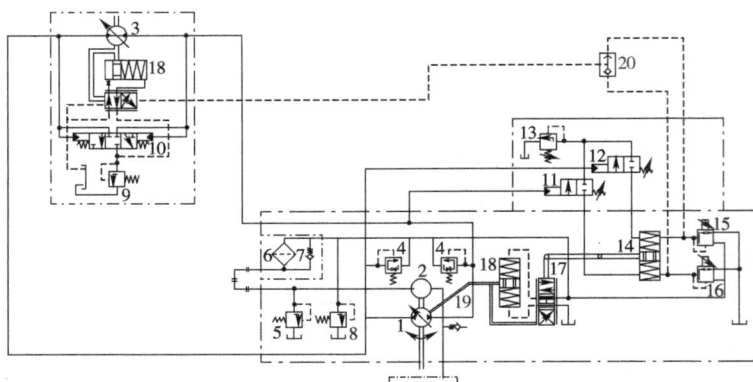

图 6-4　VOGELE S1800 摊铺机行走液压系统原理图

1-行走泵;2-补油泵;3-行走马达;4-单向溢流阀;5、13-溢流阀;6-滤油器;7-单向阀;8、9-溢流阀;10-三位三通液动换向阀;11、12-二位二通液动阀;14-伺服阀芯控制油缸;15、16-电液比例压力阀;17-伺服变量阀;18-斜盘控制油缸;19-机械联动部件;20-梭形阀

二、液压泵变量控制系统

如图 6-5 所示,液压泵变量装置主要由电液比例压力阀、伺服油缸、伺服阀、斜盘控制油缸、机械联动部件、斜盘、滚针轴承、电磁线圈和泵体等机件组成。

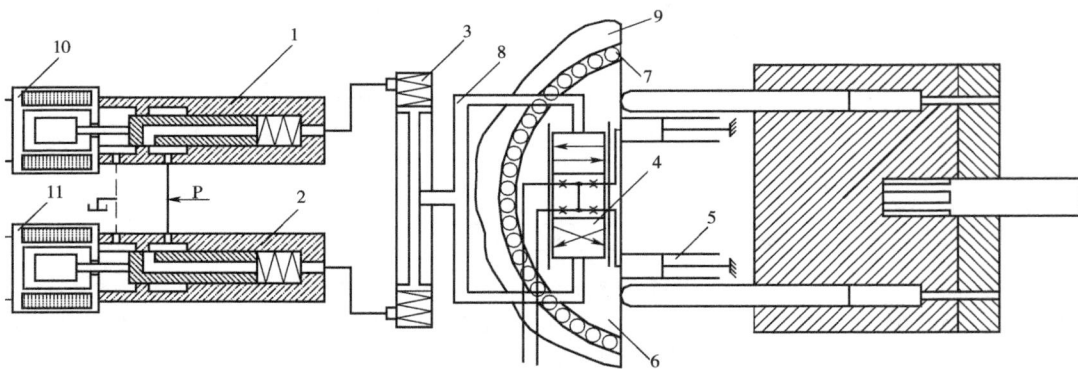

图 6-5　液压泵变量系统

1、2-电磁比例压力阀;3-伺服阀控制油缸;4-伺服阀;5-斜盘控制油缸;6-斜盘;7-滚针轴承;8-机械联动部分;9-缸体;10、11-电磁线圈

1.电液比例压力控制阀(简称电液比例压力阀)

电磁比例压力控制阀的功用是对液压系统中的油液压力进行比例控制,进而实现对执行器输出力的比例控制。摊铺机液压泵的变量就是用电液比例压力阀来控制变量油缸的移动。

当电液比例压力阀的电磁线圈不通电时,其工作状态如图 6-6a)所示,阀芯在其右侧复位弹簧及控制油缸内油压的作用下移向左端,使控制油缸油道与回油道 O 相通,变量阀芯控制油缸内的柱塞在其两侧的弹簧的作用下,处于中立位置,通过机械联动,使伺服变量阀也处于中立位置,此时,变量泵的斜面倾角为零度,即泵的排量为零,处于不供油状态。

当电磁比例压力阀通电时,其工作状态如图6-6b)所示,阀芯在电磁力 F_m 的作用下,克服弹簧的弹力及液压力,阀芯右移,进油道打开,开口宽度为 δ,压力油 P 经开口 δ 节流之后,通过电磁比例压力阀进入伺服阀芯控制油缸。

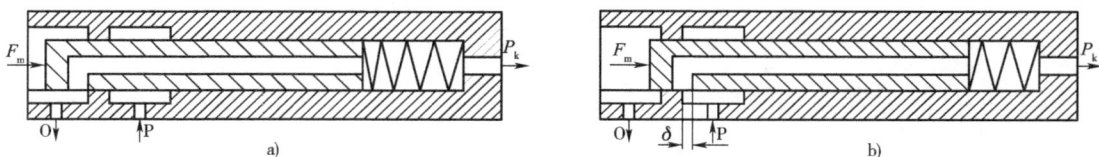

图6-6 电磁比例阀工作状态
a)不通电状态;b)通电状态

设油缸内的油压为 P_k,忽略摩擦力及液动力,当阀芯处于平衡状态时,则有

$$F_m = P_k S + K \Delta X$$

式中:S——阀芯有效作用面积;

K——弹簧弹性系数;

ΔX——弹簧变形量。

所以,$P_k = (F_m - K \times \Delta X)/S$。因为,$K$ 及 ΔX 很小可不考虑,则

$$P_k = F_m/S$$

又因为:

$$F_m = 1/2(I \times n)^2 \times (\mu_0 s/\sigma^2) = (N^2 \times \mu_0 S/2\sigma^2) \times I^2$$

式中:μ_0——导磁率,其值为 $4 \times 10^{-7}(\text{H/m})$;

S——铁芯面积;

n——线圈匝数;

σ——气隙。

由此可以看出,P_k 随着电流 I 的增加而增大,即 P_k 与 I^2 成正比关系。

2. 伺服变量阀控制油缸

从前面介绍可知,当电磁线圈不通电时,控制油缸两侧的油液通过电磁比例压力阀卸荷,其内柱塞在两侧弹簧的作用下,处于中立位置;当某1个电磁线圈通电后,压力油将通过比例压力阀进入控制油缸一侧,在油压 P_k 作用下,柱塞向另一侧移动,设其位移为 ΔX,两侧弹簧原有变形量为 $\Delta X_{原}$,弹簧的刚度为 K,当柱塞在 P_k 的作用下处于平衡状态时有

$$F_液 + F_1 = F_2$$

式中:$F_液$——油液作用在柱塞上的液体压力,$F_液 = P_k S$

$$P_k S + K(\Delta X_原 - \Delta X) = K(\Delta X_原 + \Delta X)$$

$$\Delta X = P_k S/2K$$

由此可知,ΔX 与 P_k 成正比。

综上,控制油缸柱塞的位移量 ΔX 与比例压力电磁阀线圈的输入电流 I 的平方成正比。

3. 斜盘倾角的改变

通过以上分析可知:当给电磁线圈输入一电流 I 时,伺服阀芯控制油缸的活塞产生 ΔX

的位移,通过机械联动使伺服阀芯进行 $\Delta X'$ 移动,使之偏离中位处于新的工作位置,伺服变量阀芯处于上位或下位,此时压力油 P 通过伺服变量阀进入斜盘倾角控制油缸,另一油缸通过伺服变量阀与回油管路相通泄荷,在油缸的作用下,变量泵斜盘发生偏转。由于伺服阀体与斜盘固接在一起,在斜盘偏转的同时,阀体与阀芯同方向移动,根据伺服阀的特性,阀体对伺服阀芯进行跟随移动,当阀体的移动量 ΔX 与阀芯的移动量 $\Delta X'$ 相等时,斜盘控制油缸停止工作,斜盘固定在倾角为 α_b 的位置,当改变电流 I 的大小时,斜盘继续偏转,并固定于1个倾角为 α_b' 的新的位置。

即

$$I \xrightarrow[减小]{增大} P_k \xrightarrow[减小]{增大} \Delta X \xrightarrow[减小]{增大} \Delta X' \xrightarrow[减小]{增大} \alpha_b'$$

4.变量柱塞泵的流量

如图6-7所示,当缸体旋转一周时,柱塞的移动距离为

$$l = D\tan r$$

泵的每转排量为:

$$V = \pi/4 d^2 l_z = \pi/4 d^2 D\tan r Z$$

泵的平均流量为:

$$q = vn = \pi/4 d^2 D\tan r Z n \eta_v 10^{-3}$$

式中:V——泵的排量(ml/r);

d——柱塞直径(cm);

l——柱塞行程;

Z——柱塞函数;

D——分布圆直径(cm);

r——斜盘倾角;

q——泵的输出流量(l/min);

n——动力机转速(r/min);

η_v——柱塞泵的容积效率。

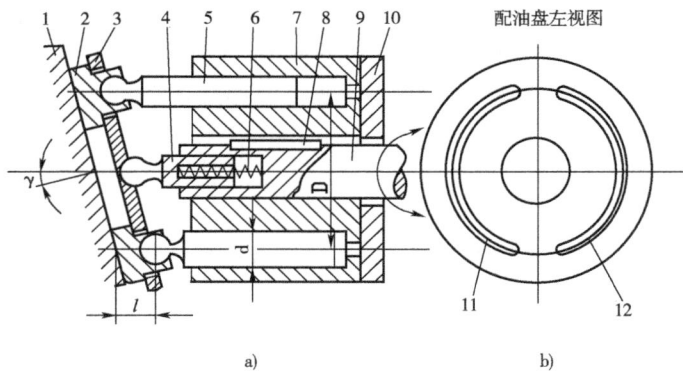

图6-7 轴向柱塞泵结构简图

a)轴向柱塞泵的工作原理；b)滑靴式柱塞

1-斜盘;2-滑靴;3-回程盘;4-套;5-柱塞;6-弹簧;7-缸体;8-键;9-传动轴;10-配油盘;11-排油窗口;12-吸油窗口

从流量公式可以看出,斜盘的倾角 r 越大,则泵的输出流量越大。

从以上几个步骤分析可知,只要改变电磁阀电流 I 的大小就可以改变柱塞泵的输出流量,且泵的输出流量与电流 I 成正比。

5. 行走方向的改变

当使另一个电磁比例阀的电磁线圈通电时,变量泵的斜盘由中立位置($r=0$)向相反方向移动,这样改变了油流方向,泵的进出油口相互交换,使液压马达反向旋转,达到改变行走方向的目的。摊铺机行驶转向,可通过操纵盘上控制转向的电位器进行控制,当摊铺机在弯道上行驶时,通过变量泵改变履带速度即 1 个履带增速,1 个履带减速,且左右速度等值增减,这样可以使摊铺机保持恒定的平均速度;当两侧履带同步反向运动时,即可原地转向。

三、液压马达变量系统

1. VOGELE S1800 摊铺机液压马达的变量

该系统由梭形阀、液压马达、伺服变量阀、变量油缸和电液比例压力阀等组成,如图 6-4 所示。

当电液比例压力阀有电流通过时,液压马达伺服变量阀芯在油压 P_k 的作用下向左移动,伺服阀芯工作于右位,于是压力油进入变量油缸右腔,油缸活塞将向左移动,通过机械联动,牵动液压马达柱塞缸体,改变其倾角 r_m,从而改变液压马达的排量 q_m,同时伴随液压马达缸体倾角 r_m 的改变,通过反馈机构,伺服阀套也向左移动,当阀套的位移与阀芯的位移相等时,液压马达的倾角将不再改变,其排量 Q_m 也相对稳定。就是说:液压马达流量的改变与液压泵流量的改变道理相同,都是随着电信号的改变而改变,二者是同步的,这样就实现了液压马达的变量功能。

2. ABG423 摊铺机液压马达的变量

ABG423 摊铺机行走液压马达变量与 S1800 摊铺机有所不同,该机行走液压马达为双速马达,即液压马达的斜盘有两个工作位置,通过变换斜盘的位置,即可改变液压马达的排量,如图 6-8 所示。

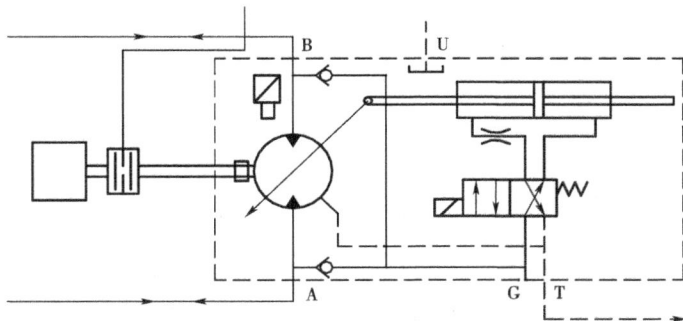

图 6-8　ABG423 摊铺机行走液压马达变量原理图

斜盘的控制油缸由一个二位四通电磁换向阀控制,当电磁阀不通电时两位四通阀处于右侧位置,斜盘控制油缸右腔进油、左腔回油,油缸活塞向左移动,推动斜盘反时针偏转;当电磁阀通电时二位四通阀处于左位,则油缸拉动斜盘顺时针偏转,斜盘固定于另一个位置。这种控制只有两个位置可调。所以,当斜盘处于倾角较小的位置时,液压马达的排量小,则液压马达转速高,相当于行驶挡的位置;反之,当斜盘处于倾角大的位置时,液压马达排量大,则液压马达转速低,相当于摊铺挡的位置。

第四节　供料控制系统

摊铺机供料系统的作用是:将料斗内的沥青混合料向后输送到螺旋摊铺器通道内,然后向两侧输送,保证熨平板前部始终有足够的混合料。供料系统由接收料斗、刮板输送器、螺旋摊铺器以及控制机构等组成。

一、料斗

料斗设置在车的前部,用于承装自卸车卸下的混合料,由两个受液压缸控制翻转的翼斗组成。其操作由操纵盘上的开关控制,并通过电磁阀和液压缸操纵。

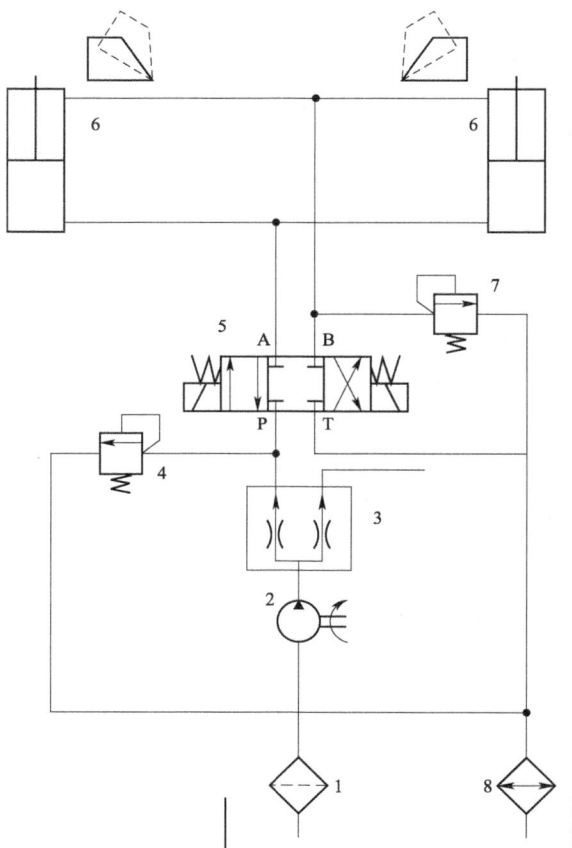

图6-9　VOGELE S1800 摊铺机料斗液压系统原理图
1-过滤器;2-液压泵;3-分流阀;4、7-溢流阀;5-电磁换向阀;6-料斗油缸;8-冷却器

1. 料斗液压控制系统工作原理

如图6-9所示,泵2为三联泵之中的1个齿轮泵,压力油从泵2到分流阀3,从一出口流出至电磁换向阀5,经换向阀5的换向后,去往左右两个液压缸的上腔或下腔。当给电磁换向阀5左侧的电磁线圈通电时,换向阀处于左位,4个油口的相互通断情况是:P与A通,B与T通,表明压力油从P口进入后从A口流出,流向左右两液压缸的下腔。同时两液压缸上腔的液压油从换向阀的B口到T口流回油箱。这时压力油推动活塞向上移动,活塞杆伸出,使料斗举起;同样,当给右侧的电磁线圈通电时,换向阀处于右位,换向阀4个油口的形式是:P与B通、A与T通,这时压力油从P口到B口流出,进入油缸的上腔,下腔压力油从A口到T口流回油箱,此时压力油推动活塞向下移动,活塞杆回缩,使料斗放开。溢流阀4和7分别在活塞杆伸出和缩回时起到限定系统最高压力的作用,其中溢流阀7的调定压力比溢流阀4低。

2. 料斗电控系统

VOGELE S1800 摊铺机料斗控制系统如图6-10所示,当准备收起或放下料斗时,需用手扳动操作台上扳钮开关(不闭锁),向上或向下按住扳柄,使开关S接通其中的一条供电线路,此时料斗换向电磁阀 MV/B 或 MV/A 的驱动回路为：

熔断器 F14→继电器 G 接线柱→继电器内触点→继电器 G87a 接线柱→按钮开关 S→2 ┌①
　　　　　　　　　　　　　　　　　　　　　　　　　　　　　　　　　　　　　　　└②

①2→1→34 号线→2×1 接线板→34 号线→接线板 40→13 号线→电磁线圈 MV/B→12 号线→搭铁；

②S→2→3→35 号线→2×1 接线板→35 号线→接线板 41→15 号线→电磁线圈 MV/A →14 号线→搭铁。

当松开扳钮开关时,扳柄自动回复中位,处于图示位置,去往两电磁线圈的电路都被切断,换向阀处于中位,料斗油缸将停止动作。

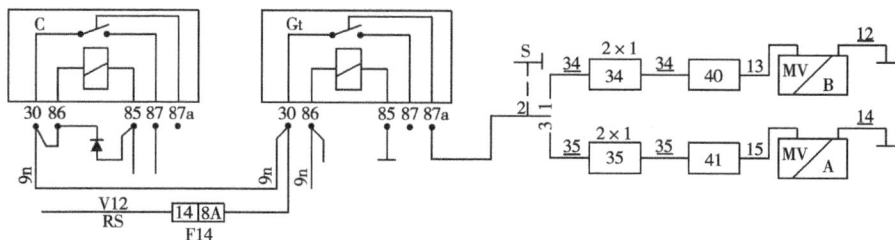

图 6-10　VOGELE S1800 摊铺机料斗控制电路

二、刮板输送器

刮板输送器是一套链传动装置,它安装在料斗的底部,通过刮板的循环运转,将料斗内的混合料连续地向后输送给螺旋摊铺器,一般摊铺机都有两排刮板输送链,由液压马达驱动运转,由电磁液压阀控制刮板的工作,刮板输送器的控制有手动和自动两种控制方式。

刮板输送系统主要由刮板驱动液压泵、液压马达、行星减速器、传动链条、刮板输送链条等主要部件组成。刮板输送器控制系统主要由料位拍、料位传感器和电磁控制阀等电气元件组成。刮板控制有开关式和比例式两种控制方式。VOGELES1800 摊铺机和 VOGE-LES2500 摊铺机采用比例式控制,ABG423 摊铺机采用的是开关式控制。开关式控制是简单的控制方式,它只能控制刮板的"开"或"关"两种状态,当刮板输送器输送的材料超过设定的供料量时,料位传感器将此电信号输送给电控装置,使刮板输送器停止供料;当输送的材料少于设定的供料量时,料位传感器又发出信号,打开供料系统各工作装置,重新供料,使刮板供料系统自动处于一定范围内的供料状态,使供料系统连续稳定工作。

1. 刮板输送器的电气控制系统

图 6-11 为 ABG423 摊铺机供料电控系统电路图,其控制原理是：S13 为扳钮开关,设置在操作台面上,用于左侧刮板输送带的控制,有三个预选工作模式。

Ⅰ——中间位置：刮板输送带停止运转；

Ⅱ——左侧位置："MAN"手动控制；

Ⅲ——右侧位置："AUTO",自动控制。

当将 S13 扳向左侧"MAN"(手动)位置时,继电器 K13 通电,触点 3 与 5 闭合后,电磁线圈 Y7 有电流通过,则左侧的刮板控制阀工作,使刮板液压马达带动刮板输送链不停地循环运转；当将 S13 扳向右侧时,料位传感器 S41 和按钮开关 S53 串接在继电器 K13 的电路中。

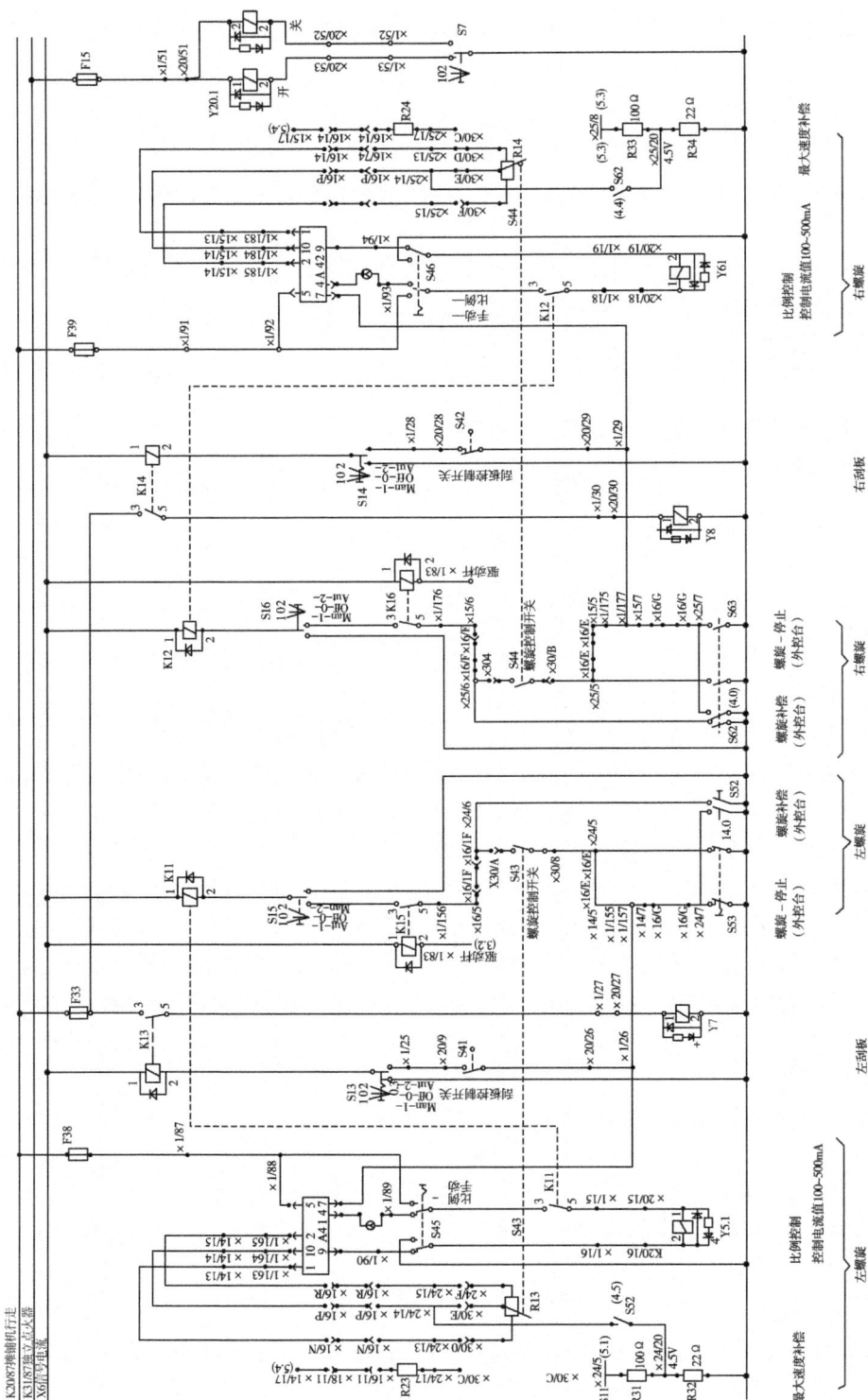

图 6-11　ABG423 摊铺机供料系统电路图

S53 设置在熨平板左外控制台上,用于停止左侧输送带的运行,S53 为动断式拉拔开关,正常工作状态下,线路是连通的,当输料量不多时,料位传感器的触点是闭合的,电路导通,继电器 K13 的触点 3 与 5 闭合连通,使刮板电磁控制阀线圈 Y7 通电,控制刮板输送器运转;当输送带传送的料量达到设定的料量时,通过料位拍的摆动,使料位传感器闭合的触点 S41 分开,继电器 K3 因此断电,使原来闭合导通的触点 3 与 5 分开断电,则电磁线圈 Y7 也同时断电,这时刮板输送器停止工作。

按钮开关 S52 置于熨平板左侧外控制台上,作用是控制左侧送料(刮板输送器和螺旋摊铺器)装置,用于补偿料位传感器对左侧输送带和布料器的运转控制,并使左侧输送带和布料器高速运转,不过应预先将作用于输送带的扳钮开关 S13 和作用于布料器的扳钮开关 S15 置于"AUTO"(自动)位置。

按钮开关 S62 置于熨平板右侧外控制台上,用于控制右侧送料装置,其控制原理与左侧相同。

2. 刮板输送器的液压控制系统

刮板输送器的液压驱动系统由液压泵,电液溢流阀、液压马达、电磁换向阀、溢流阀和单向阀等组成。图 6-12 为 ABG423 摊铺机刮板液压系统原理图。

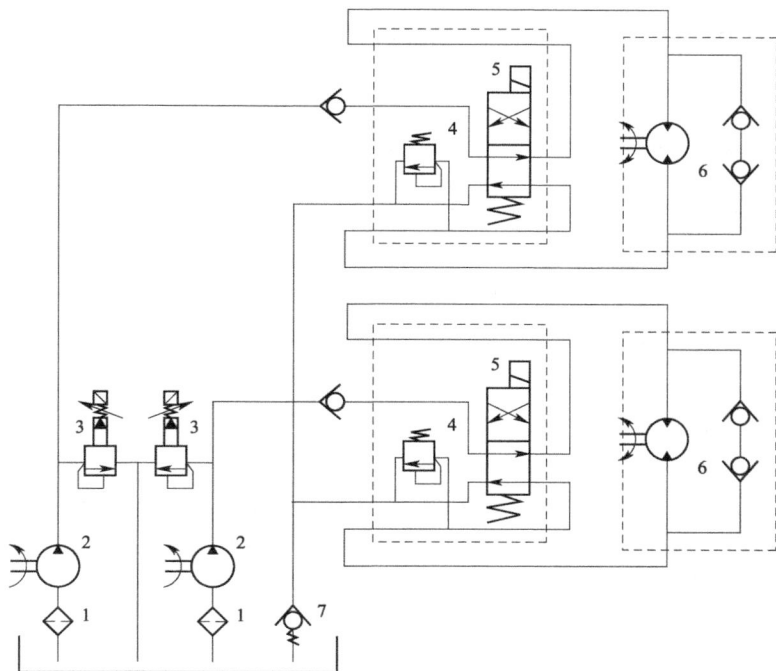

图 6-12 ABG423 摊铺机刮板输送器液压系统原理图
1-过滤器;2-液压泵;3-电磁溢流阀;4-溢流阀;5-电磁换向阀;6-液压马达

其工作原理是:当控制刮板输送带工作的按钮开关 S13 或 S14(见图 6-11)置于工作位置时,电磁溢流阀通电后,关闭卸荷油路,液压泵提供的压力油全部去往液压马达,供液压马达转动,并带动刮板输送器工作,此时,系统的最高工作压力由电磁溢流阀 3 调定;停止刮板输送带时,需将按钮开关 S13 或 S14 置于中间断开的位置,则电磁溢流阀 Y7 或 Y8 因断电而使溢流阀处于非工作状态,液压泵供给的压力油经溢流阀卸荷流回油箱,液压马达处于非工作状态。因此,刮板输送带的工作与否是由电磁溢流阀来控制的。

两位四通电磁换向阀是用于变换液压马达的旋转方向的,给电磁阀通电,变换二位阀的位置,使液压马达的进出油口互换,就可实现输送带的反向运转。反向运转时,系统的最高压力由溢流阀4调定,此压力低于正向运转时的溢流压力。

电磁溢流阀的结构原理:图6-13为ABG423摊铺机刮板电磁溢流阀的构造图,该电磁溢流阀由溢流阀、锥体式单向阀以及外控电磁线圈组成。其前部为溢流阀主阀,中间部分为先导式锥阀,后部为电磁阀芯推杆;电磁线圈套装在推杆阀套上。主阀芯前端活塞中心开设很细的阻尼油孔,与压力油路P相通,主阀前端颈部圆锥面上开有出油孔,与回油管路T相通。

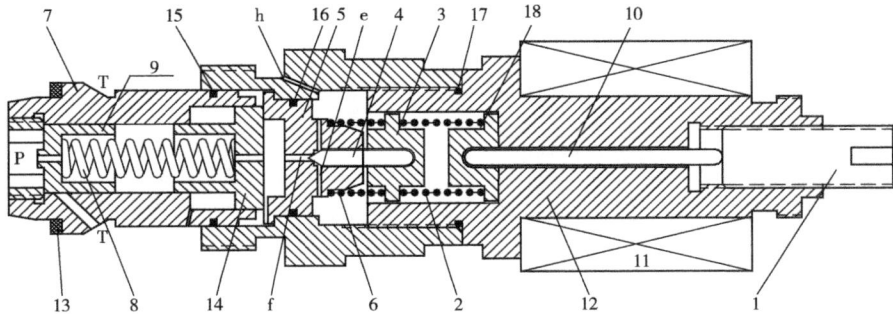

图6-13　ABG423摊铺机刮板电磁溢流阀的构造图

1-调压螺杆；2-调压弹簧；3-弹簧座；4-锥阀；5-锥阀座；6-弹簧；7-主阀体；8-主阀芯复位弹簧；9-主阀芯；10-推杆；11-电磁铁；12-后阀体；13-铜垫；14-弹簧座；15、16、17-O型密封圈；18-弹簧座

当供料开关置于工作位置时,电磁线圈通电后产生电磁力,将阀芯推杆10推向左侧,压靠在右弹簧座3上,通过调压弹簧2和左弹簧座3进行力的传递,最后将锥阀4压紧在锥阀座5的座孔上,阻尼油道e因此关闭,油液停止流动。主阀芯两端压力相等,压力差为零,这时主阀芯在复位弹簧8的作用下回复到原来的关闭位置,溢流阀两侧的进油腔P与回油腔T隔断,使溢流阀的卸荷油路关闭,压力油全部流往液压马达,使刮板输送器运转。

当供料开关置于停止位置时,电磁溢流阀的电磁线圈断电,推杆10在调压弹簧2的回复力作用下处于自由状态,锥阀4也因失去推力而离开锥阀座5,阻尼油道f的通路打开,此时油液从f通道经e通道至泄油通道h流出,最后流回油箱。同时,前腔压力油P从主阀芯阻尼油道进入中部弹簧腔后,因小孔的阻尼作用,压力有所下降,使主阀芯两侧产生压力差,在这个推力作用下,前端主阀芯9克服复位弹簧8的弹力,向里侧移动,这时回油孔T被打开,压力油P由此流回油箱卸荷。

当系统工作压力P由于某种原因升高,超过限定压力时,使作用在锥阀上的液压力大于调压弹簧2的弹力,锥阀打开,压力油P经阻尼孔f、通道e及泄油孔h流回油箱,因此,主阀芯打开,压力油P溢流,使系统压力降低,当压力降低于正常值时,锥阀又关闭,从而主阀芯9也关闭,溢流停止。因此,它对系统起到了一种安全保护作用,避免了由于油压力过高对液压元件造成损坏。

调压螺杆1与电磁线圈阀芯推杆10接触,它用于调整溢流压力。用平口螺丝刀往里旋转调压螺杆1时,通过右弹簧座3、调压弹簧2以及左弹簧座3,使作用在锥阀4上的推力增加,这样,打开锥阀 4 所需的液压力也相应增加;反之,往外旋转调压螺杆 1 时,打开锥阀 4 所需的液压力下降,亦即溢流压力降低。

三、螺旋摊铺器

螺旋摊铺器又称作布料器或搅笼,螺旋摊铺器的作用是将刮板输送到车体后部的混合料,再向左右两侧输送。螺旋摊铺器通常为左右两侧独立工作,左侧螺旋叶片为左向螺旋,右侧为右向螺旋,两根螺旋轴旋向一致。螺旋轴的旋转由液压马达驱动,液压马达输出的动力,经两级行星减速器减速后,通过链条传动带动同侧的搅笼旋转。

螺旋供料液压系统通常采用变量柱塞泵作为动力原件。由于变量柱塞泵具有无级改变排量的特点,因此,布料速度可以在调定范围内无级变化,工作中可以按料堆积的多少成比例地调整供料速度。

1. 螺旋供料电控系统

1)操作与控制

螺旋供料电控系统与刮板控制一样,也分为"自动"控制和"手动"控制两种控制方式。当把控制开关置于"自动"控制位置时,螺旋摊铺器和刮板输送器的工作与行驶操作杆联动,当行驶操作杆处于行驶或停车状态时,螺旋与刮板也自动处于相同的工作状态。

摊铺机刚开始工作时,应首先采用手动操作,使螺旋摊铺器和刮板输送器开始运转,待螺旋通道内聚集了足够的材料后,再转换到"自动"供料控制方式。全自动比例式控制是目前高等级摊铺机广泛采用的控制方式,比例式控制的传感器是根据供料量的多少,感应出强弱不同的电信号,以此控制变量液压泵或液压马达,使液压泵或液压马达的排量成比例地变化,并最终改变螺旋摊铺器的转速。当搅笼供料量达不到设定值时,料位传感器发出增加螺旋摊铺器转速的电信号,使螺旋摊铺器供料量增加并达到设定值;反之,当螺旋供料量超过设定值时,料位传感器发出减少螺旋摊铺器转速的电信号,使螺旋摊铺器供料量减少直至符合设定值。德国生产的 VOGELE S2500、S2100 和 ABG423、S1800 摊铺机等采用比例式控制供料方式,S2500 和 S1800 的料位传感器为接触式的电位传感器,而 ABG423 摊铺机采用非接触式的超声波传感器。超声波传感器是近几年开发的一种新型的传感器,它与普通(料位拍)传感器的区别是不直接与摊铺材料接触,它安装在螺旋摊铺器两端的上方,以传感器到两端材料的距离作为检测值,当螺旋摊铺器分布到通道两端的材料过少或过多时,则料位传感器到摊铺材料的距离发生变化,其实测值大于或小于设定的检测值,此超声波传感器立即发出电信号,降低或增加螺旋摊铺器的转速,使螺旋通道内的材料稳定在适当的储量上。

2)电控原理

如图 6-11 所示,ABG423 摊铺机螺旋供料电控系统的控制分为"手动"和"自动"两种控制方式。

(1)手动控制。使用手动控制时,应将操作台上的扳钮开关 S15、S16 都扳到"手动"(Man)位置,并将左右布料器工作模式开关都扳到"最大"位置。此时,继电器 K11 和 K12 通电,使左右搅笼泵的电磁线圈 Y5.1 和 Y6.1 电路连通,搅笼泵开始工作,使螺旋布料器以最大转速运转,左侧搅笼柱塞泵比例电磁阀 Y5.1 由控制器 A41 控制,右侧搅笼柱塞泵比例电磁阀 Y6.1 由控制器 A42 控制,左右驱动回路相同。采用手动控制时,搅笼只能以一个最大的速度运转,此时传感器信号对控制系统不起作用。

电磁阀的驱动回路是:

熔断器 F38、F39→工作模式开关 S45、S46→电磁线圈 Y5.1、Y6.1→工作模式开关 S45、S46→电源负极。

(2)自动控制。使用自动控制时,应将操作台上的扳钮开关 S15 和 S16 都扳到"自动"(Auto)位置,将工作模式开关 S45 和 S46 置于"比例"(PROP)位置,同时,行驶操作杆向前置于"行车"位置,此时,继电器 K15、K16 常开触点闭合。以右侧搅龙控制回路为例,继电器 K12 的回路是:电源 X6→继电器 K12→S16 自动→K16 触点(闭合)→S44→S63→电源负极。

继电器 K12 通电后,使通往搅笼泵电磁线圈的线路构成回路,那么右侧的驱动回路是:

A42 接线柱 4→S46(比例)→K12 触点 3、5→电磁线圈 Y6.1→S46(比例)→A42 接线柱 8。

左侧搅龙控制回路的控制方法与右侧相同。此时,流入电磁线圈的电流受传感器的电位器 R14(或 R13)的控制,根据位传感器所测得供料量的多少,而发出强度不同的电信号,经控制器 A41 和 A42 处理后,将该信号输送给电磁线圈 Y5.1 和 Y6.1,并按相应的比例关系,使搅笼供料速度与检测到的实际储料量匹配。

2.螺旋摊铺器的液压控制系统

1)螺旋变量泵的变量控制

图 6-14 为 ABG423 摊铺机的螺旋供料液压系统原理图。该机采用变量泵——定量液压马达控制搅笼的转速。它利用电液伺服阀改变柱塞泵斜盘的倾角,进而改变柱塞泵的排量,来变换搅笼液压马达的转速。

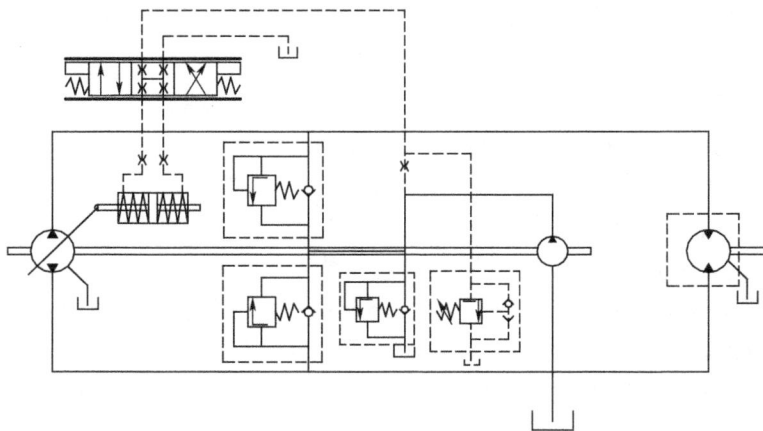

图 6-14　ABG423 摊铺机螺旋供料液压系统原理图

下面介绍一下搅笼柱塞泵的电液伺服控制阀的工作原理:

该阀为四通滑阀,阀芯的动作由左、右两个电磁线圈控制。如图 6-15 所示,当给左侧的电磁阀通电后,电磁铁芯推动四通滑阀芯右移相应的距离,则原来封闭的油道被打开,使压力油从进油口 P 经 b 口到 Y2 口进入斜盘控制油缸的一腔,而另一腔的油液则从 Y1 口至回油腔 T 回油。这时,斜盘操纵油缸移动 X 距离。油缸移动的同时带动电液伺服阀的反馈拨叉以及阀芯一起同向移动,当移动 X_0 距离后,阀芯将阀体上的进、出油口切断,使四通滑阀

处于初始位置,操纵油缸停止移动。根据伺服阀的工作特点,只要改变电磁线圈输入电流的大小,斜盘的倾角就发生相应的变化。如果给右侧的电磁阀通电,则阀芯向左移动,操纵油缸反向移动,斜盘也自然地反向偏转。当两个电磁阀都不通电时,由于四通滑阀的中位机能为 H 型,因此斜盘控制油缸的两腔通过四通滑阀都与回油管路连通,控制活塞处于中间位置,斜盘倾角为零。因此,通过料位传感器输入电流的大小,就可以实现对搅笼的调速。

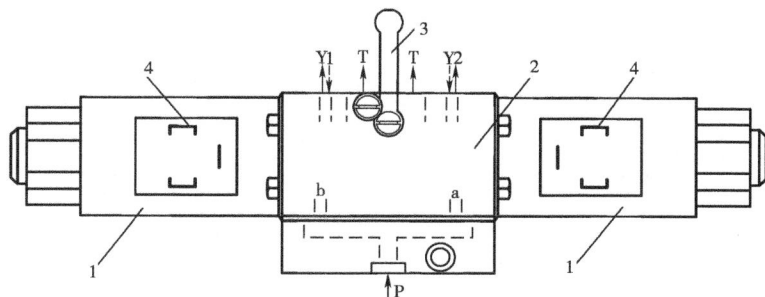

图 6-15　ABG423 搅龙泵电磁伺服阀

1-电磁铁;2-阀体;3-拨叉;4-电线插头;P-进油口;a、b-进油口;Y1、Y2-出油口(连接斜盘控制油缸);T-回油口

2)变量泵斜盘中位的调整

由于斜盘的倾角关系到搅笼的转速和正反转,因此,在搅笼停止工作时,必须使斜盘处于零度角的位置,斜盘的中立位置是由电液伺服阀的反馈拨叉来调整的。

反馈拨叉用偏心轴固定在阀体上,一端与阀芯连接,另一端插装在斜盘油缸体凹槽内,偏心轴外端可用平口螺丝刀拧动旋转。如果拨叉未处于中位,那么即使调速旋钮置于"0"位上,四通阀芯也不能处于中位,促使压力油去往伺服油缸,使斜盘有一个正倾角或负倾角,那么搅笼液压马达就会自动出现转动的现象,可能是正转也可能是反转,为使反馈拨叉处于中位可采用下述方法进行调整:

(1)启动发动机,使发动机处于额定转速,将搅笼工作开关置于停止供料位置。

(2)找到自动旋转一侧的搅笼泵,将偏心轴压紧螺钉松开,用平口螺丝刀轻轻转动偏心轴,同时观察搅笼转动的情况,直至搅笼完全停止转动。

(3)将压紧螺钉重新拧紧。

第五节　摊铺层自动调平控制系统

沥青混凝土摊铺机依靠其浮动熨平板的自调平特性,可以改善其摊铺层的平整度。要想达到较好的平整度,需多层摊铺,这不符合设计和实际要求;另外,熨平板自调平是有限的。为了弥补熨平板自调平能力的不足,现代的摊铺机上都设有自动调平控制装置,它是在浮动熨平板自调平作用的基础上,根据摊铺层上平整度的变化,调节熨平板大臂牵引点的重直高度,即改变熨平板的工作仰角,随时增减摊铺层厚度,使摊铺路面的平整度趋于设计要求。只要选择的调平基准高程准确,摊铺机就不受基层不平整的影响,而以较高的摊铺平整度工作,这就是摊铺机自动调平装置的功能。目前主要有电液式、全液压式和激光式三种方式可以实现这种功能。在这三种方式中,全液压和激光式很少使用,电液式应用最为广泛。

一、电液式自动调平系统工作原理

根据调节原理的不同，电液式自动调平装置可分为开关式、比例式和比例脉冲式三种。

1.开关式自动调平控制系统

1）基本原理

开关式自动调平控制系统的特点是根据检测偏差信号的"有"或"无"，以"开"或"关"的方式继续进行调节，调节速度恒定，它只与偏差信号的有无相关，而与偏差信号的大小无关。开关式自动调平控制系统（图6-16）主要由参考基准、纵坡传感器、横坡传感器、调平油缸、电磁换向阀及液压锁等组成。VOGELE S1800和S2500摊铺机采用的就是这种控制方式。参考基准线1是纵向架设在摊铺机侧面的张紧钢丝，如果采用一个纵坡传感器和一个横坡传感器组合，则需在使用纵坡传感器的一侧架设钢丝。如果使用两个纵坡传感器组合，则需在两侧都架设钢丝。图6-16介绍的是左侧用纵坡传感器控制、右侧用横坡传感控制的一种自动调平控制组合形式。

纵坡传感器的传感臂靠自重压靠在钢丝上，并随摊铺机滑行。纵坡传感器通过支架安装在熨平板牵引臂上或熨平板两端挡板

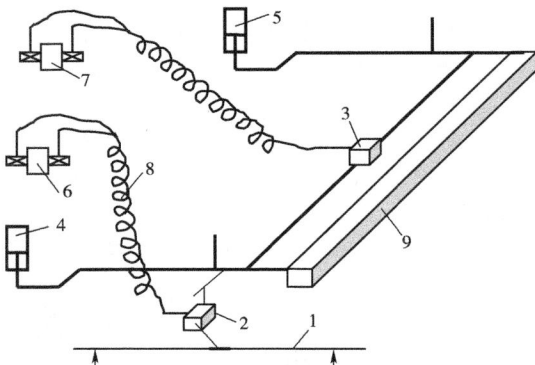

图6-16 开关式自动调平系统布置图

1-基准线；2-纵坡传感器；3-横坡传感器；4、5-左右调平油缸；6、7-左右调平油缸换向电磁阀；8-线缆；9-熨平板

上，其上下和前后位置可调节。横坡传感器安装在带减振的横梁的中央，左右两个调平油缸活塞杆的顶端铰接在熨平板牵引臂的前端，调平油缸进、回油由电磁换向阀控制，电磁换向阀的动作受控于自动调平控制器发出的指令电信号。

在摊铺过程中，由于路基高低不平而使熨平板和牵引臂产生升降时，安装在牵引臂上的纵坡传感器也随之升降，因此改变了传感臂与基准线的初始夹角。通过传感臂带动的传感器内部传感元件的转动，将高度偏差信号转变为电信号，此信号经控制器发出指令给双向电磁换向阀，促使其中的一个电磁阀工作，使换向阀通往调平油缸的油路连通，油缸的一腔进油，另一腔回油，油缸油塞杆的伸缩动作带动大臂牵引点的升和降，使熨平板的工作仰角增大或减小。直至熨平板恢复至原来的工作仰角，摊铺层达到原来的标高，传感器臂与基准钢丝线的夹角也恢复到原来的角度时，偏差信号消失，油缸调节动作停止。此时，调平油缸因液压锁的作用，使大臂牵引点处在某一高度固定不动。

2）开关式控制系统的特点

开关式控制的特点是以"开"和"关"两种方式进行调节，它根据检测偏差信号的"有"或"无"断续工作，而且调平油缸的调节速度是恒定的，不因偏差信号的大小而改变。在实际工作时，由于液压系统存在惯性，而且从信号检测，输送到电磁阀、换向阀，最后到调平油缸，熨平板仰角改变，直至摊铺厚度调整至设定值，这一系列反应过程存在一个时间差。再者，摊铺机是在行进中边检测，边调整。以上这些原因，将会造成过"调"现象，也就是说调节越过"零位"，摊铺层的厚度高于或低于设定值。这种控制系统通常将传感器设定一个调节"死

区",在此范围内传感器没有信号的输出,即系统不进行调节,当偏差超过死区后,调平系统才起作用。如果"死区"过小,调节容易冲过"死区",越过"零"点,出现过调。过调后,传感器发出反向调节信号,同样又会出现反向过调现象。如此围绕零点进行的反复调节,使系统产生振荡现象,使摊铺的路面出现"波浪"情形。为了克服以上的不足,需将"死区"设得宽些,但"死区"过大又会降低系统的调节精度。因此,这种调节方式不是十分理想的,它只用于质量要求不高的一般工程。

2. 比例式自动调平控制系统

比例式自动调平控制系统的特点是调节速度是按比例进行的。系统偏差大时,调节速度快;系统偏差小时,调节速度慢;偏差为零时,调节速度也为零,即调平装置保持在某一位置。它不会产生振荡和过调,因此不需设置"死区",其调节精度高,是一种较为理想的调节方式。但其结构精度要求高、成本高,不利于推广使用。

3. 比例—脉冲式自动控制系统

比例—脉冲式自动调平控制系统是在开关式自动调平系统的基础上改善和提高的一种新型的调平控制方式。其主要特点是在"恒速"调速区与"死区"之间增设一"脉冲区",在脉冲区内,脉冲信号随着偏差大小成比例地变化,这种变化就是改变脉冲信号的脉冲区宽度或脉冲频率,以此驱动电磁换向阀以及调平油缸工作。当偏差信号较大,越过脉冲区时,就进入正常的恒速调节区,这时电磁阀常开,调平油缸一直处于"升"或"降"的状态。在脉冲区,脉冲信号是从强到弱,调平油缸同步有节奏地动作。

自动调平换向阀通常采用高速开关型电磁阀,属于脉宽调制式。其电气—机械转换器为开关型电磁铁,它的特点是功率较小,工作频率较高。该阀的控制信号是一系列幅值相等,在每一个周期内宽度各不相同的脉冲信号。

自动调平系统在工作时,将采集到的高度偏差信号转变成电信号,输送给控制器,经控制器处理后,输出脉宽调制放大信号给换向阀电磁铁,驱动液压阀工作。作用在阀上的信号为与偏差大小成比例的脉冲信号,促使液压换向阀与之对应地进行"开"和"关"的快速切换,它以开启时间的长短来控制流量,电磁阀只要打开就基本全开,因此,它不属于油液流量调节阀,而是通过调节脉宽的大小,在某一时间段内对油液的通过量进行的总量控制。

有效脉宽 t_p 与采样周期 T 的比值称为占空比,即:脉宽占空比 $= t_p/T$,占空比决定了系统调节速度的快慢。

它表征采样周期内输入信号的幅值,相当于平均电流与峰值电流的比值,与之对应阀输出一个平均流量 q 为:

$$q = (t_p/T)q_n c_d A \sqrt{2\Delta p/\rho}$$

式中:t_p——有效脉宽;

T——采样周期;

q_n——额定流量;

A——流通面积;

c_d——流量系数;

Δp——压差;

ρ——液体密度。

1）自动调平电控系统

（1）自动调平的控制电路。

图 6-17 为 ABG423 摊铺机自动调平系统电路图，该系统有手动和自动两种控制方式。在摊铺机工作开始前对熨平板仰角的调整或摊铺过程中临时进行的厚度大幅度的调整，通常采用手动方式。在正常的摊铺行进过程中，调平都采用自动方式。手动与自动可通过操作台上的开关 S18 进行选择。左右调平油缸的四个电磁换向阀 Y13.1、Y13.2 和 Y14.1、Y14.2 的用电由 k31/87 经熔断器 F12 供给，并受继电器 K17 的控制。

当工作模式开关 S18 位于自动位置时，继电器 K17 是否闭合受主操纵杆的控制。正常摊铺时，将主操纵杆向前推到底，则线路 k8/87 经车行驶操纵杆及继电器触点闭合导通。则继电器 K17 的供电回路为：点火开关→X6 →继电器 K17→S18 自动→K8 触点 5 与 3→电源负极，继电器 K17 触点 3 与 5 闭合后，电源 K31/87 经熔断器 F12、继电器 K17 的触点 3 与 5，向自动调平电磁换向阀的四个电磁阀圈 Y13.2、Y13.1 和 Y14.1、Y14.2 供电。

当将工作模式开关 S18 置于手动位置时，继电器 K17 的触点一直处于闭合状态，此时，通过中央控制台上的扳钮开关 S19、S20 以及两个外控台上的扳钮开关 S50、S51、S60 和 S61，即可控制四个电磁换向阀完成油缸的升降运动。

（2）熨平板的液压下沉止动锁紧—防沉锁。

在摊铺机作业中，由于摊铺材料的承载能力低，为了防止摊铺机中途停车时熨平板出现沉陷，在熨平板左右两侧动臂油缸下腔的油路上各设置一个防沉锁。通过电磁阀的动作，使阀芯处于相应的位置，控制油路的接通或切断，当摊铺机作业中临时停车时，虽然 S18 仍处于自动工作模式，但由于 S24 位于中位，电路被切断。因此，继电器 K19 不能闭合，两个防沉锁电磁阀 Y15、Y16 断电，切断了动臂油缸下腔油路将熨平板锁定在原位置固定不动。

（3）熨平板的液压上升止动锁紧—防爬锁。

当摊铺机作业中间做短时停顿时，由于布料器通道内的混合料温度的降低而增加了铺层的承载能力，这种变化会将熨平板相应抬高。为了防止这种偶然性的提高，需将熨平板的提升油缸予以临时锁紧，即在提升油缸的上腔油路上装置一个防爬锁。

（4）防沉锁和防爬锁的控制电路。

当摊铺机处于作业、临时停车和作业停止三种工作模式时，防沉锁和防爬锁电控装置的工作情况是：

①作业时：当摊铺机正常作业时，需将行驶操纵杆推向前部并将熨平板升降操纵杆 S25 置于"浮动"位置。此时，继电器 K19 的驱动回路是：点火开关→X6→K19→S25 触点 4 至 5→K8/87→电源负极。

继电器 K19 通电后，触点 3 与 5 导通，则电源 K20/87 通过熔断器 F32 向左、右两个防沉锁电磁阀 Y15 和 Y16 供电，防沉锁不起油路闭锁作用。刚开始工作时，将扳钮开关 S80 置于"ON"位置，开关触点分开，处于断路状态，防爬锁电磁阀 Y17 和 Y18 的通电与否由延时继电器 K2 控制。延时继电器 K2 通电导通，时间滞后 10s 后，触点 50 与 87 闭合导通，向左右防爬锁电磁阀 Y17 和 Y18 供电，解除闭锁状态，也就是说在起始作业前 10s 之内防爬锁起闭锁作用，10s 以后，防爬锁闭锁作用解除。若将延时解除开关 S80 置于"OFF"位置，S80 触点闭合，电路导通，由此直接为两个电磁阀供电，则延时继电器 K2 不起作用。

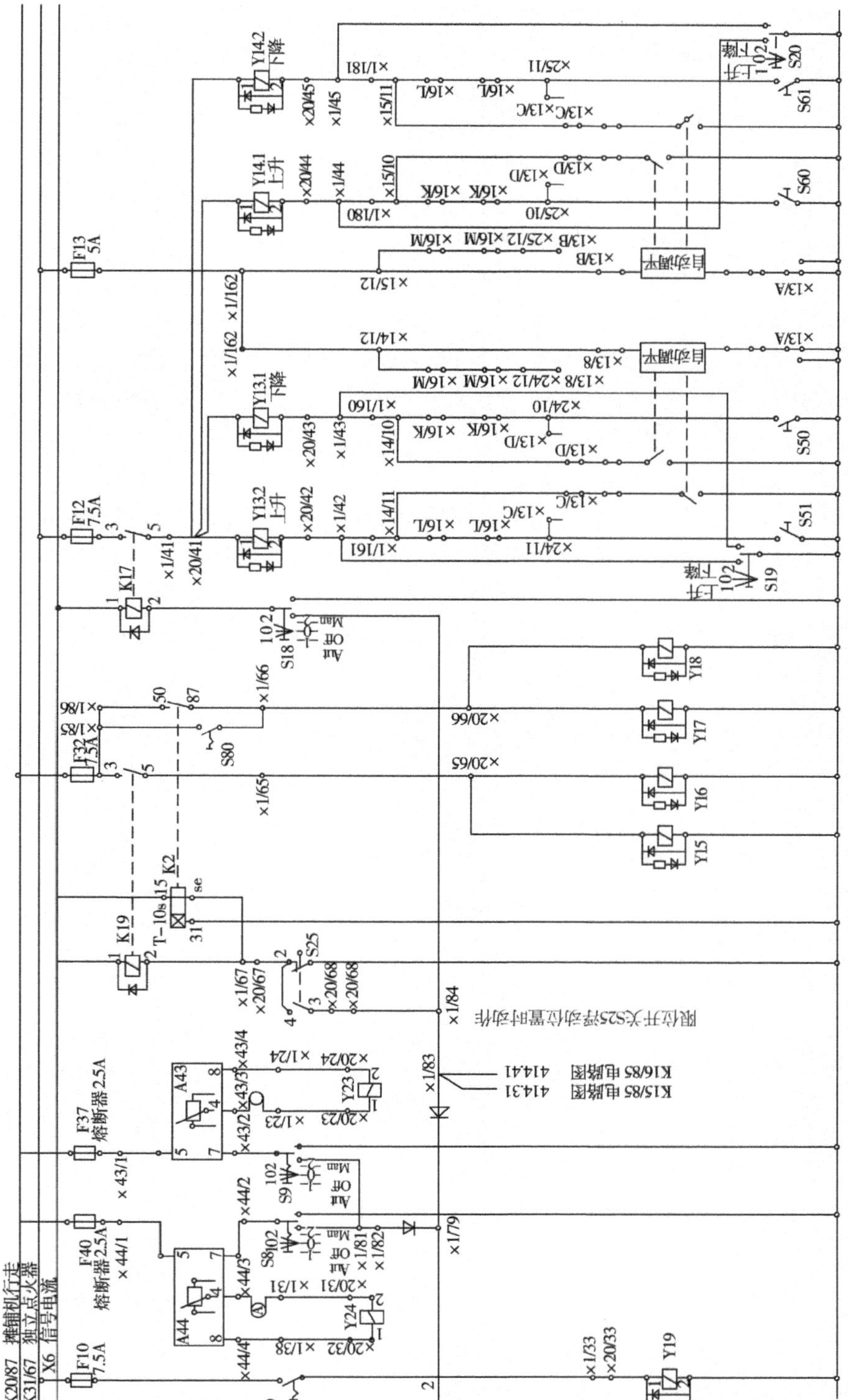

图 6-17　ABG423 摊铺机振捣、自动调平系统电路图

也就是说在正常工作中,防沉锁和防爬锁的四个电磁阀都通电,油路导通,熨平板处于浮动状态。

②临时停车:摊铺机在作业过程中临时停车时,将行驶操纵杆 S24 置于中位,熨平板升降操纵杆 S25 不动,仍处于浮动位置。此时,S25 的触点 1 与 2 断开,而触点 3 与 4 虽然闭合,但线路 K8/87 是断开的,继电器 K19 无电流通过,所以继电器 K19 的触点 3 与 5 和延时继电器 K2 的触点 50 与 87 都是断开的。那么两个防沉锁和两个防爬锁的电磁阀 Y15、Y16、Y17 与 Y18 都未通电,起闭锁作用,将熨平板固定在某一位置上。

③作业停止:熨平板升降操纵杆有 4 个位置[图 6-18a)],即上升、中位、下降和浮动,在上升、中位和下降 3 个位置,S25 处于图 6-17 所示位置,即开关 S25 的触点 4 与 3 分开,1 与 2 闭合,此时防沉锁和防爬锁都不起作用,可以进行熨平板的提升和降落的操作。摊铺机在作业停止后,行驶操纵杆置于中位,虽然线路 k8/87 是断开的,但只要熨平板升降操纵杆不在浮动位,则继电器 K19 有电流通过,两个防沉锁和两个防爬锁解除闭锁状态。

2)自动调平的液压控制装置

自动调平液压系统[图 6-18b)]一般由液压齿轮泵、溢流阀、分流阀、电磁换向阀、液压锁以及调平油缸等液压元件组成。该系统采用开式液压控制回路,回路中设有一过载保护溢流阀,限压 21MPa,当系统中出现负荷过大,压力超过 21MPa,溢流阀将开启,液压油经溢流阀流回油箱,系统卸荷。调平油缸的动作受控于电磁换向阀和液压锁,下面介绍一下双向电磁换向阀和液压锁的工作原理。

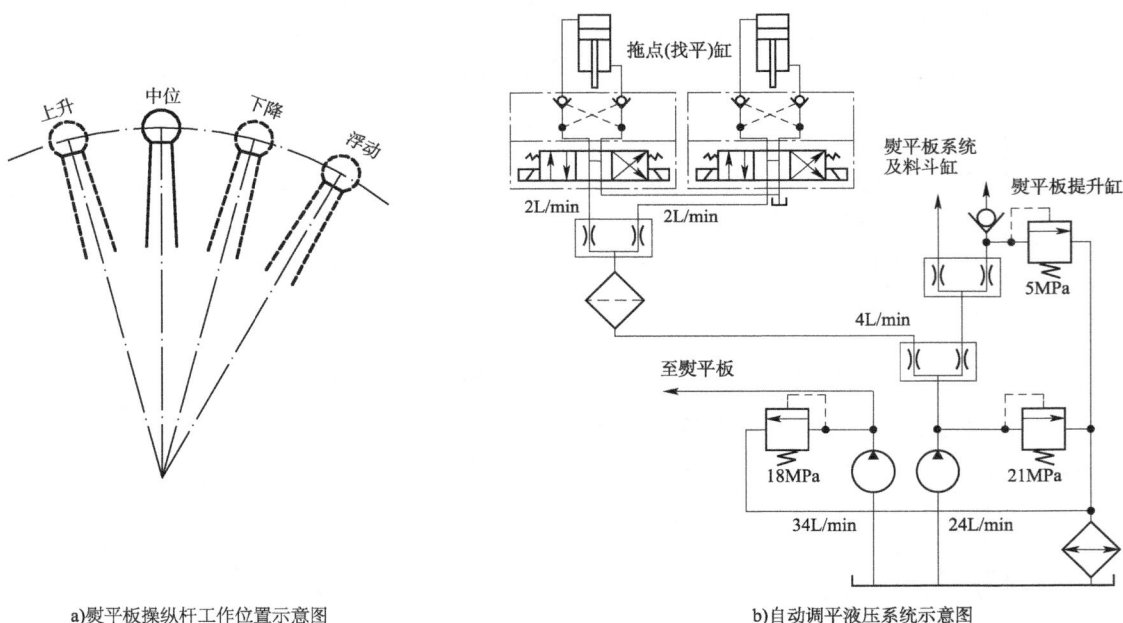

a)熨平板操纵杆工作位置示意图

b)自动调平液压系统示意图

图 6-18　熨平板和自动调平液压系统工作示意图

(1)双向电磁换向阀。

ABG 摊铺机的双向电磁换向阀,由主阀和电磁操纵部分构成,图 6-19 为 ABG423 摊铺机双向电磁换向阀的结构图,电磁操纵部分主要由电磁铁 7 和推杆 6 构成。主阀由阀体 1、阀芯 2、弹簧座 3、复位弹簧 4 等组成。阀的左右各有一个电磁铁 7,电磁铁芯中心有一个推杆,阀芯两端有复位弹簧 4,阀体下底面上开设 P、T、A、B 四个油口,此阀为"H"形的三位四通阀。其中 P 为压力油进口,它与分流阀管路相连,T 为回油出口,它与系统的回油管路相连,A 口与液压锁的 A 口相连,B 口与液压锁的 B 口相连。当左右两个电磁铁都不通电时,阀芯在左右两个复位弹簧的作用下处于中位,此时阀芯处于图示位置,三个阀芯台肩与座孔都有一定的开口量,P、T、A、B 四个油口都相通,使液压泵处于卸荷状态。

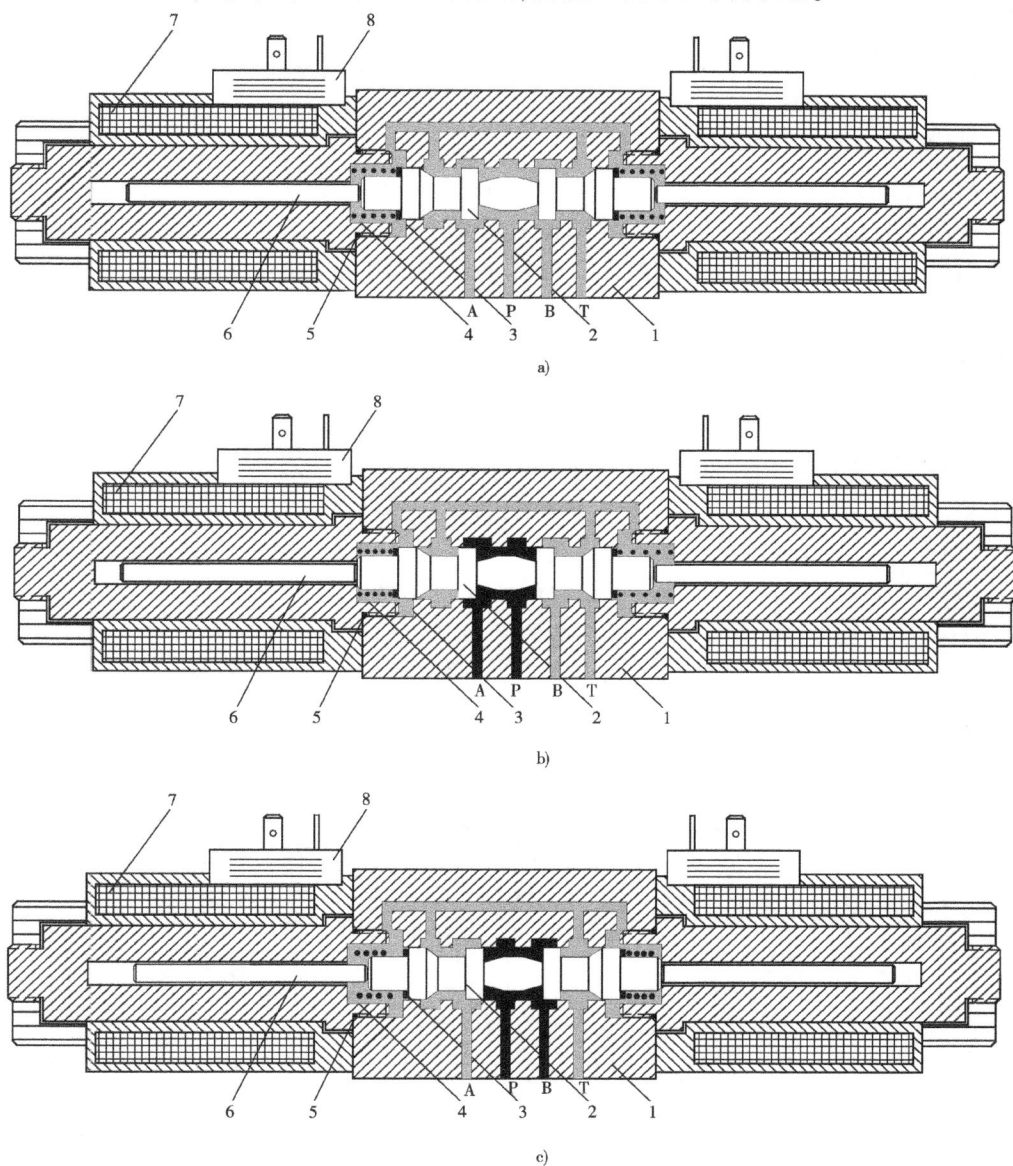

图 6-19 ABG423 摊铺机换向电磁阀结构图

a)阀芯中位;b)阀芯左位;c)阀芯右位

1-阀体;2-阀芯;3-弹簧座;4-复位弹簧;5-O 型胶圈;6-推杆;7-电磁铁;8-电插座

当自动调平系统发出指令电信号,给右侧电磁铁通电时,电磁铁产生的电磁推力使推杆6推动阀芯2左移,此时,P口与B口切断,A口与T口切断,而P口与A口相通,B口与T口相通。这样压力油从P口进入,从A口流出后进入液压锁的A口,经液压锁进入调平油缸的上腔推动油缸活塞向下移动,同时油缸下腔的油液经液压锁B口至换向阀流出,阀内油液从T口流回油箱。

同样,当左电磁铁通电时,阀芯2右移,此时,P口与A口切断,B口与T口切断,而P口与B口相通,A口与T口相通,这样压力油从P口进入,从B口流出后进入液压锁的B口,经液压锁进入调平油缸的下腔,推动油缸活塞向上移动,同时油缸上腔的油液经液压锁的A口至换向阀A口流入阀内,从T口流回油箱。

(2)液压锁。

①ABG423摊铺机的液压锁。为了使调平油缸的两腔保压,并在某一位置上锁紧定位,通常在换向阀与调平油缸之间设置一个双向液压锁,图6-20为ABG423摊铺机的液压锁,它有四个油口,其中A1口和B1口在液压锁两侧,分别与调平油缸的上腔和下腔相连,A口和B口与换向阀的A口和B口相连。另外在液压锁上还开设两个过路油孔P和T,两油口与换向阀的P口和T口对应相连,换向阀底面与液压锁顶面对应装合为一体后,使换向阀上的P、T油口与液压锁的A、B回油口对应连通。ABG423摊铺机的液压锁由两个同样结构的液控单向阀构成,其工作原理是:当来自电磁换向阀一条油路的油液从A腔正向进入该阀时,液流压力自动顶开阀芯4,使A腔与A1腔相通,油液从A腔向A1腔正向流通,进入调平油缸的上腔或下腔,同时,液油压力将中间的控制活塞5右推,顶开右阀芯4,使B腔与B1腔相通,将原来封闭在B1腔(即调平油缸的另一腔)通路上的油液经B腔排出,经换向阀B至T,最后流回油箱。反之,液压系统一条油路的液流从B腔正向进入该阀时,液流压力自动顶开右阀芯4,使B腔与B1腔相通,液流从B腔向B1腔正向流通。同时,液流压力将中间的控制活塞5左推,从而顶开左阀芯4,使A腔与A1腔相通,将原来封闭在A1腔通路上的油液经A腔排出,经换向阀A口至T口,最后流回油箱。

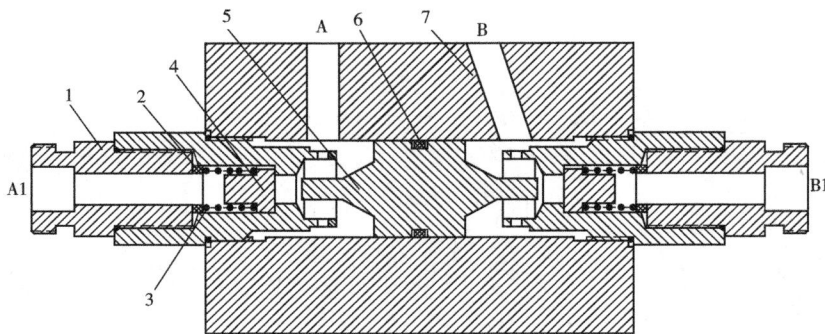

图6-20　ABG423摊铺机液压锁

1-管接头;2-垫片;3-弹簧;4-阀芯;5-控制活塞;6-密封圈;7-阀体

概括起来,液压锁的工作原理是:当一个油腔正向进油时,另一个油腔反向出油,反之亦然。其结果是:有压力油时,调平油缸可以进行上升或下降的动作。如果电磁换向阀没有接收到动作指令电信号时,由于液压泵供给的压力油在换向阀卸荷,则液压锁的A腔或B腔都没有压力油液,由于阀芯与阀座是紧闭密封的,所以 A1 腔或 B1 腔(即调平油缸的上腔和下腔)内的压力油液将被封闭在油缸内,调平油缸活塞将保持在某一位置不动,起到了自动锁紧的作用。

②VOGELE S2000 摊铺机液压锁(图 6-21)。VOGELE S2000 摊铺机的自动调平液压锁与 ABG423 摊铺机比较,其工作原理基本相同,但内部结构有很大差别。该液压锁也是左右结构对称,其工作原理是:当来自电磁换向阀的压力油 P 从油孔 A 进入时,液油压力作用在阀芯 6 和开启阀 8 的右侧端面上,使开启阀 8 和阀芯推杆克服弹簧的弹力一同左移,开启阀 8 的锥面离开阀座 10,两腔油路相通,使压力油从 a 通道进入 b 通道最后经 A1 孔流往调平油缸。同时,油液压力将中间的控制活塞 B 右推,顶开右阀芯 6,使压力油从 B1 孔 b 通道至阀芯 6 与开启阀 8 之间的空隙,最后从 B 孔流出泄油。反之,当压力油从 B 孔进入时,从 B1 孔流出,而 A1 孔的油液从 A 孔流出泄油。外弹簧 3 和内弹簧 4 分别为阀芯 6 和铜套 5 的复位弹簧,当 A 孔与 B 孔都不进油时,两弹簧推动铜套和阀芯复位,使阀芯 6 和开启阀 8 都处于关闭状态。当阀芯克服弹簧的弹力移动时,腔内的油液从 h 孔排出。当铜套移动至 h 孔处并将 h 孔全部关闭时,因液压油不可压缩的特性,阀芯将停止移动。由此可知,h 孔起到对阀芯 6 移动限位的作用。

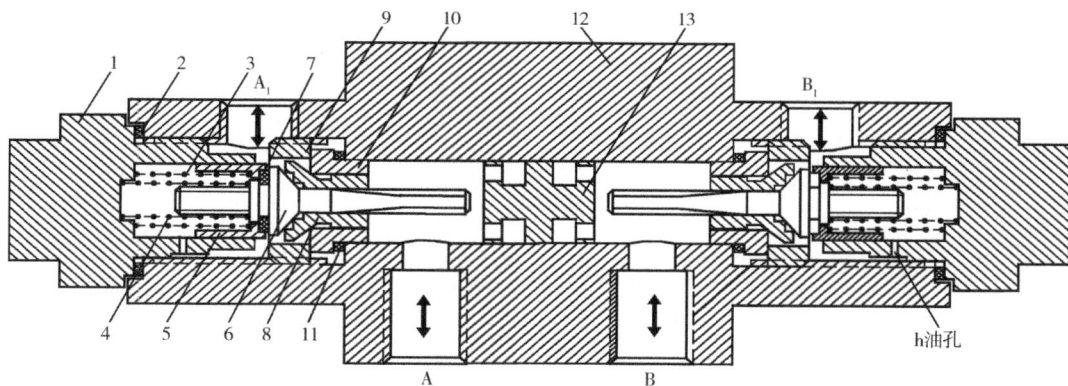

图 6-21 VOGELE S2000 摊铺机液压锁

1-阀套;2-铜垫;3-外弹簧;4-内弹簧;5-铜套;6-阀芯;7-橡胶垫;8-开启阀;9-锁母;10-阀座;11-铜垫;12-阀体;13-控制活塞

二、纵、横向控制器自动调平控制系统

20 世纪 90 年代,德国 ABG423 摊铺机和日本新潟 NFB6C 摊铺机的自动调平控制系统都采用 MOBA 横、纵坡控制器作为其控制系统的基本电气控制元件。该系统主要由横坡控制器、纵坡控制器、横坡设定手机以及连接电缆组成。一台摊铺机通常配置二个纵向控制器,一个横向控制器和一个横坡设定手机。横向控制器和纵向控制器既可分开单独使用,也可以采用"纵—纵"组合或"横—纵"组合的方式进行工作。

1. S276M 型横向控制器

横向控制器一般安装在左、右调节大臂之间的横梁上,位于主车后部螺旋分料器上方,其安装底座与横梁之间装有减振胶块,以减小控制器的振动,横向控制器配有一坡度设定手机,用来设定横向坡度,横向控制器的外形及面板如图 6-22 和图 6-23 所示。

图6-22 横向控制器外形

图6-23 横向控制器面板

图6-24为横向控制器的内部接线图。NPN型模块通过七芯卡口式插座与电源和该侧电磁换向阀电磁线圈相连。七芯插座的布置形式如图6-25，其接口表示如下，A：正电源；B：输出（向下）；C：负电源；D：输出（向上）；E：空脚；F：空脚；G：空脚。

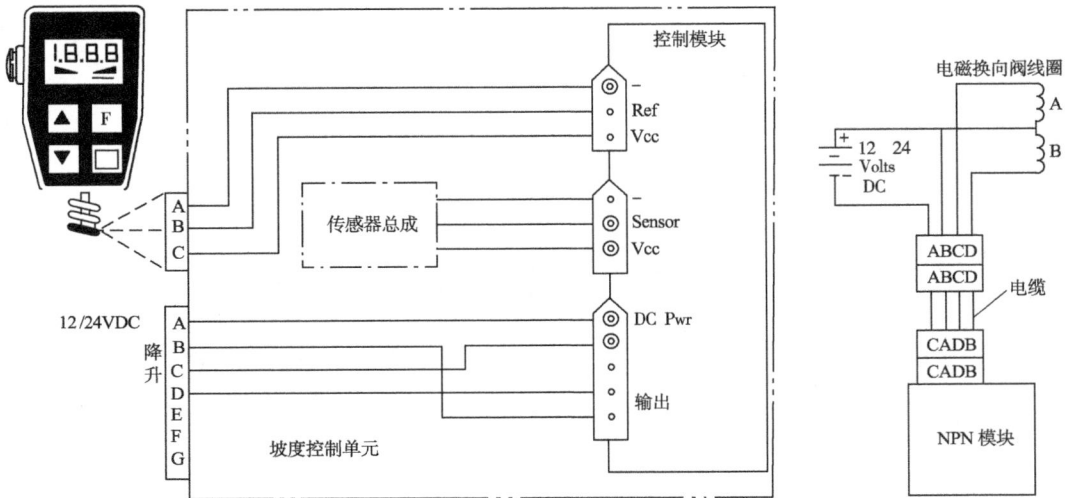

图6-24 横向控制器内部接线图

端子A和C连接电源的正极和负极，端子C和端子D控制电磁阀两端线圈的通断。当线圈A通电时，大臂牵引点下降，牵引点的运动方向由横向控制器面板上的指示灯指示，横坡设定手机与横向控制器之间通过三芯电缆和插接件相连，横坡设定手机所用的直流电源经端子A和C提供，端子B输出的为与设定的横向坡度成比例的电压信号。

摊铺机开始工作后，NPN控制模块将横坡控制器的实测坡度信号与坡度设定手机输出的预设坡度信号不断进行比较，如果坡度不符合设定值，且偏差较大不在死区内时，控制模块便以脉冲信号或连续不断信号的形式驱动电磁阀，使大臂牵引点上升或下降，直到坡度偏差位于死区内为止。

2. G176M型纵向控制器

采用接触式平衡梁作为自动调平系统的参考基准时，纵向控制器通常安装在平衡梁桁架上；采用基准绳或路面作为参考基准时，纵向控制器通常安装在熨平板两端的可调支架上，上下位置和左右位置可调节。纵向控制器的外形如图6-26所示。

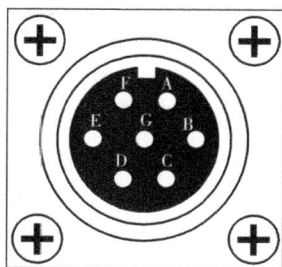

图6-25　横向控制器七芯插座

图6-26　纵向控制器
1-阀开关;2-选择开关;3、4-控制灯;5-灵敏度调节

图6-27为纵向控制器的内部接线图,其控制模块与横向控制的控制模块可互换使用。转角式传感器置于控制器壳体内,转轴伸出控制器壳体外两侧,用于连接传感臂。传感臂下端装有与参考基准始终接触的传感元件,常用的传感器元件有滑竿和滑靴两种。当采用路面等面状物作为参考基准时,用滑靴作传感元件;当采用架设钢丝绳、接触式平衡梁的张紧钢丝等绳状物做参考基准时,则用滑竿做传感元件。

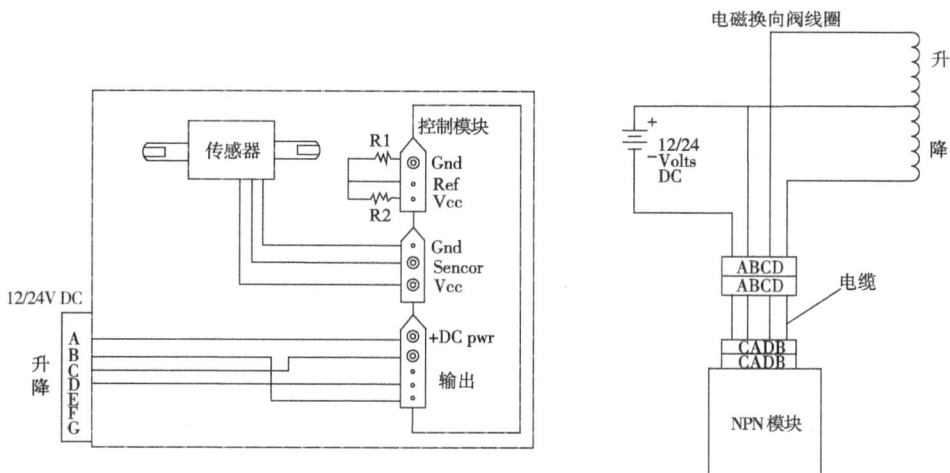

图6-27　纵向控制器内部接线图

纵向控制器与横向控制器的主要区别是高度基准电压信号已由电阻R1和R2设定好,纵向控制器的工作情况与横向控制器基本相同。

3. S276坡度设定手机

坡度设定手机用于设定工程所需的路面横向坡度调整方式。20世纪90年代的MOBA坡度设定器采用机械式设定,它靠转动侧面的调节旋钮变化计数器的数值来调整横向坡度。近几年,一种触摸键LC显示板的新型坡度设定手机取代了老式的遥控器,这种坡度设定手机操作简便、快速、灵活。见图6-22,坡度设定手机有一个LC显示板和四个调整按键,利用"上(或下)调节键"最高可使路面横向坡度调至15%,按"快速键"可使调节速度加快,按住"置零键"进行控制器的零点设置,可以进行坡度设置的调节。

坡度设置手机的零设置。横坡控制器安装就位后，将面板阀开关拨到"STANDBY"位置，把连接电缆接好后，进行以下操作：

(1)用精确的水平仪将熨平板调到水平零位。

(2)将点火开关置于Ⅰ挡接通控制器电压。

(3)将灵敏度调节旋钮拨到5的位置。

(4)用"上(或下)调节键"改变坡度设置，直到控制器面板上的上下两个指示灯都熄灭。

(5)按"置零键"一段时间，LC显示板将出现一个闪动的"上下箭头"符号，4s后，"上下箭头"符号停止闪动，保持全亮，此时可按"上(或下)调节键"设置坡度。

横向坡度的设定：

按设定手机的"上(或下)调节键"设定横向坡度，LC显示板将显示调节的坡度值，同时控制器面板上的"指示灯"将指示系统工作状态。

4. 纵、横向控制器的使用

纵向控制器和横向控制器在安装之前都应该将面板左上角上的控制开关都扳到"STANDBY"(断开)位置，将左下角的选择开关扳至所控制调平油缸的一侧(L:控制左侧，R:控制右侧)。纵、横向控制器都安装到位后，需要对控制器进行下一步调整：

1)横向控制器的调整

(1)将熨平板停放在符合施工设计铺层厚度和横向坡度的路基或木方垫块上面。

(2)将横坡控制器面板左上角的控制开关扳到"ON"位置。将点火开关置于"Ⅰ"挡为控制器供电，调节坡度设定手机的"上(或下)调节键"，直到两个控制灯全熄灭。

(3)将控制器灵敏度(即死区范围)调节旋钮调至5附近，然后锁住旋钮。

(4)用测量仪器测出熨平板的实际横坡值及方向，若实测值与设定手机LC显示板显示的数值不符，按"置零键"一段时间，当"上下箭头"符号停止闪动全亮时，按"上(或下)调节键"调整坡度显示值，直至读数和方向与实测值相同。

(5)摊铺机开始正常摊铺工作后，应随时检测铺筑路面的坡度值，如与设定值不符，应及时进行调整。

2)纵向控制器的调整

(1)将熨平板停放在符合施工设计铺层厚度和横向坡度的路基。

(2)将滑竿或滑靴装到传感臂上，使滑竿或滑靴的方向与面板面对的方向一致。此时，调节控制器支架上的调节手柄，使控制器处于平衡状态，即控制器面板上的两个控制灯全熄灭。然后，调节传感器臂上的平衡砝码，应尽量使滑竿压在基准绳上，或使滑靴压在参考路面上。

(3)将纵向控制器的"灵敏度调节旋钮"调至5附近，然后锁住旋钮。

(4)将面板控制开关拨到"ON"位置，将控制器输出接到相应的阀，系统开始工作。

(5)摊铺机开始工作后检查调平油缸的动作情况，选择最佳的灵敏度，顺时针旋转"灵敏度调节旋钮"将增加灵敏度；反时针旋转"灵敏度调节旋钮"将减少灵敏度，最终应使液压系统不出现明显的振荡现象。

三、Moba-Matic 自动找平控制系统

近几年,ABG423 摊铺机配套使用了一种新型自动找平控制装置——CAN 型 Moba-Matic 自动找平控制系统。Moba-Matic 操作系统基于先进的微处理技术,并采用 CAN 总线技术 (Controlled Area Network),使系统更安全可靠。由于采用模块化设计,因此操作简便,便于系统扩展,任何新型的传感器都可以配套使用。该系统主要由控制器、转动传感器、数字坡度传感器以及连接电缆等组成。一台摊铺机配置两个控制器、两个转动传感器以及一个数字坡度传感器。一个控制器与一个转动传感器或一个数字坡度传感器组合使用,实行单侧自动调平控制。

1. 数字控制器

1)数字控制器的功能

数字控制器为系统的核心部分,控制器有一个液晶显示屏 (LCD),一个 LED 指示灯,四个功能指示灯以及四个操作按键。如图 6-28 所示,LED 用于指示当前阀的驱动方向,它指示的方向与 LCD 的箭头方向一致,根据指示灯闪亮的情况能判断偏差的大小。功能指示分别显示自动功能、方向指示和基准绳功能显示。四个操作按键可进行上(或下)调节、手动与自动选择以及实际工作值设定。

2)通电测试

系统上电时,控制器将进行自检。此时,所有液晶显示段、LED 发光二极管、功能指示灯都会发亮约 2s。

3)传感器识别

系统上电后自检所连接的传感器,通过交替显示的方式,指出传感器的类型。

4)传感器的选择

如果几个传感器同时连在 CAN 总线上,则需要在操作菜单目录下的"传感器选择"一项,对不同传感器进行选择。

5)灵敏度设定

Moba-Matic 系统配置了不同类型传感器,灵敏度的设置各不相同,纵向传感器和坡度传感器需分别设置。采用自动控制方式时,如果系统很不稳定,则需降低灵敏度;反之,则需要调高灵敏度。调节范围是从低灵敏度 1 到高灵敏度 10,它是根据"死区"和"比例区"两参数而设置的,表 6-1、表 6-2 分别为采用开关阀和比例阀或伺服阀,纵向传感器与数字坡度传感器的灵敏度对照表。

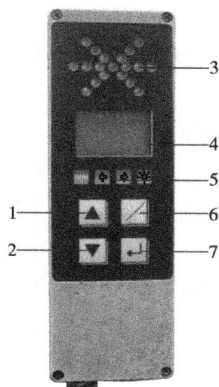

图 6-28 数字控制器面板
1-上调键;2-下调键;3-LED 指示灯;4-LCD(液晶显示屏);5-功能指示灯;6-自动/手动键;7-设定键

开关阀灵敏度对照表 表 6-1

灵敏度 SE	超声波滑靴、平衡梁、LS 250		拉绳 YOYO 传感器、转动传感器		数字坡度传感器	
	死区 bd(mm)	比例区 Pb(mm)	死区 bd(mm)	比例区 Pb(mm)	死区 bd(mm)	比例区 Pb(mm)
1	5.0	18.0	4.0	18.0	0.40	1.60
2	4.0	16.0	3.4	16.0	0.30	1.40
3	3.6	14.0	3.0	14.0	0.20	1.20

灵敏度 SE	超声波滑靴、平衡梁、LS 250		拉绳 YOYO 传感器、转动传感器		数字坡度传感器	
	死区 bd(mm)	比例区 Pb(mm)	死区 bd(mm)	比例区 Pb(mm)	死区 bd(mm)	比例区 Pb(mm)
4	3.4	12.0	2.4	12.0	0.14	1.00
5	3.0	10.0	2.0	10.0	0.10	0.80
6	2.4	8.0	1.4	8.0	0.06	0.60
7	2.0	6.0	1.0	6.0	0.04	0.50
8	1.6	5.0	0.8	5.0	0.02	0.40
9	1.2	4.0	0.6	4.0	0.02	0.30
10	1.0	3.0	0.4	3.0	0.00	0.20

比例阀或伺服阀灵敏度对照表　　　　　　　　表 6-2

灵敏度 SE	所有纵向控制		数字坡度传感器	
	死区 bd(mm)	比例区 Pb(mm)	死区 bd(mm)	比例区 Pb(mm)
1	2.2	46.0	0.18	2.10
2	2.0	41.0	0.16	1.90
3	1.8	36.0	0.14	1.70
4	1.6	31.0	0.12	1.50
5	1.4	26.0	0.10	1.30
6	1.2	21.0	0.08	1.10
7	1.0	16.0	0.06	0.90
8	0.8	11.0	0.04	0.70
9	0.6	6.0	0.02	0.50
10	0.4	1.0	0.00	0.30

2.数字坡度传感器

数字坡度传感器用于检测摊铺路面的横向坡度值,它与前面介绍的 S276M 横坡控制器一样,也安装在两调节大臂之间的横梁上,安装时应使传感器上面的箭头方向指向摊铺机的行进方向。

数字坡度传感器接口(CAN 接口):ISO11898——24V－125kB/s。

7 芯卡口式插座:A-电源＋;B-CAN＋;C-电源－;D-CAN－;E-左右回路选择;F-无连接;G-屏蔽。

数字坡度传感器的使用:

1)开机设定

数字坡度传感器和数字控制器安装就位且系统上电后,控制器将自动指出传感器的类型,LCD 交替显示数字坡度传感器的识别符号"SLO"和所控制一侧的识别符号(右侧:ri,左侧:Le)。如果传感器是第一次使用,或者更换了传感器,则必须按任意键进行确认。

2)横坡值的设定

(1)按下 A/M 键,将系统切换到手动状态,这时"AUTO"指示灯熄灭,拨动控制器的上

（或下）调节键,将熨平板调整到设计坡度的工作位置上。

（2）按住设定键设置熨平板的坡度设定值,"LCD"显示"SET","LCD"将恢复显示实际检测值。

（3）按下 A/M 键将系统切换到自动状态,"AUTO"指示灯变亮。同时,控制器上的 LCD 显示设定值,并且在数字的下方以升降箭头的方式显示偏差的控制方向。

（4）在自动模式下,按动上调键或下调键,将改变设定值,控制器将自行调节到新的设定值。

3）灵敏度的设定

在自动模式下,如果自动调平系统反应过于迟钝或者过于灵敏,则应适时地调整灵敏度。

3.转动传感器

转动传感器即纵向传感器,是利用传感器的传感元件感应参考基准面进行距离检测的装置。经常选用的参考面有基准绳、路面等,参考面应稳定可靠。转动传感器的安装及滑竿与滑靴的选用与前面介绍的 G176M 纵坡控制器的用法相同。

转动传感器的使用:

当转动传感器和数字控制器安装就位,系统上电后,控制器将自动指出传感器类型,显示"rty"符号,如果传感器是第一次使用或者是更换过的传感器,需按任意键进行确认,操作步骤如下:

（1）按动 A/N 键,将系统切换到手动状态,"AUTO"指示灯熄灭。

（2）按动控制器的上调键或下调键,将熨平板停放在工作面上。

（3）调节平衡砝码,使感应滑竿轻压在基准绳上（或使滑靴轻压在参考路面上）。

（4）轻按一下设定键,LCD 显示"SET",实际检测值将作为设定值储存起来。如果按设定键超过 1.5s,LCD 显示"SET"后将自动归零,实际检测值将作为设定值且归零。

按动 A/M 键将系统切换到自动状态,"AUTO"指示灯变亮,控制器自动将执行部件维持于设定值位置。

（5）在工作中,可通过按动上调键或下调键调节设定值校正偏差。

（6）按动 A/M 键将系统切换到手动状态,控制器将停止输出。

（7）在自动模式状况下,如果系统反应过于迟钝或者过于灵敏,则应适当地调整灵敏度。

四、非接触平衡梁自动调平控制系统

非接触平衡梁自动调平控制系统是一套高精度的自动调平控制装置,目前广泛使用的是丹麦 Mine-Line 摊铺机非接触平衡梁,Mine-Line 摊铺机非接触平衡梁由二个控制器、八个声呐传感器及四组平衡梁组成,它使用微处理技术控制摊铺机调平油缸的动作,利用超声波测距原理,在摊铺机两侧路面上方一定高度处共布置八个声呐传感器,以地面为基准,连续不断地检测距离信号,并与设置的零基准信号进行比较,由控制器发出调整指令信号给相应一侧调平电磁阀,从而改变摊铺层厚度。

1. 非接触平衡梁自动调平控制系统的主要控制元件

1）声呐传感器

声呐传感器由传感器主体和温度补偿杆构成。传感器发射超声波作为感应信号，超声波的频率为200kHz，周期为5μs，声呐传感器的视角为7°。

由于声呐传感器发出声脉的速度以及碰到参考物体后返回的速度会受到周围空气温度的影响，空气温度越低速度越慢，温度越高速度越快。因此，在传感器前部设置一个温度补偿杆，以此作为声呐传感器的物理参考来校准声音的速度，清除由于沥青路面上空气温度大幅度变化引起的误差。

2）控制器

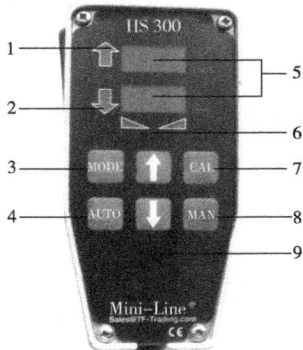

图 6-29　HS300 型控制器面板
1-上调指示灯；2-下调指示灯；3-功能键；4-自动键；5-LED 显示屏；6-上调键；7-设定键；8-手动键；9-下调键

HS300 型控制器的面板上有两个 LED 显示屏，两个方向指示灯和六个触摸键。图 6-29 为 HS300 型控制器外形图及控制面板。上面的一个 LED 显示屏显示高程等数字，下面的 LED 显示屏显示故障代号或声呐传感器的数量等，上、下箭头指示灯分别表示调平油缸的驱动方向，"AUTO"灯亮时，表示系统采用自动模式工作。

2. 安装

当摊铺机左右两侧都采用非接触平衡梁进行自动调平控制时，每侧各装两套平衡梁，短平衡梁安装在大臂前部，长平衡梁安装在大臂后部，并跨越熨平板。通常靠前的三个声呐传感器是以下一层路面为基准。声呐传感器基座安装到平衡梁上后，调节平衡梁上下位置，使基座离地面约50~75cm 高度，安装声呐传感器时，应使同一侧有四种不同颜色（红、黄、紫、白）标记的传感器。近几年，丹麦 TF 公司推出一种通用型的声呐传感器，标记为绿色，该传感器可与红、黄、紫、白传感器一起使用，但同一侧不能同时使用两个通用声呐传感器。

声呐传感器和控制器的主要连接电缆为六芯和十芯接头，各线表示如下。

六芯：A(红色)为电源；B(黑色)为搭铁；C(蓝色)为上升；D(白色)为下降；E(紫色)为通信线；F(黄色)为通信线。

十芯：A(黑色)为搭铁；B(红色)为电源；C(蓝色)为上升；D(白色)为下降。

平衡梁内电缆为四芯线（ABEF），前后平衡梁之间连接电缆为六芯线（ABCDEF），十芯接头电缆为四芯线（ABCD），十芯接头与摊铺机电源插座连接。

3. 校准

校准就是用控制器设置工作零基准，在手动和自动模式下都可以进行校准。

1）手动模式下的校准

当 HS300 控制器在手动模式下时，按 CAL 键，声呐传感器将当时的高程信号输入控制器锁定高程，以此作为工作的零基准。

2）自动模式下的校准

在自动模式下按 CAL 键，则原零基准值变更至相应的值，此时只是在控制器和显示屏上显示数值的变化,而不会控制熨平板的高程。

4.控制器的操作与调整

1)灵敏度

灵敏度反应声呐信号变化率的快慢程度,在手动和自动模式下都可以进行调整,操作方法是:按 MODE 键,则下面的 LED 显示灵敏度代表字母 SEN,上面的 LED 显示灵敏度的数值,灵敏度的数值可以从0.0调节到10.0,通常灵敏度值设为5.0。

2)工作窗口

工作窗口的作用是去除声呐视野范围内不合逻辑的传感信号。此时,控制器面板上的下面的一个 LED 显示"OOO"以控制电磁阀,直到不在范围内的信号消失。工作窗口只能在手动模式下调整,在自动模式下可调,调整方法是:在手动状态下,同时按 MODE 键和 CAL 键,此时,下面的 LED 显示工作窗号代表符号【】,上面的 LED 显示数值,调节范围为 15 ~ 100mm。使用不同类型的传感器,选用的工作窗口也各不相同,通常选用的工作窗口数值如下所示。

平衡梁:55 ~ 60mm;

接缝单声呐传感器:25mm;

G198 角位移传感器:25mm。

3)脉宽

脉宽用于衡量液压反应程度。通常对一台摊铺机而言,将脉宽一次调整合适后,就不需进行多次调整了,脉宽的调整方法是:在手动状态下,同时按 MODE 键和 MAN 键,则下面的 LED 显示脉宽的代表字母 PUL,上面的 LED 显示数值,数值的调整范围是 1 ~ 10。一般 ABG、VOGELE 摊铺机设置为2,DEMAG、DYNAPAC 摊铺机设置为 2 ~ 4,各数字对应的数据是:1 表示 50ms,2 表示 100ms,3 表示 150ms,……,10 表示 500ms。

4)传感器死区

传感器死区决定系统觉察出声呐传感器信号的公差宽度。死区的调整方法是:在手动的状态下同时按 CAL 键和 MAN 键,则下面的 LED 显示死区代表字母 db,上面的 LED 显示数值。调节范围为 1 ~ 10mm,数值越大,公差越低。在使用平衡梁摊铺中面层时,一般用 3mm,在摊铺上面层时,一般用 2 mm 或 3mm,采用单声呐或角位移传感器接缝用 2mm。

第六节　其他控制系统

一、加热系统的控制

加热摊铺机熨平板有燃气加热和电加热两种形式。德国 ABG423 和日本新潟 NFB6C 摊铺机采用燃气加热,VOGELE 系列摊铺机采用电加热。燃气加热的优点是温度上升快,制作成本低;缺点是火焰集中处温度较高,容易引起熨平板的局部变形。电加热的优点是受热部位温度均匀,操作简便;缺点是温度上升慢、结构复杂、制作成本高。图 6-30 为 VOGELE S1800 摊铺机熨平板电加热系统电路图。当对熨平板加热时,将操作台上的旋钮开关 16 扳向右侧工作位置,电路导通,D-L2 继电器电磁线圈通电常开触点吸合,则继电器 A1、A2 的回路是:2F16→rt→DL₂30-87→继电器 A1、A2→搭铁,继电器 A1、A2 通电后,三对常开触点 1 与 2、3 与 4 及 5 与 6 闭合导通,三相交流发电机向外输出 L1、L2 和 L3 三相交流电,供给加热电阻。

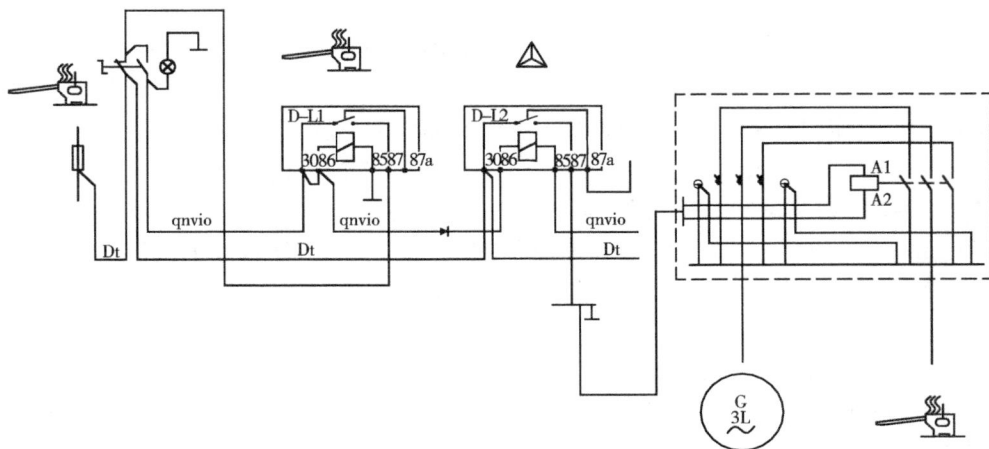

图 6-30　VOGELE S1800 摊铺机熨平板电加热系统电路图

二、熨平板振捣器和振捣梁的控制

为了使已摊铺的材料具有一定的密实度,在摊铺机熨平装置上设有振捣梁和振捣器。

振捣梁又称作"夯锤"或"捣刃",安装在熨平板的前部,与偏心轴相连接。液压马达驱动偏心轴旋转,带动振捣梁产生向下的振捣运动,其冲程一般为 3 ～ 12mm,频率为 23 ～ 30Hz,振捣梁的作用是对摊铺材料预捣实。

振捣器设置在熨平板的底部,由液压马达驱动,通过偏心轴旋转的冲击力,使熨平板底板产生振动来实现对熨平材料的振捣。振捣频率是无级可调的,一般为 40 ～ 70Hz。振捣器的主要作用是辅助振实和整形熨平。

下面以 ABG423 摊铺机为例介绍振捣器和夯锤的电控系统。见图 6-2 和图 6-17,振捣器和夯锤有电控和手控两种工作模式,通过操作台上的扳钮开关 S8 和 S9 选择来实现电控和手控转换。振捣器和夯锤的振动频率,是通过旋转操作台上的电位器 A44 和 A43 调整电磁阀 Y24 和 Y23 的电流大小来进行调节的。

当操作台上的紧急停止开关 S47 动作时,振捣器和夯锤与其他装置一起停止运动。因为 S47 开关切断了振捣器、夯锤和其他工作装置的电控系统的供电。

当发动机启动后,点火开关 S1 置于 1 挡位置,这时蓄电池 G2 的电流从熔断器 F1 至点火开关 S1,然后从 15 接线柱分为两路:一路经紧急停止开关 S47 到紧急切断继电器 K20,使其触点 3 与 5 闭合;另一路至电源继电器 K31,构成回路,使其触点 3 与 5 闭合。即将工作时,按下释放紧急停止开关 S47,则电流自熔断器 F2、K31 的触点 3 与 5、继电器 K20 的触点 3 与 5、继电器 K21 的触点 3 与 5、X1/207、熔断器 F40 和 F37,最后到振捣旋转电位器 A44 和夯锤旋转电位器 A43。通过选择开关 S8 和 S9 为振捣器电磁阀 Y24 和夯锤电磁阀 Y23

供电。

停止工作时,将点火开关置于 0 挡位置,继电器 K31 和 K21 都断电,其触点 3 与 5 断开,K20/87 线路断电,使振捣器、夯锤和其他工作装置都处于停止状态。重新开机工作时,由于释放紧急停止控制按钮 S49 的触点常开,继电器 K21 未得电,此时摊铺机的振捣器、夯锤和其他工作装置不能工作。如要恢复正常工作,需按下 S49,使其常开触点闭合,此时,电流经紧急切断继电器 K20 的触点 3 与 5、释放紧急停止控制按钮 S49、自锁继电器 K21,到电源负极构成回路,使 K21 的常开触点 3 与 5 闭合,使控制电路 K20/87 导通,得以正常工作。松开释放紧急停止控制按钮 S49 后,S49 触点断开电流不再由此经过,而流经继电器 K20 的触点 3 与 5、X1/207接点、X1/206 接点至自锁继电器 K21,仍然使其触点 3 与 5 处于闭合状态。

当手动/自动的选择开关 S8 和 S9 置于手动(MAN)位置时,旋转电位器 A44 和 A43 一直通电,转动操作台上电位器 A44 和 A43 的旋钮,改变比例电磁阀 Y21 和 X23 输入电流的大小,就可以改变振捣器和夯锤液压马达的转速;当选择开关 S8 和 S9 置于中间位置(OFF)时,电磁阀 X24 和 Y23 的回路断路,因此振捣器和夯锤都停止工作;当选择开关 S8 和 S9 置于自动(AUT)位置时,振捣器电磁阀 Y24 和夯锤电磁阀 Y23 通过 S8 和 S9 经过 X1/79 接点至继电器 K8 触点 3 与 5 构成回路,而 K8 触点 3 与 5 的闭合,受到行驶操纵杆 S24 的控制。只有将 S24 向前推至"前进"位置时,其触点 3 与 03 闭合,继电器 K8 得电触点 3 与 5 闭合后振捣器和夯锤方可工作。

复习思考题

1. 摊铺机供电电路中的 24V 电压启动、12V 电压供电是如何实现的?

2. ABG423 摊铺机上常用的仪表和报警装置有哪些?

3. 绘简图说明行驶控制系统的基本组成。

4. 对照图 6-4 说明 VOGELE S1800 摊铺机行走液压系统原理。

5. 简述液压泵变量控制系统工作原理,并解释"只要改变电磁阀电流 I 的大小就可以改变柱塞泵的输出流量,且泵的输出流量与电流 I 成正比"。

6. VOGELE S1800 和 ABG423 液压马达变量系统有何不同?

7. 简述摊铺机接收料斗、刮板输送器和螺旋摊铺器工作原理。

8. 摊铺机自动调平系统有哪几种类型,它们各有何特点?

9. 简述比例脉冲式自动调平装置工作原理。

10. 简述纵-横向控制器、Moba-Matic 和非接触平衡梁自动调平控制系统的组成及特点。

第七章 压路机控制技术

知识目标

1. 解释双钢轮压路机和轮胎压路机控制技术的作用及特点;
2. 描述双钢轮压路机和轮胎压路机液压系统的组成和原理;
3. 描述双钢轮压路机和轮胎压路机电气系统的组成和原理;
4. 识别压路机的类型,压路机型号含义,压路机的传动方式及特点;
5. 识别液压系统和电气系统中各个元件的符号及含义。

能力目标

1. 进行双钢轮压路机行驶和振动操作,进行部分双钢轮压路机蟹行操作,进行轮胎压路机行驶操作;
2. 进行液压系统和电气系统分析。

第一节 概 述

压路机是公路、铁路、机场、大坝、港口等工程施工的关键设备,由于其运行状况直接影响工程施工质量与速度,历来为工程施工单位所重视,尤其是 21 世纪以来,我国公路、铁路交通事业发展迅猛,因此国内压路机制造业获得了快速的发展。压路机的作用是使沥青混凝土、水泥混凝土、稳定土(灰土、水泥加固稳定土和沥青加固稳定土等)以及其他筑路材料的颗粒处于紧密状态和增加它们之间的内聚力,以提高他们的强度、不透水性和密实度,防止因受雨水、风雪侵蚀以及运输车辆荷载作用而产生沉陷破坏。因此,压路机是工程建设中不可缺少的机械之一。为了提高路面的强度和密实度,压路机生产企业在不断地设计新的产品,施工企业(压路机使用单位)不断地引进新产品,以满足日益增大的车流量、车荷载对路面质量的新要求。

一、压路机发展现状及技术水平

1. 国外压路机发展现状及技术水平

目前,国际著名的压路机制造厂有德国宝马格、瑞典戴纳派克、美国英格索兰、德国悍马、瑞士安迈、日本酒井、美国卡特彼勒、德国伟博麦斯等。另外,德国劳森豪森、美国德莱赛等也曾大量生产压路机。

随着微电子技术向工程机械的渗透,国外压路机日益向智能化和机电液一体化方向发展。自20世纪90年代以来,国外压路机进入了一个新的发展时期,即在广泛应用新技术的同时,不断涌现出一些新产品和应用一些新结构。继完成提高整机可靠性任务之后,技术发展的重点在于增加产品的电子信息技术含量和智能化程度,提高产品的系列化、标准化和通用化水平,改善驾驶人员的工作条件,向节能、环保方向发展。为了全方位地满足不同用户的需求,国外工程机械在朝着系列化、特大型化方向发展的同时,已进入多用途、超小型化、微型化发展阶段。在国际上,代表现代压实技术水平和发展方向的主要有 BOMAG、DYNA-PAC、Ingersoll-Rand、HAMM(悍马)和 SAKAI 等公司及其产品。

国外压路机技术水平主要表现在 GPS 的应用、智能压路机的发展、压实工况的在线检测、振荡压实技术的应用、特种压实滚轮和特种压实机械的发展等方面。

2. 国内压路机现状及技术水平

目前我国主要压路机生产企业有三一重工股份有限公司、中联重科股份有限公司、徐工科技股份有限公司、一拖(洛阳)建筑机械有限公司、夏工集团三明重型机械有限公司等,能够生产 0.5~30t 振动压路机、4~25t 静碾压路机和 16~30t 轮胎压路机等规格品种较为齐全的系列产品,年产销量已超过 20000 台,相当于世界总产量的 13% 左右,基本适应了国内的市场需求,并有少量出口,成为世界压实机械重要的使用和产销大国。

国内静作用光轮压路机仍然有 1500 台的年需求量,占市场总量的 20% 左右并呈现出下滑趋势;而振动压路机主要以液压驱动为主,占市场总量的 30% 左右;全液压驱动的振动压路机因其可靠性好和作业效率高而得到越来越广泛的应用,产销量正逐年上升,目前大约占市场总量 70% 左右,其中,进口或合资品牌产品占 40% 左右。

近年来,国内压路机主要生产企业逐渐具备开发生产高技术水平全液压振动压路机的能力,广泛采用进口发动机、闭式液压系统、振动轴承、橡胶减振块等,使产品可靠性、耐用度等方面有了较大幅度提高;并且通过对引进技术的消化和吸收,在智能化、新型压实原理和技术、GPS 技术和压实技术应用软件等方面进行了一系列研究与开发,使得我国压实技术和产品得到了长足的发展。可以预测,利用十余年时间,我国必将由一个压实机械研究和制造"大国"逐步发展成为一个"强国"。

二、压路机发展趋势

随着市场竞争的日趋激烈和技术的高度发展,现代压路机的结构更趋先进,技术性能更趋完善,可靠性进一步提高,附加功能增加,零部件制造和装配工艺得到进一步改善,操作控制系统向全电液和电子监控方面发展,驾驶向舒适性、方便性方向发展,整机给人以赏心悦目的感觉。现代压路机发展有如下趋势:

1. 全液压传动和全电液控制

液压传动具有过程平稳,操纵灵活、省力等优点,并且为自动控制创造了条件。特别是压路机的行走驱动采用静液压系统,可以大大提高压路机的压实效果。全轮驱动压路机的滚轮既是行走装置又是作业装置,可以减少对压实材料的拥推作用,避免产生拱坡与裂纹等缺陷。

2. 技术性能和参数匹配进一步优化

调频调幅性能使得频率和振幅达到最佳组合成为可能,压实滚轮的分配质量与激振力的匹配更趋合理,全轮驱动、剖分式振动轮、蟹行机构等,这些都是改善机动性能、提高压实效率和质量的保证。

3. 智能化

如德国 BOMAG 公司采用的密实度检测管理系统,由自动变幅压实系统(BVM)、变幅控制压实系统(BVC)、全球定位系统和沥青管理系统(ASPHALT MANAGER)、压实管理系统(BCM)等部分组成。在对压路机控制和机械压实状态实施监测的基础上,压路机将实现全面自动化,达到压实作业的最优控制。机器可以按照土质的变化情况不断调整自身各项参数(振动频率、振幅、碾压速度、遍数)的组合,自动适应外部工作状态的变化,使压实作业始终在最优条件下进行;可以应用机载计算机系统对工作过程进行监测,对机器技术状态进行监控、报警及故障分析等。

瑞典 DYNAPAC 公司开发的土石方压实(Comp Base)和沥青路面压实(PaveComp)施工方案软件具有过程预测及智能选型和施工工艺选择功能。Comp Base 软件中包括了 DYNAPAC 公司压路机在 7 种土方材料上的压实性能,确定土方类型后,选择需要的设备型号,就能获得在一定铺层厚度下达到规定密实度(标准或修订普氏值)所需的碾压遍数,这样施工企业就能够计算出在规定时间内完成压实所需的设备数量。PaveComp 施工方案软件能够根据施工条件提供熨平板,摊铺机和压路机的型号,还应根据材料温度、气温、时间条件提供的碾压速度、频率和振幅,以及碾压遍数进行选择,从而有效地指导压实。Comp Base 和 Pave Comp 都建立在 IHCC 丰富的"经验数据库"基础上,与实际施工有极高的吻合性。这些振动压路机过程计算机仿真软件可模拟滚轮与土壤相互作用的动力学特性,根据给定的土壤条件,选择不同的机型和施工工艺,并对方案进行比较和优化。

4. 防滑转控制系统

如德国 HAMM 公司 3625HT 型压路机配置的防滑转控制系统,可防止钢轮或轮胎在上、下坡或恶劣工况下打滑。该机采用先进的自动滑转控制(ASC)差速系统,通过监视所有轮胎和钢轮的转动情况,自动平衡各行走驱动扭矩,实现最佳牵引力分配,从而达到提高爬坡性能和确保压实效果的目的。BOMAG 公司称,其装备有防滑转控制系统的 BW213、BW225 高爬坡性能机型可在 68% 的坡道上安全行驶。另外,未来压路机的发展还考虑了以下几方面因素。

1) 环保要求

采用电喷柴油发动机,降低废气污染排放;减少各种油料的消耗;采用可循环利用的材料制造零部件等。DYNAPAC 公司最近推出了一款 CC722 双钢轮压路机,采用具有最新环保技术的柴油发动机,备有 167kW 的强劲动力,配有电子喷射及空气后冷装置,使得发动机具有非常低的排放,电子控制装置可以有效地解决发动机在不同工况时出现的各种问题;使用可以自然降解的液压油,而且用量仅需 50L 左右。

2）人性化设计

如美国凯斯（CASE）公司生产的压路机采用流线型、大倾角的外形设计；宽敞的操作平台单独安装在设备上，减少了噪声和振动，驾驶环境更为舒适；消声器隐藏在后部发动机罩下，有效减少了来自机器后部的噪声和热量；双侧上车设计和可左、右旋转的减振式操作椅，独特的倾斜式发动机后罩使得能见度最大化；只需一个控制杆控制前进和后退，所有的控制开关由一个可锁防护罩保护；独特的动力上掀式后盖，使得在地面上就可以对燃油滤芯、油位计、油管、空气滤清器、冷却剂室等进行维修检查，站在后部保险杠上可以方便地检查发动机等部位。这些人性化的设计，使得操作和保养机器变得异常简便，大大降低了劳动强度和工作量。

3）各种辅助装置齐备

配备辅助装置的主要作用是实现一机多用，主要表现在单钢轮机型可方便拆装的凸块壳、双钢轮机型的切边轮、压实度在线检测系统、沥青表面温度检测装置等。这些辅助装置，进一步改善了压路机的适应性和压实质量等。同时，各种特殊用途的压实机械也应运而生，进一步扩大了压实机械的应用领域。

4）公司个性化特点更加突出

无论是外观造型、色彩设计，还是大量专有技术的应用，使得各公司产品特性鲜明，成为人们识别的最直观的标志。

三、压路机新技术

1. 智能压实系统

安装智能压实系统的振动压路机，能够根据土壤特性的变化状况，自动调节振动频率和振幅，最具代表性的产品是 BOMAG 公司首创的智能压实系统。这种智能压实系统，可以使振动轮在垂直与水平振动的两个极限之间的任意状态下工作。在碾压低密实度材料时，振动轮在垂直方向输出最大激振力；当材料的密实度增加时，激振力的输出相对于垂直方向有一个夹角，此时振动的激振力可分解为垂直与水平两个方向的分量，垂直方向的有效振幅相应减小；在碾压高密实度材料时，振幅的输出为水平方向，垂直方向为零。

这种智能压实系统能够自动选择与被压实材料的密实度状况相匹配的振幅，从而消除了铺层材料的压实不足和"过压实"的现象，提高了压实均匀度；同时消除了振动轮的"跳振"现象，避免压碎粗集料。该系统有手动和自动两种模式，手控时有六个挡位的垂直振幅（从零到最大）可供操作人员选择；当压路机改变运行方向时，智能系统还可使激振力的方向随之自动切换，从而提高了压实质量。

2. 多边形振动压实钢轮

振动压实钢轮设计成非圆柱形，即六边形或八边形，在整个宽度方向上分 3 ~ 5 段错位布置。这种压实钢轮相当于有一系列交错排列的凸点和平整的冲击面，在振动压实过程中，同时具备振动、搓揉、冲击的作用效果。可以说，它有机地结合了振动压路机与冲击压路机的双重压实特点。

3. 剖分式振动压实钢轮

振动压路机在碾压过程中进行侧向位置转移时，是利用前进与后退过程中配合转弯实现的。对于整体式振动压实轮，很容易对松软的铺层材料产生较大的推移作用，在碾压轮的前、后方形成材料堆积，造成压实后的表面存在裂纹和拱包现象。

剖分式振动钢轮就是将整个碾压轮从中间"一分为二"，利用振动机构、回转轴承等将两个半轮连接起来。当转向时，由于压实轮的两边滚动阻力方向正好相反，使得两个半轮反向旋转，起到一种自动"差速"的效果，大大减小了转向阻力，即碾压轮对材料的推移作用，从而有效保护压实表面质量。

4. 自动滑转控制系统

自动滑转控制系统即防滑转控制系统，可以防止钢轮或轮胎在上、下坡或恶劣的工况下打滑。在压路机的行走驱动液压系统中，采用先进的滑转自动控制（ASC）差速系统，通过监测所有轮胎和钢轮的转动（转速）状况，自动平衡各行走驱动机构的输出转矩，以此来提供最佳牵引力分配，提高爬坡性能，确保压实效果，一般可以使压路机的爬坡能力超过 50%。BOMAG 公司称，其装备有防滑转控制系统的 BW213、BW225 高爬坡性能机型，可在 68% 的坡道上安全行驶。

5. 无人驾驶技术

利用自动控制技术和无线遥控装置可以实现振动压路机的无人驾驶，如国防科技大学与湖南江麓机械厂研制的无人驾驶振动压路机。该机包括振动式压路机本体、自动控制测控单元、无线遥控装置和自动报警安全保护装置等部分。在机械结构上除继承和保持了引进的德国 VIBROMAX 公司 W1102D 压路机的先进技术外，还新增了自动驾驶作业系统，系统按模块化设计；采用了智能移动机器人高科技和国际上振动式压路机的先进技术，提供了远距离遥控、自动编程控制和人工驾驶三种操作方式。

在压路机上应用无人驾驶技术，使得压路机能够根据施工的要求，自主完成点火、起步、变速、转向、倒车、停车等基本操作，并能根据施工地面的软硬程度调整振动等级，有效地提高施工效率和压实质量。由于不需要人工操作，所以不用考虑操作人员的劳动强度，可最大限度地增大振动幅度，达到提高施工质量的效果，因此非常适合水泥大坝、高速公路、铁路、机场、港口等大型工程施工，尤其适合在危险环境和极限条件下作业。

6. 闭环数字转向蟹行系统

传统的双钢轮振动压路机普遍采用铰接式转向，转向不灵活且转弯半径大，蟹行量小，易产生辙痕。随着技术的发展，目前先进的双钢轮振动压路机车架为刚性整体结构，采用两个独立的中心枢轴，前后轮分别围绕各自的枢轴旋转（图7-1），这样双轮转向可以获得较小的转弯半径，在狭窄的地带作业仍然有很好的机动性能，可实现真正的蟹行作业。但为了实现轮子和车架的快速方便对中，就要采用闭环数字转向控制，如 DYNAPAC、BOMAG、HAMM、ABG 等。

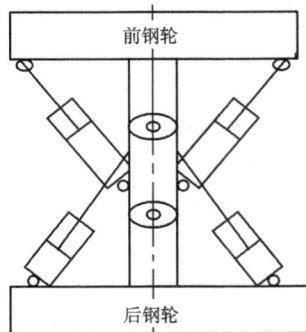

图7-1　双枢轴压路机转向系统结构图

7. 振动轴承鼠袋式润滑

振动轴承采用鼠袋式润滑，具有强制冲洗冷却的功能，延长了轴承的使用寿命。

第二节 双钢轮压路机控制技术

一、YZC12 双钢轮压路机液压控制系统

YZC12 型压路机采用全液压传动(图7-2)。液压系统包括行驶液压系统、制动液压系统、振动液压系统以及转向蟹行液压系统。

1. 行驶系统

行驶液压系统采用斜盘式轴向柱塞泵和两个斜轴式柱塞马达并联组成的闭式回路,为了保证闭式回路的正常工作,系统还集成了伺服阀、多功能阀(高压溢流阀、单向补油阀)、压力切断阀、补油溢流阀和冲洗阀。

1)多功能阀

多功能阀包括高压溢流阀和单向补油阀。高压溢流阀的功能是当系统油路压力高于该溢流阀的设定压力时溢流,以保护系统中的元件,高压溢流阀的设定压力为40MPa。单向补油阀的功能是向系统低压侧补油,以弥补因冲洗阀的冲洗放出的液压油和系统泄漏损失的液压油,避免泵吸空,产生负压。

2)压力切断阀

当高压溢流阀即将动作时,压力切断阀将使改变排量的伺服油缸朝向减小排量方向移动,避免高压溢流阀长时间溢流而导致油温升高。压力切断阀的设定压力为38MPa。

3)补油溢流阀

补油溢流阀用于维持系统的补油压力,补油溢流阀的设定压力为2.4MPa。

4)冲洗阀

将主油路低压侧的部分液压油流入油箱,去进行冷却和过滤,然后由单向补油阀补回油路。和单向补油阀一起维持主油路液压油的交换。压路机工作时,通过改变驱动泵手动伺服手柄的角度来控制泵斜盘的摆角,改变泵的输出流量的方向,以改变压路机的行驶速度和方向;变量柱塞马达通过外加的控制阀来控制斜轴摆角,使马达在最小排量和最大排量之间切换,使压路机具有两挡、无级调速以适应行驶、压实等不同工况的要求。

2. 制动系统

为了确保 YZC12 压路机的工作和行车安全,制动系统设有行驶制动、驻车制动和紧急制动三种方式。

1)行驶制动

行驶制动采用液压制动,通过控制行驶操纵杆来实现。行驶操纵杆由工作位置回到中位时,行驶泵给行驶液压马达的流量逐渐减少至零,行驶液压马达停止工作,压路机停止行驶。

行驶制动的减速度由操纵手柄回中位的时间来控制,制动平稳,对路面冲击小,常在压路机作业换向时使用。

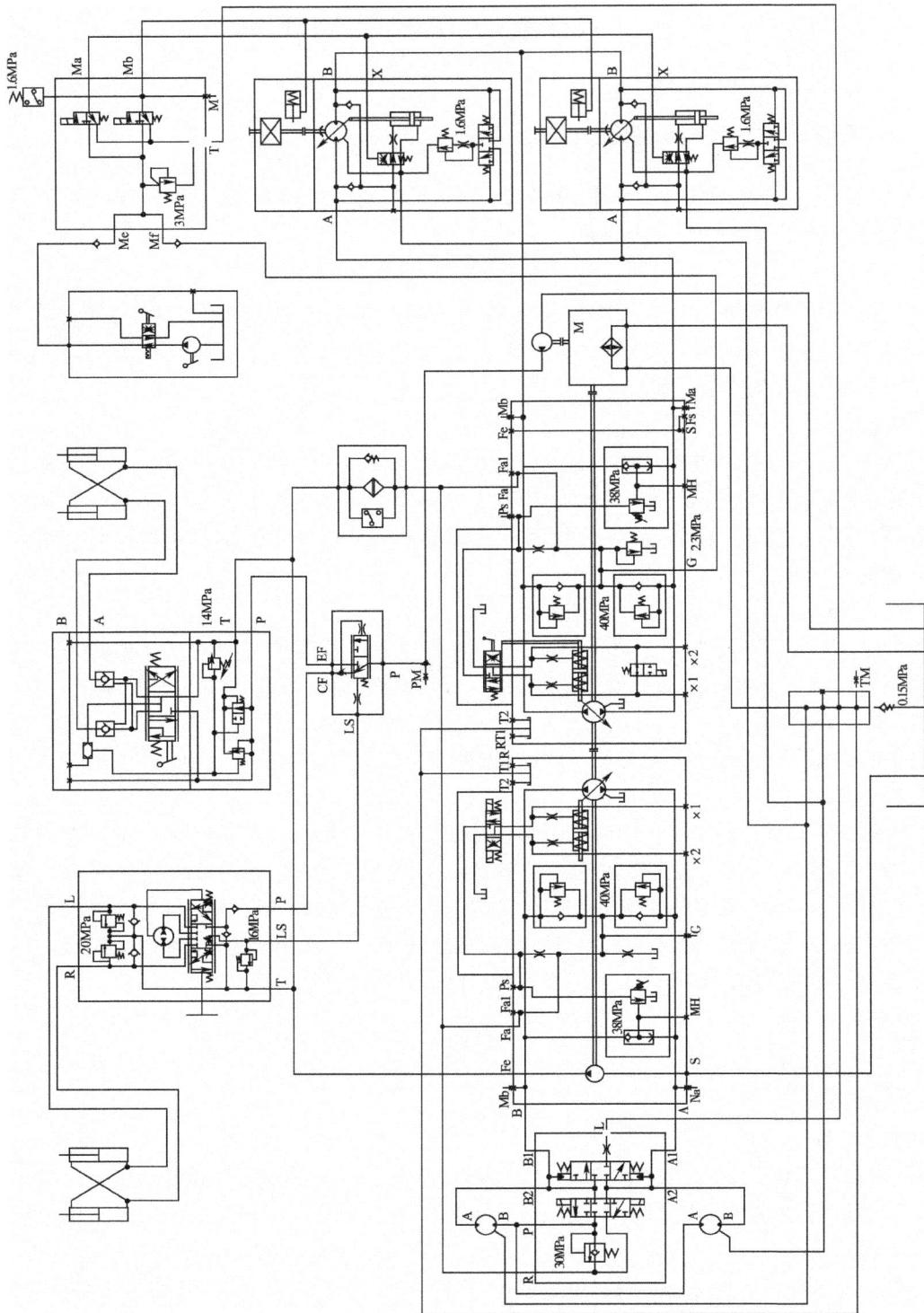

图 7-2 YZC12 双钢轮振动压路机液压原理图

2）驻车制动

行星减速器中有常闭湿式驻车制动器，压路机工作时解除驻车制动系统泵满液压油，行驶手柄由工作装置回中位并稍稍延时，直接按下停车按钮后，解除驻车制动系统卸荷，前、后减速机内的盘式制动器制动，确保了压路机可靠制动，提高了压路机的安全性能。

3）紧急制动

任何情况按下紧急制动按钮后，行驶油泵的斜盘立即回零位，即产生液压制动，同时解除驻车制动系统卸荷，前、后减速机制动。

3. 振动液压系统

YZC12 压路机的振动液压系统是由斜盘式轴向柱塞泵和斜盘式轴向柱塞液压马达串联组成的闭式回路，系统中也集成了功能阀块，作用和原理同行走泵。

系统工作时，通过操纵振动泵的伺服电磁阀，可以使振动泵的斜盘具有两种不同的摆角，从而使振动泵输出不同方向和流量的液压油，使振动液压马达产生不同的旋向和转速，带动振动轮实现两种不同频率、振幅的振动，调节振动泵伺服油缸上的排量限制螺钉可调节泵的输出流量，从而调节振动轮的振动频率。

为适应路面压实的需要，前、后钢轮通过振动阀的控制，可实现前轮振动、后轮振动和前后轮一起振动三种工作模式。振动阀主要由阀体、插装式电磁换向阀、冲洗阀和单向补油溢流阀组成。其中插装式电磁换向阀控制主油路的通断，实现前后轮单独振动；冲洗阀将主油路中低压侧的部分液压油经冲洗阀流回油箱，和单向补油阀一起维持振动系统主油路液压油的交换；单向补油溢流阀防止振动液压马达过载和系统出现负压。

4. 转向蟹行液压系统

1）蟹行的作用和原理

蟹行即前、后碾压轮错开碾压。随着城市经济的发展，城市道路的质量要求也越来越高，在城市道路碾压时，由于道路中部的隔离栏杆的影响，许多压路机都难接近路沿进行碾压，此外在道路有障碍物（如以铺设好的较高的路面、护坡、安全防护桩等）时，压路机接近其边沿压实（贴边压实）显得尤为重要。蟹行机构（图7-3）就是为了提高振动压路机在压实作业时的贴边压实性能而设置的，蟹行转向对沥青路面的压实非常重要。

2）转向蟹行的原理

YZC12 II 型压路机的液压转向系统是一种液压开式回路，由转向齿轮泵、全液压转向器、转向油缸、蟹行油缸、蟹行电磁阀（蟹行控制阀）、优先阀等组成，见图7-4。系统最大工作压力为 14MPa。

转向系统工作时，齿轮泵输出的液压油经优先阀至全液压转向器，通过转向器的计量和分配进入转向油缸推动铰接架实现转向。不转

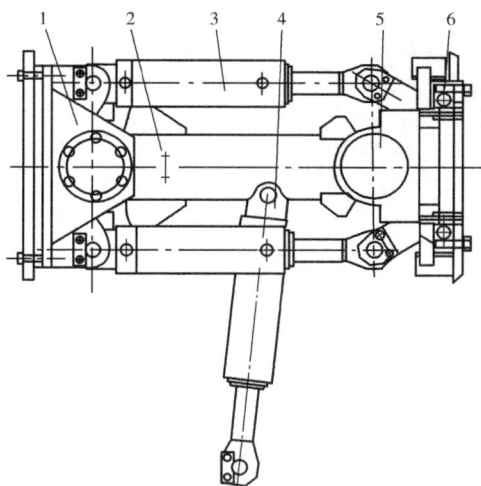

图 7-3 转向蟹行结构图

1-铰接座；2-连接架；3-转向油缸；4-蟹行油缸；5-回转架；6-回转轴承

向时,转向器 LS 口的压力油推动优先阀的阀芯,系统进入蟹行预备状态,如蟹行阀不动作,液压油将经过 H 型中位机能的电磁换向阀直接进入液压油箱,实现系统卸荷;如蟹行阀得电动作,液压油将推动蟹行油缸实现蟹行。

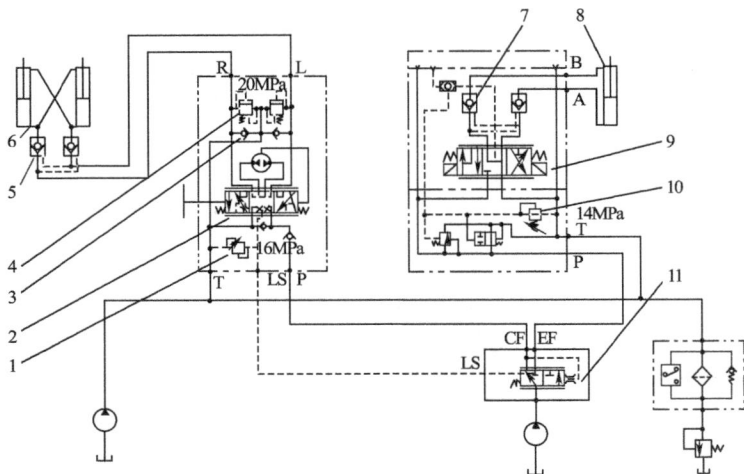

图 7-4　转向蟹行原理图

1-过载溢流阀;2-转向器主体;3-单向补油阀;4-双向缓冲溢流阀;5-转向液压锁;6-转向油缸;7-蟹行液压锁;8-蟹行油缸;9-蟹行电磁阀;10-蟹行溢流阀;11-蟹行优先阀

3)闭环蟹行系统原理

为了提高施工效率,减轻驾驶员疲劳强度,当压路机由蟹行转为直线行驶时,为确保两碾压轮能及时回正,采用闭环蟹行系统。将传感器安装在后车架上(图 7-5),在传感器正下

图 7-5　转向蟹行传感器安装图

方的连接架上开一宽度等于传感器检测头直径的孔(图 7-5)。当压路机直线行驶时,传感器检测头正对中心铰接机构连接架的孔;当压路机前后碾压轮中心线偏离(蟹行)时,传感器检测头将会探测到连接架的金属板,传感器立即发出信号给蟹行油缸的电磁换向阀,然后调整蟹行油缸伸出或收回,直到传感器测头与正对中心铰接机构连接架的孔对正,说明此时前、后碾压轮中心在一直线上,压路机才能直线行驶。由电磁换向阀控制蟹行油缸回正,再由传感器检测实际回正情况,然后将信号反馈到电磁阀再对蟹行油缸进行调整,形成一个闭环,所以称为闭环蟹行系统。

二、YZC12 压路机电气控制系统

1.概述

YZC12 Ⅱ型压路机电气系统是以 SIEMENS S7-200 为控制核心,以 OP73 文本显示器及报警灯作为人机界面,对压路机的动力系统、行走系统、振动系统和洒水系统提供相应的控制及保护,实现发动机恒转速、多模式振动控制,智能洒水控制和三级制动停车自动

控制,满足高标准路面施工工艺要求,确保系统高效安全运转,具备一定远程监控功能的扩展平台。

电气系统包括蓄电池、启动机、发电机、PLC、照明灯具以及电气仪表、显示器、安全保护元件、声光报警装置、自动(手动)控制且频率两挡选择的振动装置和一个自动(手动)控制且流量比例可调的洒水装置等。此外在驾驶室前、后窗均装有刮水器,室内装有空调、系统电压24V,线路采用负极搭铁的单线制形式。

2. 驾驶室电气系统

为了驾驶员安全操作压路机、提高驾驶室舒适度而设置的辅助电器装置和元器件主要有:前工作灯H1/H2、后工作灯H3/H4、前左右转向灯H6/H7、后左右转向灯H8/H9、喇叭B2、前窗刮水器M5及洗涤器M7、后窗刮水器M6、室内灯H5与收放机SL及空调A6等,电气原理图见图7-6。

前、后工作灯分别由仪表板上的按钮开关S8/S9控制,提供夜间照明及仪表背景照明;前后转向灯则由按钮开关S11及S19控制,作为转向及驻车预警;室内灯可作驾驶室夜间照明,收放机具有收音AM/FM两波段,自动收台及存储台,收放机可实现磁带播放、自动翻带;空调系统可直接通过驾驶室顶部前封板上的控制板操作。

3. 发动机电气系统

发动机电气系统为整车提供工作电源,控制发动机启动及停车、发动机转速的升降,主要包括点火开关S1、直流接触器K0、蓄电池G1、启动机M1、发电机G2、加浓及断油电磁铁Y1/Y2、直线步进电机M4等,见图7-7。

发动机启动时,首先确认行驶手柄、紧停开关S12及振动控制开关S16已经复零位,插入开关钥匙S1,向右转至工作位置,这时充电指示灯、警告指示灯和零位指示灯亮,而其他指示灯不亮,表示电路正常,已具备了启动条件,再将开关钥匙向右转至启动位置,使发动机点火启动,随后立即松开钥匙,让其自行回至工作位置,启动完毕。

发动机转速控制在默认的情况下为"手动"调节,此时通过仪表板上的供油开关S2控制,开关拨向左,转速降低;拨向右,转速升高,调节范围为750~2450r/min;如通过显示器在功能设置菜单中将转速控制设置为"自动",则发动机处于恒转速控制中,并根据机器所处的不同状况自动调整到相应的转速,偏差为±25r/min。如不在振动开启行驶工作时,转速自动调整到2100r/min;在转场行驶过程中,转速自动调整到2200r/min;在振动开启行驶工作过程中,转速自动调整到2300r/min,在行驶手柄回零位10s后,转速自动返回低怠速850r/min。

4. 监控操作电气系统

1)概述

监控操作电气系统实时显示发动机转速、发动机累计工作时间、发动机冷却液温度、发动机机油压力及燃油液位等参数,并对行驶手柄零位、补油压力、机油压力、冷却液温度、空气滤清器压力、洒水水箱液位等状态提供指示或报警,提供实现各种动作或命令的人机接口。监控操作电气系统主要包括OP73文本显示器、水温表P6、燃油表P4及零位指示灯HL2、充电故障指示灯HL1、蟹行指示灯HL3、综合报警指示灯HL4及行驶手柄,各种指令开关等。

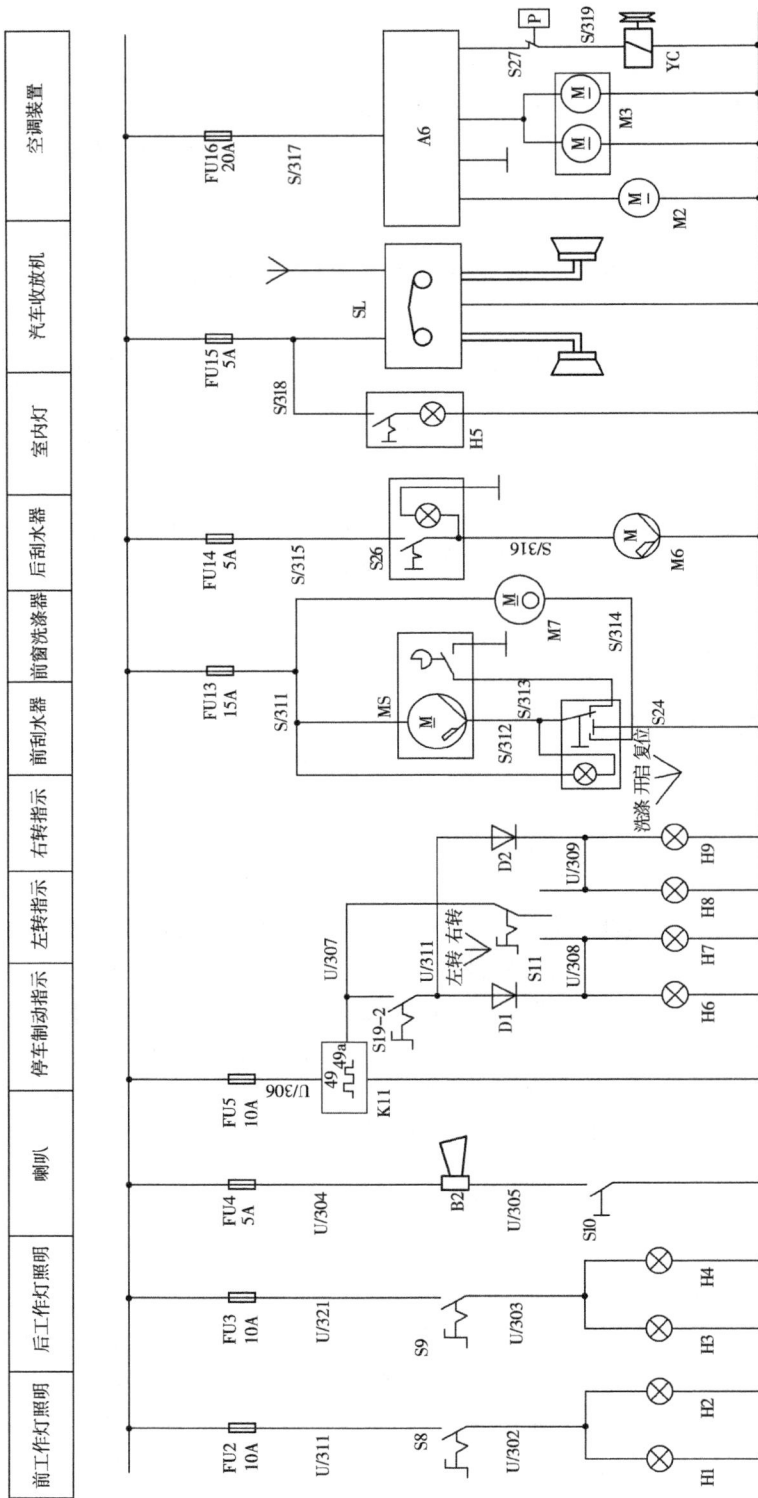

图 7-6　驾驶室电气系统原理图

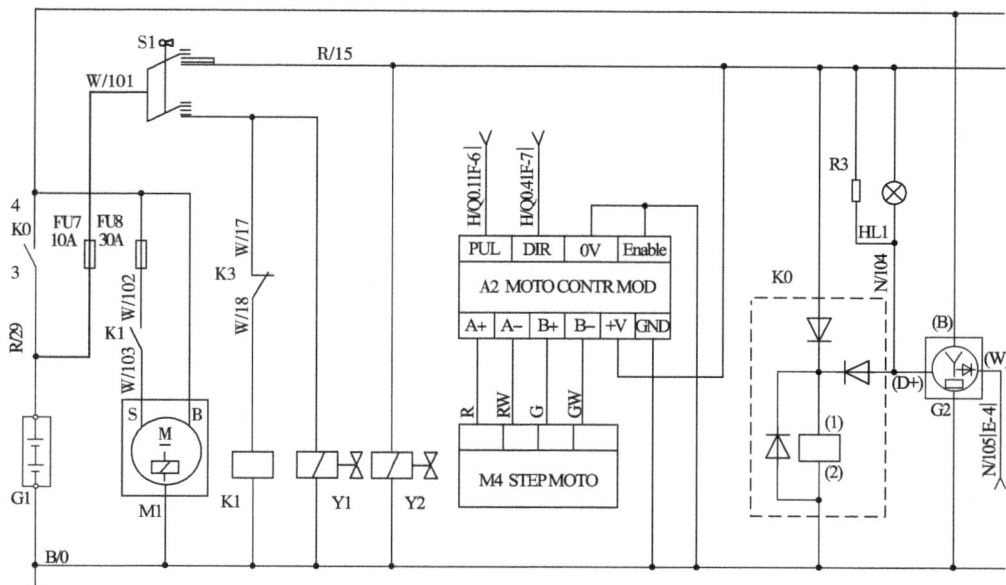

图 7-7 发动机电气系统原理图

文本显示器(图 7-8)可以实时显示发动机转速、累计工作时间及行驶速度等参数值,还可实现时钟设置及显示,转速控制手动、自动切换选择,洒水控制连续、间歇切换选择,提供空气滤清器堵塞、机油压力低、水箱缺水及制动压力低等位图报警显示。水温表 P6 监控发动机冷却液温度,显示范围为 0 ~ 120℃。燃油表 P4 显示燃油箱液位,显示范围 0 ~ 1/1。充电故障指示灯 HL1 用于充电故障报警,并给发电机提供初始励磁电流指示。蟹行指示灯 HL3 指示钢轮是否处于蟹行位置。在出现空滤堵塞、机油压力低、水箱缺水报警时,综合报警指示灯 HL4 则以 1Hz 频率闪烁,而在系统制动压力低报警时,则 HL4 常亮。

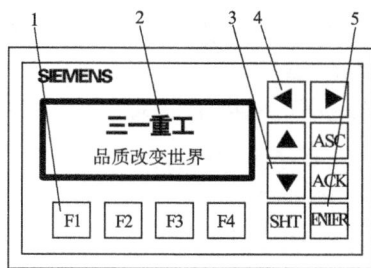

图 7-8 文本显示器操作
1-功能键;2-液晶显示屏;3-上下翻页;
4-左右选择;5-确认回车

2)文本显示器的操作

将钥匙开关扭到"1"位,接通主机电源,此时文本显示器背景灯亮,并进行系统初始化,表示系统已启动,约 5s 后可以看到闪现的开机画面"三一重工,品质改变世界"(图 7-8),再过 5s 后,进入语言选择画面。"F1 中文 CN"及"F3 英文 EN",按对应的功能键确认,如忽略,则自动跳过,默认前次操作。之后进入系统主画面:F1——操作说明,F2——实时参数,F3——功能设置。

在发动机启动 3s 后,文本显示器将自动由主画面切换到"实时参数"画面,进入监视状态,实时显示工作小时、行走速度、发动机转速、燃油液位、冷却液温度等参数,按向上箭头返回,按向下箭头进入报警画面查询。

当出现报警信息,如空气滤清器堵塞、冷却液温度过高、机油压力过低以及洒水水箱缺水等,则文本显示器将立即由当前画面切换到"报警指示"画面,相关报警图形以及仪表板的报警指示灯闪烁。

可以在主画面状态下,按一下"ENTER",进入时钟编辑;按左右箭头键,选定需要编辑的时钟,按上下箭头键编辑;完成后,同时按"ENTER"及"F4"键确认(时钟旁的字母"T"会变成"S")更改有效。

5. 行走与制动控制系统

行走与制动控制系统控制压路机行走速度、液压马达斜盘倾角、制动器制动,并通过速度传感器将检测到的速度信号输送给控制器,控制前后钢轮行走速度;通过位置传感器将检测到的信号传到蟹行电磁阀,控制压路机左右蟹行。行走与制动控制系统主要包括换挡阀 Y3、制动阀 Y4、制动释放阀 Y5、蟹行阀 Y10/Y11 共 5 个电磁阀,压力继电器 S12 及霍尔型转速传感器 SR5 等(图 7-9)。

当发动机启动且转速高于 1000r/min 时,将行驶手柄推离零位,行驶泵上的零位开关 S4 动作,将信号作为系统的给定值输入 PLC,PLC 即得到行走命令,输出高电平驱动电磁阀 Y4、Y5,压路机开始行走,速度为 0～110m/min;转场时,可闭合挡位开关 S20,PLC 即输出高电平驱动电磁阀 Y3,使行走液压马达排量减小,速度提高,行驶速度为 0～200m/min。在某些工地需要施工蟹行,用手轻轻向右或向左闭合按钮开关 S13,电磁阀 Y10 或 Y11 得电,压路机便向右或向左蟹行。

(1)行驶制动:见传动系统。

(2)停车制动:闭合开关 S19,制动阀 Y4 首先断电,经一定延迟后,制动释放阀 Y5 断电,制动器制动,压路机停止前进。

(3)紧急制动:按下紧急制动停车开关 S12 时,所有电磁阀断电,则振动、洒水和行驶作业全部停止,并立即制动停车。

6. 振动控制系统

振动控制系统包含自动或手动起振、停振,高、低振动频率切换,前后钢轮振动控制等功能,主要控制振动泵流量切断电磁阀 Y8/Y9 及振动开关电磁阀 Y6/Y7(图 7-9)。

将振动控制选择开关 S16 拨到"手动",按下位于行驶手柄上的按钮开关 S17,PLC 便得到强制振动的命令,此时若频率选择开关 S18 处于初始位置,则高频振动电磁阀 Y8 得电,机器以较高频率振动;反之开关 S18 闭合时处于低频振动位置,则以较低频率振动;再按下开关 S17,机器停振。将开关 S16 拨到"自动"位置,当压路机行走速度高于 25m/min 时,因行驶手柄下的凸轮压合限位开关使继电器得电动作,机器便能自动振动;当速度低于 25m/min 时,机器停止振动,若需要机器提前停振时,也可以按下开关 S17,进行强制停振。特殊情况下,需要压路机单轮振动,可以将方式选择开关 S15 拨向左,此时后轮振动;将 S15 拨向右,前轮振动;置于中位则前后轮同时振动。

7. 洒水控制系统

洒水控制系统可控制压路机自动或手动洒水,手动比例调节洒水量,检测水箱是否缺水。洒水控制系统主要包括直流调压器 A3、停水电磁阀 Y12、水泵 M8/M9 及液位开关 S7,见图 7-10。

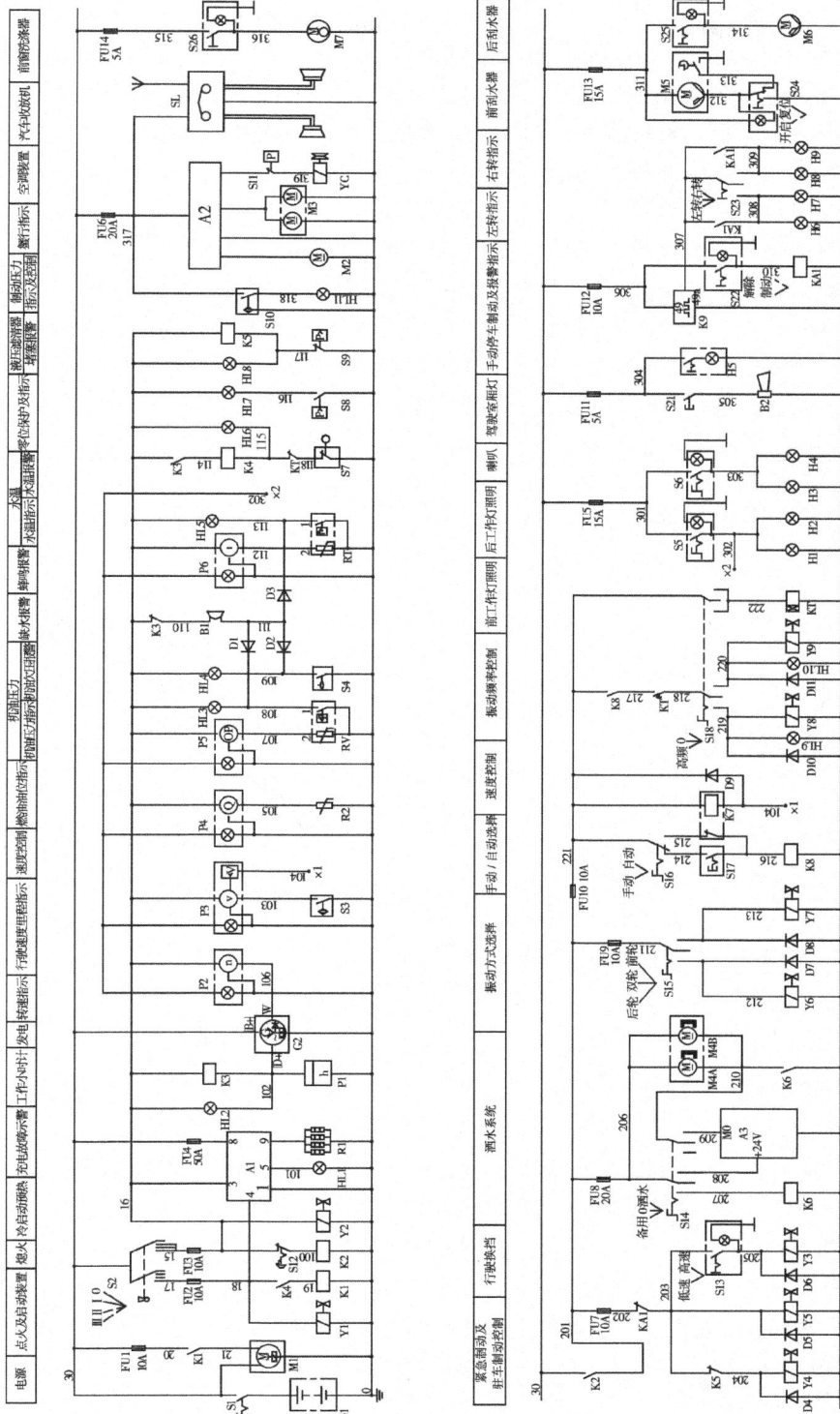

图 7-9 YZC12 双钢轮振动压路机电气原理图

将洒水控制开关 S14 拨到"手动"，直流调压器 A3 得电工作，输出 PWM 电流信号驱动水泵 M8/M9；将开关 S14 拨到"自动"，在行驶操纵手柄离开零位后，PLC 输出低电频，继电器 K4 复位，直流调压器 A3 得电工作即自动洒水；回零位时，K4 得电，A3 断电，停止洒水；调节电位器 RP1 旋钮，即可无级调节洒水量，以满足不同施工工艺要求。特殊要求下，还可以通过显示器中功能设置菜单选择"间歇洒水"，水泵即进入间歇工作模式，这样不但充分保证洒水的雾化效果，而且大大降低了耗水量，节水约 50%。

8. 配电控制柜的基本构造

配电控制柜是整个电气系统的控制中枢。传感器发送的信号，经一定处理（放大、滤波、整形）输入到 PLC 模块，经过相关运算后输出，并经继电器、放大器及驱动器驱动相应负载，实现某种需要的动作。配电控制柜提供 PLC 及传感器所需的稳压电源以及短路保护；提供程序上传、下载的通信接口，具备一定的远程监控、数据维护的能力。配电控制柜主要器件有 H435、闪光继电器、控制继电器、启动继电器、电器板总成、中央模块 CPU224、扩展模块 EM223 等，各元器件布局如图 7-11 所示。

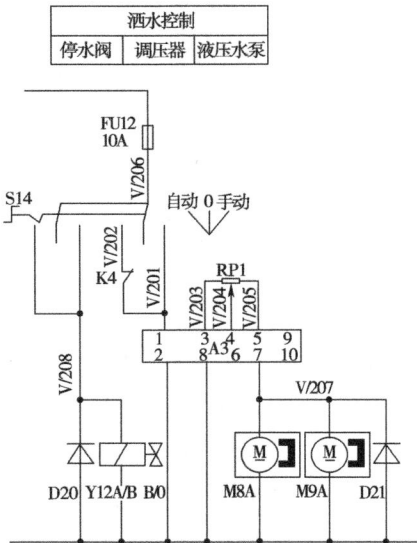

图 7-10　洒水控制电气系统

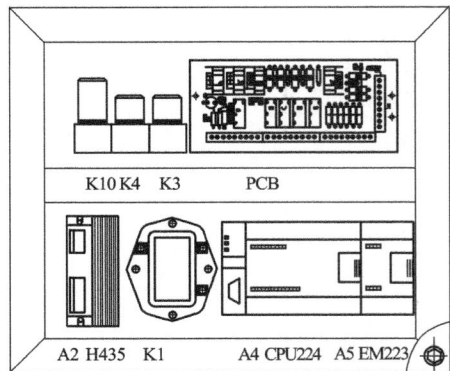

图 7-11　配电控制柜示意图

（1）驱动器 H435：高性能步进电动机驱动器，工作电压 18～32V，驱动电流最大 3.5A，响应频率 200Hz，工作温度 0～50℃。

（2）闪光继电器：工作电压 16～30V，负载能力 110W，工作温度 -40～100℃。

（3）控制继电器：工作电压 16～30V，负载能力 30W，工作温度 -40～100℃。

（4）启动继电器：工作电压 12～32V，负载能力 90W，工作温度 -40～65℃。

（5）电路板总成：三一重工自制件。

（6）中央模块 CPU224：14 开关量输入，10 开关量输出（含两个 20kHz 高速脉冲输出），工作电压 20.4～28.8V，负载能力 750mA，逻辑 1 信号 >15V，工作温度 0～50℃。

（7）扩展模块 EM223：4 开关量输入，4 开关量输出，工作电压 20.4～28.8V，负载能力 2.0A，输入逻辑 1 信号 >15V，工作温度 0～50℃；其控制原理图见图 7-12。

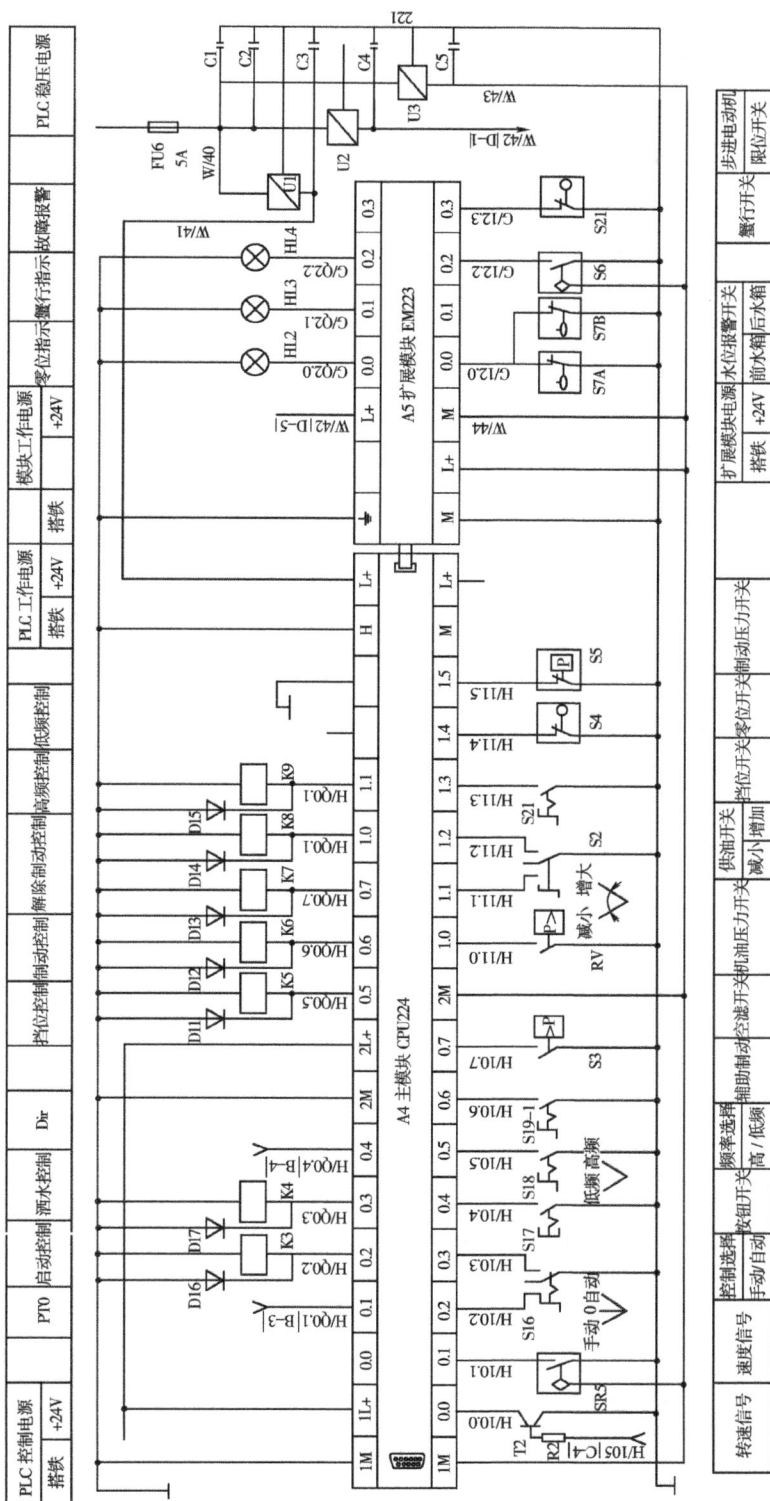

图 7-12　配电控制柜电气系统原理图

第三节　轮胎压路机控制技术

一、轮胎压路机行走液压控制系统

图7-13为YL25C型轮胎压路机行走液压系统图。行走系统主要由斜盘式轴向柱塞泵与两个斜轴式轴向柱塞液压马达组成并联的闭式回路,系统工作压力为39.5MPa。行走泵由柴油机驱动,它将发动机的动力转换为液动力输出。该液动力驱动安装在后轮的液压马达,从而达到驱动压路机的目的。转向齿轮泵串联在行走泵上,压力油经优先阀、转向器供给单个转向油缸实现左右转向。

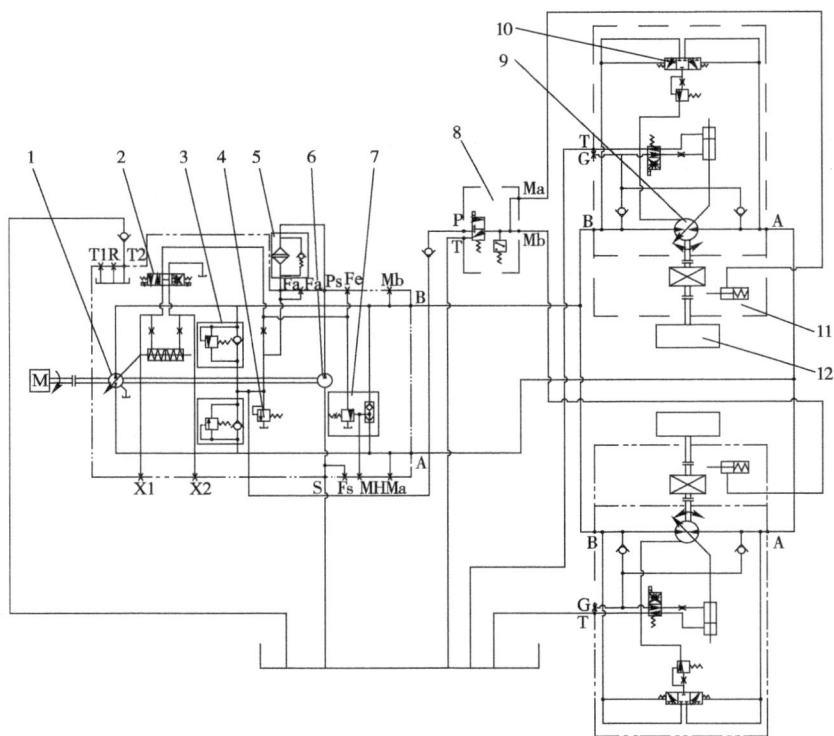

图7-13　YL25C轮胎压路机行走液压系统

1-行走驱动泵;2-电比例伺服阀;3-多功能阀;4-补油溢流阀;5-过滤器;6-补油泵;7-压力切断阀;8-控制阀;9-行走液压马达;10-冲洗阀;11-减速机;12-后轮组

行走泵、转向泵连成一体,由发动机曲轴输出端通过弹性联轴器直接驱动。后轮驱动装置中有4个光面轮胎,分为两组,左右两个各为一组,采用液压驱动即液压马达9驱动减速机11,减速机直接驱动后轮组2。行走驱动泵、行走液压马达以及减速机均为德国力士乐公司生产的。

为保证闭式回路的正常工作,系统还集成了多功能阀(高压溢流阀、单向补油阀)、压力切断阀、补油溢流阀和冲洗阀。以上所述阀的功能在YZ18型振动压路机行走液压系统类

似,此处不再重复。

在闭式回路中,补油泵 6 起着非常重要的作用:(1)为主泵的变量机构提供控制油;(2)补充回路中由于冲洗和泄漏损失的液压油;(3)为系统的其他回路如制动、行走系统变量提供控制油。

YL25C 轮胎压路机制动方式有三种:行驶制动、停车制动和紧急制动。

(1)行驶制动:行驶制动采用液压制动,由控制面板上的行驶手柄来实现,手柄推至中位,行走驱动泵 1 的斜盘角度最小,流量降至零,压路机停止前进。

(2)驻车制动:当压路机在行驶或工作时,减速机 11 中的常闭多片式制动器处于开启状态,不起制动作用。按下驻车制动开关,行走驱动泵停止工作,经过一段时间延时,使控制阀 8 的电磁铁断电,制动器摩擦片锁紧,处于制动状态。

(3)紧急制动:紧急制动时,按下紧急停止按钮,迅速切断压路机控制器输出负载电源,行走驱动泵的斜盘立即回零位产生液压制动,同时减速机内制动器摩擦片锁紧亦产生制动作用。

二、YL25C 压路机电气控制系统

1. 概述

YL25C 型轮胎压路机电气系统(图 7-14)是以 SIEMENS S7-200 为控制核心,以 OP73 显示器及报警灯作为人机界面,对压路机的动力系统、行走系统和洒水系统提供相应的控制和保护,实现发动机恒转速、恒行走控制,按一定斜坡值起步和停车,满足高标准路面施工的工艺要求,确保系统高效安全运转,具备一定远距离监控的功能扩展平台。电气系统包括蓄电池、启动机、发电机、PLC、照明灯具以及显示器、安全保护元件、声光报警装置和一个具有自动、手动控制,流量比例可调的洒水装置等。此外,在驾驶室前后均装有空调。系统电压 24V,负极搭铁,线路采用单线制。启动机、发电机、直线步进电动机及 PLC、显示器、照明灯具、各类型传感器和其他电器元件均采用国际知名品牌,整个电气系统的配置达到了国际先进水平,各个元件的匹配都通过精确的计算和耐久实验,系统的可靠性高,寿命长,工作效率高。

2. 驾驶室电气控制系统

为提供行车安全,提高驾驶员舒适度而设置的辅助电器装置,主要包括前工作灯 H1/H2、后工作灯 H3/H4、前转向灯 H6/H7/H8、后转向灯 H9/H10/H11、喇叭 B2、制动灯 H12/H13、前窗刮水器 M3 及洗涤器 M6、后窗刮水器 M7、室内灯 H5、前照灯 H14/H15、收音机 SL、空调 A7 等,见图 7-14。

前后工作灯分别由仪表板上的翘板开关 S1/S2 控制,作为转向警示,制动灯则由开关 S11 联动控制,室内灯可作为驾驶室内夜间照明。

3. 发动机电气系统

发动机电气系统提供整车工作电源,控制发动机启动、停车和发动机转速的升降,主要包括点火开关 S0、直流接触器 K1、蓄电池 G1、启动机 M1、发电机 G2、断油电磁铁 Y0、直线步进电动机 M8 等,见图 7-15。

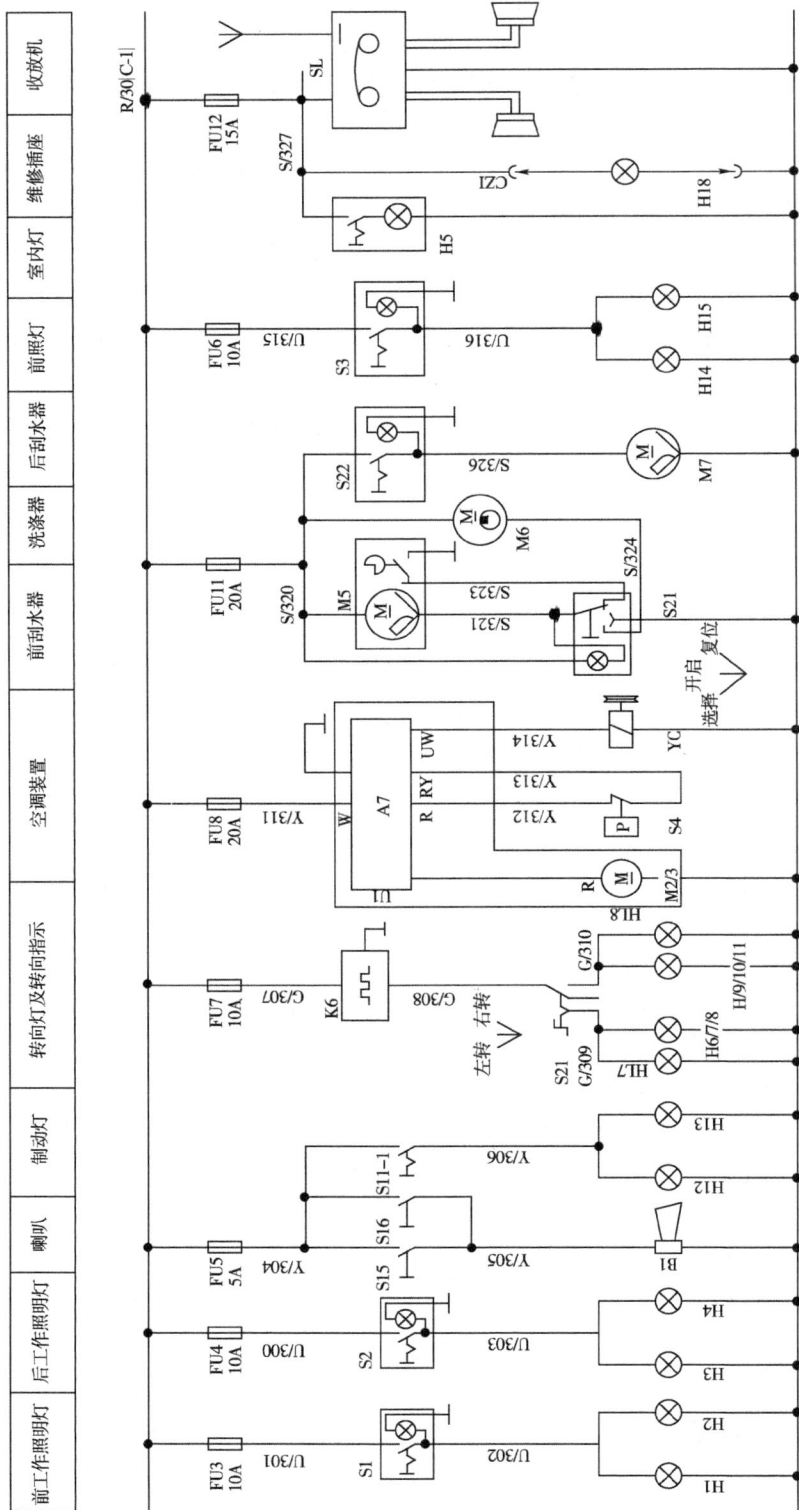

图7-14 YL25C 轮胎压路机驾驶室电气系统原理图

蓄电池	点火开关 启动机	启动联锁	停车电磁阀	发动机转速控制器			直流接触器	充电报警	发电机
				PTO	DIR	直线步进电动机			

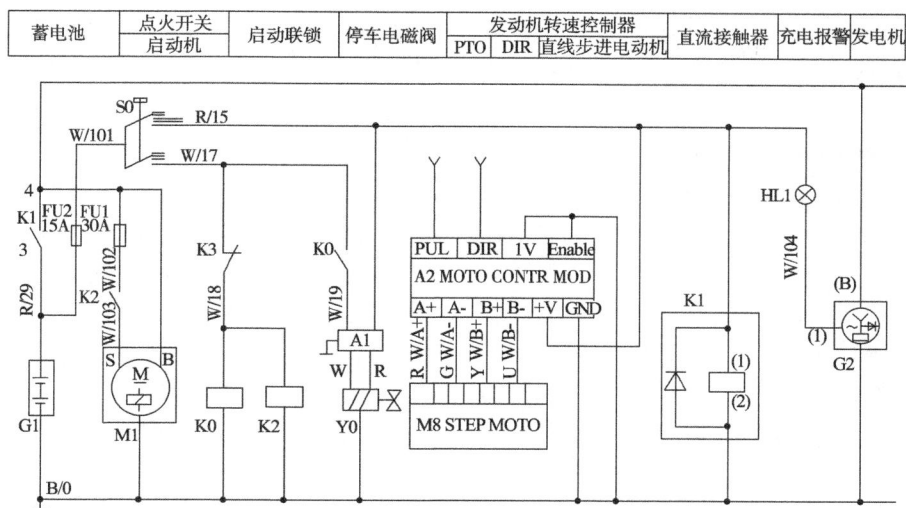

图 7-15　YL25C 轮胎压路机发动机电气系统图

发动机启动:首先确认左右行驶手柄及紧停开关 S5/S6 已经复零位,插入开关钥匙 S0,向右转至工作位置,这时充电指示灯、警告指示灯、制动压力指示灯和零位指示灯都亮,而其他指示灯不亮,表示电路正常,已具备了启动的条件,再将开关钥匙向右转至启动位置,使柴油机点火启动。随后立即松开钥匙,让其自行回至工作位置,启动完毕。

发动机转速控制一共有三个模式:当转速控制开关在"怠速"位置时,发动机转速为低怠速(950r/min);将转速控制开关拨到"额定"位置时,转速升至高怠速(2350r/min);将转速控制开关拨到"自动"位置,且行驶手柄推离零位时,发动机转速自动运行在经济模式(2100r/min),在行驶手柄回零位 10s 后,转速自动返回到低怠速状态。

4.监控操作电气系统

1)概述

监控操作电气系统实时显示发动机转速、累计工作时间、冷却液温度、行驶速度及燃油液位等参数值,并对行驶手柄零位、补油压力、机油压力、冷却液温度、空滤压力、洒水水箱液位等状态提供指示或报警,提供实现各种动作或命令的入机接口。监控操作电气系统主要包括 OP73 文本显示器、零位指示灯 HL2、充电故障指示灯 HL1、综合报警指示灯 HL3、制动压力报警指示灯 HL4 及左右电控行驶手柄、不同主令开关等。

OP73 显示器可以实时显示发动机转速、累计工作时间、冷却液温度、燃油液位及行驶速度等参数值,也可实现时钟设置及显示,行驶速度闭环、开关选择,洒水控制连续、间歇切换选择,还可提供空滤器堵塞、机油压力低、冷却液温度高、水箱缺水及制动压力低等位图报警显示。充电故障指示灯 HL1 作充电故障报警,兼给发电机提供初始励磁电流。在出现空气滤清器堵塞、机油压力低、冷却液温度过高、水箱缺水报警时,综合报警指示灯 HL3 则以 1Hz 频率闪烁,而在系统制动压力低报警时,则 HL4 亮。

2)文本显示器(图 7-16)的操作

将钥匙开关扭到"1"位,接通主机电源,此时文本显示器背景灯亮,并进行系统初始化,

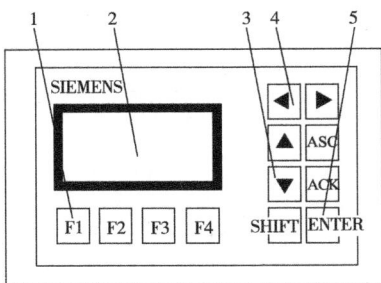

图 7-16　文本显示器

1-功能键；2-液晶显示器；3-上、下翻页键；
4-左右选择键；5-确认回车键

表示系统已启动,约 5s 后可以看到闪现的开机画面"三一重工,品质改变世界",再过 5s 后,进入语言选择画面。"F1——中文 CN"及"F3——英文 EN",按对应的功能键确认,如忽略,则自动跳过,默认前次操作。之后进入系统主画面:F1——操作说明,F2——实时参数,F3——功能设置。

在发动机启动 3s 后,文本显示器将自动由主画面切换到"实时参数"画面,进入监视状态,实时显示工作小时数、行走速度、发动机转速、燃油液位、冷却液温度等参数,按向上箭头返回,按向下箭头进入报警画面查询。

当出现报警信息,如空气滤清器堵塞、冷却液温度过高、机油压力过低以及洒水水箱缺水等,则文本显示器将立即由当前画面切换到"报警指示"画面,相关报警图形以及仪表板的报警指示灯闪烁。

可以在主画面状态下,按一下"ENTER",进入时钟编辑;按左右箭头键,选定需要编辑的时钟,按上下箭头键编辑;完成后,同时按"ENTER"及"F4"键确认,当时钟旁的字母"T"会变成"S"时表示更改有效。

5. 行走电气系统

行走电气系统控制压路机行走调速、液压马达挡位、制动,并通过速度传感器将检测的速度信号输送给控制器。行走电气系统主要包括换挡阀 Y3/Y4、制动释放阀 Y1、电控行驶泵流量控制阀 Y5a/Y5b 共 5 个电磁阀,压力继电器 S8 及霍尔型转速传感器 SR5 等。

当发动机启动且转速高于 1000r/min 时,将行驶手柄推离零位,行驶手柄中的电位器所输入的信号作为系统的给定值输入 PLC,手柄偏离零位的角度越大,则给定值就越大;由行走液压马达上的测速传感器所输入的信号作为系统的反馈值送入 PLC,两个信号一同送入 PID 调节器,经过计算,限幅后输出的 PWM 调节值经过放大后驱动行走泵比例电磁阀,通过液压系统和相应的行走液压马达驱动压路机跟随速度设定值以恒定的速度行驶,调速范围为 0 ~ 120m/min,行驶手柄的操作方向则直接控制车辆行驶方向,见图 7-17。

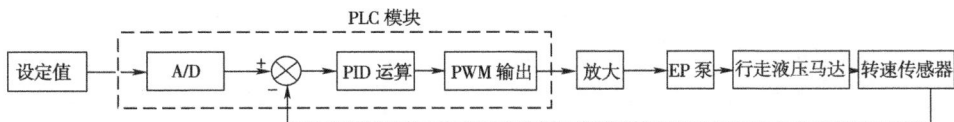

图 7-17　YL25C 轮胎压路机行驶速度控制(闭环)框图

在压路机需要获得较快速度转场时,可闭合挡位开关 S9,PLC 即输出高电平驱动电磁阀 Y3/Y4,使左右行走液压马达变成小排量高转速,行驶速度为 0 ~ 270m/min。

如果速度传感器损坏或其他线路故障导致 PLC 无法检测到速度信号,则行走速度将会失控,应急的情况下,应通过显示器功能设置菜单将速度控制由"闭环"改为"开环",此时车辆行驶平稳性稍差,且起步时发动机易掉速,待故障排除后应马上重设为"闭环"。

为方便驾驶员左右两边操作,设计有双行驶手柄,可以操作任意一个手柄进行调速控制。当然,为了操作安全,当一个手柄处于工作位置(非零位)时,另外一个手柄操作无效。

（1）行驶制动：将行驶手柄从行驶位推至零位，由 PLC 控制行驶泵流量按一定速度降至零，即实施制动过程（静压制动），10s 后自动制动，以免停留在坡道上出现滑坡；

（2）驻车制动：按下驻车制动开关 S11 后，行驶泵停止工作，经过一定延时，电磁阀 Y1 断电，减速机制动，即实施可靠制动，减小转动机构冲击；

（3）紧急制动：在压路机出现意外失控，可按下红色紧停开关 S5/S6，迅速切断 PLC 输出负载电源，并紧急制动，避免人身伤亡或压路机损坏故障。

6. 洒水电气系统

洒水电气系统控制压路机自动或手动洒水，手动比例调节洒水流量，检测水箱是否缺水。洒水电气系统主要包括直流调压器 A3、停水电磁阀 Y2、水泵 M4、液位开关 S7 及为 PLC 提供经滤波稳压的直流电源（图 7-18）。将洒水控制开关 S13 拨到"手动"，直流调压器 A3 得电工作，输出 PWM 电流信号驱动水泵 M4；将开关 S13 拨到"自动"，在行驶操纵手柄推离零位后，PLC 输出低电平，继电器 K4 复位，直流调压器 A3 得电工作即自动洒水；行驶操纵手柄回零位，则 K4 得电，A3 断电，洒水停止；调节电位器 RP1 旋钮，即可无级调节洒水流量，以满足不同施工工艺要求。特殊要求下，还可以通过显示器中功能设置菜单选择"间歇洒水"，水泵即进入间歇工作模式，这样不但能充分保证洒水的雾化效果，而且大大降低了耗水量。

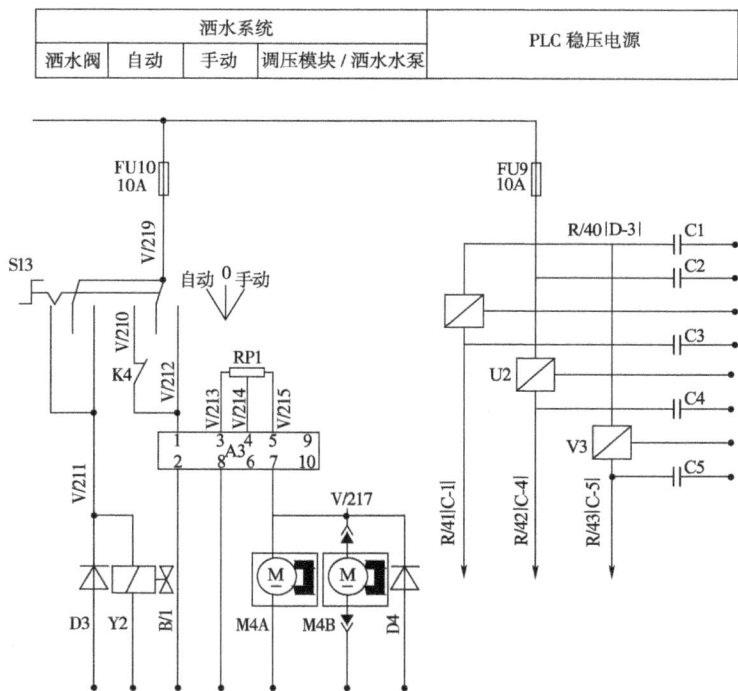

图 7-18　YL25C 型轮胎压路机洒水电气系统

YL25C 型轮胎压路机电气系统主要特点是以 SIEMENS S-7-200 为核心，以 OP73 文本显示器及报警灯作为人机界面，操作简单，自动化程度高，即通过行驶手柄可以同时控制发动机供油量、行走及洒水。YL25C 轮胎压路机配电控制柜电气系统原理见图 7-19。

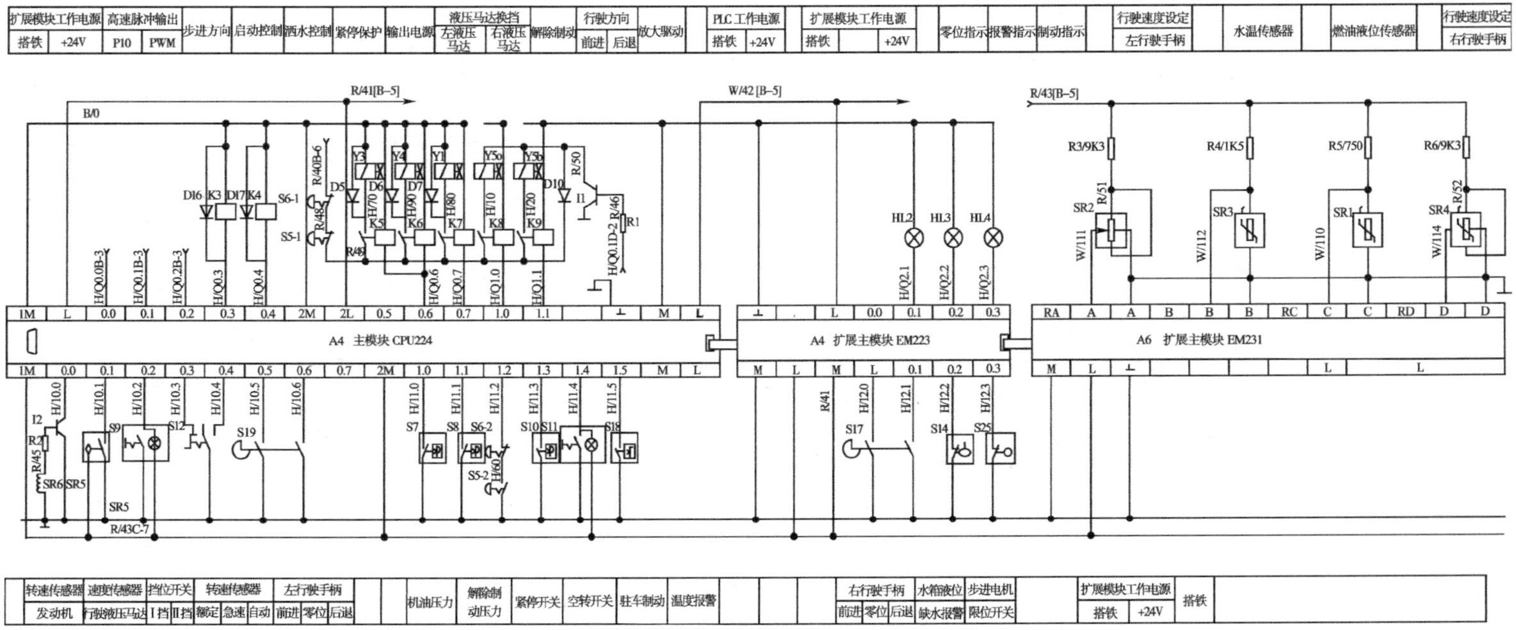

图 7-19 YL25C 轮胎压路机配电控制柜电气系统原理图

复习思考题

1. 如果发动机不能启动,此时转向能否实现?为什么?

2. 如果因为发动机启动系统出现故障导致压路机突然停车,此时能否进行拖拽?为什么?

3. YZC12 压路机的转向蟹行液压系统中,为何优先阀将液压油优先供给蟹行系统?

4. YZC12 压路机靠液动换向阀可以卸荷,为何还要设置内控内泄顺序阀卸荷?

5. 冲洗阀为何要设置背压阀?

6. 怎样通过减少主溢流阀溢流,减少液压油温升?

第八章 挖掘机电液控制系统

🔍 **知识目标**

1. 描述挖掘机基本结构；
2. 识别挖掘机液压系统的组成及各装置在挖掘机上的位置；
3. 解释挖掘机电控系统的基本组成和主要功能；
4. 解释挖掘机控制回路的组成及工作压力，描述自压减压阀和PPC阀的工作原理；
5. 解释挖掘机主泵的型号及含义，识别主泵的结构及各油口和测量口的位置；
6. 描述挖掘机主泵油量调节机构的工作原理；
7. 描述LS阀、LS-EPC阀、PC阀和PC-EPC阀的作用、位置及工作原理；
8. 描述挖掘机主控制阀的组成及工作原理；
9. 解释挖掘机液压系统中各压力控制阀的作用及工作压力；
10. 描述动臂和斗杆再生回路的工作原理；
11. 描述LS回路及各组成部分的作用和工作原理；
12. 描述压力补偿阀和合流/分流阀的作用及工作原理；
13. 描述挖掘机各执行机构基本回路的工作原理；
14. 解释挖掘机电控系统各控制功能的工作原理；
15. 描述电控系统各部件的结构和工作原理；
16. 识别多功能监控器的结构、各部分的作用、各显示项目的符号和显示方式；
17. 识别多功能监控器各开关的作用和使用方法。

🔑 **能力目标**

1. 进行挖掘机液压系统简要框图的分析；
2. 进行挖掘机的操作，熟练掌握挖掘机各操作手柄位置与工作装置动作之间的关系；
3. 进行挖掘机主泵流量控制原理图的分析；
4. 进行LS阀、LS-EPC阀、PC阀和PC-EPC阀的压力测量及调整；
5. 进行PC200-7挖掘机液压系统基本回路的分析；
6. 进行挖掘机各执行机构基本回路的分析，并进行一般故障诊断；
7. 进行多功能监控器的使用。

第一节 概　述

一、挖掘机的用途及分类

1. 挖掘机的用途

挖掘机是一种多用途土石方施工机械,主要进行土石方挖掘、装载,还可进行土地平整、修坡、吊装等作业,所以在公路、铁路等道路施工,桥梁建设,城市建设,机场港口及水利施工中得到了广泛应用。

挖掘机兼有推土机、装载机、起重机等的功能。

2. 挖掘机分类

按作业过程分为:单斗挖掘机(周期作业)、多斗挖掘机(用若干铲斗连续运转同时进行挖掘、运送和卸料的挖掘机械;它用于运河开挖、沟槽挖掘、边坡修整及矿山剥离和采掘等作业;连续作业,多用于矿山)。

按动力分为:电动、内燃机、混合动力型。

按传动方式分为:机械、液压、混合传动型。

按行走装置分为:履带式、轮胎式、汽车式。

按工作装置分为:正铲、反铲、拉铲、抓铲、吊装。

从使用情况看,以内燃机为动力的中型(20~30t)全液压反铲挖掘机应用最广泛。

从挖掘机的发展趋势看,一方面技术革新和更新换代越来越快,另一方面各厂家所生产产品的基本结构和基本配置有趋同倾向。

本书将以小松 PC200-7 挖掘机为例介绍挖掘机的电液控制系统,该机的结构外形如图 8-1 所示。小松 PC200-7、PC220-7 挖掘机的基本配置见表8-1。

图 8-1　小松 PC200-7 挖掘机整体结构

小松 PC200-7、PC220-7 挖掘机基本配置　　　　　　　　表 8-1

挖掘机型号			PC200-7	PC220-7
发动机	型号		SAA6D102E-2-A	SAA6D102E-2-C
	形式		四冲程、水冷、直列、立式、直接喷射、带涡轮增压器	四冲程、水冷、直列、立式、直接喷射、带涡轮增压器
	缸数-缸径×行程	mm	6-102×120	6-102×120
	总排量	L	5.883	5.883
	性能	飞轮输出功率	kW/(r/min)	106.7/1950	125/2000
		最大转矩	N·m/(r/min)	610.0/1500	686/1500
		无负荷最高转速	r/min	2150	2260
		无负荷最低转速	r/min	1030	1060
		最低燃油消耗量	g/kW	215	212

挖掘机型号				PC200-7	PC220-7
液压系统	液压泵	型号 流量 设定压力	L/min MPa	HPV95 +95,可变排量式 柱塞式:214 ×2 柱塞式:37.2	HPV95 +95,可变排量式 柱塞式:214 ×2 柱塞式:37.2
	控制阀	类型×数量 控制方法		6 联阀式×1 液压式	6 联阀式×1 液压式
	液压马达	行走液压马达 回转液压马达		HMV110ADT-2,柱塞式 (带制动阀、停车制动器)×2 KMF125ABE-5,活塞式 (带安全阀、停车制动器)×1	HMV110ADT-2,柱塞式 (带制动阀、停车制动器)×2 KMF125ABE-5,活塞式 (带安全阀、停车制动器)×1

二、挖掘机的基本结构

挖掘机基本结构分为:底盘部分、车体部分、工作装置部分。

1. 工作装置部分

工作装置部分由动臂、斗杆、铲斗、液压油缸、连杆、销轴、管路组成。

动臂油缸:两支油缸分别安装在动臂两侧,通过其伸缩运动来调整机器作业的挖掘高度和挖掘深度。

斗杆油缸:安装在动臂的上部,通过其伸缩运动实现斗杆(小臂)的前后动作,进行斗杆挖掘或卸载作业。

铲斗油缸:安装在斗杆(小臂)上部,通过其伸缩运动实现铲斗挖掘及卸载作业。

整个工作装置在作业过程中需要通过各个工作装置的复合动作,才能更好地实现快捷、省时、高效率的作业功能。

2. 车体部分

车体部分由发动机、减振器、液压主泵、主阀、驾驶室、回转机构、回转支承、回转接头、转台、液压油箱、燃油箱、控制油路、电器部件、配重组成。其结构示意图见图8-2。

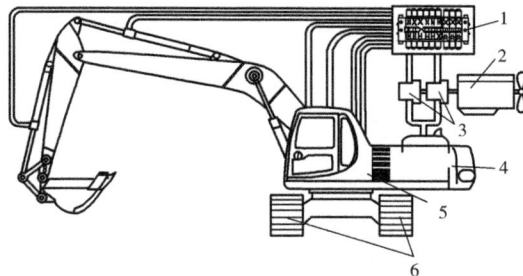

图8-2 挖掘机车体部分结构示意图
1-主阀;2-发动机;3-液压主泵;4-配重;5-回转液压马达;6-行走液压马达

发动机:挖掘机动力之源,把燃油燃烧产生的热能通过曲轴连杆机构转变成机械能。

液压主泵:通过减振器与发动机飞轮相连接,将飞轮输出的机械能转变成高压油流即液压能。

主阀:把由主泵输出的高压油,按照工作装置的动作的需要进行分流,从而实现工作装置的不同作业。

回转机构:由回转液压马达和回转减速机构构成,与回转支承相啮合来完成挖掘机任意角度的回转动作。

配重:使挖掘机的重心尽量靠近车体的回转中心,以保证车体的动态稳定性,减小回转支承的转动阻力,并实现回转快速平稳。

中心回转接头:使挖掘机在任意方位回转时,将上部车体的液压油流通过其内部的旋转油道持续不断地提供给车体下部的行走液压马达,回转接头内部的各油道用抗磨性能好和耐高压的密封件隔开。

驾驶室:内部安装有操纵手柄、电器开关、监控面板、空调和收音机等,驾驶座椅可根据操作手的要求进行调整。

3. 底盘部分

底盘部分由履带架、履带、引导轮、支重轮、托轮、终传动、张紧装置组成。结构如图8-3所示。

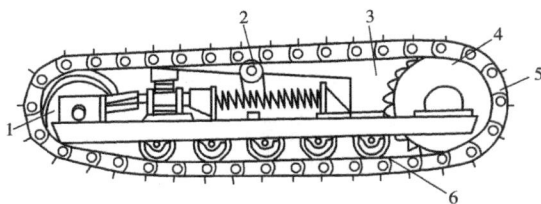

图 8-3　挖掘机底盘结构
1-引导轮;2-托轮;3-履带架;4-终传动;5-履带;6-支重轮

履带架(X架):底盘部分的主结构件,连接行走部分的四轮一带,平稳支撑车体并实现挖掘机的行走。

支重轮:支承挖掘机的重量并使挖掘机重量均匀分布在接地履带上。

托轮:托起转动的上部履带,使整条履带能够平稳转动。

履带:把挖掘机的重量均布在地面上并通过自身的转动实现挖掘机的行走;增大与地面的接触面积,可减小接地比压,从而使挖掘机能够在沼泽地等松软的地面进行行走和作业;根据需要,用户可选择加宽履带板或加长履带。

引导轮:与张紧油缸、张紧弹簧相连接,张紧履带并使履带张紧度适当;在履带前部受到外力冲击时,通过引导轮将冲击力传到张紧弹簧起缓冲作用,防止履带损伤。

终传动:包括行走液压马达和行走减速机构,作为驱动轮为挖掘机行走提供动力,将液压能通过行走液压马达转变成机械能,经过齿轮减速机构进行减速,使转矩增加,由链轮带动履带转动实现挖掘机的行走。

三、挖掘机液压系统的组成及特点

全液压挖掘机的所有动作都由液压执行元件（液压缸和液压马达）完成，而执行元件的工作状态受液压系统和电控系统的共同控制。全车液压装置位置图。如图8-4所示。

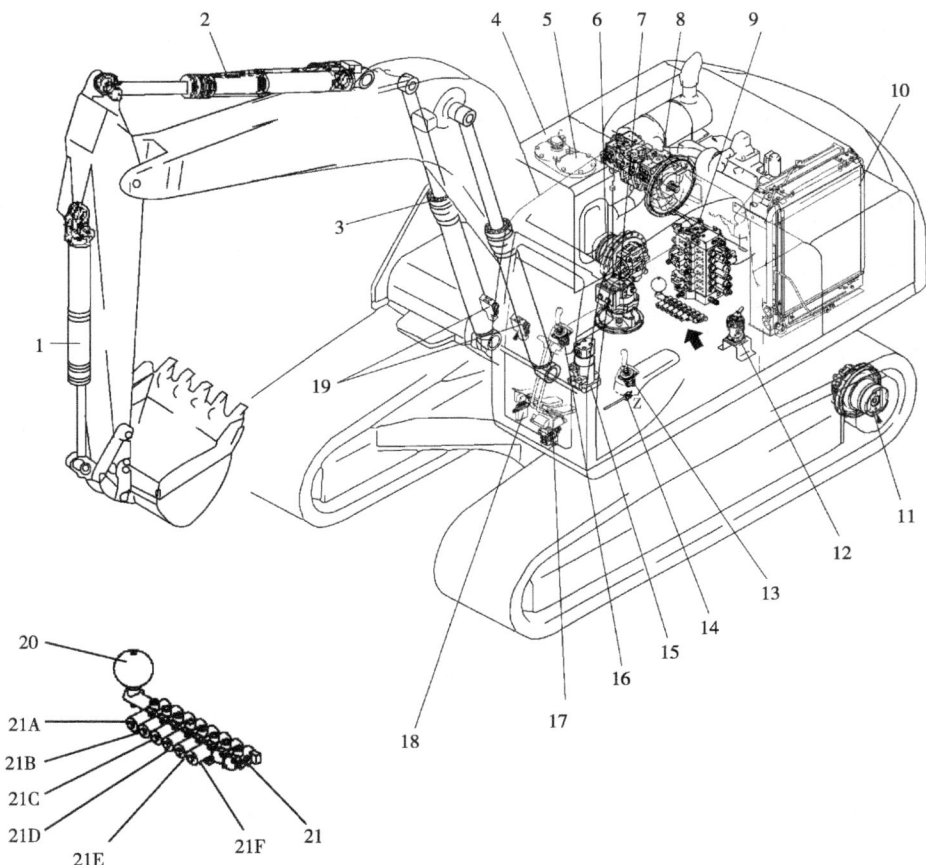

图8-4　PC200-7挖掘机液压装置位置图

1-铲斗油缸;2-斗杆油缸;3-动臂油缸;4-液压油箱;5-液压油滤芯;6-右行走液压马达;7-回转液压马达;8-主泵;9-主阀;10-液压油冷却器;11-左行走液压马达;12-多路选择阀(选装);13-左PPC阀;14-安全锁紧杆;15-中心回转接头;16-右PPC阀;17-行走PPC阀;18-附件油路选择阀;19-动臂自然下降防止阀;20-蓄能器;21-电磁阀总成;21A-PPC锁定电磁阀;21B-行走接合电磁阀;21C-泵合流/分流电磁阀;21D-行走速度电磁阀;21E-回转制动电磁阀;21F-2级溢流电磁阀

图8-5用简单的方框图把PC200-7液压系统各部件连接起来。学习者通过阅读液压系统图，可以对PC200-7的液压系统有一个整体的概念。

PC200-7挖掘机的液压系统是一种闭式负荷传感系统（CLSS），LS阀压力是闭式负荷传感系统中一个非常关键的参数。CLSS具有以下优点：

（1）实现对主泵的变量控制，使液压系统的吸收功率与发动机的输出功率达到最佳匹配。

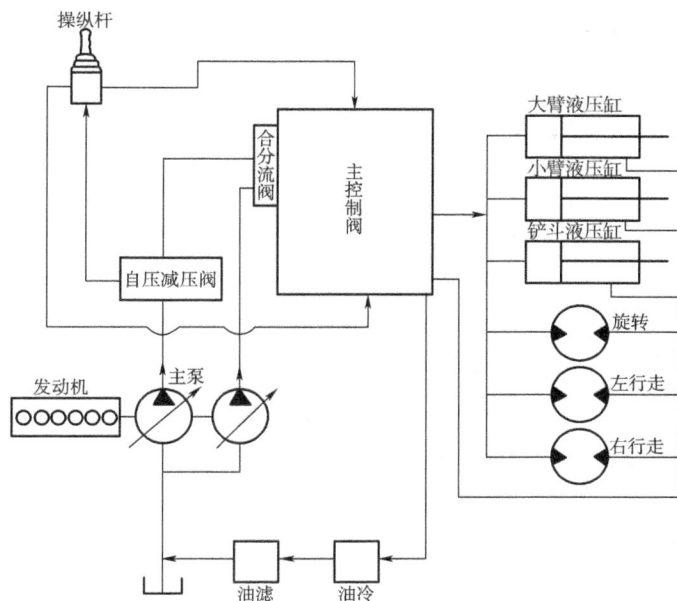

图 8-5　PC200-7 挖掘机液压系统简要框图

（2）操纵性能不受负载影响，实现精确控制，使挖掘更平稳。

（3）具有在复合操作时只是按照滑阀的开口面积决定流量分配的性能，保持其相对速度不变。

（4）该液压系统具有高技术水平、高可靠性、结构简单等优点。

四、挖掘机电气控制系统的组成及功能

挖掘机电气控制系统由控制单元（控制器）、各种传感器和执行元件组成。PC200-7 挖掘机控制系统主要具有以下功能：

（1）泵与发动机的复合控制功能。

（2）泵和阀的控制功能。

（3）触式功率增强功能。

（4）自动降速功能。

（5）发动机自动预热、防止过热功能。

（6）回转控制功能。

（7）行走控制功能。

（8）ATT 流量控制、电路选择功能（选购）。

（9）自动诊断功能。

挖掘机电气控制系统如图 8-6 所示。

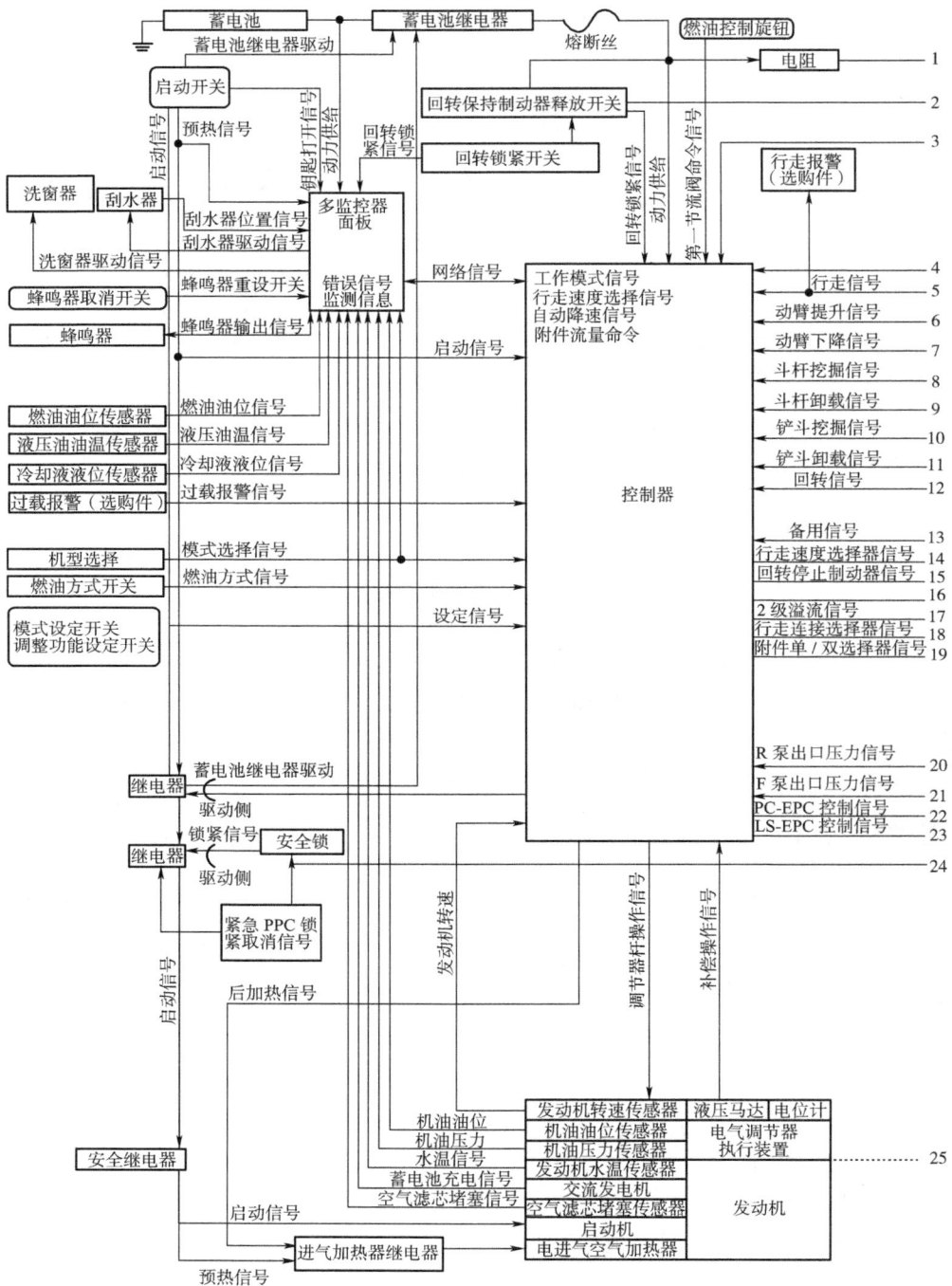

图 8-6　PC200-7 挖掘机控制系统原理图

第二节　挖掘机控制回路的组成及工作原理

挖掘机各执行元件的动作是由主控制阀通过改变工作回路而实现的,主控制阀的动作由各操作手柄下方的先导阀(PPC 阀)控制。在 PC200-7 挖掘机上,由自压减压阀、PPC 阀和蓄能器组成控制回路。该控制回路控制主控制阀的动作并为电控系统的各电磁阀提供工作油压,参见图 8-6。PC200-7 挖掘机工作回路压力为 34.8MPa(先导油压处于 ON 状态时为 37.2MPa),而控制回路的压力仅为 3.2MPa。

一、自压减压阀

1.概述

自压减压阀能够利用主泵的输出油流,将其降低后作为控制压力,作用于电磁阀和 PPC 阀,类似先导泵的作用。

2.位置和关系

自压减压阀和合分流阀以及行走连接阀在同一阀体上,此阀体安装在主控阀的后面中间部位,见图 8-7。

3.结构

自压减压阀为一先导型减压阀,其零件分解图如图 8-8 所示。

自压减压阀

图 8-7　自压减压阀的位置

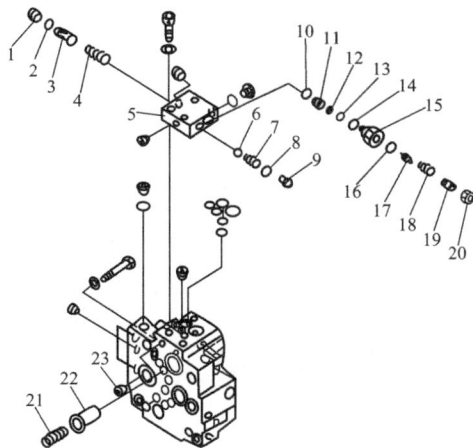

图 8-8　自压减压阀零件分解图

1、23-塞;2、8、10、13、14、16-O 形圈;3-滑阀;4、7、18、21-弹簧;5-阀块;6-钢球;9-座;11-护环;12-滤网;15-套筒;17-提动头;19-螺栓;20-螺母;22-阀

4.工作原理

自压减压阀的油路如图 8-9 所示。

(1)发动机停止时,见图 8-9a):

①弹簧 6 把提动头 5 推向阀座,油口 PR→TS 的通道被关闭。

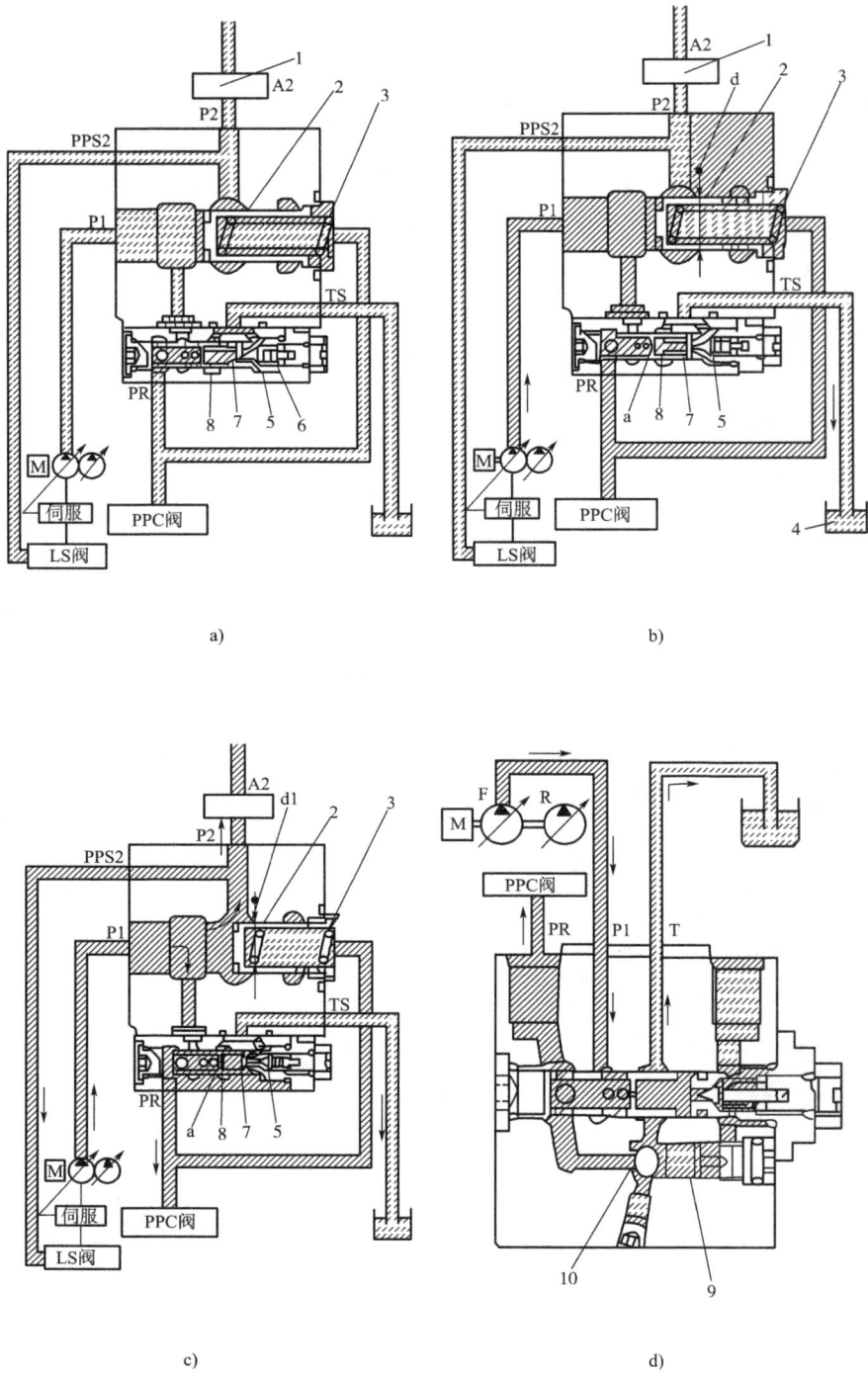

图 8-9　自压减压阀油路图

1-合流阀;2-阀;3、6、7、9-弹簧;4-油箱;5-提动头;8-滑阀;10-钢球

②弹簧7把滑阀8推到左边,油口 P1→PR 的通道被打开。

③弹簧3把阀2推到左边,油口 P1→P2 的通道被关闭。

(2)中立时,或 P2 压力低(大臂、小臂因自重落下)时,见图 8-9b):

①P2 压力低于自压减压阀输出的压力(PR 压力)。

②弹簧3以及 PR 压力把阀2向左推。

③P1→P2 之间开口减小。

④P1 压力×d1 面积≈(弹簧3的力+PR 压力)×d1 面积。

⑤P1→P2 的开口调整到使 P1 压力高于 PR 压力。

⑥PR 压力超过设定压力。

⑦提动头5打开。

⑧工作油沿 PR→滑阀8内的孔 a →提动头5的开口部→油箱口 TS 流动。

⑨滑阀8内部孔 a 左右两侧产生压差。

⑩滑阀8向右移动。

⑪P1→PR 之间开口减小,产生节流减压。

⑫减小至 PR 压力为设定压力。

⑬输出至控制回路。

(3)P2 压力高时,见图 8-9c):

①P2 压力增加。

②P1 压力也增加。

③P1 压力>弹簧3的力+PR 压力×d 面积。

④阀2右移至行程末端。

⑤P1→P2 的开口增加。

⑥节流阻尼变小。

⑦发动机的损耗降低。

⑧PR 压力超过设定压力。

⑨提动头5打开。

⑩工作油沿 PR 口→滑阀8内的孔 a→提动头5的开口部→油箱口 TS 流动。

⑪滑阀8内部孔 a 左右两侧产生压差。

⑫滑阀8向右移动。

⑬P1→PR 之间开口减小,产生节流减压。

⑭减小至 PR 压力为设定压力。

⑮输出至控制回路。

(4)发生异常高压时,见图 8-9d):

①PR 压力出现异常高压。

②克服弹簧9的力推动钢球10。

③异常高压油自 PR 口流向油箱 T 口。

④PR 压力下降。

⑤保护了液压系统的控制元件(PPC 阀、电磁阀等)。

二、蓄能器（PPC 阀用）

1. 概述

本挖掘机在控制油路中配备有蓄能器，蓄能器是储存控制油路压力的一种装置。蓄能器安装在主泵与 PPC 阀之间。它的作用是保持控制油路压力的稳定以及当发动机熄火后，仍可放下工作装置，以保证机器安全。

2. 位置和关系

打开主控阀盖板，从上往下看就可以看到蓄能器，蓄能器的位置见图 8-10，蓄能器与相关部件的关系见图 8-11。

图 8-10 蓄能器在挖掘机上位置

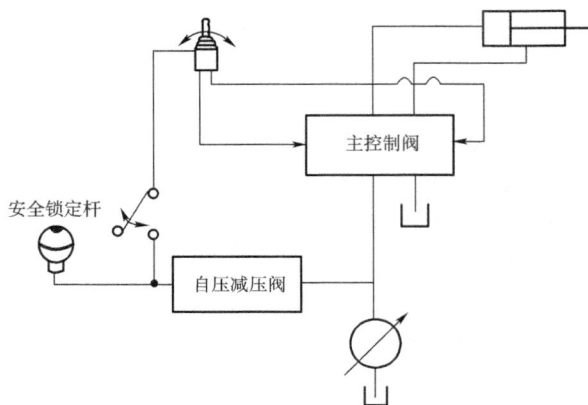

图 8-11 蓄能器与相关部件关系

3. 构造

蓄能器内有一个皮囊，用来收集从气塞充入的气体，并把它与液压油液隔离。蓄能器的解剖图如图 8-12 所示。

4. 工作原理（图 8-13）

发动机启动后，皮囊 A 室内的气体受到来自自压减压阀油压的作用而处于被压缩状态。发动机停止后，皮囊内的气体继续处于被压缩状态。

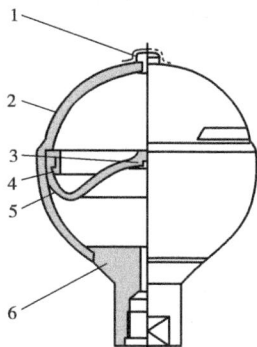

图 8-12 蓄能器解剖图

1-气塞；2-壳体；3-座阀芯；4-保持架；
5-皮囊；6-油口

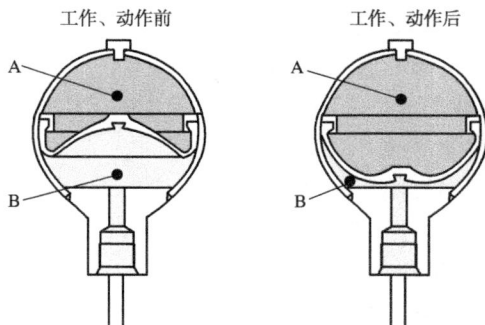

图 8-13 蓄能器工作原理图

此时操纵 PPC 阀后,依靠 A 室内气体的压力,气囊扩张,B 室内的油作为控制压力油而驱动主控制阀工作,工作装置在自重的作用下向下移动。

三、PPC 阀

1. 概述

PPC 阀是一种比例压力控制阀,安装在驾驶室各操作手柄下面,它可以根据驾驶员操作手柄行程大小,输出相应的控制油压,使主控制阀芯有相应的移动量,从而控制工作装置的速度。

2. 位置和关系

通过图 8-14 和图 8-15,可以了解 PPC 阀的位置及它与其他液压元件的连接关系。

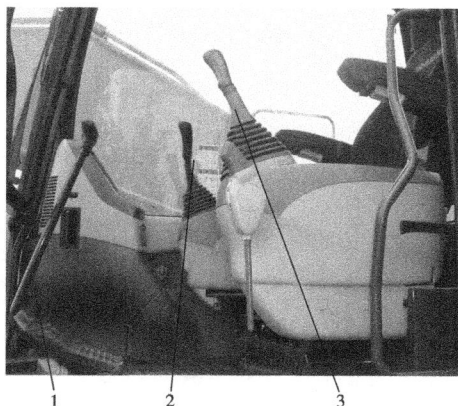

图 8-14　PPC 阀在车上位置

1-行走 PPC 阀;2-右手 PPC 阀;3-左手 PPC 阀

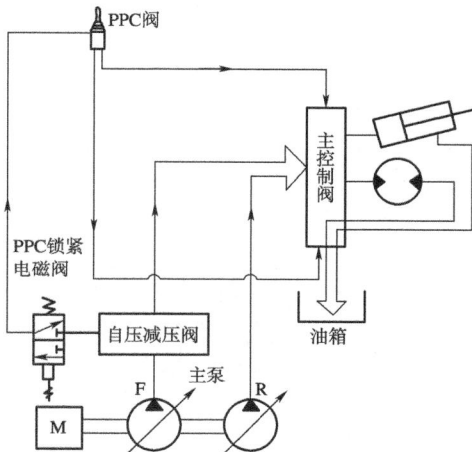

图 8-15　PPC 阀与相关部件关系

左右操作手柄的位置及其与工作装置状态的关系见图 8-16 和表 8-2。

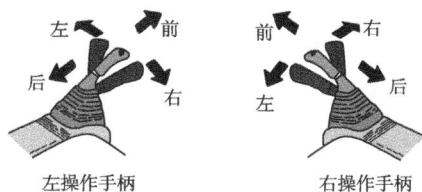

图 8-16　操作手柄的工作位置

操作手柄的位置与工作装置状态的关系

表 8-2

左操作手柄	前	斗杆卸载	右操作手柄	前	动臂下降
	后	斗杆挖掘		后	动臂提升
	左	左回转		左	铲斗挖掘
	右	右回转		右	铲斗卸载

3. 构造

PPC 阀的外观图及剖视图见图 8-17 和图 8-18。

4. 工作原理(图 8-19)

(1)操作手柄中立→工作装置不动作:

①手柄中立。

②A、B 口的油通过滑阀 1 内的小孔 f 与油箱接通。

③主阀芯在内部弹簧作用下保持在中间位置。

④工作装置不动作。

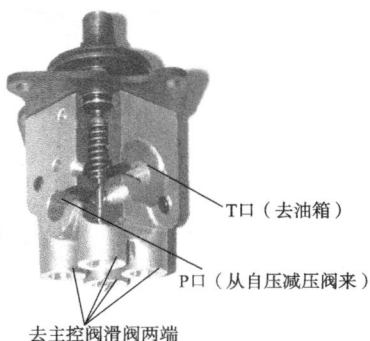

T口（去油箱）

P口（从自压减压阀来）

去主控阀滑阀两端

图8-17　PPC阀外观图

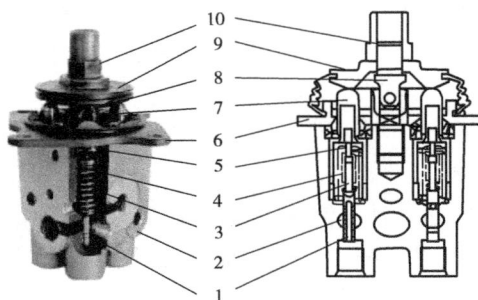

图8-18　PPC阀实物与剖视图

1-滑阀;2-阀体;3-计量弹簧;4-对中弹簧;5-定位器;6-安装板;7-柱塞;8-铰接头;9-圆盘;10-螺母(连接操作杆用)

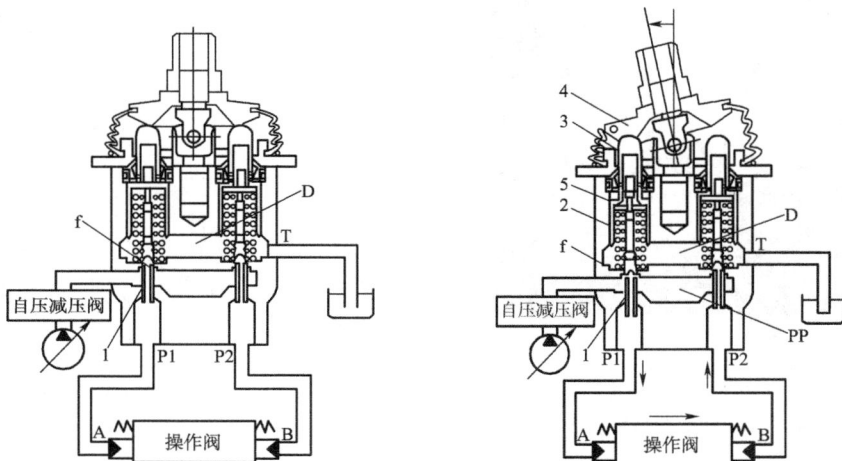

图8-19　PPC阀工作原理图

1-滑阀;2-弹簧;3-活塞;4-圆盘;5-定位器

（2）操作手柄动作→工作装置动作：

①操作手柄向左扳动。

②圆盘4推动柱塞3往下移动。

③定位器5也向下移动。

④弹簧2推动滑阀1向下移动。

⑤PPC阀P1口与滑阀1上的f口接通。

⑥先导压力油通过控制小孔f流到油口A。

⑦主控制阀阀芯往右移动。

⑧从主泵来的油经过此阀芯流向工作装置。

⑨工作装置开始动作。

（3）若手柄行程变大→工作装置速度加大：

①操作手柄行程变大。

②弹簧2的压缩量变大。

③弹簧 2 作用力变大。

④滑阀 1 往下移动量变大。

⑤小孔 f 口的流通面积变大。

⑥P1 口压力变大。

⑦主控制阀阀芯移动量变大。

⑧去工作装置的油液流量变大。

⑨工作装置工作速度加快。

第三节　主泵及流量控制

一、主泵的结构及各油口和测量口

主泵是一种能量转换装置,它将从发动机传来的机械能转换为液压能,为液压系统提供一定流量的压力油,去驱动液压油缸和液压马达,是整个液压系统的动力源。PC200-7 挖掘机采用的主泵型号为 HPV95 + 95,其含义是:

H – 液压型;

P – 柱塞型;

V – 可变流量型;

95 + 95 – 每个泵每转 95mL 排量,共两个泵。

1. 位置和关系

主泵在挖掘机上的位置如图 8-20 所示,主泵和相关部件的连接关系见图 8-5。

2. 构造

该主泵由前后两个变量柱塞泵串联而成,并通过花键轴与发动机飞轮输出端的减振器相连。为示区分,靠近发动机侧的称为前泵,远离的称为后泵,前、后两个柱塞泵的结构几乎完全相同。主泵为斜盘式轴向变量柱塞泵,实物图如图 8-21 所示,剖视图如图 8-22 所示。

图 8-20　PC200-7 挖掘机主泵在挖掘机上的位置

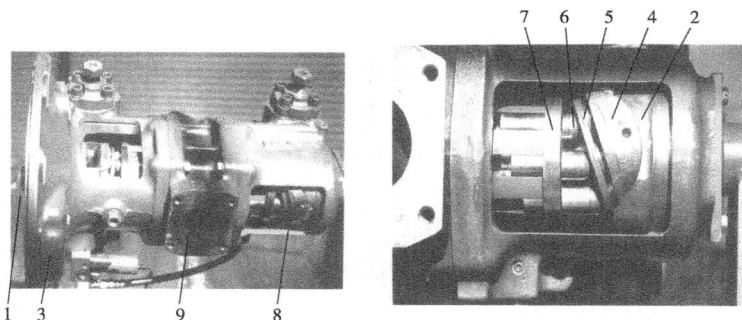

图 8-21　PC200-7 挖掘机主泵的实物图

1-轴(前);2-支架;3-壳体(前);4-凸轮斜盘;5-滑板;6-柱塞;7-缸体;8-配流盘;9-端罩

3.工作原理(图8-23)

当输入轴1转动时,缸体5也转动,当斜盘2倾斜时,缸体内的柱塞3就一边随缸体做圆周运动,一边做轴向往复运动。这样,当柱塞经过吸油口时就吸油,当经过出油口时就排油。斜盘的角度可调大或调小,以改变柱塞的行程,也就改变了排出液压油的量。斜盘的角度越大,排出的液压油量就越多。

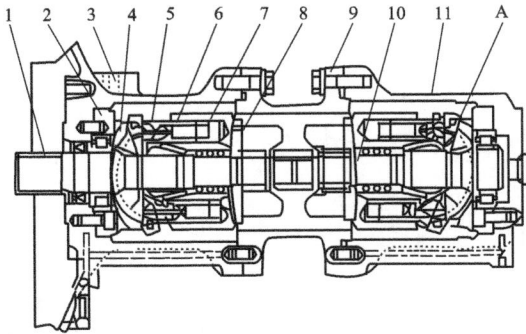

图8-22　PC200-7挖掘机主泵的剖视图
1-轴(前);2-支架;3-壳体(前)4-凸轮斜盘;5-滑板;
6-柱塞;7-缸体;8-配流盘;9-端罩;10-轴(后);11-壳体(后)

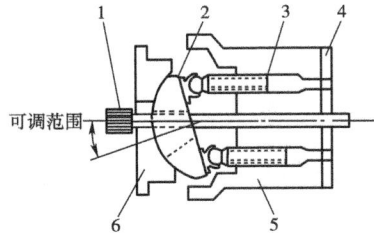

图8-23　轴向柱塞泵工作原理
1-输入轴;2-斜盘;3-柱塞;4-配流盘;
5-缸体;6-支架

主泵在使用时要注意以下几点:

(1)为形成高压,柱塞和缸体之间以及缸体和配流盘之间需紧密配合,否则,油会从这些间隙中泄漏,达不到30MPa以上的高压。所以实际的尺寸要达到以下标准:①柱塞与缸体之间间隙小于0.02mm;②缸体端面与配流盘之间的接触面积不小于90%。

(2)斜盘需能自由滑动,以带动柱塞改变行程。若斜盘卡住,或由于其他原因造成斜盘不动,泵就会始终处于一种流量不变状态。当一直处于小流量状态时,车速就会很慢,工作无力。若一直处于大流量状态,则发动机会停车或冒黑烟。

4.测量口及油口

图8-24是主泵在不同方向的视图,从这些视图,可以了解到泵上所有的各种测量口与油口的名称与位置。另外,如PAF、PENR这些油口名称和后面液压回路全图上所标注的油口名称也完全一致,可在阅读全图时参考。

二、主泵流量的控制回路

挖掘机主泵的流量大小,反映了工作装置运行速度的快慢。为了使泵与发动机的功率达到最佳匹配,充分发挥发动机的作用,节省燃油,提高生产率,日本小松公司对泵与发动机的配置进行了精心设计,把液压闭环控制和电脑控制相结合,达到了非常满意的效果。

1.主泵流量控制原理

PC200-7挖掘机主泵流量的控制原理,可由图8-25(以动臂控制为例)进行解析。

从轴向柱塞变量泵的工作原理可知,泵的流量取决于斜盘角 α 的大小,在该挖掘机的主泵中,斜盘角 α 是随伺服活塞的移动而改变的,伺服活塞的移动是靠改变伺服活塞大直径端的压力来实现的(伺服活塞小直径端始终通的是主泵压力);而伺服活塞大直径端的压力是靠一组起不同作用的阀(LS 阀、LS-EPC 阀、PC 阀及 PC-EPC 阀)来改变的,下面就具体地介绍各阀的作用及工作原理。

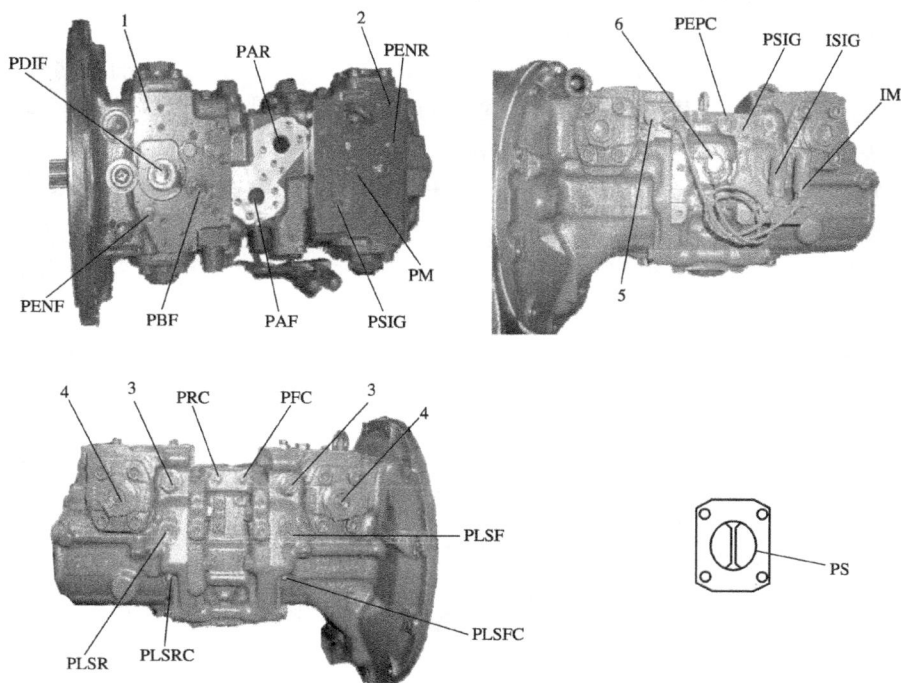

图 8-24　PC200-7 挖掘机主泵的测量口和油口

1-前主泵;2-后主泵;3-LS 阀;4-PC 阀;5-LS-EPC 阀;6-PC-EPC 阀

IM:PC-EPC 连接器;ISIG:LS-EPC 连接器;PAF:前泵出油口;PFC:前泵压力检测口;PAR:后泵出油口;PRC:后泵压力检测口;PBF:泵压力入口;PDIF:壳体排放口;PENF:前泵伺服活塞进口压力检测口;PENR:后泵伺服活塞进口压力检测口;PLSF:前泵 PLS 压力入口;PLSFC:前泵 PLS 压力检测口;PLSR:后泵 PLS 压力入口;PLSRC:后泵 PLS 压力检测口;PS:泵吸油口;PSIG:LS-EPC 阀出口压力检测口;PM:PC-EPC 阀出口压力检测口;PEPC:EPC 基本压力入口

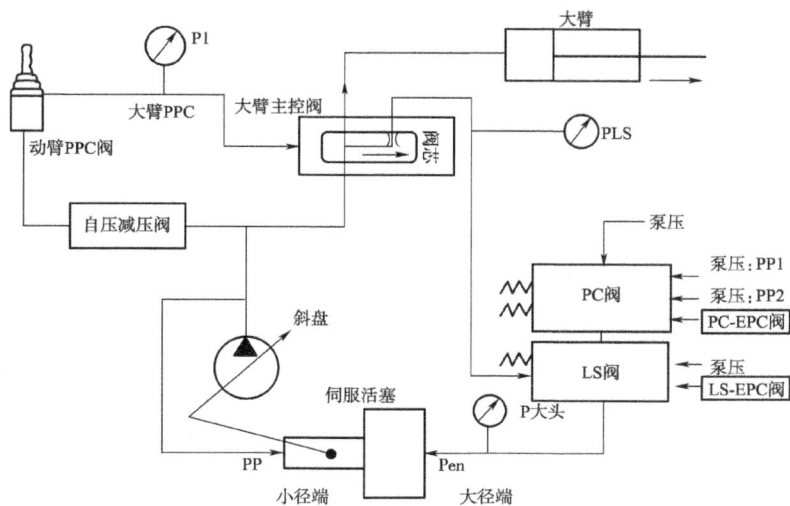

图 8-25　PC200-7 挖掘机主泵流量控制原理

2. LS 阀

1）作用及位置

LS 阀主要的作用是感知驾驶员操纵杆行程大小状态，给泵相应信号以调节合适流量。如图 8-25 所示，操纵杆的动作改变主控制阀内部阀芯的移动。主控制阀的移动产生 PLS 压力（代表阀芯的移动量）。PLS 压力反馈到主泵的 LS 阀，进而根据操纵杆的移动量多少通过 LS 阀改变主泵的排量。关于 PLS 压力产生机理，将在本章第四节主控制阀中介绍。

LS 阀直接安装在主泵上，见图 8-24 中 3。PLS 压力管一端直接安装在主泵上（油口位置请参照图 8-24），另一端直接与主控阀相连。这两根 PLS 压力管非常重要，它反映了操纵杆的运动状态。

2）结构

LS 阀主要由阀体、滑阀、柱塞、弹簧和调整螺塞等组成，阀的剖视图和零件分解图如图 8-26 所示。

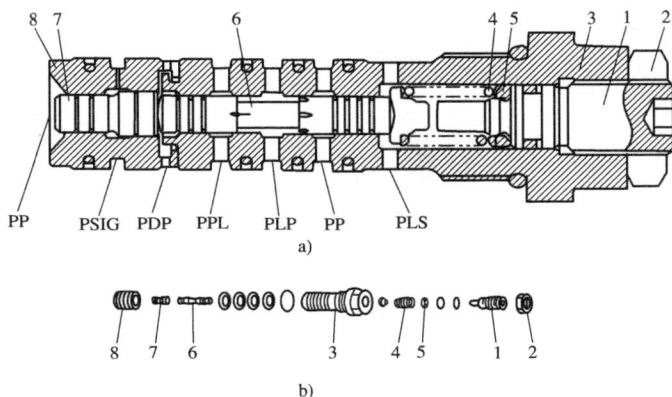

图 8-26 LS 阀的结构

a）剖面图；b）零件分解图

1-调整螺塞；2-锁紧螺母；3-阀体；4-弹簧；5-座；6-滑阀；7-柱塞；8-阀体

PP：泵压输入口；PSIG：LS-EPC 阀输出压入口；PDP：泄油口；PPL：PC 阀控制压力入口；PLP：LS 阀控制压出口；PLS：LS 压力输入口

3）工作原理

LS 阀的工作原理如图 8-27 所示，LS 阀阀芯 2 共受到 4 个力的作用。其中，左边受到主控阀来的 PLS 压力与弹簧 1 的力；右边受到主泵来的 PP 压力与 LS-EPC 阀输出的压力。这几个力的综合作用，决定阀芯 2 的左右移动。

随阀芯 2 的移动，C、D、E 三个油口之间通断及通断程度不同，使到伺服活塞大直径端的压力不同，进而使伺服活塞 3 移动，从而带动斜盘角度的变化，最终改变了主泵输出的流量。

（1）操纵杆拉大→PLS 压力上升→ΔPLS 压力（主泵来的 PP 压力 – PLS 压力）变小→阀芯 2 右移→C、D 油口逐渐关断，D、E 油口逐渐导通→伺服活塞大径端压力逐渐回油箱→伺服活塞大径端压力下降→伺服活塞向右移动→斜板角度变大→流量 Q 增大。

（2）操纵杆移动量变小时与上同理。

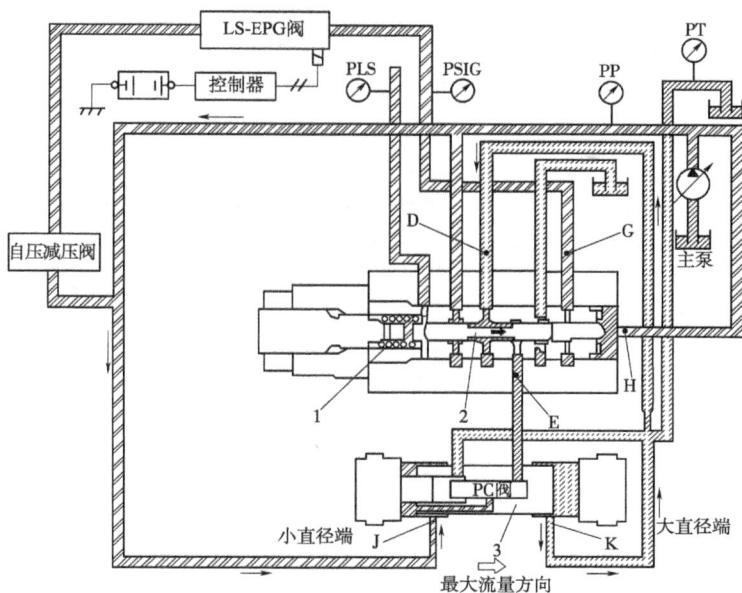

图 8-27 LS 阀的工作原理图
1-弹簧;2-阀芯;3-活塞
PP:泵压输入口;PSIG:LS-EPC 阀输出压入口;PLS:LS 压力输出口

4)测试与调整

LS 阀工作状况的好坏,可以通过油压检测进行判断。压力检测时,需要检测的项目包括:前泵输送压力、后泵输送压力、前泵 LS 阀输出压力、后泵 LS 阀输出压力、前泵 PLS 压力、后泵 PLS 压力。各压力检测口的位置,参见图8-24,检测时,应符合下列条件:

(1)测试条件。

①液压油温为 45 ~ 55℃。

②发动机转速为高速。

③工作模式为 A 模式。

④行走速度开关为 Hi(高速)。

⑤支起单边履带。

(2)标准油压。

压力检测时,操纵杆的位置及各压力的标准值见表8-3。

操纵杆的位置及各压力的标准值　　　　　　　　　　表 8-3

操纵杆位置	主泵压力与 LS 阀输出压力的关系	LS 差压(LS 差压 = 主泵来的 PP 压力 – PLS 压力)(MPa)
所有操纵杆在中位	大致相同	3.92 ±0.98
行走操纵杆半行程	LS 阀输出压力约为主泵压力的3/5	21.56 ±0.98

(3)调整。

当 LS 阀压差不正常时,通过 LS 阀的调整螺塞 1(图8-26)进行调整。调整时,通过旋松锁紧螺母 2、转动调整螺塞 1 来调整压力。向右转动，压差上升；向左转动，压差下降。

调整螺塞每一圈的调整量（LS 阀压差）为 1.3MPa，调整后，旋紧锁紧螺母 2。

3. LS-EPC 电磁阀

1）作用与位置

驾驶员在监控器上发出的操作命令传到电脑，电脑据此命令发出的指令产生信号压力油，参与 LS 阀的工作使之能更精确地控制主泵流量。

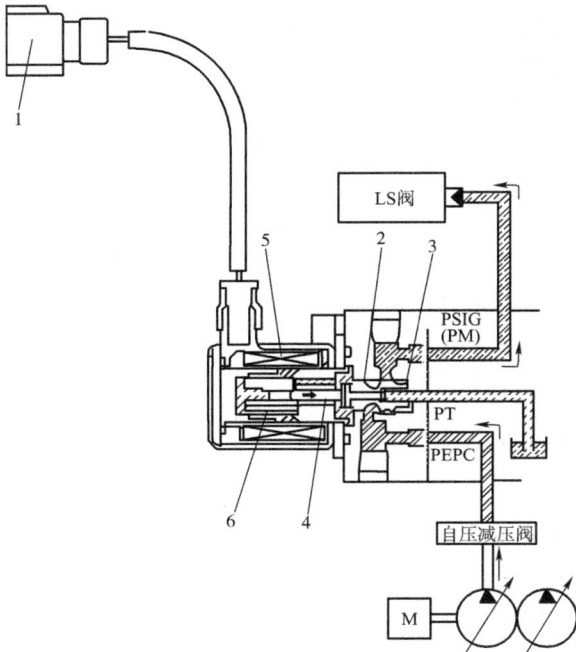

图 8-28　LS-EPC 电磁阀结构及连接
1-阀体；2-滑阀；3-弹簧；4-阀杆；5-电磁线圈；6-柱塞
PSIG（PM）：到 LS（PC）阀；PT：到油箱；PEPC：来自自压减压阀

打开泵外盖，就可以看到 LS-EPC 电磁阀和 LS-EPC 连接器（图 8-25），它的输入油压来自自压减压阀，电压信号来自电脑板。电脑发出的电压信号不同，内部阀芯的位置不同，而产生的输出油压也不同，此输出油压进入 LS 阀（内部油路看不见）。

2）构造

从图 8-28 中可看出，LS-EPC 电磁阀主要由电磁线圈 5、滑阀 2 以及进出口油道组成。来自自压减压阀的油口与去 LS 阀的出油口之间的通与断，以及开口的大小取决于进入电磁线圈 5 的电流的大小，而电流的大小根据各种工作状态不同自动地由计算机给出。

滑阀 2 靠电磁力推动，如果滑阀 2 由于有脏物卡住，则阀芯移动不了，因此尽管电路没有问题，但进入 LS 阀的压力就不能随不同的工作状态而改变，这样就会影响 LS 阀的动作，进而影响整机的动作。

3）工作原理

LS-EPC 电磁阀如图 8-29 所示。当驾驶员按下工作模式选择开关 A、E、L、B 或行走速度开关（Hi,Mi,Lo）时，通过监控器将此信息传到电脑；电脑根据驾驶员选定的模式及作出的操纵杆动作，发出相应的控制电信号到 LS-EPC 电磁阀；根据此电信号的大小变化，电磁阀的电磁线圈产生相应的推力推动电磁阀芯作相应移动；从自压减压阀来的压力油经过电磁阀阀芯进入 LS 阀，从而对泵流量进行精确控制。

4）测试

拆下油压测量塞（图 8-24 中 PSIG），对 LS-EPC 电磁阀的油压进行检测。检测条件为：

（1）液压油油温为 45～55℃。

（2）工作模式为 A 模式。

（3）发动机转速为高速。LS-EPC 阀输出压力的标准值见表 8-4。

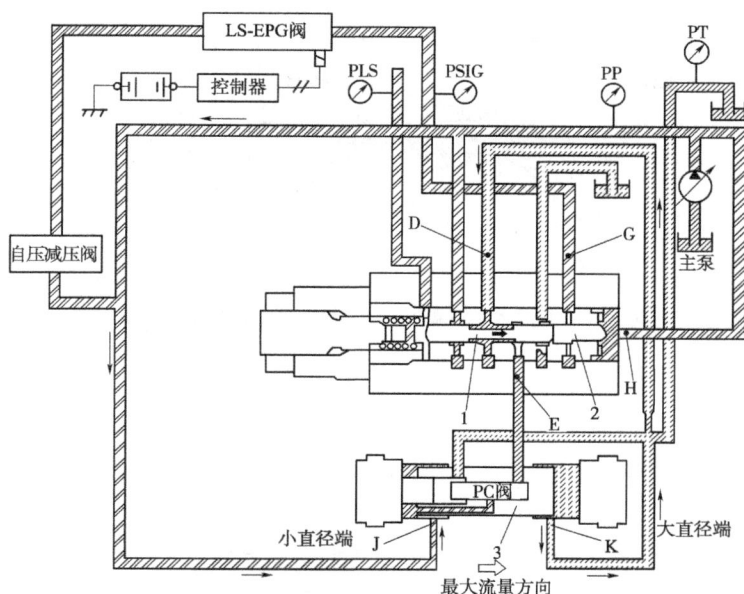

图 8-29　LS-EPC 电磁阀工作原理

1-柱塞;2-连接器;3-伺服活塞

PLS:LS 阀压力输出口;PSIG:到 LS 阀;PP:泵压输入口;PT:到油箱

LS-EPC 阀输出压力的标准值　　　　　　　　　　　　　　表 8-4

行走速度开关	行走操纵杆	LS-EPC 阀输出压力
低速	中位	约 2.9MPa
高速	轻微操作	0

4. PC 阀

1)作用与位置

外载的变化(如土质变化、挖掘量的变化)反应为工作压力的变化,PC 阀能感知此压力的变化(通过输入 PC 阀的前后泵压力来感知),根据泵功率与发动机功率最佳匹配的原则,自动地调节相应的泵排量,从而达到提高生产率的目的。

打开泵的侧板就可看见主泵和 PC 阀。PC 阀的位置见图 8-24 中 3。PC 阀的输入信号有前泵压力、后泵(在泵里面)压力、PC-EPC 电磁阀输出压力。PC 阀的输出经过 LS 阀到伺服活塞大端(在泵里面)。

2)PC 阀的构造

如图 8-30 所示,PC 阀主要由伺服活塞总成、阀芯、保持架、销、螺塞、弹簧及弹簧座等组成。

3)PC 阀工作原理

在某一个作业状态(如主泵压力 = 27.4MPa),此时泵的功率(泵排量 × 压力)与发动机功率处于平衡状态。若外部土质变硬,泵的压力随之升高,为了保持泵功率与发动机功率的平衡,泵的排量应根据泵压力的升高而下降。相反,当土质变软时,泵压力下降,泵的排量可以增加以免浪费发动机的功率。PC 阀能自动完成这个过程。工作原理如图 8-31 所示。

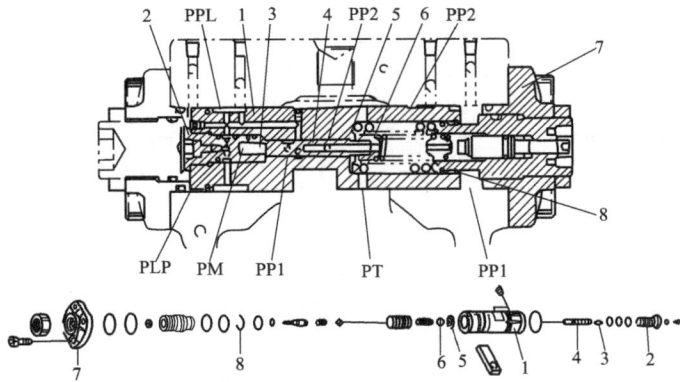

图 8-30　PC 阀的结构

1-伺服活塞总成;2-塞;3-销;4-阀芯;5-保持架;6-座;7-盖;8-卡环

PPL:PC 阀控制压力出口;PP2:另泵压入口;PLP:LS 阀控制压力入口;PM:PC-EPC 阀输出压入口;PP1:自泵压入口;
PT:泄油口

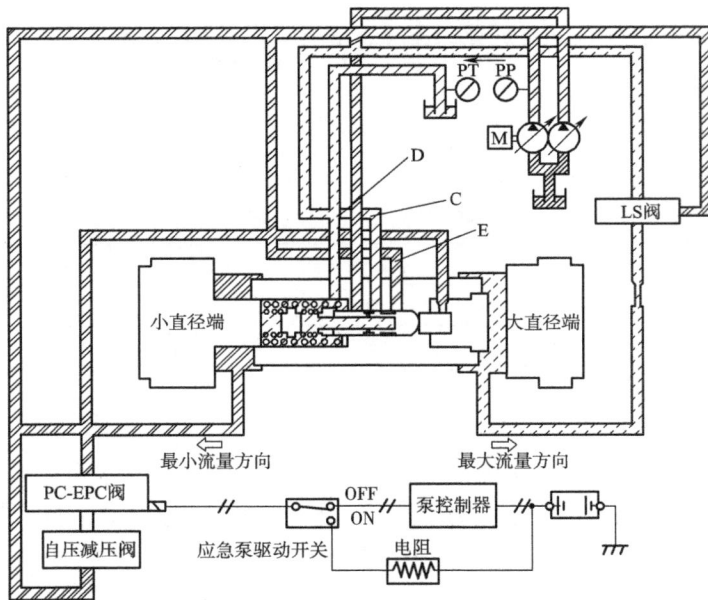

图 8-31　PC 阀工作原理图

（1）当主泵 PP 压力约 29.4MPa 时：

①土质由硬变软,PP 压力降至 24.5MPa。

②阀芯在弹簧作用下向右移动。

③C、D 口逐渐通,C、E 口逐渐断。

④PC 阀出口压力下降。

⑤伺服活塞大径端压力下降。

⑥伺服活塞往右移动。

⑦斜盘角变大。

⑧泵流量增大。

（2）主泵 PP 压力约 24.5MPa 时：

①土质由软变硬，PP 压力升至 29.4MPa。

②阀芯在泵压作用下向左移动。

③C、D 口逐渐断，C、E 口逐渐通。

④PC 阀出口压力上升。

⑤伺服活塞大径端压力上升。

⑥伺服活塞往左移动。

⑦斜盘角变小。

⑧泵流量减小。

上述是在外界土质变化的情况下，液压系统的自我控制方式。当驾驶员根据工况改变工作模式时，PC-EPC 电磁阀输出到 PC 阀的压力也会变化。此压力也会通过 PC 阀改变泵的流量，有关 PC-EPC 电磁阀的叙述，将在后面进行。

4）测试与调整

（1）测量内容。

测量内容包括：前泵输送压力、后泵输送压力、前泵 PC 阀输送压力、后泵 PC 阀输送压力。各测量口的位置参见图 8-24。

（2）测量条件。

①液压油温：45～55℃。

②发动机转速：高速。

③工作模式：A 模式。

④回转锁紧开关：ON。

（3）测量时操纵杆的位置及正常压力值。

测量时，操纵杆的位置及正常压力值如表 8-5 所示。若 PC 阀或伺服活塞有任何异常，PC 阀输出压力（伺服活塞输入压力）等于主泵压力，或接近于 0。

操纵杆的位置及正常压力值 表 8-5

操纵杆位置	压力比率
斗杆挖掘溢流	PC 阀输出压力≈3/5 主泵压力

5）调整

（1）当工作负荷增加时，发动机转速急剧下降；

（2）发动机转速正常时，工作装置速度慢。

当发生以上两种情况之一，且主泵压力和 LS 阀压差都正常时，按下列要领，调整 PC阀。调整部位如图 8-32 所示。

旋松锁紧螺母 1，转动调整螺栓 2 进行调整：

①速度慢时，把调整螺栓向右转动，流量增大，泵吸收转矩上升；

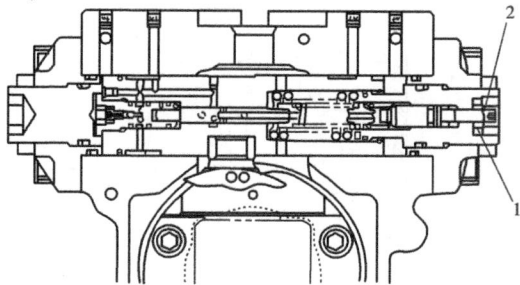

图 8-32　PC 阀调整部位
1-锁紧螺母；2-调整螺栓

②发动机转速下降时,把调整螺栓向左转动,流量减小,泵吸收转矩下降。

调整螺栓的调整范围:左转时少于 1 圈(360°);右转时少于 1/2 圈(180°)。调整结束后,拧紧锁紧螺母,并按前面所述的测量步骤,确认压力已恢复正常。

5.PC-EPC 阀

1)作用与位置

PC-EPC 阀主要是感知发动机实际转速状态,给予相应信号,调节泵流量。

由于工况变化,发动机的转速也会变化,此时与发动机匹配的泵流量也应相应变化。发动机的转速变化,通过安装于发动机飞轮壳上转速传感器传给电脑;然后电脑发出泵流量变化的命令;PC-EPC 电磁阀接收此命令,通过 PC 阀适当调节泵流量,以适应发动机转速的变化。此外,PC-EPC 的电流大小,还与监控器指令、主泵压力等因素有关。

LS-EPC 电磁阀和 LS-EPC 连接器的位置,参见图 8-24。

2)构造

PC-EPC 阀的构造同 LS-EPC 阀。

3)工作原理

电脑通过转速传感器检测发动机的实际转速,当负荷增大,造成发动机转速下降时,电脑就会向 PC-EPC 阀发出指令,使流向 PC-EPC 电磁阀的指令电流按照发动机转速的下降量而增大,以减小泵的斜盘角度,降低泵的输出流量,从而使发动机转速恢复。工作原理如图 8-33 所示。

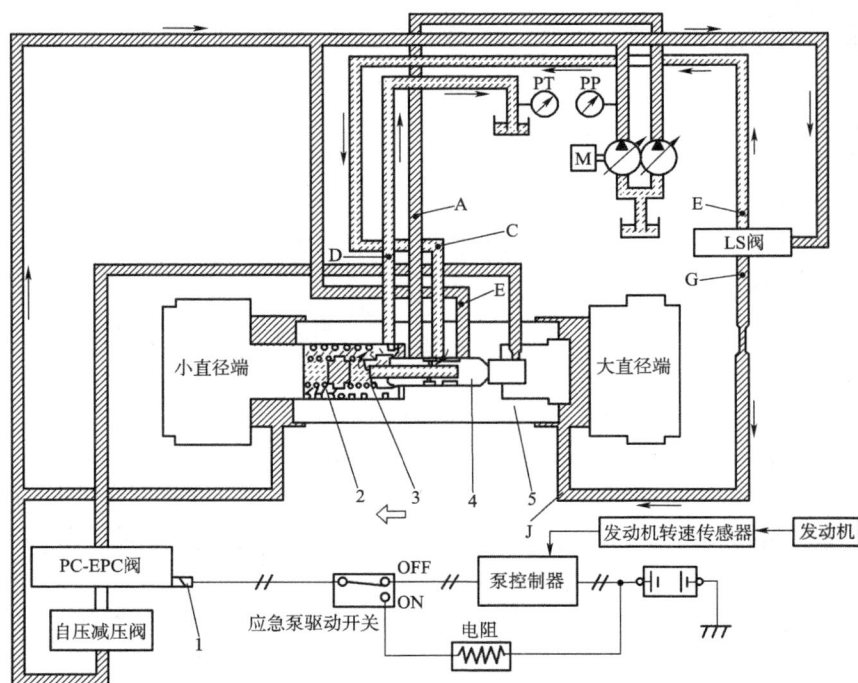

图 8-33　PC-EPC 阀构造原理图
1-PC-EPC 阀;2-PC 阀阀芯;3、4-弹簧;5-伺服活塞

发动机转速↓→电脑控制进入 PC-EPC 阀的电流↑→PC-EPC 出口压力↑→PC 阀阀芯 2 向左移动→C、D 口逐渐关断,C、E 口逐渐导通→PC 阀出口压力↑→进入伺服活塞大径端压力↑→伺服活塞左移→泵流量 Q↓→泵吸收转矩↓→发动机转速恢复。

4)测试

PC-EPC 阀的检测口位置见图 8-33,测试条件:

(1)液压油温为 45～55℃。

(2)工作模式为 A 模式。测量时发动机的状态及正常压力值如表 8-6 所示。

PC-EPC 阀标准压力值　　　　　　　　　　　　　　表 8-6

发动机转速	操 纵 杆	PC-EPC 阀输出压力
低怠速	中立	2.9MPa
高怠速		0

第四节　主控制阀

　　主控阀受 PPC 阀产生的 PPC 油压作用,控制从主泵至各油缸、液压马达的液压油的流向及流量。同时,各油缸、液压马达中的油需通过该阀返回油箱。

　　从前后主泵来的压力油汇集到主控制阀;在这里,压力油被分配至相应的油缸或液压马达,推动它们工作,最后还要经过该主控制阀流回油箱。

　　主控制阀的位置见图 8-34,主控制阀与相关部件的关系见图 8-35。

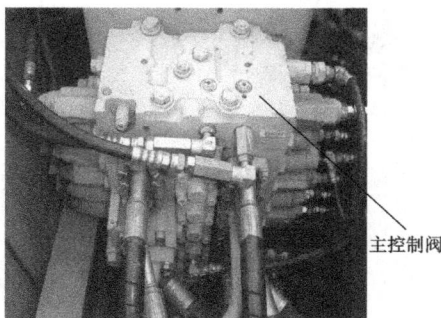

图 8-34　主控制阀的位置

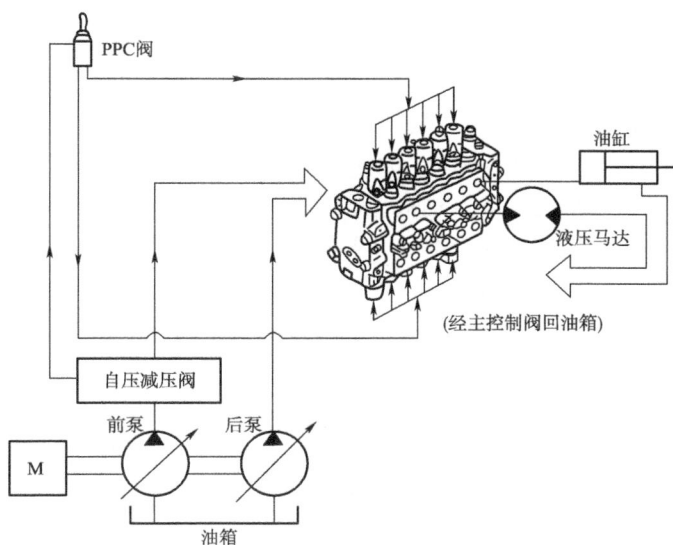

图 8-35　主控制阀与相关部件的关系

公路工程机械控制技术（第二版）

一、主控制阀的结构与工作原理

1. 主控制阀的组成与结构

主控制阀由六联阀（整体）、备用阀组成，上面主要由各控制主阀芯、泵合分流阀、背压阀、大臂保持阀、主溢流阀、卸荷阀、安全吸油阀、吸油阀、压力补偿阀、LS梭阀、LS选择阀、LS旁通阀组成。主控制阀的结构如图8-36所示。

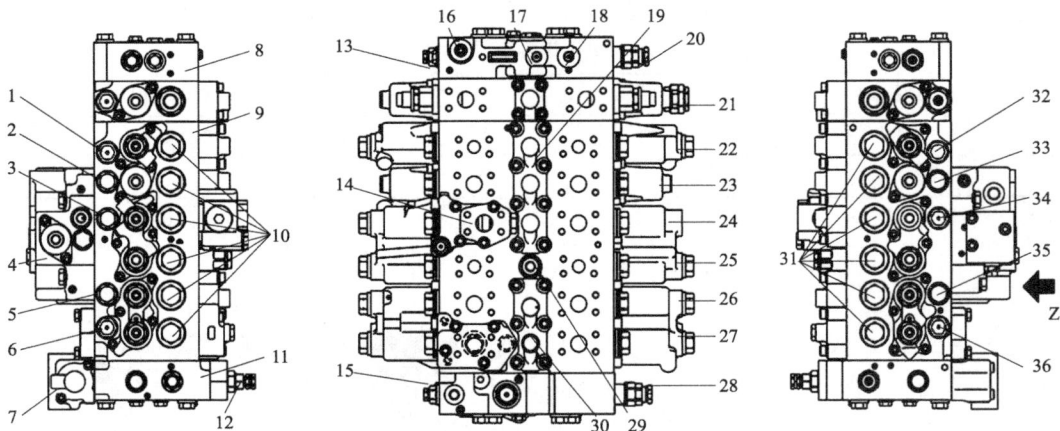

图8-36 主控制阀的结构

1-安全吸油阀（铲斗卸载）；2-吸油阀（左行走后退）；3-吸油阀（动臂提升）；4-合流分流阀；5-吸油阀（右行走后退）；6-安全吸油阀（斗杆卸载）；7-背压阀；8-上端盖；9-6联阀体；10-压力补偿阀；11-下端盖；12-安全阀（动臂提升）；13-卸荷阀；14-大臂保持阀；15-卸荷阀；16-LS旁通阀；17-PLS（前）；18-PLS（后）；19-LS梭阀（铲斗端）；20-主溢流阀；21-备用阀；22-铲斗；23-左行走；24-大臂；25-回转；26-右行走；27-小臂；28-主溢流阀；29-LS选择阀；30-LS梭阀（斗杆端）；31-压力补偿阀；32-安全吸油阀（铲斗挖掘）；33-吸油阀（左行走前进）；34-安全吸油阀（动臂下降）；35-吸油阀（右行走前进）；36-安全吸油阀（斗杆挖掘）

2. 主控制阀工作原理（以小臂工作为例）

主控制阀控制主阀芯一共有六个，从上到下依次是：铲斗、左行走、大臂、回转、右行走、小臂。其中铲斗、左行走、大臂与后泵相通，回转、右行走、小臂与前泵相通。下面以小臂工作为例分析主阀芯的工作原理，小臂挖掘回路如图8-37所示，小臂卸载回路如图8-38所示。

（1）当PPC阀处于中位时，至小臂主阀芯两端的油压均为0，小臂主阀芯在弹簧3、10的作用下，处于中位，从主泵排出的液压油被主阀芯封住，小臂油缸静止不动。

（2）当移动操作杆至小臂挖掘位置时（图8-37），PPC阀输出相应的油压至小臂主阀芯的左端，该油压克服弹簧10的弹簧力，将主阀芯推向右侧，油道①与油道②接通，从主泵输出的高压油顶开压力补偿阀的下阀7，进入油缸底端，推动活塞杆外伸，油缸上端的低压油，通过主控制阀，流回油箱。

操作杆行程加大，至主阀芯左端的油压升高，主阀芯向右移动行程加大，油道①与油道②之间的开口面积增加。从主泵至油缸的油流量增加，油缸工作速度加快。

若操作杆行程减小，则油缸工作速度下降（根据步骤2自行推断）。

（3）当移动操作杆至斗杆卸载位置时（图8-38），PPC阀输出相应的油压至斗杆主阀芯的右侧。该压力克服弹簧3的弹簧力，将主阀芯推向左侧，油道③与①接通，从主泵来的高压油顶开压力补偿阀的下阀6进入油缸上端,推动活塞杆收回,油缸下端的低压油,通过主控制阀,流回油箱。

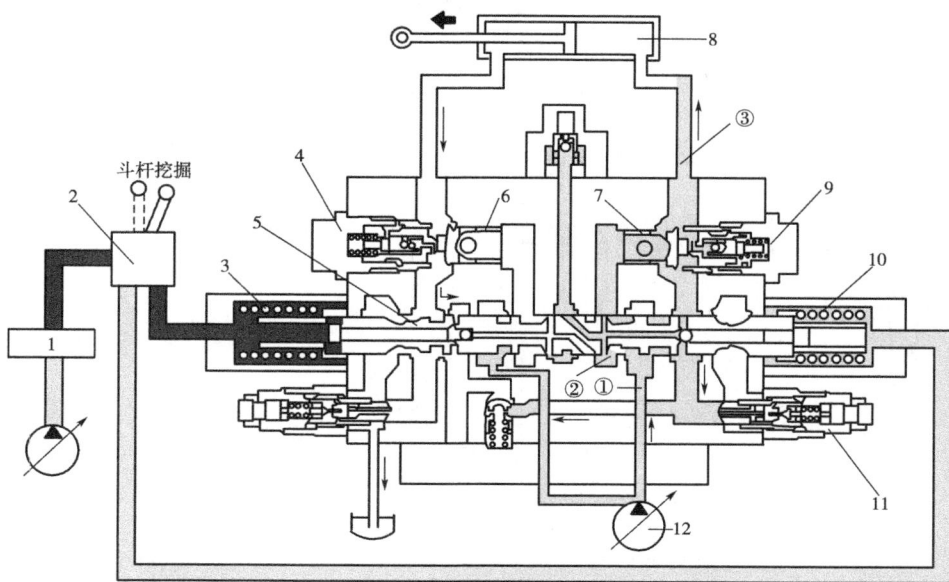

图 8-37　小臂挖掘回路

1-自压减压阀;2-PPC;3、10-弹簧;4-压力补偿阀;5-斗杆主阀芯;6、7-下阀;8-斗杆油缸;9-压力补偿阀;11-安全吸油阀;12-主泵

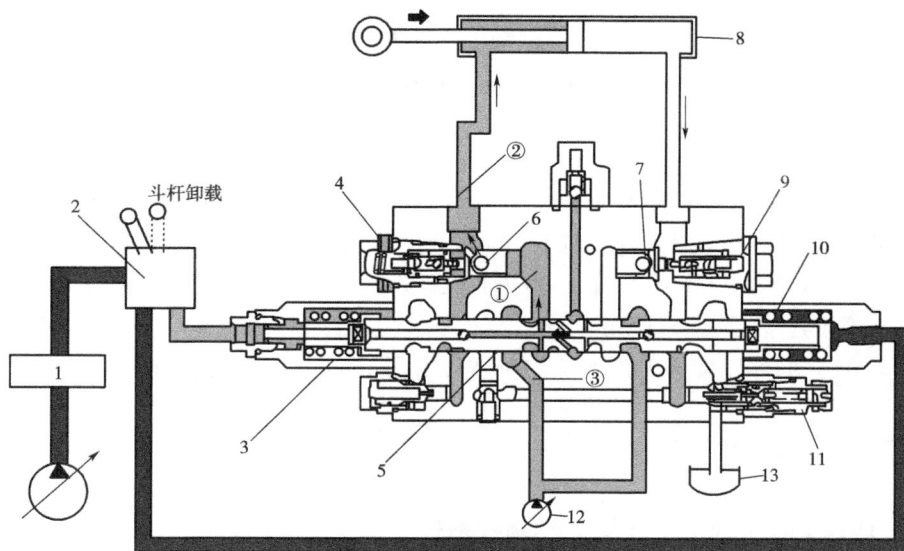

图 8-38　小臂卸载回路

1-自压减压阀;2-PPC 阀;3、10-弹簧;4-压力补偿阀;5-斗杆主阀芯;6、7-下阀;8-斗杆油缸;9-压力补偿阀;11-安全吸油阀;12-主泵;13-油箱

二、PC200-7 挖掘机液压基本回路

根据 PC200-7 挖掘机工作原理,可以将液压系统简化为图8-39 所示的基本工作回路。

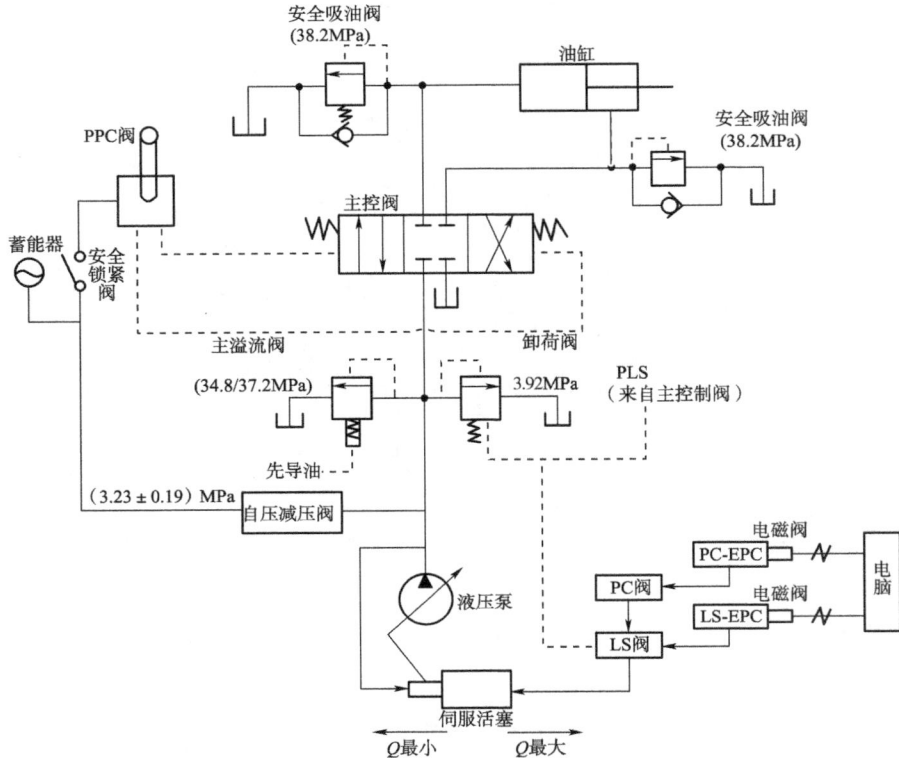

图8-39　PC200-7 挖掘机液压系统基本回路

1. 基本回路分析

由基本回路可知,该系统主要有三大部分组成,即由自压减压阀、PPC 阀、蓄能器组成的先导控制回路;由主泵、伺服活塞、PC 阀、PC-EPC 阀、LS 阀、LS-EPC 阀等组成的变量系统;由主控制阀、执行元件等组成的工作回路。各部分的结构和工作原理前面已分别予以介绍。该系统的压力控制阀有自压减压阀、主溢流阀、卸荷阀、安全吸油阀,图中详细标出了各阀的控制压力,各阀的位置参见图8-36。

通过该图,我们可以掌握 PC200-7 的基本工作原理,同时,还可掌握一般故障的诊断方法。具体分析如下:

(1)若主溢流阀发生故障,设定压力低,则会造成整机工作无力。

(2)若卸荷阀提前开启,也会造成整机工作无力。

(3)若自减压阀输出先导压力低,会造成整机工作速度慢。

(4)若 PPC 阀出故障,一般会造成某一动作速度慢。

(5)若安全吸油阀、安全阀设定压力低,则会造成相应动作工作无力。

对于自压减压阀,第一节中进行了详细介绍,下面对主溢流阀、卸荷阀和安全吸油阀予以简要介绍。

2. 主溢流阀

主溢流阀安装在主控制阀的上下两端,上下各一个。该阀设定整个液压系统工作时的最高压力。当系统压力超过主溢流阀设定压力时,主溢流阀打开回油箱油路,将液压油溢流回油箱,以保护整个液压系统,避免油路压力过高。本溢流阀具有两级设定压力,当先导压力为 OFF 时,为一级设定压力 34.8MPa;当先导压力为 ON 时(由控制器通过电磁阀控制),为二级设定压力 37.2MPa。

溢流阀的位置参见图 8-36,该阀为先导式溢流阀,对于阀的结构和工作原理,请参阅有关的液压书籍。

3. 卸荷阀

卸荷阀安装在主控制阀的上下两端,上下各一件(主溢流阀的对侧,参见图 8-36)。该阀设定所有操作杆均处于中位时,整个液压系统具有最高压力。此时主泵泵出的油,通过卸荷阀返回油箱。而在正常工作时,该阀一直关闭(卸荷阀设定压力 3.9MPa)。

卸荷阀的关闭由 PLS 压力完成。挖掘机工作时,PLS 压力随主泵的压力上升,由于 PLS 压力和弹簧力的合力大于主泵压力,所以卸荷阀处于关闭状态。

4. 安全吸油阀

安全吸油阀安装在液压装置(油缸、液压马达)的每一分支油路上(图 8-36)。它具有以下两功能(以油缸为例):

(1)当工作装置受到外界异常的冲击力时,油缸内将产生异常高压,安全吸油阀打开,将异常高压油泄回油箱。在此情况下,该阀起安全阀作用,以保护相关的液压油缸和液压油管。安全阀的开启压力为 38.2MPa。

(2)当油缸内产生负压时,该阀便起吸油阀作用,将油从油箱管路中补充回负压区中,以避免形成真空,产生气蚀。

三、斗杆和动臂液压缸再生回路

1. 作用与结构

PC200-7 挖掘机液压系统在动臂和斗杆的回路中设有再生回路,可以加快动臂和斗杆的下降速度,从而提高工作效率。下面以斗杆再生回路为例进行分析。

斗杆下降时,由于重力作用,斗杆油缸顶端压力大于油缸底端压力,通过此再生回路,可将油缸顶端的部分压力油与泵输出的压力油,同时供给油缸底端,可加快斗杆下降速度。

再生回路是通过在主控制阀油路中设置一再生回路止回阀而形成的,如图 8-40 所示。

2. 工作原理

1)斗杆靠自重收回时(图 8-40)

(1)斗杆油缸缸头油压大于缸底油压。

(2)缸头压力油一部分经斗杆滑阀进入油道 B 返回油箱,而另一部分则通过油槽 F 进入油道 C。

(3)油道 C 内的压力油则顶开再生回路止回阀,进入油道 D 和 E。

(4)这部分压力油和主泵来的压力油一起进入斗杆油缸缸底。

(5)斗杆下降速度加快,工作效率提高。

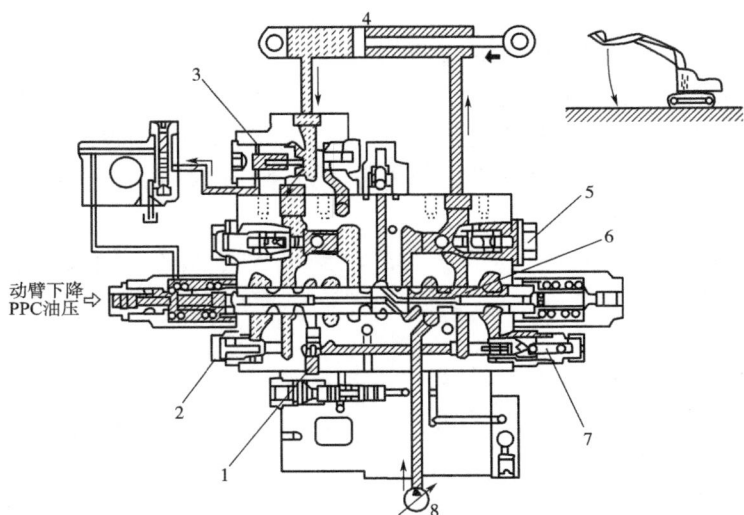

图 8-40　PC200-7 挖掘机斗杆再生回路（斗杆收回）

1-再生回路止回阀;2-吸油阀;3-大臂保持阀;4-动臂油缸;5-压力补偿阀;6-动臂阀芯;7-安全吸油阀;8-主泵

2）斗杆进行挖掘时（图 8-41）

（1）斗杆油缸缸底油压大于缸头油压。

（2）油道 D 压力大于油道 C 压力。

（3）油道 D 内的压力油通过止回阀上的油孔 H 进入止回阀背部。

（4）止回阀向下关闭。

（5）油道 D 压力（油缸缸底压力）得以保持,可正常进行挖掘作业。

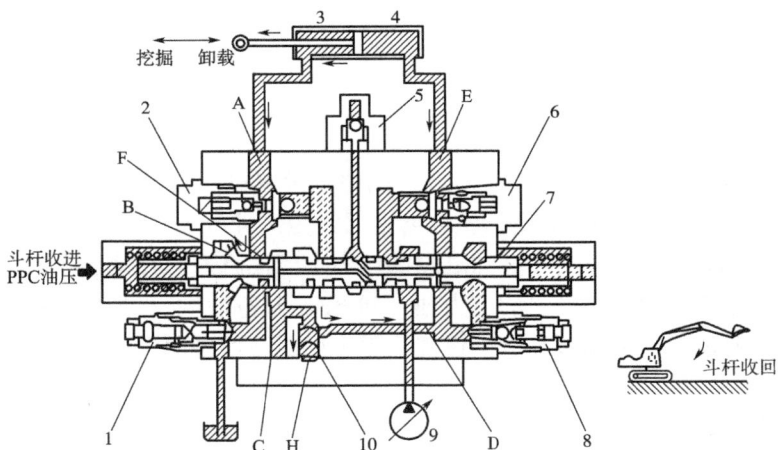

图 8-41　PC200-7 挖掘机斗杆再生回路（斗杆挖掘）

1、8-安全吸油阀;2、6-压力补偿阀;3-缸头;4-缸底;5-LS梭阀;7-斗杆滑阀;9-主泵;10-止回阀

四、LS 回 路

1. LS 压力的作用及产生

LS 压力是 CLSS（闭式负荷传感系统）中一个非常关键的参数,作用于主泵、压力补偿阀

和卸荷阀上。LS 油压指的是执行器的负载压力。在正常工作时,LS 压力略小于执行器的负载压力。溢流时,LS 压力等于执行器负载压力。

LS 压力的产生可通过图 8-42 予以说明。

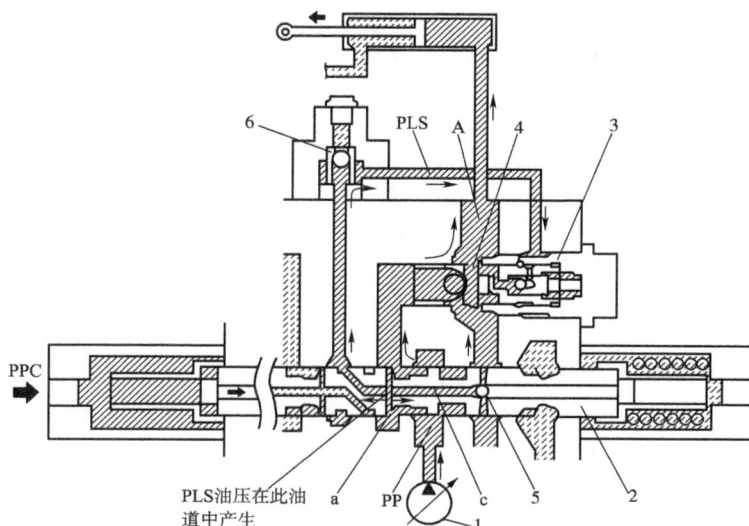

图 8-42 LS 压力的产生
1-主泵;2-主阀芯;3-压力补偿阀;4-压力补偿阀下阀;5-止回阀;6-LS 梭阀

(1)PPC 油压作用在主阀芯的左端,主阀芯向右移动。

(2)主泵 PP 压力通过主阀芯 2,顶开阀 4 流向执行器。

(3)同时,主泵 PP 压力通过主阀芯 2 的节流孔 a,进入 LS 产生回路 C。

(4)执行器回路压力 A(即负载压力)上升到所需要的压力时,主泵 PP 压力也上升,主阀芯 2 内的止回阀 5 向右打开,执行器回路 A 与 LS 回路 C 接通。

(5)此时,LS 回路 C 产生的 PLS 油压,通过 LS 梭阀 6,进入液压系统的 LS 回路。

据此,LS 回路 C 的 PLS 压力与执行器回路 A 的压力(负载压力)几乎相等。因此,LS 压力反映的是执行器负载压力的大小。中立时,PLS 油压为 0;工作时,PLS 油压略小于主泵 PP 压力;溢流时,PLS 油压为主泵 PP 压力。

2. LS 梭阀

1)作用与位置

由 LS 梭阀压力的产生过程可知,当几个执行器同时动作时,每个执行器均产生一个对应于其负荷大小的 PLS 压力。LS 梭阀将这几个不同大小的 PLS 油压进行比较,最后只取出最大的 PLS 油压,作为系统的 PLS 油压,作用于主泵、压力补偿阀和卸荷阀上。

LS 梭阀的位置参见图 8-36。

2)构造与工作原理

如图 8-43 所示,LS 梭阀内有滚珠和通道,滚珠起着双向止回阀的作用,其工作原理如下所述。

(1)2 个或 2 个以上的执行器同时动作时,每个执行器各自产生不同大小的 PLS 油压分别输到 LS 梭阀的 a、b、c、d 油口。

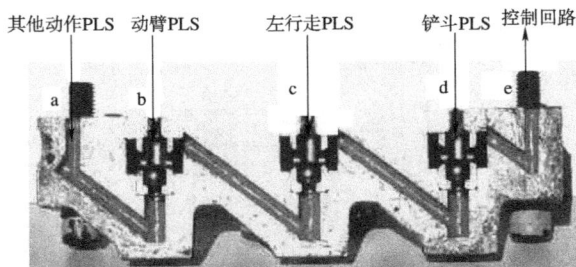

图 8-43 LS 梭阀的结构

（2）其他动作产生的 PLS 油压与动臂产生的 PLS 油压在梭阀内进行比较，较大的 PLS 油压（PLS_1）流向下一级通道，小的 PLS 油压则被滚珠封堵在原 LS 回路中。

（3）PLS_1 油压再与左行走产生的 PLS 油压相比，较大的 PLS 油压（PLS_2）进入下一级通道，小的 PLS 油压被滚珠封在原 LS 回路中。

（4）同样 PLS_2 油压再与铲斗产生的 PLS 油压比较，此时选出较大的 PLS 油压即为几个同时产生的 PLS 油压中最大的 PLS_{max} 油压。

（5）PLS_{max} 通过 e 口进入系统的 LS 回路中，即作为整个 CLSS 系统的 PLS 压力作用于主泵的 LS 阀，各执行器的压力补偿阀及卸荷阀上。

其他端 PLS 油压与来自于回转、斗杆、右行走的 PLS 油压经比较后，选出的最大的 PLS 油压。

3. LS 选择阀

1）作用与位置

该阀安装在回转 PLS 油压输出的通路上，在两 LS 梭阀中间，它可在回转与大臂举升同时动作时，防止回转产生的较高的 PLS 油压进入系统的 LS 回路，造成大臂举升慢，确保回转与大臂提升复合动作的协调性（参见压力补偿阀）。

LS 选择阀的位置如图 8-44 所示，结构如图 8-45 所示。

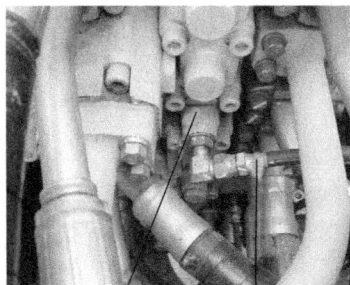

图 8-44 LS 选择阀的位置

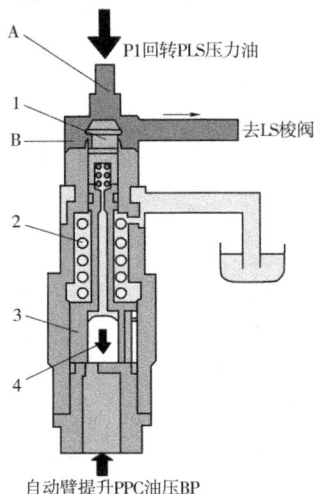

图 8-45 LS 选择阀的结构
1-阀;2-弹簧;3、4-活塞

2)工作原理(图 8-46)

(1)动臂举升 PPC 油压 BP 关闭。

①柱塞 3 被弹簧 2 推至下端。

②若此时操作回转,回转 PLS 压力油经回转阀芯 5 向下顶开阀体 1。

③则回转 PLS 压力油 P1 进入 LS 梭阀回路 4。

(2)动臂举升 PPC 油压 BP 输入。

①BP 压力向上推动柱塞 3。

②克服弹簧 2 力。

③柱塞 3 向上顶住阀体 1,A、B 油路切断。

④若此时操作回转,回转产生的 PLS 压力油则不能进入 LS 梭阀回路 4。

⑤确保挖掘机回转与大臂提升同时工作时的动作协调性。

4.LS 旁通阀

1)作用与位置

通过该阀内的两节流孔,微量泄掉 LS 回路中的一些 PLS 压力油,防止 PLS 油压急剧变化而造成泵流量的急剧变化,增加了操作的柔和性,增强了执行器的动态稳定性。

LS 旁通阀的位置参见图 8-36。

2)工作原理

LS 旁通阀的工作原理如图 8-47 所示。

(1)PLS 压力油经过 PLS 旁通阀。

(2)PLS 油压通过节流孔 a、b 流回油箱。

(3)当 PLS 油压突变升高时,通过 a、b 小孔卸压。

(4)PLS 油压升压速度变缓,防止油压急剧变化。

(5)操作柔和性提高,增加执行器的动态稳定性。

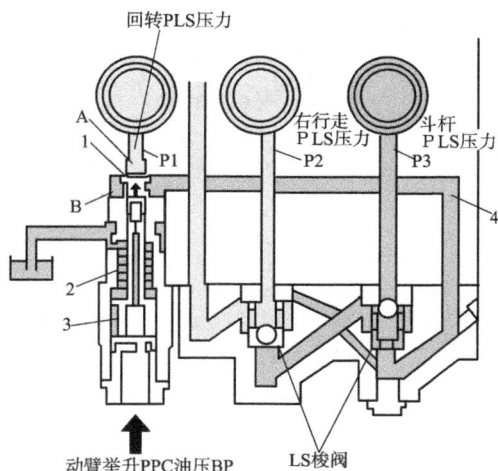

图 8-46　LS 选择阀工作原理

1-阀体;2-弹簧;3-柱塞;4-LS 梭阀回路

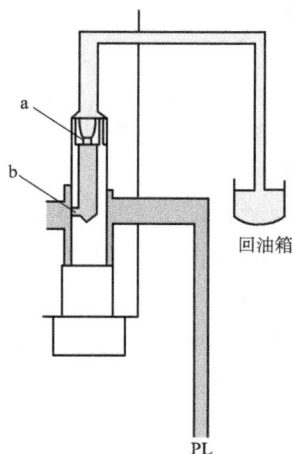

图 8-47　LS 旁通阀工作原理

五、压力补偿阀

1.作用与位置

在中位开式负荷传感系统（OLSS）系统中，因没有压力补偿阀，当两执行器同时动作时，需不时调整操作手柄，以适应不断变化的执行器负荷，才能确保两执行器动作的协调性；而在 CLSS 系统中，因有压力补偿阀，可不考虑执行器不断变化的负荷，只需设定两操作手柄的相对行程，即可确保两个执行器同时动作时的协调性。

压力补偿阀共 12 个，主控制阀两侧各 6 个，每个工作装置左右各 1 个，位置见图 8-48。

图 8-48 压力补偿阀的位置

①大臂的负荷 PB_1 大于斗杆的负荷 PB_2。

②大臂产生的 PLS_1 油压因大于斗杆产生的 PLS_2 油压，而作为系统的 PLS 油压，进入系统的 LS 回路。

③斗杆油缸 B 处负荷小于大臂油的负荷（若无压力补偿阀作用，斗杆油缸动作速度将大大快于动臂油缸）。

④此时动臂升，PLS_1 油压将斗杆压力补偿阀内的梭阀 1 向下推，PLS 油压通过活塞 2 内的通路进入弹簧 3 的室 C。

⑤活塞 2 以及阀 4 被 PLS_1 油压推向下方。

⑥由于阀 4 向下，从 A 流向 B 处的油被节流，A 处油压（斗杆滑阀出口油压）上升，直至与大臂滑阀出口油压相等。

⑦因为泵压 PP（斗杆/动臂滑阀入口油压）相同，而此时斗杆与大臂滑阀出口油压又相等（即斗杆与大臂滑阀入口与出口的压差相等），所以流至斗杆与动臂油缸的油流只与各滑阀的开口面积成比例分配。

⑧两执行器同时动作时，只需控制各主滑阀的开口面积的大小，即可保证两执行器动作协调。

（2）在单独动作或复合动作时，执行器负

2.工作原理

（1）以大臂举升与斗杆卸载同时动作时为例，压力补偿阀原理如图 8-49 所示。

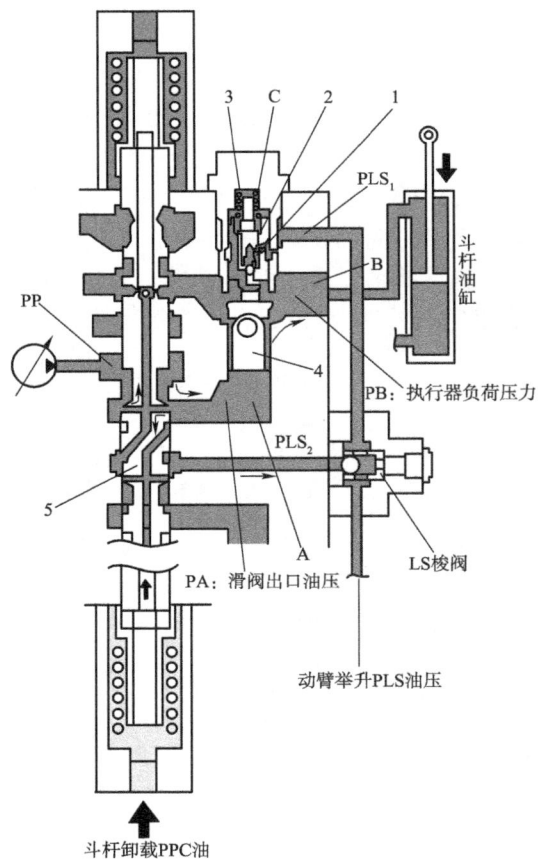

图 8-49 压力补偿阀工作原理
1-梭阀;2-活塞;3-弹簧;4-阀;5-斗杆滑阀

荷为最高负荷。该执行器压力补偿阀仅起单向阀作用。例如 B 处的负荷突然升高,且高于系统 LS 阀压力时,PB 向上推动梭阀 1,PB 通过活塞 2 内的通路进入弹簧 3 的室 C、活塞 2 及阀 4,朝闭合方向移动,防止异常高压逆流,避免主油路受此压力的影响。

六、合流/分流阀

1.作用与位置

合流/分流阀的作用是根据作业的需要,由泵控制器自动地把前泵和后泵排出的压力油流 P1 和 P2 进行合流或分流(分别送到各自的控制阀组),同时,也对 LS 控制回路压力进行合流或分流。

合流/分流阀的位置如图 8-50 所示,合流/分流阀与相关部件关系,如图 8-51 所示。

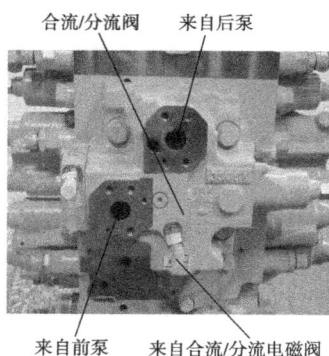

图 8-50 合流/分流阀的位置

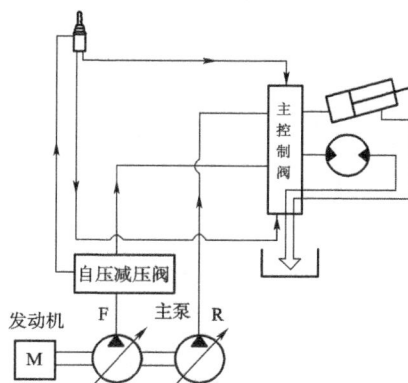

图 8-51 合流/分流阀与相关部件关系

2.工作原理

根据作业的需要和为了节省能源,泵控制器根据监控器的指令和操作杆状态等情况,发出合流/分流的命令,由合流/分流电磁阀执行此命令,将前后泵压力油和 LS 阀回路控制油流进行合流或分流。

1)合流/分流电磁阀断电(先导压力 PS 关闭)→合流(图 8-52)

电脑输出电压为 0→合流/分流电磁阀断电→先导压力 PS 关闭→①②

①弹簧 2 把主滑阀 1 推到左边→油口 E 和 F 相通→前泵、后泵排出的压力油 P2 和 P1 在油口 F 和 E 汇合→合流后压力油输入到需要油的控制阀中。

②弹簧 4 把 LS 滑阀 3 推到左边→油口 A 和 D 相通;油口 B 和 C 相通→小臂端 LS 压力和铲斗端 LS 压力汇合→合流后的 LS 压力油输入到压力补偿阀、卸荷阀和主泵 LS 阀。

2)合流/分流电磁阀通电(先导压力 PS 接通)→分流(图 8-53)

电脑输出分流命令→合流/分流电磁阀通电→先导压力 PS 接通→①②

①PS 压力把主滑阀 1 推到右边→油口 E 和 F 被隔断→前泵、后泵排出的压力油 P2 和 P1 分流→前泵压力油 P2 流向回转、右行走、小臂控制阀组;后泵压力油 P1 流向铲斗、左行走、大臂控制阀组。

②PS 压力把 LS 滑阀 3 推到右边→油口 B 和 D 相通→回转、右行走、小臂控制阀组 LS 压力与铲斗、左行走、大臂控制阀组 LS 压力分流→小臂端 LS 压力油流向回转、右行走、小臂

压力补偿阀、前泵 LS 阀、卸荷阀（下端）；铲斗端 LS 压力油流向铲斗、左行走、大臂压力补偿阀、后泵 LS 阀、卸荷阀（上端）。

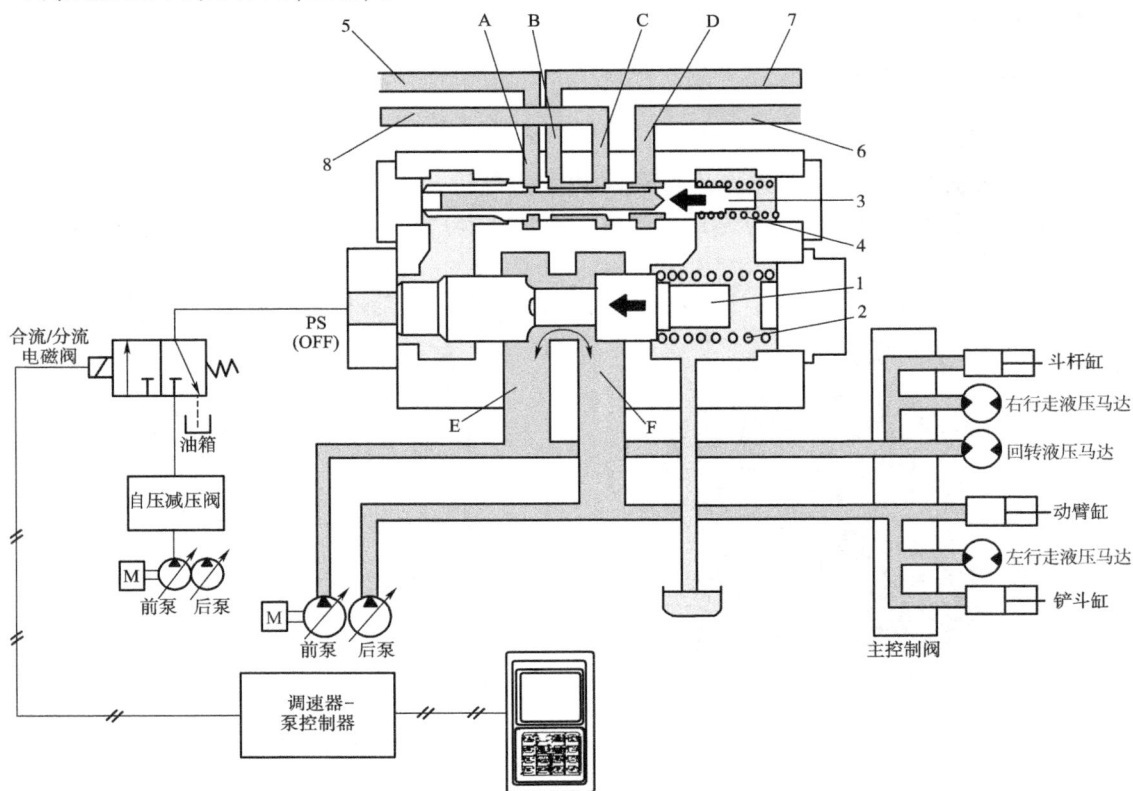

图 8-52　合流/分流阀油路图（合流）

1-主滑阀;2-弹簧;3-LS 滑阀;4-弹簧;5-LS 回路（铲斗端）;6-LS 回路（小臂端）;7-LS 回路（小臂端）;8-LS 回路（铲斗端）

　　PC200-7 挖掘机主控制阀上，除了上述介绍的各阀之外，尚有大臂保持阀和行走连接阀。其中，大臂保持阀安装在主控制阀上至大臂油缸缸底的油口处（图 8-36）。当大臂操纵杆处于中位时，该阀防止大臂油缸缸底的油在自重作用下，经大臂主阀芯返回油箱，防止大臂自然下降。

　　行走连接滑阀安装在合分流阀块内。其主要作用是改善机器的直线行走性能、转向性能及爬坡性能。

　　行走连接滑阀的动作由行走连接电磁阀控制，而行走连接电磁阀的工作状态由泵控制器依据驾驶员的操作意图来确定。

　　在直线行走时，只要行走 PPC 梭阀中左右 PPC 压力差不超过 0.39MPa，行走连接电磁阀断电，先导油压为 0。行走连接滑阀将左右液压马达负载油路连通。此时，由于左右液压马达负载油路连通，即使通过主泵和行走主阀芯供给左右行走液压马达的油量不等，也可使左右液压马达的供油量趋于相等，从而确保了机器的直线行走性能。

　　机器进行转向行走时，行走连接电磁阀通电，先导油压 ON，行走连接滑阀将左右液压马达负载油路断开。此时，根据左右行走操作杆的行程大小，决定供给左右液压马达的油流量，实现了机器的平稳转向。

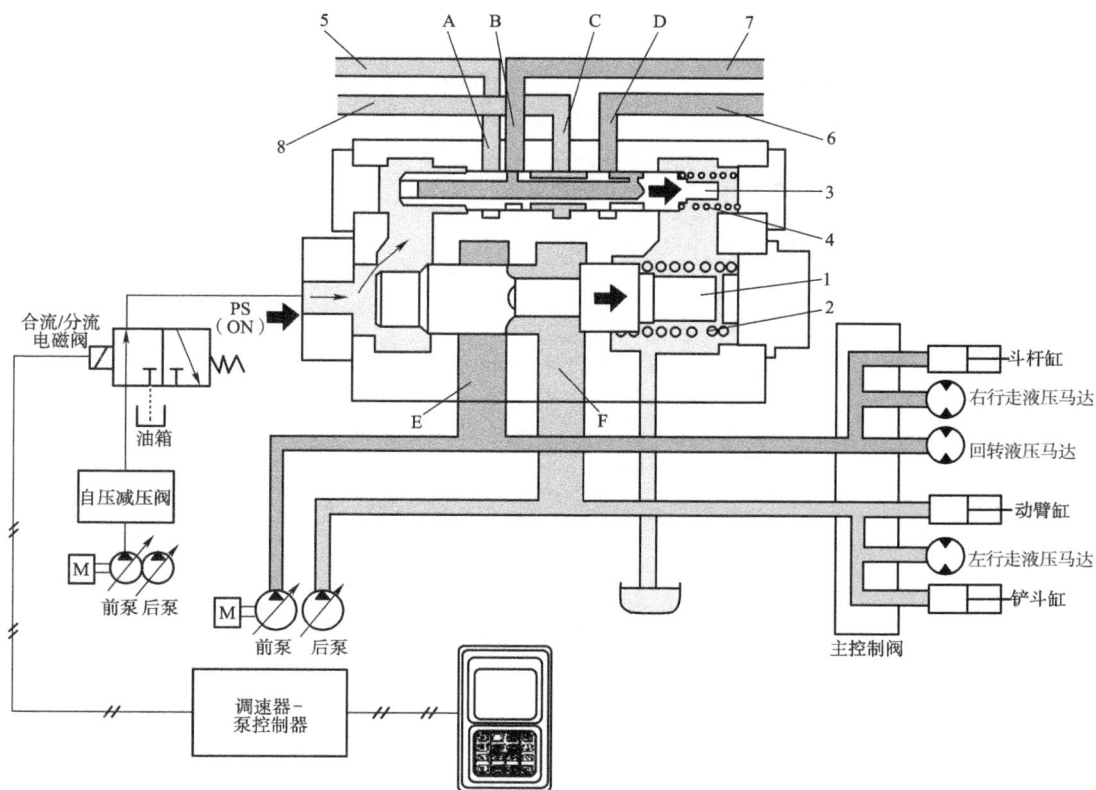

图 8-53　合流/分流阀油路图(分流)

1-主滑阀;2、4-弹簧;3-LS 滑阀;5、8-LS 回路(铲斗端);6、7-LS 回路(小臂端)

第五节　液压工作回路分析

通过以上对挖掘机液压系统各部分的分析,可以从挖掘机液压系统的总回路中,将各执行机构的液压回路分解出来,得到各执行机构的回路简图,如动臂液压回路、铲斗液压回路、斗杆液压回路等。当某执行机构动作发生故障时,根据这些图进行分析和判断,思路清晰,效果良好。

一、动臂液压回路(图 8-54)

铲斗液压回路、斗杆液压回路与动臂液压回路基本相同。

1. 主回路

图 8-54 中加粗的线条及相关的部件为主回路,从中可以很清楚看出从主泵泵出的高压油到达动臂的途径(主泵→主控阀→动臂油缸)。依据该图到车体上可找到相应的各部件的位置,且很快即可掌握主回路。

2. 控制回路

控制回路比较复杂,动臂控制回路由 PPC 回路、泵控制回路、安全回路、电控回路组成。

1) PPC 回路

PPC 回路主要由动臂 PPC 及自减压阀组成。PPC 回路压力为(3.23 ± 0.19)MPa,由主泵经自减压阀给出，经动臂 PPC 阀分配到动臂主阀两端，进而控制主阀的开度，对动臂的移动速度形成控制。

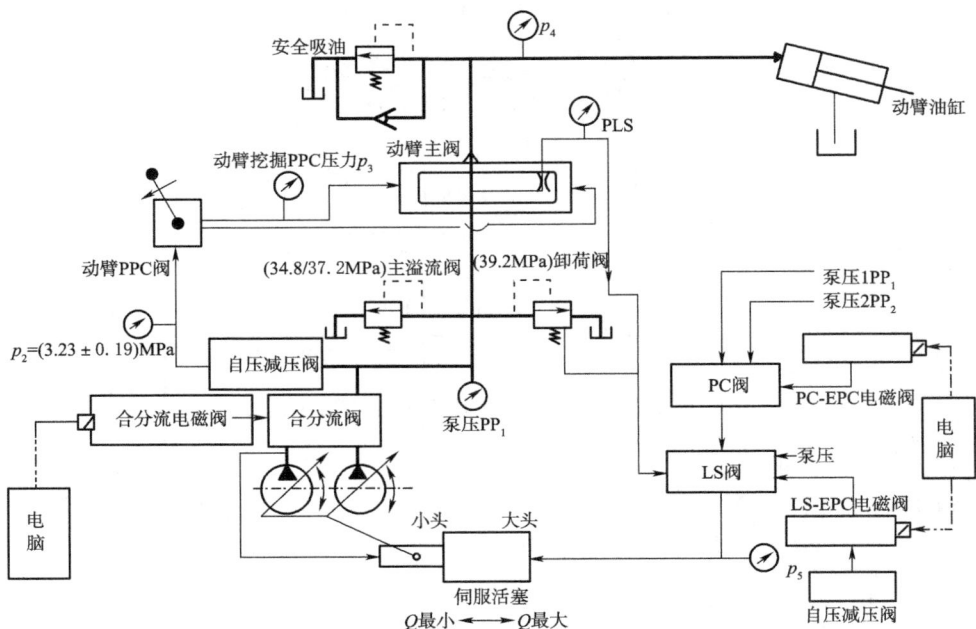

图 8-54　动臂液压回路简图

2）泵控制回路

泵控制回路由 PC 阀、LS 阀、LS-EPC 阀电磁阀、PC-EPC 电磁阀、伺服活塞及泵内的机械机构组成。外部输入信号由驾驶员操作量的 PLS 压力，反应外荷载的主泵压力 PP_1、PP_2，反应作业方式的电脑信号组成。输出信号仅有一个输入到伺服活塞大头的压力 p_5，p_5 直接推动伺服活塞进而控制泵流量。压力 p_5 的大小取决于 PLS 压力及 PP_1、PP_2 压力的大小。

一般地：

（1）PP_1、PP_2 压力 $<13.7\mathrm{MPa}$ 时：

PLS↑——p_5↓，泵排量 Q↑；

PLS↓——p_5↑，泵排量 Q↓。

（2）PP_1、PP_2 压力 $>13.7\mathrm{MPa}$ 时，泵排量主要取决于 PP_1、PP_2：

PP_1、PP_2 压力↑——p_5↑，泵排量 Q↓；

PP_1、PP_2 压力↓——p_5↓，泵排量 Q↑。

3）安全回路

安全回路由主溢流阀、卸荷阀和安全吸油阀组成。当主泵压力大于等于 $34.8\mathrm{MPa}$ 时，主溢流阀打开，以防整个液压系统的油管、泵、油缸和控制阀损坏。在操纵杆中立状态，主泵泵出的油经卸荷阀流回油箱，以减少能源消耗和当主泵泵出的油无处可去而无限增加压力造成的零部件损坏。安全吸油阀是当动臂油缸在遇到突然外力冲击时，油缸内的高压经安全吸油阀卸压到油箱，以防止油缸、油管的损坏。

4)电控回路

合分流回路主要根据作业需要,根据驾驶员给出的作业方式和操纵杆作业情况,由电脑自动给出泵分流/合流的命令,对泵进行分流/合流。LS—EPC、PC—EPC 电磁阀的输入电流,也是根据作业方式由电脑给出的命令。详细情况请参阅本章有关 LS—EPC、PC—EPC 电磁阀的内容。

3.故障诊断

故障现象:大臂升主泵最大压力为 22.54MPa(其他装置正常)。

故障分析:

(1)由于其他装置正常,所以主泵、自压减压阀、主溢流阀工作正常。卸荷阀内部也正常,但决定卸荷阀工作的还有 PLS 压力。在溢流状态,PLS 压力 = 主泵压力,如果 PLS 压力太低,则卸荷阀内部顶不住主泵压力而导致主泵压力通过卸荷阀通油箱。所以要检查 PLS 压力卸掉了没有或 PLS 压力产生了没有。

(2)动臂主阀:主阀芯是否移动?(卡死,PPC 压力太低)

(3)安全吸油阀:主泵压力油是否从安全吸油阀的锥阀芯或锥面部分流回油箱?

(4)动臂油缸:主泵压力油是否从油缸内部流回油箱。

用这种方法,一个不漏地对主油路流经的零件进行检查,即可找出问题所在。

以上是对此故障的一个思考排查过程,对现场进行故障诊断时也要求对涉及的液压元件、电气元件等进行逐个检测判断。

二、回转马达液压回路

回转液压马达回路(图 8-55)和动臂回路基本一样,请参考动臂回路的分析。

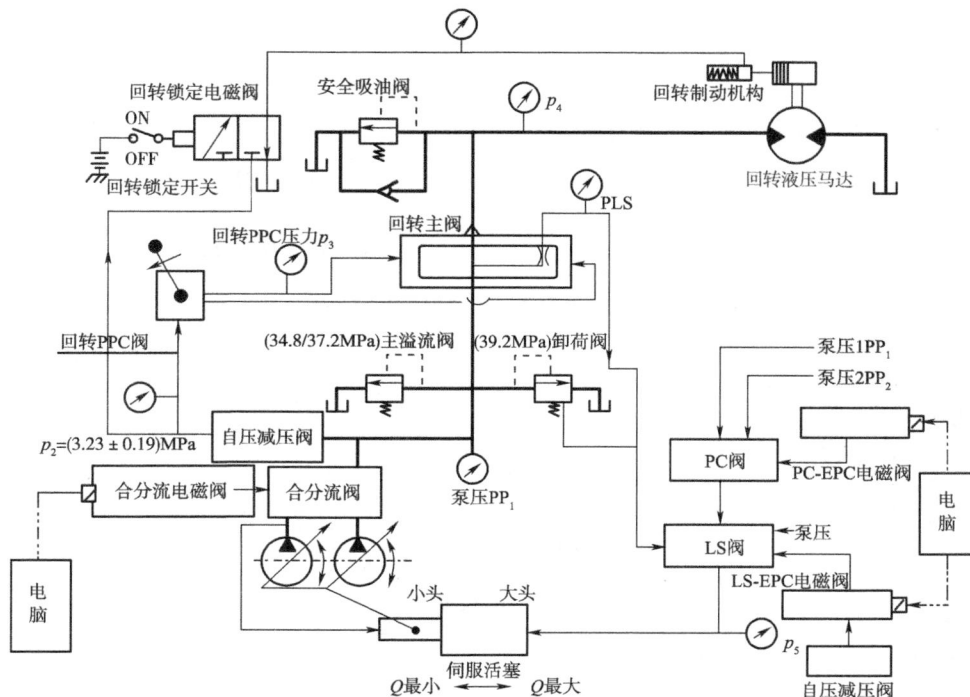

图 8-55 回转液压马达回路简图

三、行走液压马达回路

行走液压马达回路（图8-56）和动臂回路基本一样，请参考动臂回路的分析。

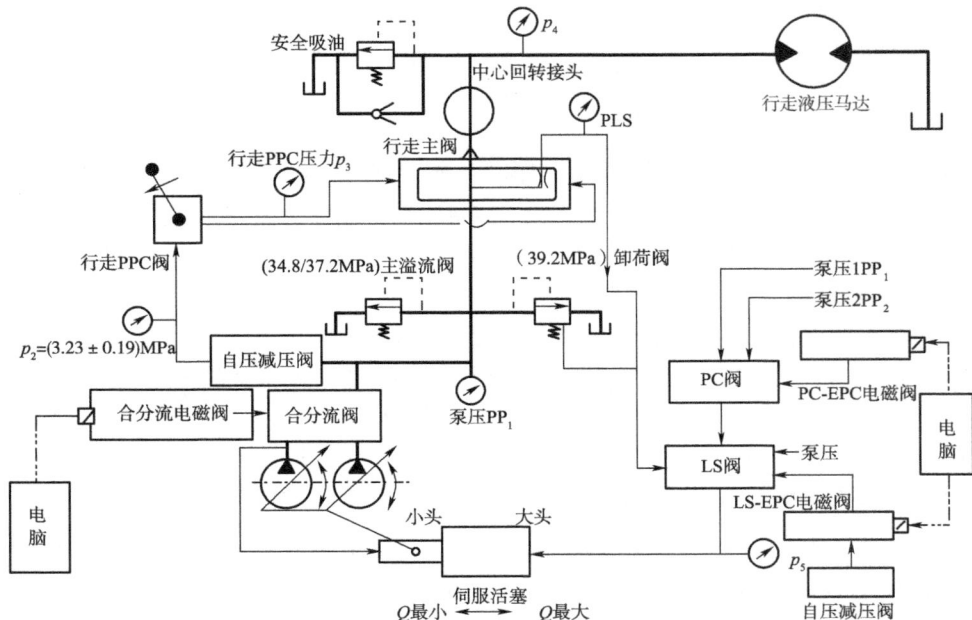

图8-56 行走液压马达回路简图

第六节 挖掘机电气控制系统

挖掘机电气控制系统的工作原理见图8-6,控制系统组成及功能见第一节。下面对各控制功能分别进行介绍。

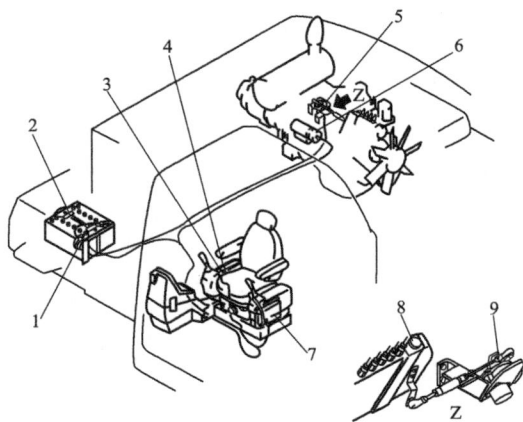

图8-57 发动机控制相关部件的安装位置

1-蓄电池继电器;2-蓄电池;3-启动开关;4-燃油控制旋钮;
5-连接装置;6-启动机;7-调速器—泵控制器;8-喷油泵;
9-调速器电动机

一、发动机与泵的复合控制功能

1. 发动机控制

发动机控制相关部件的安装位置,如图8-57所示;发动机与泵的控制原理,如图8-58所示。发动机仅由启动开关3来启动和停止。调速器泵控制器7收到来自燃油控制旋钮4的信号并传递驱动信号到调速器电动机9以控制喷油泵8的调速器杆角度并控制发动机转速。

1）启动发动机

启动开关转到"启动"（START）位置后,启动信号传给启动电动机,启动电动机转动,随之启动发动机。此时,调速器泵控制器检查燃油控制旋钮发出的信号,并将发动机转速调到燃油控制旋钮设定的转速。

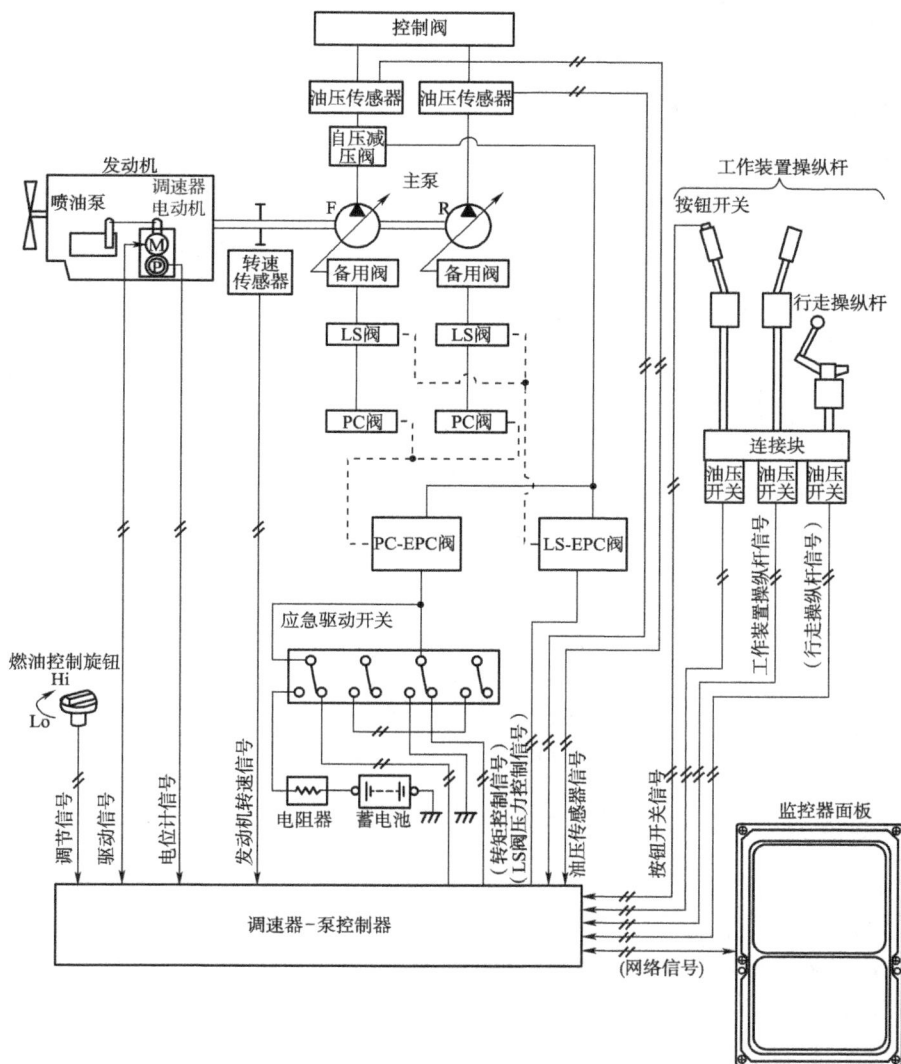

控制阀

油压传感器　油压传感器

自压减压阀

发动机

喷油泵　调速器电动机

主泵

工作装置操纵杆

按钮开关

F　R

转速传感器

备用阀　备用阀

行走操纵杆

LS阀　LS阀

PC阀　PC阀

连接块

油压开关　油压开关　油压开关

PC-EPC阀　LS-EPC阀

应急驱动开关

燃油控制旋钮
Hi
Lo

电阻器　蓄电池

监控器面板

调节信号　驱动信号　电位计信号　发动机转速信号　（转矩控制信号）（LS阀压力控制信号）　油压传感器信号　按钮开关信号

（工作装置操纵杆信号）（行走操纵杆信号）

调速器-泵控制器

（网络信号）

图 8-58　发动机与泵的控制原理

2）发动机转速的控制

燃油控制旋钮根据控制旋钮的位置向调速器泵控制器发出信号。调速器泵控制器按照这一信号计算调速器电动机的角度,并发出信号驱动调速器电动机,使其设定在这一角度。此时,调速器电动机的工作角度由电位器检测并反馈到调速器和泵控制器,因此它可以监控调速器电动机。

3）关闭发动机

启动开关转到"停止"（STOP）位置后,调速器泵控制器传动调速器电动机,以将调速器操纵杆设定到不喷油位置。此时,为了将系统内的电源保持到发动机完全停止,调速器泵控制器本身驱动蓄电池继电器。

2. 挖掘机的作业模式

PC200-7 挖掘机设有 A、E、B 和 L 四种作业模式（L 模式只用在多功能监控器规格的机器），可根据挖掘机作业对象的特点进行选择。

操作者可将监控器面板上的作业模式开关调到 A、E、B（或 L）模式，并根据作业类型选择合适的发动机转矩和泵的吸入转矩。

调速器泵控制器检测燃油控制旋钮调定的发动机调速器的转速及实际的发动机转速，并控制它们根据各模式中调定的泵吸收力矩，使泵吸收在发动机各输出点的所有转矩。各作业模式的匹配点见图 8-59 和表 8-7。

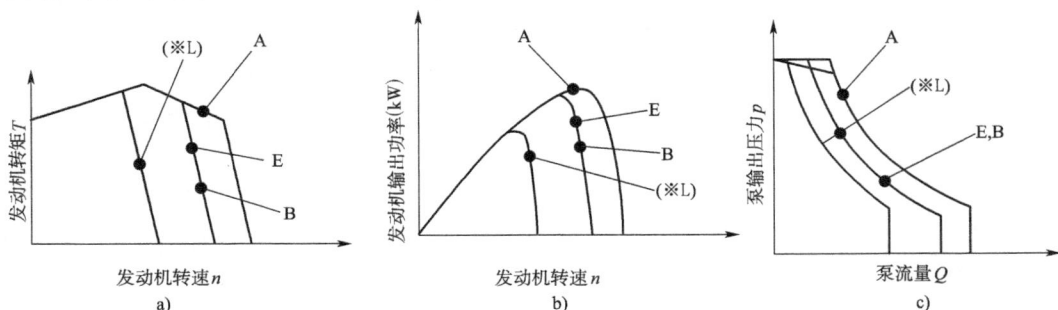

图 8-59　PC200-7 挖掘机各作业模式匹配点

a）柴油机调速特性 T-n 曲线；b）柴油机调速特性 P_e-n 曲线；c）恒功率变量泵 p-Q 曲线

A-A 模式；B-B 模式；E-E 模式；L-L 模式

挖掘机各作业模式匹配点　　　　　　　　　　　　　　　　　表 8-7

模　　式	PC200-7，PC210-7，PC220-7	模　　式	PC200-7，PC210-7，PC220-7
模式 A	107kW（1900r/min）	模式 B	81kW（1650r/min）
模式 E	92kW（1750r/min）	（模式※L）	74kW（1800r/min）

3. 发动机与泵的复合控制

1）各模式控制方法

模式 A：当泵的负荷加大且压力升高时，发动机转速下降，此时，控制器减少泵输出量；如果压力降低，控制器增加泵流量。通过反复操作，控制器使发动机的转速一直保持在输出点附近。

模式 E/模式 B/（模式※L）：此时，控制器保持泵吸收转矩沿着稳定功率曲线并通过发动机和泵的联合控制来降低发动机转速。用这种方法，发动机被用于低燃油消耗区域。

2）挖掘机行走时泵的控制功能

若挖掘机以 A 模式行走，发动机转速和泵吸收转矩不变。若机器以 E 模式或 B 模式行走，工作模式不变，但是发动机转速和泵吸收转矩上升到 A 模式中的相同值。如果挖掘机以 L 模式行走，工作模式和发动机转速保持不变，但泵吸收转矩增加。

3）应急泵驱动开关在 ON 时的控制功能

如果控制器或传感器发生了不正常情况，通过打开应急泵驱动开关（图 8-60），利用与 E 模式差不多的泵吸收转矩，使机器保持在其功能范围内。在这种情况下，稳定的电流从蓄电池流到用于 PC 的 EPC 阀，油压只通过用于 PC 的 EPC 阀检测。

二、泵/阀控制功能

泵/阀控制原理如图 8-61 所示,其主要控制功能如下:

1. LS 控制功能

因为从 LS-EPC 阀到 LS 阀的输出压力随着执行元件的工作状态而改变,所以 LS 阀内泵输出量的切换点(LS 阀的设定压力差)也被改变,使得泵流量的增加时间最为合适,复合操作、微操作更为优越。

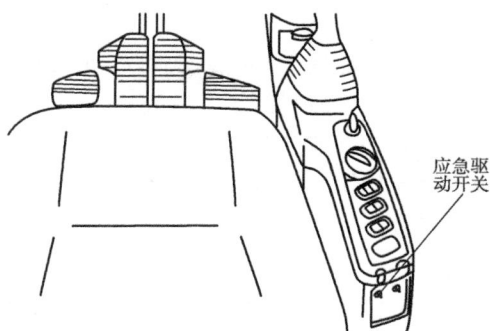

图 8-60 应急泵驱动开关位置

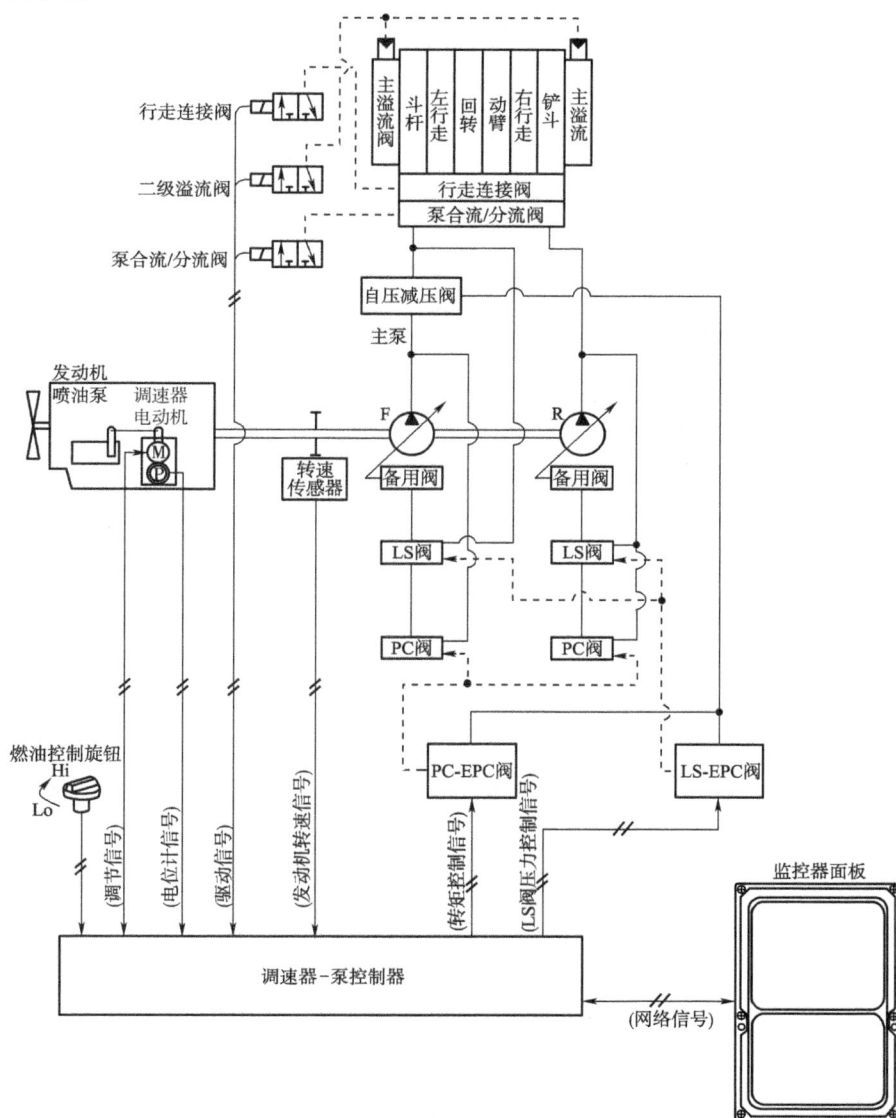

图 8-61 泵/阀控制原理图

2.切断功能

切断功能起作用时,PC-EPC 电流增加到最高值附近。这样,处于溢流状态中的流量降低,以减少燃油消耗。

切断功能的执行条件:当前、后压力传感器的平均值在 27.9MPa 以上,同时触式加力功能没有起作用。但是当机器以模式 A 行走或斗杆起重作业回转锁定开关 ON 时,切断功能不工作。

3.二级溢流功能

正常作业的溢流压力为 34.8MPa。但是当二级溢流功能起作用时,溢流压力上升到约 37.2MPa。因此,油压也上升一个等级。

二级溢流功能的操作条件如表 8-8 所示。

二级溢流功能的操作条件   表 8-8

条　　件	溢　流　压　力
行走时 回转锁定开关 ON 时 触式加力功能起作用时	37.2MPa(380kg/cm²)

三、回转控制功能

回转控制工作原理如图 8-62 所示。

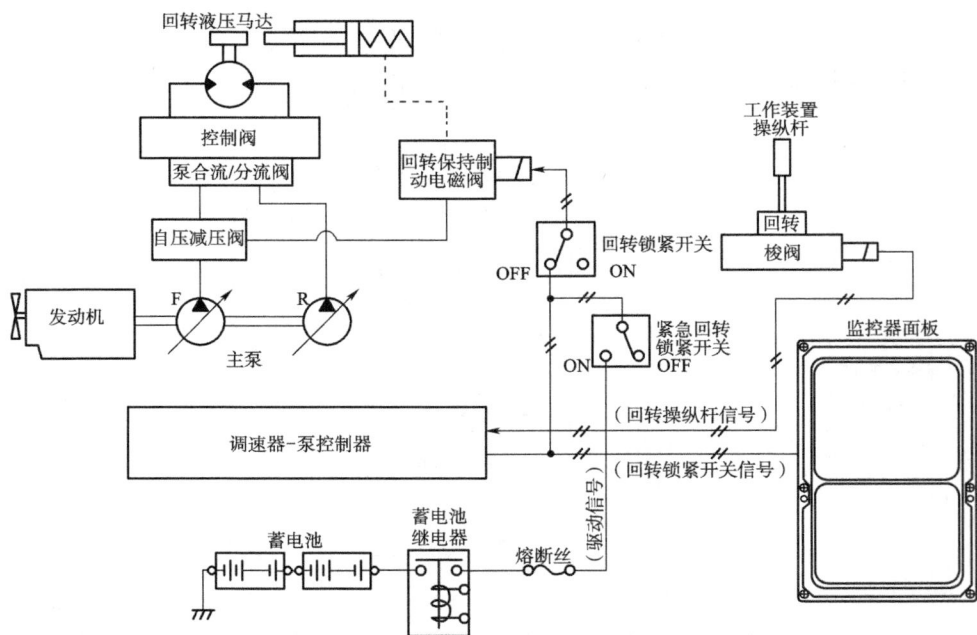

图 8-62　回转控制工作原理图

回转控制功能有回转锁紧和回转停止制动功能。

1. 回转锁紧、回转保持制动功能

回转锁紧(手动)可以锁紧在任意位置;回转保持制动(自动)功能,可以防止回转停止以后发生液压漂移。

回转锁紧开关与回转锁紧保持制动器工作状态,如表8-9所示。

回转锁紧开关与回转锁紧保持制动器工作状态　　　　表8-9

锁紧开关	锁紧灯	功　能	操　作
OFF	OFF	回转保持制动	回转操纵杆回到中位大约5s后,回转制动器启动。当操作回转操纵杆时,制动解除,上部结构可以自由回转
ON	ON	回转锁紧	操作回转锁紧时,回转被锁定。此时,即使操作回转操纵杆,回转锁紧也不能解除,机器不能回转

2. 回转保持制动解除开关(紧急回转锁紧开关)的操作

如果控制器内发生任何不正常情况,回转保持制动器则不能正常启动,回转则不能操作,回转保持制动解除开关可以用来重调回转锁紧,如表8-10所示。

回转制动器的状态表　　　　表8-10

回转保持制动解除开关	ON(控制器异常时)		OFF(控制器正常时)	
回转锁紧开关	ON	OFF	ON	OFF
回转制动器	回转锁紧起作用	回转锁紧解除	回转锁紧起作用	回转保持制动起作用

如果重调了回转锁紧,回转只通过安全阀的液压制动停止。因此,如果在斜坡上停止回转,上部结构会出现液压滑移。

3. 回转锁紧开关在 ON 时,液压油快速加热功能

当回转锁紧开关(图8-63)转到 ON,泵的切断功能被消除,溢流压力从 34.8 MPa 上升到 37.2 MPa。在这种状态下,如果工作装置溢流,液压油温度快速升高,可以减少加热时间。

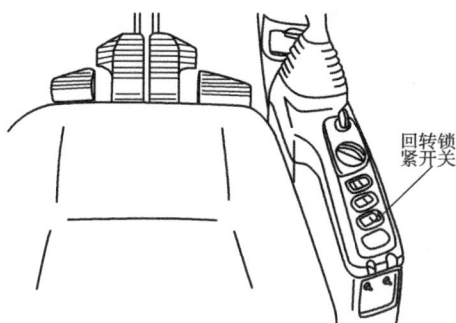

回转锁紧开关

四、行走控制功能

图 8-63　回转锁紧开关的位置

行走控制功能是对泵进行控制并手动或自动地改变行走速度,以便在行走时能得到适应作业内容和工作场地要求的行走性能。

行走控制工作原理如图8-64所示。

1. 行走时泵的控制功能(见发动机/泵复合控制)

如果机器以除了 A 模式以外的工作模式行走,将保持工作模式和发动机转速不变,并增加泵的吸收转矩。

2. 行走速度转换功能

1)用行走速度开关手动转换

如果行走速度开关转换到低速(Lo)、中速(Mi)或高速(Hi),泵控制器在各速度段控制泵的流量和液压马达容量,如表8-11所示,以转换行走速度。

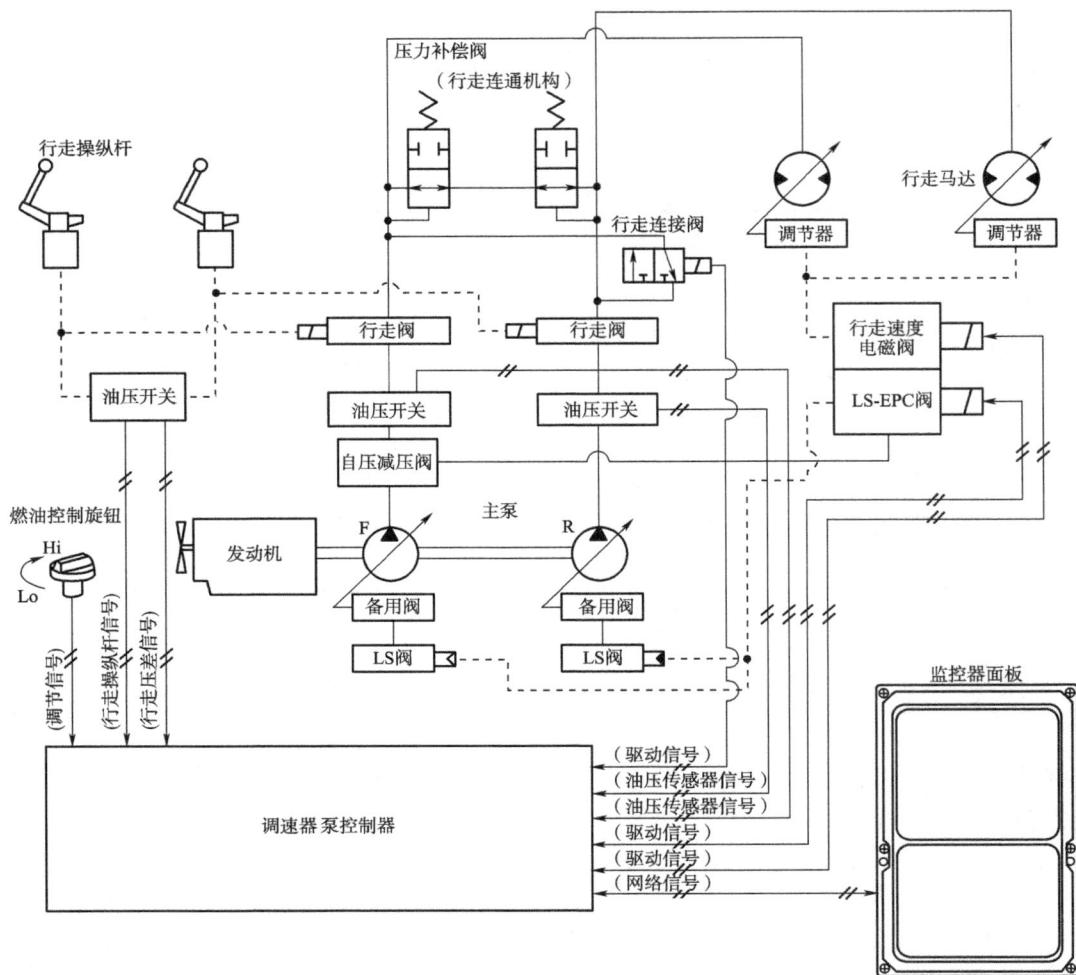

图 8-64　行走控制工作原理图

各速度下泵流量和马达流量　　　　　　　　　　　表 8-11

行走速度开关	Lo(低速)	Mi(中速)	Hi(高速)
泵流量(%)	60	90	100
液压马达容量	最大	最大	最小
行走速度(km/h)	3.0	4.1	5.5

2）根据发动机转速自动转换

行走时，如果发动机的转速由燃油控制旋钮降低到 1500 r/min 以下时：

（1）即使行走速度开关从低速、中速转换到高速，行走速度也不会改变。

（2）如果挖掘机已经在高速行走，则自动地转换到中速。

3）根据泵的排放压力自动切换

当挖掘机在行走速度开关处于高速位置行走时，如果由于上坡等因素使负荷增加，并且行走压力保持在 24.5MPa 以上 5s，行走液压马达的功率自动地转换，行走速度下降至中速，然而,行走速度开关仍保持在高速。

当挖掘机以中速行走时,如果是在平地上行走或者下坡(负荷下降),并且行走压力在14.7MPa及以下持续0.5s以上,液压马达的功率便会自动转换,行走速度回复到高速。

"中速"(Mi)模式只用在多功能监控器规格的挖掘机上。

五、自动预热/过热防止功能

发动机启动以后,如果发动机水温低,那么转速自动加快,以预热发动机;作业中,若水温过高时,泵负荷减轻以防止过热。

1. 发动机自动预热功能

发动机启动以后,如果发动机水温低,发动机转速则自动提高以预热发动机。发动机自动预热功能执行条件及操作过程如图8-65所示。

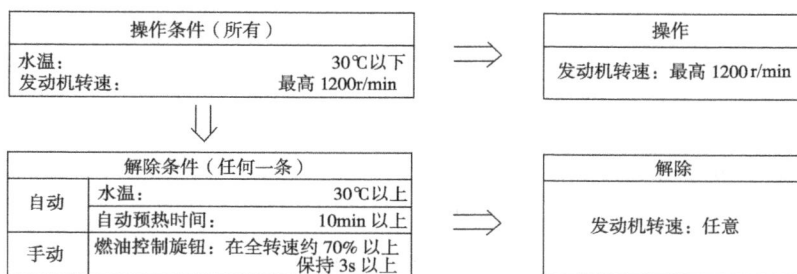

操作条件(所有)			操作
水温:	30℃以下	⟹	发动机转速:最高 1200r/min
发动机转速:	最高 1200r/min		

解除条件(任何一条)			解除
自动	水温:	30℃以上	⟹
	自动预热时间:	10min 以上	发动机转速:任意
手动	燃油控制旋钮:在全转速约70%以上保持3s以上		

图 8-65　发动机自动预热功能执行条件及操作过程

2. 发动机过热防止功能

当水温升到95℃以上时,此功能起作用。

当发动机水温升得太高时,该功能通过降低泵负荷和发动机转速来保护发动机以防止它过热。发动机过热防止功能执行条件及操作过程如图8-66所示。

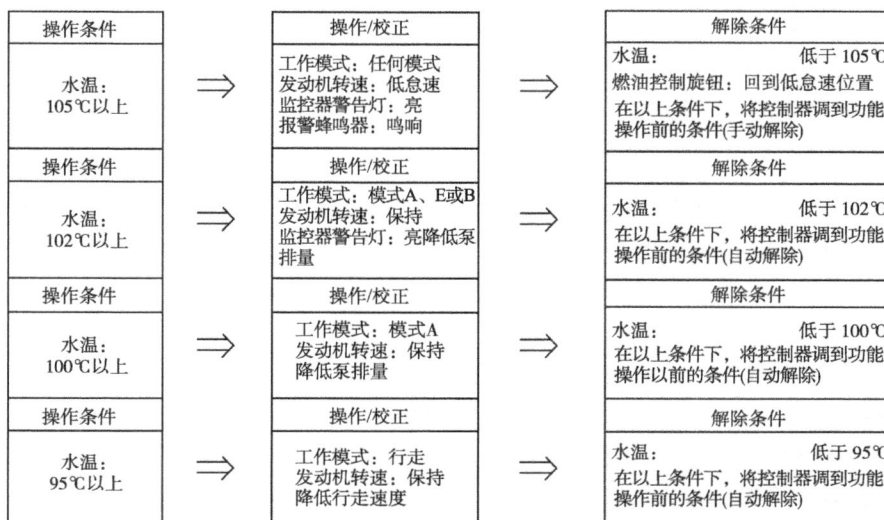

操作条件	操作/校正	解除条件
水温: 105℃以上	工作模式:任何模式 发动机转速:低怠速 监控器警告灯:亮 报警蜂鸣器:鸣响	水温: 低于105℃ 燃油控制旋钮:回到低怠速位置 在以上条件下,将控制器调到功能操作前的条件(手动解除)
水温: 102℃以上	工作模式:模式A、E或B 发动机转速:保持 监控器警告灯:亮降低泵排量	水温: 低于102℃ 在以上条件下,将控制器调到功能操作前的条件(自动解除)
水温: 100℃以上	工作模式:模式A 发动机转速:保持 降低泵排量	水温: 低于100℃ 在以上条件下,将控制器调到功能操作以前的条件(自动解除)
水温: 95℃以上	工作模式:行走 发动机转速:保持 降低行走速度	水温: 低于95℃ 在以上条件下,将控制器调到功能操作前的条件(自动解除)

图 8-66　发动机过热防止功能执行条件及操作规程

六、其他控制功能

1. 触式增强功能

通过操作左按钮开关（在左操作手柄顶端）可加力一定时间。

进行挖掘作业时，如果需要更大的挖掘力（例如挖起岩石时），可以按下左按钮，以将液压力提高7%左右以增加挖掘力。

在作业模式"A"或"E"时，如果左按钮打开，各个功能便会自动设定到下列状态，见表8-12。

触式增强功能状态表　　　　　　　表8-12

作业模式	发动机/泵控制	二级溢流功能	操作时间
A，E	在额定输出的匹配点	34.8MPa ⇩ 37.2MPa	8.5s后自动解除

2. 自动降速功能

当机器正在等候工作或等待翻斗卡车时，如果所有操纵杆在中位（控制器通过PPC油路的压力开关判断），发动机的转速自动降低到中转速范围，以减少燃油消耗量和噪声。如果操纵操纵杆，发动机的转速将立即升到设定的转速。

操纵杆在中位时，如果发动机正在以减速转速（大约1400 r/min）以上的转速运转，当所有的操纵杆都回到中位，发动机的转速便会立即降低到比设定转速低100r/min的1挡减速位。

如果再过4s仍不操作操纵杆，发动机的转速便会降低到二挡减速位（大约1400r/min），并保持在这个转速，直到再次操作操纵杆时为止。

当发动机的转速在二挡减速位，操作操纵杆，发动机的转速将立即上升到燃油控制旋钮设定的转速。

七、电控系统的零部件

1. 燃油控制旋钮

燃油控制旋钮安装在监控器板的底部（图8-57）。电位计安装在旋钮下面，转动旋钮，电位计轴也转动。燃油控制旋钮的结构如图8-67所示。

电位计轴转动时，电位计内可变电阻器的电阻改变，将理想的节流信号传给调速器泵控制器。

2. 调速器电动机

调速器电动机安装在发动机上并与喷油泵调速杆相连（图8-57），由调速器泵控制器发出的驱动信号转动电动机，来控制喷油泵调速杆。提供动力的电动机采用步进电动机。

另外，安装了反馈用电位计，以监控电动机的工作情况。电动机的转动通过齿轮传给电位计。

调速器电动机总成的组成，如图8-68所示。

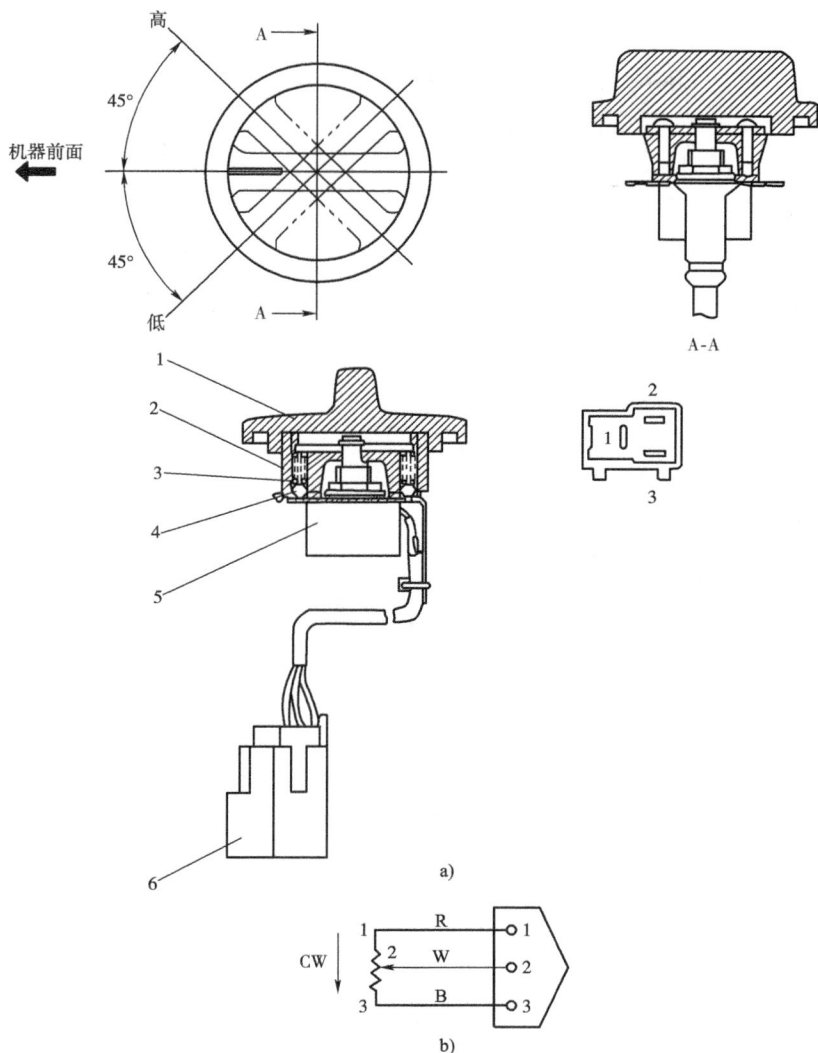

图 8-67 燃油控制旋钮的结构

a)结构图;b)线路图

1-旋钮;2-表盘;3-弹簧;4-滚珠;5-电位计;6-插头

电动机停止时,电动机的 A 相和 B 相均连通电源。电动机运转时,调速器泵控制器向 A 相和 B 相发出脉冲电流,电动机与脉冲同步转动。

　　3. 发动机转速传感器

　　发动机转速传感器安装在发动机飞轮的齿圈部位,参见图 8-58。它采用电磁铁传感轮齿,每当一个轮齿经过电磁铁前面时,产生一个电流脉冲。它计算出通过传感器前面的齿轮的齿数,然后将结果传送到调速器泵控制器。发动机转速传感器的结构如图8-69所示。

　　4. PPC 油压开关

　　连接块上安装有 9 个压力开关。通过 PPC 压力检测各工作装置的操作状况,将它传送到调速器泵控制器。PPC 油压开关的结构,如图 8-70 所示,其技术规格如下所示。

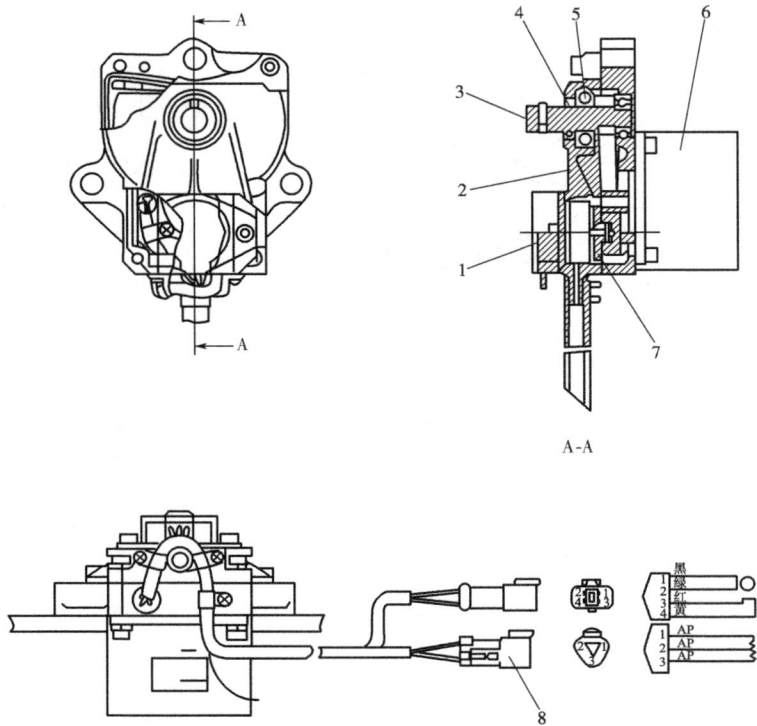

图 8-68　调速器电动机总成的组成

1-电位计;2-盖;3-轴;4-防尘密封;5-轴承;6-电动机;7-齿轮;8-插头

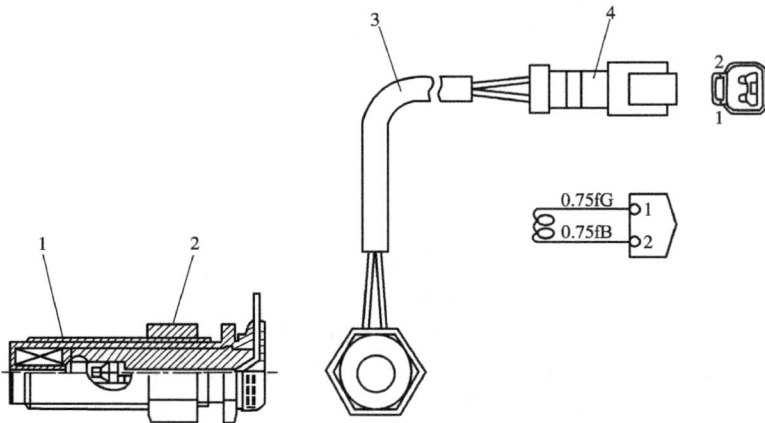

图 8-69　发动机转速传感器的结构

1-传感器;2-锁紧螺母;3-导线线束;4-插头

接点类型:常开式接点;

操作(ON)压力:(0.5 ±0.1)MPa;

复位(OFF)压力:(0.3 ±0.05) MPa。

5.泵压力传感器

泵压力传感器安装在控制阀入口油路端(图 8-58),它将泵输出压力转变为电压传给调速器泵控制器。泵压力传感器的结构如图8-71所示。

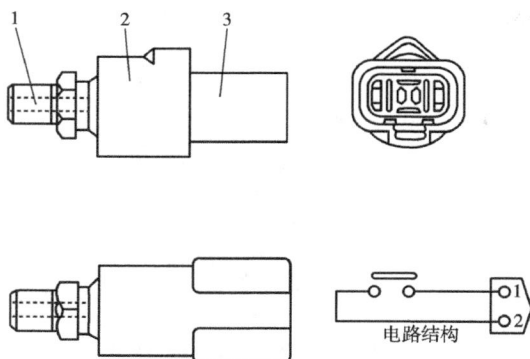

图 8-70 PPC 油压开关的结构
1-螺塞;2-开关;3-接头

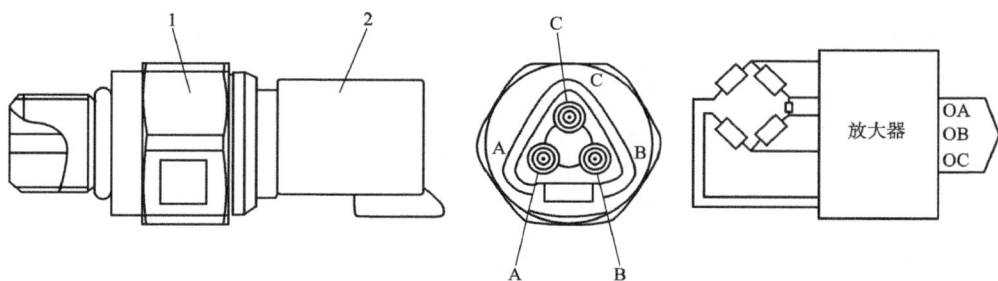

图 8-71 泵压力传感器结构
1-传感器;2-接头

工作原理:由压力进口部分施加的油压挤压油压传感器的膜板,膜板弯曲变形。测量层安装在膜板对面,测量的电阻值将膜板的弯曲度变为输出电压传给放大器(电压放大器)。放大器将电压进一步放大,然后传给调速器泵控制器。

6. 调速器泵控制器

调速器泵控制器安装在驾驶座椅左侧(图8-57),是全车电控系统的核心部件。控制器通过输入端子(或间接由多功能监控器通过数据总线)接收各传感器及开关的信号,并根据各控制功能的要求,通过输出端子向各执行机构输送控制信号。控制器的外形及端口结构,如图8-72所示,输入输出端子的代号及名称,如表8-13所列。控制器的线路连接,如图8-6所示。

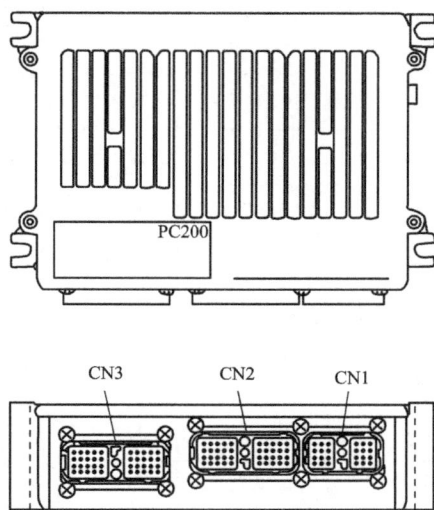

图 8-72 调速器泵控制器外形及端口结构

调速器泵控制器端子代号及名称 表 8-13

CN-1			CN-2			CN-3		
针脚号	信号名称	输入/输出	针脚号	信号名称	输入/输出	针脚号	信号名称	输入/输出
1	动臂底部压力传感器	输入	1	NC	输出	1	VB（控制器电源）	输入
2	R 泵压力传感器	输入	2	回转紧急开关	输入	2	VIS（电磁线圈电源）	输入
3	斗杆角度电位计	输入	3	NC	输出	3	SOL_COM（电磁共同搭铁）	
4	信号搭铁	输入	4	232C_RxD	输入	4	蓄电池继电器驱动	输出
5	自动润滑控制器异常	输入	5	过载传感器（ON/OFF）	输入	5	调速器电动机 A 相（＋）	输出
6	NC	输入	6	过载报警有效开关	输入	6	LS-EPC	输出
7	过负荷传感器（类似）	输入	7	模式选择 4	输入	7	行走连接 SOL	输出
8	F 动臂压力传感器	输入	8	附件油路选择信号	输出	8	NC	输出
9	动臂角度电位计	输入	9	NC	输出	9	铲斗挖掘压力开关	输入
10	信号搭铁	输入	10	NC	输出	10	动臂提升压力开关	输入
11	旋钮开关	输入	11	NC	输出	11	VBC（控制器电源）	输入
12	NC	输入	12	CAN 屏蔽		12	VIS（电磁线圈电源）	输入
13	调速器电动机 FB 电位计	输入	13	模式选择 5	输入	13	SOL_COM（电磁线圈共同搭铁）	输入
14	动臂头压力传感器	输入	14	232C_TxD	输出	14	钥匙－信号	输入
15	NC	输入	15	NC	输出	15	调速器电动机 A 相（－）	输出
16	SENS_PWR	输出	16	转弯信号压力开关	输入	16	PC－EPC	输出
17	钥匙开关（端子 C）	输入	17	模式选择 3	输入	17	泵合流/分流电磁线圈	输出
18	NC	输入	18	用于斗杆起重机的继电器驱动信号	输出	18	加热器继电器驱动	输出
19	节流阀电位计	输入	19	NC	输出	19	铲斗卸载压力开关	输入
20	NC	输入	20	NC	输出	20	动臂下降压力开关	输入
21	搭铁（模拟装置搭铁）		21	S_NET	输入/输出	21	搭铁（控制器搭铁）	
22	POT PWR	输出	22	CAN0_T	输入/输出	22	VIS（电磁线圈电源）	输入
23	钥匙开关（端子 ACC）	输入	23	CAN1_L	输入/输出	23	SOL－COM（电磁共同搭铁）	
24	斗杆起重机继电器接通监测	输入	24	快速记忆可写信号	输入	24	钥匙-信号	输入
			25	NC	输入	25	调速器电动机 B 相（＋）	输出
			26	NC	输入	26	备用油流调整 EPC（1）	输出
			27	模式选择 2	输入	27	行走高速/低速选择电磁线圈	输出
			28	NC	输入	28	2 级溢流电磁线圈	输出
			29	搭铁（脉冲搭铁）	输入	29	回转压力开关	输入
			30	NC	输入	30	斗杆挖掘压力开关	输入
			31	搭铁（S_NET 搭铁）	输入	31	搭铁（控制器搭铁）	
			32	CAN0_H	输入/输出	32	搭铁（控制器搭铁）	
			33	CAN1_H	输入/输出	33	搭铁（控制器搭铁）	
			34	搭铁（232 C GND）		34	NC	
			35	备用阀压力开关	输入	35	调节器电动机 B 相（－）	输出
			36	NC	输入	36	NC	输出
			37	模式选择开关 1	输入	37	回转停止制动电磁线圈	输出
			38	回转锁紧开关	输入	38	NC	输出
			39	搭铁（脉冲搭铁）	输入	39	行走压力开关	输入
			40	发动机转速传感器	输入	40	斗杆卸载压力开关	输入

第七节　多功能监控系统

在挖掘机驾驶室内,驾驶员的右前方安装有多功能监控器,可以通过安装在机器各部分的传感器监测机械各部分的工作状态。它处理并立即在仪表盘上显示获得的信息,通知驾驶员机器的状况。这个仪表盘大概分成以下几部分。

监控部分:机器有故障时输出报警;

仪表(显示)部分:稳定显示机械运行状况(冷却液温度、液压油温、燃油油位等);

开关和功能选择部分:操作挖掘机控制系统。

监控器与各相关部分的连接关系如图8-73所示。

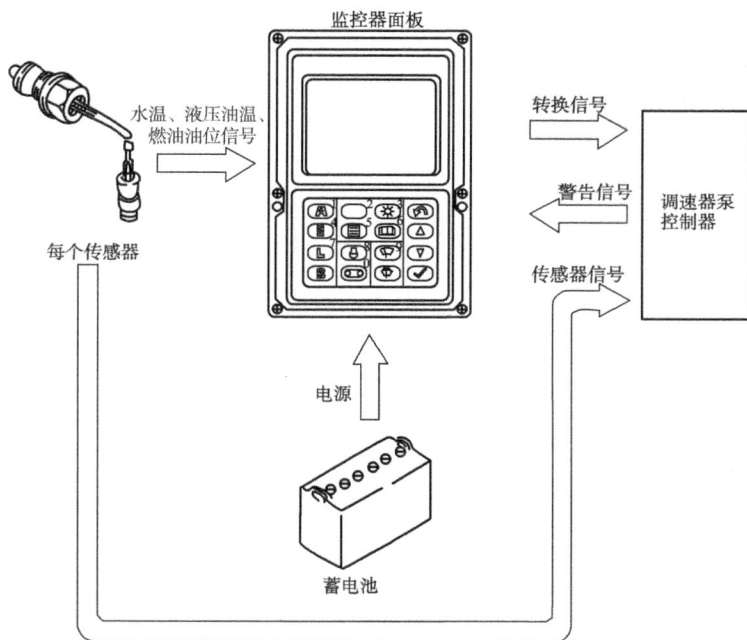

图8-73　监控器与各相关部分的连接关系

监控器面板有监控显示功能以及工作模式选择、电气元件的开关功能。内部装有中央处理器(CPU),可处理、显示和输出数据。监控器显示装置由液晶显示器(LCD)组成。另外,开关设计为平面式开关。监控器面板外形及端口结构如图8-74所示,监控器各端子代号及名称如表8-14所示。

一、监控、显示部分

1.监控和显示的项目

在监控器面板的上部显示屏上,以图标的形式表示出监控和显示的项目内容,如图8-75所示。显示屏有三种状态,分别是运行显示、启动前检查显示和超过保养间隔显示。

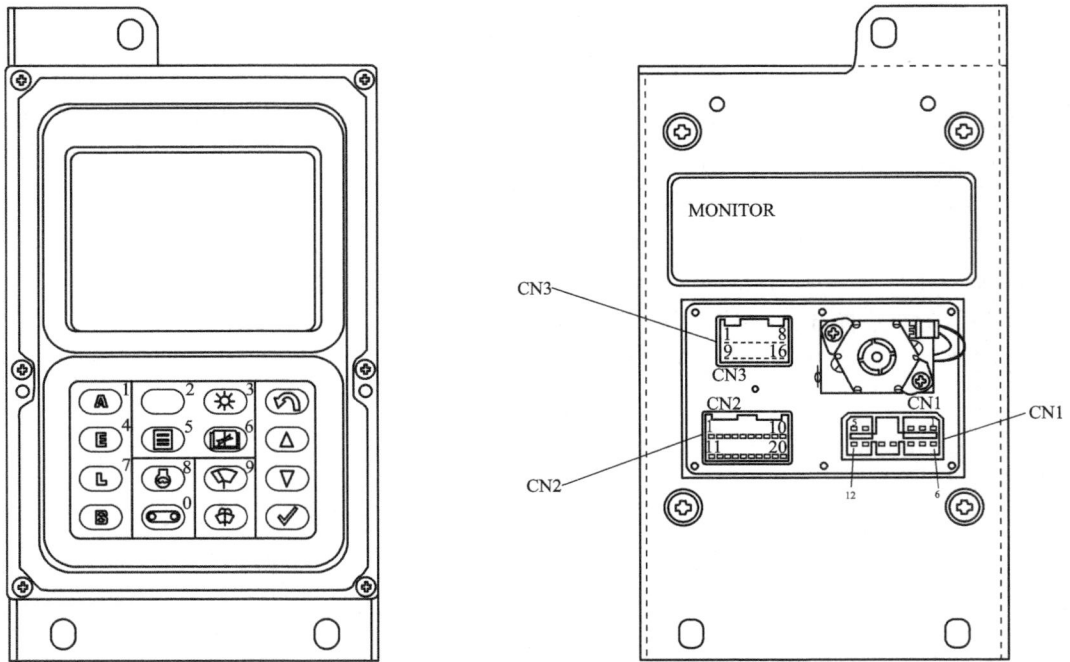

图 8-74 监控器面板外形及端口结构

监控器端子代号及名称　　　　　　　　　　　表 8-14

CN-1			CN-2			CN-3		
针脚号	信号名称	输入/输出	针脚号	信号名称	输入/输出	针脚号	信号名称	输入/输出
1	钥匙打开	输入	1	发动机水温	输入	1	NC	输入
			2	燃油油位	输入	2	NC	输入
2	钥匙打开	输入	3	散热器水位	输入	3	NC	输入
			4	液压油油位	输入			
3	洗涤器液压马达输出	输出	5	空气滤清器堵塞	输入	4	NC	输入
4	启动信号	输入	6	NC	输入	5	NC	输入
5	限制开关（W）	输入	7	机油压力	输入	6	NC	输入
6	搭铁		8	机油油位	输入	7	RS230C CTS	输入
			9	N/W 信号	输入/输出	8	RS230C RXD	输入
7	搭铁		10	N/W 信号	输入/输出	9	RS230C RXD	输入/输出
8	VB+	输入	11	蓄电池充电	输入	10	RS230C RXD	输入/输出
			12	液压油温度（近似）	输入	11	BOOTSW	输入
9	刮水器液压马达（+）	输出	13	搭铁（用于近似信号）		12	NC	输入
10	刮水器液压马达（-）	输出	14	蜂鸣器驱动	输入	13	搭铁	
			15	限制开关（窗户）	输入	14	CAN（屏蔽）	输入
11	蜂鸣器打开信号	输入	16	蜂鸣器取消	输入	15	CAN（+）	输入
			17	回转锁定	输入			
12	限制开关（P）	输入	18	预热	输入	16	CAN（-）	输入
			19	灯开关	输入			
			20	N/W 搭铁				

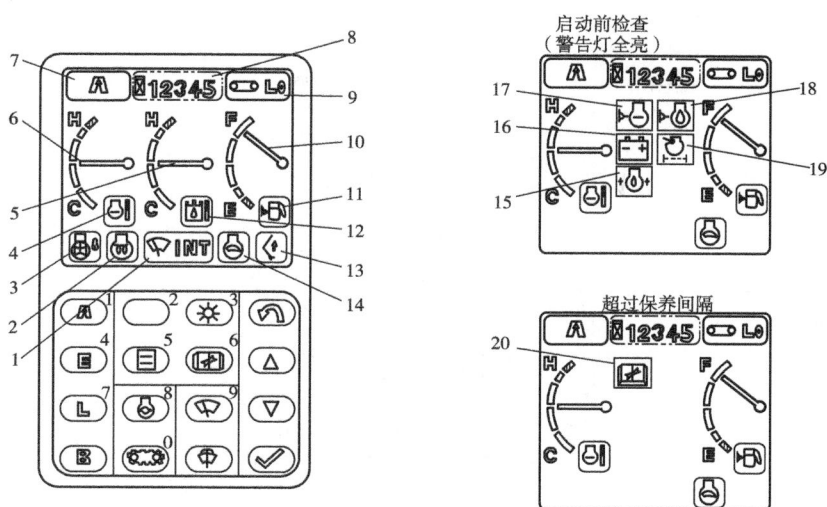

图 8-75　监控器监控和显示的项目

1-刷水器液压马达;2-预热监控器;3-回转锁紧监控器;4-发动机水温监控器;5-液压油温计;6-发动机水温计;7-工作模式监控器;8-工作小时计;9-行走速度监控器;10-燃油计;11-燃油油位监控器;12-液压油温监控器;13-触式功率增强;14-自动降速;15-机油压力报警;16-蓄电池充电报警;17-散热器水位报警;18-机油油位报警;19-空气滤芯堵塞;20-保养时间报警

2. 回转锁紧、预热和触式加力显示

各项目显示方式如表 8-15 所示。

各项目显示方式　　　　　　　　　　　　　表 8-15

符　号	显示项目	显　示　方　式		
SAT00098	回转锁紧	回转锁紧开关	回转保持制动解除开关	回转锁紧监控器
		OFF	OFF	OFF
		ON	OFF	ON
		OFF	ON	闪亮
		ON	ON	ON
SAP00526	预热	持续设定时间		预热监控器状态
		30s 以下		ON
		30~40s		闪亮
		40s 以上		OFF
SIP08778	触式加力	触式加力开关状态		触式加力监控器状态
		按下		在按下时灯亮但约9s后灯灭
		未按下		闪亮

3. 发动机水温、液压油温、燃油油位显示

各仪表的显示范围代号如图 8-76 所示。各显示范围的显示方式如表 8-16 所示。

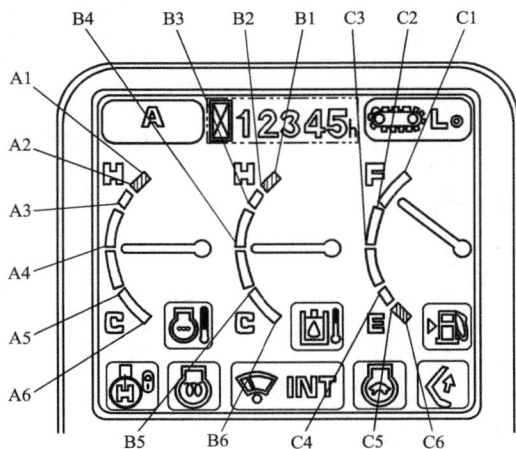

图 8-76 各仪表的显示范围代号

各仪表的显示方式   表 8-16

仪 表	范 围	温度、容量	显 示	蜂鸣器鸣响
发动机水温/℃	A1	105	红	是
	A2	102	红	否
	A3	100	绿	否
	A4	80	绿	否
	A5	60	绿	否
	A6	30	白	否
液压油温/℃	B1	105	红	否
	B2	102	红	否
	B3	100	绿	否
	B4	80	绿	否
	B5	40	绿	否
	B6	20	白	否
燃油油位/L	C1	289	绿	否
	C2	244.5	绿	否
	C3	200	绿	否
	C4	100	绿	否
	C5	60	绿	否
	C6	41	红	否

4. 超过保养间隔显示

当超过保养间隔时，在启动（警告灯全亮）前检查。若在启动前检查或保养间隔超出项目灯亮，液压油温计和液压油温监控器的显示都停止，并显示表 8-17 所示警告。

保养间隔超时显示　　　　　　　　　　　　　表 8-17

符　号	显示项目	启动项目前检查	发动机停止时	发动机运转时
SAP00518	散热器水位	●	异常时灯亮	异常时灯亮且蜂鸣器响
SAP00522	蓄电池充电	●	—	异常时灯亮
SAP00520	机油压力	●	—	异常时灯亮且蜂鸣器响
SAP00523	机油油位	●	异常时灯亮	—
SAP00521	空气滤芯堵塞	●	—	异常时灯亮
SJP05780	保养	—	有警告时灯亮,灯仅亮 30s,钥匙转到 ON 后,灯灭	

当上述警告都显示时,若液压油温高或低,仅显示符号,如表 8-18 所示。

液压油温状态显示　　　　　　　　　　　　　表 8-18

液压油状态	符号颜色
低温(B6 或相当品)	黑色在白背景上
正常(B6 ~ B2)	不显示
高温(B2 以下)	白色在红色字母上

5. 工作模式、行走速度、自动降速等项目显示

各项目显示范围和显示方式如表 8-19 所示。

各项目的显示范围和显示方式　　　　　　　　　表 8-19

显示种类	符　号	显示项目	显示范围	显示方式
监控器	INT SJP08781	刮水器	→ ON → INT → OFF →	显示设定状态
	Ⓐ SJP08782	工作模式	A.E.L.B SJP08786	显示设定模式

续上表

显示种类	符　号	显示项目	显示范围	显示方式
监控器	SJP08783	行走速度	Lo.Mi.Hi　SJP08787	
	SJP08784	自动降速	ON⇔OFF	显示励磁状态
小时计	12345　SJP08785	小时计显示器	小时计工作时	小时计工作时灯亮

二、开关及功能选择部分

多功能控制器面板的下半部分是开关及功能选择部分，各开关的名称如图 8-77 所示。

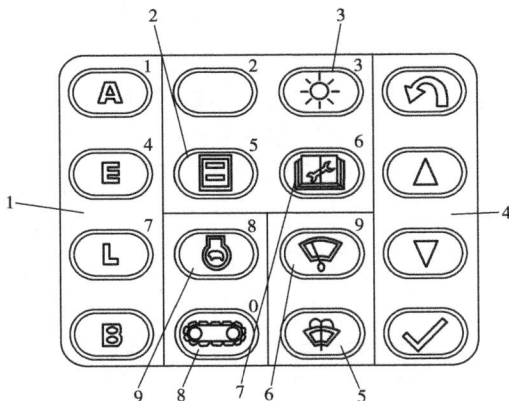

图 8-77　多功能监控器开关

1-工作模式选择开关；2-选择开关；3-亮度、对比度调整开关；4-画面调整开关；5-洗窗器开关；6-刮水器开关；7-保养开关；8-行走速度切换开关；9-自动降速开关

1. 开关部分

1）工作模式选择开关

机器的状态根据被按下（A、E、L、B）的开关情况改变，可以检查工作模式监控器显示上的状态。每个工作模式和监控器显示之间的关系显示在表 8-20 中。

2）选择开关

选择开关用于在每个工作模式内的细节的设定。

3）保养开关

保养开关用于检查保养项目的状态。

各工作模式的显示   表8-20

被按下的开关	显示	设定后的工作模式状态
[A]	A	A模式（默认值）
[E]	E	E模式
[L]	L	L模式
[B]	B	B模式

4）自动降速开关

每次按下自动降速开关，自动降速功能都转换（ON/OFF）。使用自动降速监控器显示以检查重设定状态。工作模式开关操作以转换工作模式，它自动设定为ON。

5）行走速度切换开关

每次按下行走速度切换开关，行走速度都改变，Lo→Mi→Hi→Lo……使用行走速度监控器以显示其当前状态，设定速度和监控器之间的关系在表8-21中显示。

6）刮水器开关

每次按下刮水器开关，刮水器设定都改变，OFF→INT→ON→OFF→……使用刮水器监控器以显示刮水器当前的状态，刮水器设定和监控器之间的关系如表8-22所示。

行走速度的显示   表8-21

显　　示	设　　定
履带符号 + Lo	低速（默认值）
履带符号 + Mi	中速
履带符号 + Hi	高速

刮水器设定的显示   表8-22

显　　示	设定	刮水器动作状态
不显示	OFF	收回停止或收回中停止或在动作
刮水器符号 + INT	ON	间歇动作
刮水器符号 + ON	ON	连续动作

7）洗窗器开关

当按下开关时，车窗洗涤液喷出，延时片刻后在刮水器启动。

8）画面调整开关

当使用保养功能或选择功能时，用此开关。

9）亮度、对比度调整开关

当调整亮度和对比度时，用此开关。

2. 功能选择部分

利用多功能监控器可以实现多种控制功能，如选择模式功能，保养功能，用户代码显示功能，亮度、对比度调整功能，小时计检查功能，显示LCD检查功能。这些功能的选择、检查、显示、调整等是通过各开关的配合操作来完成的。下面以选择模式功能为例说明其具体操作步骤。

利用选择模式功能可以对各种工作模式下泵的流量进行设定，如图8-78所示，具体步骤如下所示（以A模式和E模式为例）。

（1）按下监控器上的选择开关1以移动到调整屏幕。

（2）按下控制开关2以选择流量。流量一共分8级，图8-75显示的是第8级。

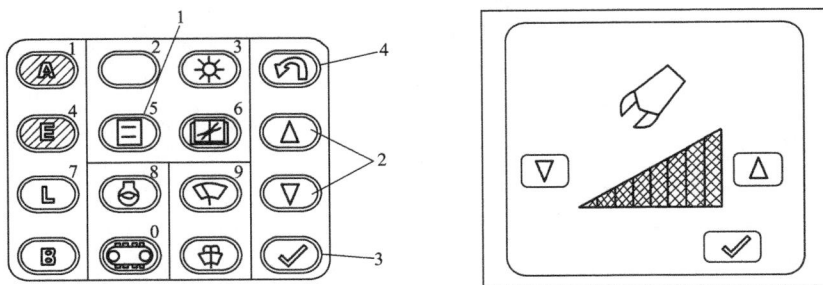

图 8-78　选择模式功能

1-选择开关；2-控制开关；3-确认开关；4-返回开关

（3）完成流量选择后，按下输入确认开关 3。确认选择流量并将屏幕返回到正常屏幕。此时选择流量，选择的内容会影响到附件流量。

说明：在按下输入确认开关前，流量未被确认，所以按下返回开关 4 以返回正常屏幕。这个功能可以用于返回预先设定流量。流量等级和流量值间的关系，如表 8-23 所示。

流量等级和流量值间的关系　　　　　　　　　　　表 8-23

流 量 等 级	流量（L/min）	备　注
8	430	默认值
7	350	
6	250	
5	170	
4	140	
3	115	
2	90	
1	30	

对于其他功能的详细操作方法，可参考相关机型的使用说明书或装修手册。

复习思考题

1. 挖掘机的液压回路中为什么要设置自压减压阀？

2. 挖掘机执行机构的工作速度是如何随操纵杆位置的改变而改变的？

3. 如何理解"CLSS 具有操纵性能不受负载影响，实现精确控制，使挖掘更平稳"？

4. 影响主泵供油量的因素都有哪些？LS 阀、LS-EPC 阀、PC 阀和 PC-EPC 阀是怎样影响泵的流量的？

5. PC-7 系列挖掘机的 LS 油压都有哪些作用？

6. PC200-7 挖掘机液压系统中都有哪些压力控制阀，它们各有何作用，工作压力分别是多少？

7. PC200-7 挖掘机"具有在复合操作时只是按照滑阀的开口面积决定流量分配的性能，

保持其相对速度不变"。这一功能是如何实现的?

8. 分析合流/分流阀在什么情况下是合流状态,什么情况下是分流状态?

9. 一挖掘机"大臂提升无力,而其他装置正常",分析可能的原因有哪些?

10. PC200-7 挖掘机电控系统的执行元件都有哪些?

11. PC200-7 挖掘机二级溢流功能在什么条件下实现?

12. "回转保持制动起作用"与"回转锁紧解除"有什么区别?

参 考 文 献

[1] 王仁祥. 常用低压电器原理及其控制技术[M]. 北京:机械工业出版社,2006.

[2] 杨国福. 常用低压电器手册[M]. 北京:化学工业出版社,2009.

[3] 王定祥. 工程机械技术服务与营销[M]. 北京:人民交通出版社,2007.

[4] 李道霖. 电气控制与 PLC 原理及应用(西门子系列)[M]. 北京:电子工业出版社,2005.

[5] 李殿健. 沥青路面施工机械与机械化施工[M]. 北京:人民交通出版社,1999.

[6] 马国华. 监控组态软件及其应用[M]. 北京:清华大学出版社,2001.

[7] 梁杰,王慧君. 工程机械电器与电子控制装置[M]. 北京:人民交通出版社,1999.